NOUVEAU GUIDE
PITTORESQUE
DU VOYAGEUR A DIJON

CONTENANT :

Une Notice historique sur Dijon,
la Description de ses Monuments civils et religieux,
Musée, Bibliothèque, Établissements divers, Promenades,
Alentours, etc., etc.,

SUIVIES DE

NOMBREUSES INDICATIONS UTILES AUX ÉTRANGERS

AVEC UN BEAU PLAN DE LA VILLE

dressé sur celui déposé aux Archives ;

Par J. GOUSSARD.

———

TROISIÈME ÉDITION, REVUE ET AUGMENTÉE.

———

DIJON,
Ve DECAILLY, LIBRAIRE-ÉDITEUR,
PLACE D'ARMES.

NOUVEAU GUIDE

PITTORESQUE

DU VOYAGEUR A DIJON.

DIJON. — IMPRIMERIE J.-E. RABUTOT
Place Saint-Jean, 1 et 3.

NOUVEAU GUIDE

PITTORESQUE

DU VOYAGEUR A DIJON

CONTENANT :

Une Notice historique sur Dijon,
la Description de ses Monuments civils et religieux,
Musée, Bibliothèque, Établissements divers, Promenades,
Alentours, etc., etc.,

SUIVIES DE

NOMBREUSES INDICATIONS UTILES AUX ÉTRANGERS ;

AVEC UN BEAU PLAN DE LA VILLE

dressé sur celui déposé aux Archives ;

Par J. GOUSSARD.

TROISIÈME ÉDITION, REVUE ET AUGMENTÉE.

DIJON,

Vᵉ DECAILLY, LIBRAIRE-ÉDITEUR,

PLACE D'ARMES.

1861

AVERTISSEMENT

En nous adressant au public en 1853, nous lui disions :

« Deux raisons ont rendu nécessaire la réimpression de ce petit ouvrage : l'entier épuisement de la première édition, et les changements survenus à Dijon depuis 1845.

« Il est facile, en effet, en parcourant cette nouvelle édition, de se convaincre des nombreuses adjonctions qui y ont été faites.

« La Notice historique qui, dans la première édition, contenait 96 pages, en contient 147 dans celle-ci, et comme le caractère est beaucoup plus fin, elle se trouve plus que doublée. Elle est, en effet, augmentée de quelques détails statistiques et d'un grand nombre de faits intéressants, tels que : le tournoi de Marsannay, la magnificence de la cour des ducs de Bourgogne, l'entrée de Charles le Téméraire à

Dijon, le convoi funèbre de Philippe le Bon, une lettre de Louis XI aux habitants de Dijon, une autre de Louis XII au chapitre de la Sainte-Chapelle, une relation complète du siége de Dijon, une lettre de Louis XIII au maire et aux échevins, un état des dépenses de la ville en 1663, un arrêt du Parlement sur la police en 1679, une séance solennelle des Etats de Bourgogne en 1787, etc.

« L'ouvrage a été mis au courant des travaux qui ont été exécutés et des établissements qui ont été créés depuis 1845; ce sont : de nouveaux lavoirs publics, une prison départementale, un corps de logis qui complète l'hôtel de ville, une nouvelle salle d'asile, un second réservoir pour les fontaines, un aqueduc de canalisation de Suzon, une église pour le couvent de la Visitation, l'érection de la statue de saint Bernard, la mise en activité du chemin de fer de Paris à Lyon, les réparations du palais de justice, le percement des rues de la Préfecture et Chancelier-l'Hôpital, l'établissement des Petites-Sœurs des pauvres, du télégraphe électrique, de la Société d'horticulture, de trottoirs, de bornes-fontaines, de nombreux becs de gaz, etc.

« La notice de chaque monument a reçu tout le développement possible : ainsi, on a ajouté au paragraphe de l'hôtel de ville la description de la Sainte-Chapelle, qui s'y trouvait jointe autrefois; à celui de Saint-Bénigne, des détails sur l'orgue et sur les divers incendies de la flèche; à celui de l'église Notre-Dame, la description de l'ancienne chapelle de la Vierge; à celui du Musée, la description du cabinet de M. Devosge fils.

« Enfin, on a consacré un chapitre à la biographie des hommes qui ont contribué à l'illustration de Dijon.

« Au surplus, il faut répéter ici ce que nous disions en 1845 : l'auteur n'a voulu s'ériger ni en historien ni en littérateur; c'est tout simplement un Dijonnais jaloux de faire les honneurs de sa ville natale, et qui cherche à mettre en lumière, avec un peu de complaisance peut-être, les avantages d'une cité qui lui est chère, et qui lui paraît digne de fixer l'attention des étrangers. »

Les mêmes raisons ont donné naissance à cette troisième édition, qui a été revue avec soin, dont la Notice a été complétée, et qui a reçu dans toutes ses parties les développements et les augmentations que le temps et les événements avaient rendus indispensables.

Nous devons ajouter que pour la rédaction de cette Notice historique, à laquelle nous avons donné plus d'étendue, nous avons puisé largement dans plusieurs ouvrages très remarquables, notamment dans les *Origines dijonnaises,* de M. Roget de Belloguet, travail couronné par l'Institut; dans l'*Histoire du Parlement de Bourgogne,* par M. le président de Lacuisine, et dans l'*Histoire de la Bourgogne à la fin du XVe siècle,* par M. Rossignol, archiviste du département de la Côte-d'Or.

NOUVEAU

GUIDE PITTORESQUE

DU

VOYAGEUR A DIJON.

INTRODUCTION

NOTICE HISTORIQUE SUR DIJON.

Dijon est situé au confluent des rivières d'Ouche et de Suzon, au pied du mont Afrique, où commence la côte célèbre qui a donné son nom au département dont il est le chef-lieu, et dominant une plaine fertile qui s'étend à l'est jusqu'à la Saône : il est à 47° 19' 9" de latitude nord, et à 2° 41' 55" de longitude est, à 315 kilomètres de Paris, 195 de Lyon, 83 de Besançon. En prenant pour point d'observation le seuil de la porte principale de l'église Saint-Bénigne, le sol sur lequel il est assis est élevé au-dessus du niveau de l'Océan de 245m,7, et la boule de la flèche de cette église de 338m,1.

Dijon, bâti sur un sable calcaire d'alluvion, n'éprouve généralement ni chaleurs brûlantes, ni froids rigoureux : la température moyenne de l'année y est de 10°,3.

Sur une année moyenne déduite d'une série d'observations qui embrassent une période de 7 ans, on compte à Dijon 128 jours de vent du nord, 123 de vent du midi, 76 de vent d'ouest et 38 de vent d'est. Il y a 72 jours où la température est au-dessous de zéro, et 293 où elle est au-dessus. Le nombre des jours de pluie est en moyenne de 112 par an; la quantité d'eau qui tombe annuellement est d'environ 672 millim.

D'après le dénombrement le plus récent, la population de Dijon, qui en 1853 était de 27,543 habitants pour l'enceinte de l'octroi, et de 30,126 pour la totalité de la commune, était en 1860 de 29,761 habitants dans l'enceinte de l'octroi, qui, à la vérité, a été reculée. On estime que le recensement quinquennal qui doit avoir lieu cette année 1861, la portera, selon toute probabilité, à plus de 32,000.

La population qu'on appelait autrefois *intra muros*, et qu'on peut évaluer approximativement à 25,000 âmes, se déploie largement sur une superficie de 109 hectares 1/2, soit un individu par 45 mètres carrés. La largeur moyenne des rues, qui est à Paris de 8 mètres 1/2, est à Dijon de 11 mètres. Les habitations sont peu élevées; le développement de la voie publique, y compris les remparts, est de 20 kilomètres.

Des bornes-fontaines, au nombre de 149, distancées en moyenne de 100 mètres, distribuent avec abondance une eau d'excellente qualité; les aliments sont sains; la consommation de la viande est de 68 kilogr. 1/3 par an et par tête. Elle est à Paris de 54 kilogr. 8/10, et seulement de 19 kilogr. 2/3 pour toute l'étendue de la France: elle a augmenté à Dijon de 42 pour 100 depuis 1810.

Dijon n'a pas de maladies endémiques proprement dites, et les grandes épidémies s'arrêtent ordinairement à ses portes. Les deux invasions du choléra qui ont ravagé la

France n'y ont fait que de rares victimes. La vie moyenne, calculée sur une période de 18 années, de 1831 à 1848 inclusivement, est de 38 ans 9 mois. On sait qu'à Paris la vie moyenne ne dépasse pas 35 ans, que dans les villes les plus favorisées elle n'atteint pas 38 ans, et qu'en France, d'après les calculs les plus favorables, elle ne s'élève qu'à 38 ans et 1 mois (1).

Les anciens auteurs appellent Dijon *Divio*, *Dibio*, *Divioneuse castrum*. Le premier d'entre eux qui prononce ce nom est le célèbre Grégoire de Tours, qui vivait dans le VI° siècle de notre ère, et le père de notre histoire. Voici en quels termes il s'exprime sur cette ville, à laquelle il semble porter une vive affection, et le tableau charmant qu'il en fait; nous suivons la traduction de M. Guizot :

« Dijon est un château bâti de murs très solides, au milieu d'une plaine très riante, dont les terres sont fertiles et si fécondes qu'en même temps que la charrue sillonne les champs, on y jette la semence, et qu'il en sort de très riches moissons. *Au midi* est la rivière d'Ouche, abondante en poissons; il vient du nord une autre petite rivière qui entre par une porte, passe sous un pont, et entoure *les remparts* de son onde paisible. Elle fait, devant la porte, tourner plusieurs moulins avec une singulière rapidité. Dijon a quatre portes situées vers les quatre points du monde. Toute cette bâtisse est ornée en totalité de trente-trois tours. Les murs sont, jusqu'à la hauteur de vingt pieds, construits en pierres carrées, et ensuite en pierres plus petites. Ils ont en tout trente pieds de haut et quinze pieds

---

(1) Ces renseignements sont puisés dans une brochure publiée en 1852 par M. le docteur Noirot, de Dijon, et couronnée par l'Académie de cette ville le 3 juillet de la même année. Elle est intitulée : *Etudes statistiques sur la mortalité et la durée de la vie dans la ville et l'arrondissement de Dijon, depuis le XVII° siècle jusqu'à nos jours*.—Paris, J.-B. Baillière, rue Hautefeuille, 19.

d'épaisseur. J'ignore pourquoi ce lieu n'a pas le nom de ville. Il y a dans son territoire des sources abondantes. Du côté de l'occident sont des montagnes très fertiles, couvertes de vignes, et qui fournissent aux habitants un si noble falerne qu'ils dédaignent le vin de Chalon. Les anciens disent que ce château fut bâti par l'empereur Aurélien. »

L'illustre écrivain, qui se complaisait ainsi dans la description d'une ville qui lui était chère, y était probablement né vers l'an 539. En effet, saint Grégoire, son bisaïeul, et son grand-oncle saint Tétricus, tous deux successivement évêques de Langres, faisaient de Dijon leur résidence favorite; tous deux y furent inhumés. Florentius, son père, qui était infirme, possédait en Bourgogne de vastes domaines; il y mourut pendant l'enfance de Grégoire de Tours. Sa mère, Armentaria, passa son long veuvage à Dijon; son frère Pétrus, qui n'était encore que simple diacre, y fut tué par son parent Sylvestre, et y reçut la sépulture; enfin, Grégoire lui-même partit de cette ville jeune encore pour se rendre en Auvergne, où résidait la famille de son aïeul, et où il allait faire ses études ecclésiastiques.

Grégoire de Tours portait à Dijon, qu'il nomme *locus Divionensis*, une affection toute filiale, et dans sa tendresse pour cette ville, il néglige rarement l'occasion de parler de ce qui la concerne; son témoignage éclairé et consciencieux a donc ici une grande autorité, et on peut considérer comme certain ce qu'il en dit dans différents passages de ses écrits, dont voici, en quelques lignes, le résumé :

Au VIe siècle de notre ère, Dijon n'était qu'un simple *castrum* ou enceinte fortifiée, comme Chalon-sur-Saône, Mâcon et d'autres villes de Bourgogne; ses murs avaient trente pieds de haut sur quinze d'épaisseur, avec trente-trois tours, et quatre portes opposées aux quatre points cardinaux. Toutefois, il est évident, d'après la description de Grégoire, que la petite rivière qui venait du nord, *alius fluviolus*, n'entourait que l'enceinte fortifiée, *totum munitionis locum rapida unda circumfluens*; en dehors existaient certainement des constructions importantes : au nord, les moulins que la rivière faisait tourner; à l'ouest, l'église Saint-Jean, l'abbaye de Saint-Bénigne et son église; au midi et à l'est, des constructions dont on a plus tard découvert les vestiges.

Dijon existait au V° et même au IV° siècle. Au V°, elle donnait un évêque à la ville de Langres, le Dijonnais Aprunculus, mort en 484 ou 491, et qui, suspect aux Bourguignons, qui le soupçonnaient d'être favorable aux projets des Francs, fut obligé de s'enfuir par-dessus les murs du castrum. Au IV° et au V° siècle, elle était la résidence des familles sénatoriales du territoire lingon, telles que celle d'Hilarius, qui vivait à Dijon au commencement du V° siècle, y avait ses enfants, et dont on admirait plus tard le tombeau en marbre de Paros. Il fut le père du célèbre anachorète saint Jean de Réome, fondateur du monastère de Saint-Jean-le-Moutier près de Tonnerre.

Les évêques de Langres avaient fait de Dijon leur résidence de prédilection, et avaient choisi pour leur sépulture l'église Saint-Jean, déjà construite en dehors des murs. Ainsi, saint Urbain, saint Grégoire, saint Tétricus, évêques de Langres, ont été enterrés dans cette église, où leurs sépultures se voyaient encore il y a quelques années. Ils résidaient constamment à Dijon, et ne se rendaient à Langres que pour célébrer les grandes fêtes de l'Église.

Saint Bénigne fut martyrisé à Dijon, où il prêchait l'Évangile, à une époque que ne fixe pas Grégoire de Tours.

Enfin, les murs du castrum, d'après le témoignage des

anciens du pays, *veteres ferunt*, dit le célèbre historien, qui avait recueilli certainement dans sa famille patricienne cette vieille tradition, avaient été construits par les ordres de l'empereur Aurélien, c'est-à-dire dans le III® siècle, ce prince n'ayant reconquis les Gaules, séparées de l'empire depuis treize ans, qu'en 273, et étant mort en 275, après cinq ans de règne.

Telles sont les données positives qu'on a sur Dijon au VI® siècle, à l'époque où Grégoire de Tours écrivait son *Histoire des Francs*. Ce témoin, digne de foi par son caractère sacré, par sa position élevée, par ses connaissances étendues, avait vu lui-même, avait entendu, et il consignait les faits dans ses écrits. Mais quelle était l'origine de cette ville qu'il décrivait? qui l'avait fondée? quel avait été son passé?

A cet égard, bien des systèmes ont été imaginés, discutés, admis par les uns et repoussés par les autres; l'orgueil bien pardonnable des savants dijonnais leur a inspiré des suppositions souvent bien étranges. Les uns ont dit, sur la foi d'un monument apocryphe, que, dès les temps les plus reculés, Dijon était le séjour d'un collége de druides qui y avaient leur temple, leur bois sacré, leurs sépultures; d'autres ont attribué à cette ville une origine grecque, faisant dériver son nom du mot τιφος, qui, en grec, signifie *marais*; d'autres, enfin, ont supposé que les Celtes, qui suivaient, disent-ils, la religion égyptienne, avaient donné à leur ville le nom de *Digeon*, en le composant des deux mots *Di* et *geon*, le premier signifiant *Dieu*, et le second *Nil*, suivant la Genèse; ou bien des deux mots *diva Io*, divine Isis. Quelques écrivains moins ambitieux ont pensé que Dijon avait été fondé par les *Divitenses*, peuple qui n'a jamais existé, ou par *Divitiacus*, chef éduen, qui ne saurait être le fondateur d'une cité lingone. D'autres se sont appuyés sur un séjour incertain que quatre légions de l'armée de César auraient fait pendant un hiver sur l'emplacement de Dijon, pour y voir l'origine de cette ville ; mais le fait qui sert de base à leur système est fort peu probable et très justement contesté. Enfin, quelques autres historiens, traduisant dans le sens le plus large la phrase de Grégoire de Tours : *veteres ferunt ab Aureliano hoc imperatore fuisse œdificatum*, ont attribué à l'empereur Aurélien la construction non seulement de l'enceinte fortifiée de la ville, mais encore celle de la ville tout entière, sans réfléchir que ce prince, dont le règne n'a duré que cinq années, n'avait aucun motif d'élever tout d'un coup une cité nouvelle dans un emplacement qui aurait été jusque là inhabité.

M. Roget de Belloguet, auteur d'un ouvrage très remarquable sur les origines dijonnaises, ouvrage qui se distingue par un travail consciencieux, une critique judicieuse, une érudition profonde, et que l'Institut a jugé digne d'une médaille d'or, a fait justice de toutes ces chimères. Après en avoir démontré l'impossibilité, il résume ainsi les 180 pages de son excellente dissertation :

« Dijon, par son nom *celtique*, nous a paru d'*origine gauloise*; mais rien ne révèle son existence avant la conquête romaine. Il est faux qu'elle doive sa fondation aux légions de César, et aucune preuve n'a pu établir qu'elle remontait au temps d'Auguste et de ses premiers successeurs. D'assez *nombreux* indices nous ont fait cependant *présumer* que dès le *premier* siècle de notre ère, de riches Gaulois, probablement des navigateurs de la Saône, avaient bâti leurs *maisons de plaisance*, ou fondé quelque *exploitation industrielle* près des belles fontaines vantées par Grégoire de Tours. Si nous ne pouvons *avec assurance* adjuger à Dijon le cippe de l'an 150 de Jésus-Christ, nous sommes, dans tous les cas, certain que plusieurs antiquités de cette ville datent *au moins* de ce siècle, et qu'elle existait, par conséquent, soixante ou quatre-vingts ans avant l'époque incontestable (an 249) du monument de Pudentianus. Enfin, divers fragments d'architecture révèlent, par leurs proportions et le style de leurs ornements, *des édifices de premier ordre,* dont la mystérieuse *grandeur* contraste d'une manière étrange et poétique avec l'obscurité de notre berceau. » Et plus loin il ajoute :

« Le castrum romain, bien moins ancien que la *ville gauloise*, dont il n'eut probablement à protéger que les restes échappés aux flammes et au fer des barbares, eut sans doute aussi beaucoup moins d'étendue. Il est absolument faux que Marc-Aurèle en soit le fondateur; et s'il est vraisemblable que sa première enceinte fut construite par Aurélien, il est bien plus certain que les fondations qui subsistent encore ne sont point l'œuvre de ce prince. Ces fondations ne peuvent remonter au-delà du Ve siècle. Les ruines de nos belles *villas* gallo-romaines étaient devenues ou devinrent un peu plus tard le foyer d'une *colonie d'Attuariens*, parmi lesquels les évêques de Langres, et particulièrement les ancêtres paternels de Grégoire de Tours, fixèrent leur résidence ordinaire. Nous sommes assuré que le centre de Dijon était enfermé, avant 486, dans les murs que franchit nuitamment l'évêque Aprunculus; mais ces murs ne sont point, comme on l'a pensé jusqu'à ce jour, ceux dont quelques parties subsistent encore sous le sol actuel, avec leurs revêtements ou leur épaisseur primitive. Les premiers, détruits par une catastrophe dont l'époque et les circonstances sont également ignorées, ont été remplacés par une seconde ou troisième enceinte élevée sur les *mêmes fondations*, mais très inférieure en force et en beauté apparente à celle qu'avait décrite Grégoire de Tours. »

Tel est le résumé du beau et consciencieux travail de M. Roget de Belloguet, qui, dans une dissertation d'un style et d'une logique très serrés, a su renfermer énormément de faits intéressants. Pour nous, tout en lui rendant justice, nous croyons cependant que dans l'appréciation de ces faits l'auteur a poussé un peu trop loin les scrupules, et nous pensons que, sans altérer la vérité historique, on peut arriver à des conséquences un peu plus favorables à notre ville de Dijon, et conclure, par exemple, des faits nombreux qu'il groupe lui-même, que cette ville gauloise existait avant la conquête de César.

Le nom de Dijon vient du vieux langage celtique. « Les Gaulois, disait en 1570 l'historien Belleforest, avaient leur langage avant les Romains : *Division*, *Digon* ou *Dijon* est un nom gaulois. » Valois exprimait le même sentiment et remarquait que la syllabe *Div*, d'après les noms des villes gauloises qui commençaient par elle, signifiait *fontaine*. Il citait à l'appui de cette opinion les fameux vers d'Ausonne sur la fontaine de Bordeaux : « Salve fons...... Divona Celtarum lingua : » *Salut, fontaine, toi qu'on nomme Divona dans la langue des Celtes*. Ce mot a traversé les siècles et est arrivé jusqu'à nous. Un grand nombre de sources, et toujours les plus belles, à Châtillon, à Baume, à Serrigny, à Bèze, à Chambolle, etc., avaient dans les anciens titres les noms : *Dwi*, *Dwy*, *Dhuys*, *Douis*, *Douée*; à Voulaines, canton de Recey, une belle source donne une petite rivière nommée la *Dijenne*, et à Vauchignon, canton de Nolay, une autre source fait jaillir un joli ruisseau appelé la *Dijonne*.

Dijon a donc un nom celtique, venant des magnifiques sources qui s'y montraient de toutes parts. Pour ne parler que de celles de l'ouest, il y avait la fontaine de Raine, *fons Ranarum*, dont les remblais du chemin de fer viennent de couvrir le dernier jet en face de la porte latérale du jardin de l'Arquebuse; les sept sources au pied de la porte des Chartreux; la fontaine de Champmol, dans le même enclos; la source pérenne des jardins Menneval; celles qui jaillissent à l'extrémité du faubourg Raine; enfin, la belle fontaine de Larrey; sans parler des deux cours d'eau de l'Ouche et de Suzon. C'est évidemment en raison de ces circonstances que Belleforest, que nous citions tout à l'heure, ajoutait : « Et mon opinion est, ô seigneurs dijonnais! que ce sont vos pères, les premiers Gaulois, qui ont bâti vos murs et dressé vos antiquités, et si Aurélien y a rien fait..... ce n'a été que remettre sus et réparer vos ruines. »

En effet, si l'on réfléchit au site occupé par Dijon, tel qu'il est décrit par Grégoire de Tours et qu'il existe encore aujourd'hui, on voit qu'il présentait aux populations indigènes des trésors de bien-être et de richesses. Les bois remplis de gibier, les rivières poissonneuses, d'admirables fontaines, des prairies abondantes, des terres d'une fertilité inépuisable, des coteaux riches en vignobles exquis : voilà ce que le sol de Dijon offrait aux anciens Gaulois, et dont ils ont dû s'emparer dès les temps les plus reculés. Leur population puissante se trouvait à l'étroit dans les vastes contrées de la Gaule, puisque dès l'année 1500 avant J.-C. des hordes immenses émigrèrent par centaines de mille hommes, couvrirent de leurs colonies le nord de l'Espagne, de la Grèce et de l'Italie, assiégèrent plus tard la ville de Rome déjà puissante, et lors de la conquête, opposaient à César des armées de 200,000 hommes. Vercingétorix défendait Alise avec 80,000 guerriers, et 250,000 hommes venaient à son secours. Dans un tel pays, les lieux les plus riches et les plus faciles à exploiter devaient donc être habités et cultivés, et, sans aucun doute, les Lingons industrieux n'avaient pas attendu les légions de César pour apprendre le chemin du territoire dijonnais. Ce qu'il faut remarquer, en outre, c'est que les Gaules étaient sillonnées de fleuves et de routes, moins belles, il est vrai, que celles construites plus tard par les Romains. Strabon s'en étonne et en témoigne une admiration profonde. « Ce qui mérite surtout, dit-il, d'être remarqué dans cette contrée, c'est la parfaite commodité que lui procurent les fleuves et les trois mers dans lesquelles ils se déchargent. Une notable partie du bonheur de ce pays consiste dans *la facilité* avec laquelle les habitants *communiquent* entre eux, et se procurent mutuellement les douceurs de la vie. »

Les Gaulois étaient industrieux: inventeurs des tonneaux en bois, de la charrue à roues, cultivant bien les terres, riches en troupeaux de toute nature, aimant avec passion le vin et les chevaux, ils n'ont donc pas dû laisser inculte le territoire de Dijon, à quelques lieues de la Saône et sur les routes qui devaient le traverser. Certainement, des exploitations et des populations nombreuses ont dû se fixer sur ce point dont la culture occupe aujourd'hui tant de bras. Mais, suivant les mœurs de ce peuple, il est certain qu'il n'y avait pas alors dans ce lieu une ville, dans le sens du moins que nous donnons aujourd'hui à ce mot. Les anciens Gaulois, d'après leurs lois religieuses, n'élevaient pas de monuments et n'écrivaient pas d'histoire. S'il faut en croire Vitruve, ils n'avaient pas de villes avant la conquête romaine, et Marseille elle-même, la puissante cité grecque, n'avait, au temps de César, que des maisons de bois et de chaume. « Les habitants de la Gaule, dit César, se préparaient seulement, sur des hauteurs escarpées ou dans des lieux boisés et marécageux, des enceintes fortifiées; et lorsqu'un ennemi redoutable les menaçait, la population était avertie et recevait l'ordre d'aller s'enfermer dans ces forteresses. » Il n'existe pas moins de huit de ces enceintes fortifiées à l'ouest et au nord de Dijon : à Couchey, au sommet de la montagne; à Corcelles, au sommet du mont Afrique; à Plombières, sur la montagne qui domine l'emplacement appelé Saligny; à Etaules, sur le sommet qui domine le vallon de Sainte-Foy; à Messigny, au-dessus de la montagne; à Vantoux, au-dessus de la montagne qui domine le château; à Selongey, au sommet de deux mamelons dominant le vallon de la Venelle. Ces sortes de retraites fortifiées, placées sur des points d'un accès très difficile et à une très courte distance de Dijon, ne peuvent évidemment pas avoir servi toutes de campement aux légions romaines; il est donc certain qu'elles étaient destinées au refuge et à la défense des habitants de Dijon et de ses alentours, et leur nombre indique suffisamment que les populations de cette localité étaient nombreuses, et qu'il existait sur ce point une agglomération considérable d'habitants.

Mais la conquête de la Gaule par les Romains changea bientôt la face de ce beau pays; les mœurs se modifièrent; les usages anciens des vaincus cédèrent aux habitudes et à la civilisation plus avancée des vainqueurs; les villes se construisirent et s'embellirent de monuments, et Dijon fut certainement de ce nombre. Nous avons vu ce qu'elle était au VIe siècle, au temps de Grégoire de Tours; que s'était-il passé depuis la conquête jusqu'à cette époque sur laquelle nous avons des données certaines attestées par un témoin éclairé et digne de foi? Les monuments nombreux qu'on a retrouvés dans le sol, au dedans et au dehors de son enceinte, vont nous l'apprendre et nous donner une idée de sa puissance et de sa splendeur. Laissons, à cet égard, parler M. Roget de Belloguet :

« J'ai compté, dit-il, plus de trois cents morceaux, soit d'architecture, soit de sculpture monumentale ou funéraire, soit simplement épigraphique, au Musée de la ville, au bas de l'escalier des Archives départementales, et dans le musée de la Commission d'antiquités ; sur la façade d'une maison située en face du pont du Canal ; dans le jardin de l'hôtel de Vesvrotte, rue Berbisey (aujourd'hui rue Chabot-Charny, n° 18) ; dans les cours de l'ancienne maison Baudot (rue Chabot-Charny, n° 34), et de la nouvelle maison de ce nom (rue du Vieux-Collége, n° 7) ; enfin, dans les deux beaux cabinets d'antiquités de MM. Henri et Félix Baudot. Il en existe encore à Couternon, près Dijon, où le conseiller de La Mare fit transporter chez lui ceux qu'il put rassembler. Les trois quarts de ces antiquités sont incontestablement tirées du sol même de notre ville. »

Outre ces trois cents morceaux comptés par M. de Belloguet, dont la sévérité n'est pas suspecte, combien n'y en a-t-il pas eu de perdus dans les siècles du moyen-âge, par la négligence ou l'ignorance des habitants! Combien n'en reste-t-il pas sous le sol, dont une faible partie a été fouillée! L'auteur ajoute, au surplus, qu'il ne parle ni des médailles, ni d'une quantité considérable d'objets divers qui ne peuvent éclaircir la question d'origine.

Il continue : « Ces antiquités consistent en monuments funéraires plus ou moins entiers, tels que cippes, pyramidions, urnes en verre, inscriptions ; en bas-reliefs et en débris de statues, de frises, de chapiteaux, etc., de dimensions souvent colossales, et qui démontrent dans l'obscur *castrum divionense* l'existence de *temples* et de *monuments considérables*. Presque tous ces morceaux ont été retrouvés dans les anciennes fondations des murailles de ce castrum. »

Et quelques pages plus loin : « Il n'est peut-être pas une ville de France, entre toutes celles dont les auteurs classiques ont passé les noms sous silence, qui offre autant de débris d'une splendeur ignorée. Partout où on les a fouillées, les fondations du castrum ont présenté pêle-mêle des débris de monuments antérieurs employés comme matériaux, et s'il était possible de les exhumer entièrement du sol où elles sont encore, quels trésors d'archéologie on retirerait d'une mine qui s'est montrée jusqu'à présent si féconde !.... Une telle réunion de fragments antiques et de débris de tous genres dans une même localité démontre péremptoirement que ces monuments lui avaient appartenu. Dijon étant entouré de carrières, on n'y a certainement pas transporté ces débris comme matériaux ; on a voulu, au contraire, épargner jusqu'aux moindres frais de transport. »

« ..... Ce qui est le plus certain, ce sont les traces flagrantes d'incendies qu'on a reconnues sur plusieurs points ; ..... c'est, du reste, le cachet de destruction empreint sur presque toutes nos cités gallo-romaines, que les flammes parcoururent depuis le Rhin jusqu'aux Pyrénées. C'est sur ce nouveau sol exhaussé et formé de leurs propres débris, qu'elles se sont relevées, et Dijon repose, comme elles, sur un lit de ruines.

« Un grand nombre de nos morceaux d'architecture révèlent par leurs proportions des édifices de premier ordre, des *temples*, des *palais* qu'on est tout surpris de découvrir dans une *bourgade* inconnue des Gaules. La beauté de l'art s'y joint souvent à la grandeur, et, à défaut de dates connues, revendique, au moins pour quelques-uns de ces monuments, l'époque où il florissait encore de tout son éclat, c'est-à-dire le IIe *siècle* de notre ère, *si ce n'est le* Ier *!* »

Ainsi, partout où la pioche a pu remuer la terre à quelque profondeur, elle a trouvé de nombreux débris attestant l'ancienne splendeur de Dijon. Ces découvertes, qui ont dû commencer il y a plusieurs siècles, et auxquelles on n'attache de l'importance que depuis peu d'années, n'ont pas eu lieu seulement dans les fondations des anciens murs qui entouraient le castrum, mais dans toute l'étendue de la ville gauloise primitive.

Dans l'intérieur des murs elles se sont produites sur l'emplacement des anciennes églises Saint-Vincent, Saint-Médard et Saint-Etienne (rue Vaillant); à l'extérieur et à l'est de la ville, près des rentes de Lanoue et de Romeley, dans les vignes des Poussots, entre les routes de Saint-Jean-de-Losne et d'Auxonne, aux Allées-de-la-Retraite, dans les sablières de Montmusard, dans le lit de Suzon, près de l'ancien jardin botanique (tous ces points se trouvent le long de l'ancienne voie romaine de Chalon à Langres); au sud, dans les rues Charrue, du Bourg, sur la place Saint-Jean ; à l'ouest, rue Saint-Bénigne; au nord, dans les rues Musette, des Godrans, Saint-Nicolas, au quartier Saint-Bernard, au Cours-Fleury; c'est-à-dire que ces beaux morceaux d'objets antiques ont été découverts sur toute la surface de la ville actuelle, dans une étendue d'environ deux kilomètres carrés.

Parmi les inscriptions trouvées dans ces fouilles, il en est quelques-unes qui ont une assez grande importance au point de vue historique. La première est gravée sur une pierre votive; en voici le sens : *En l'honneur de la maison divine (impériale), à Jupiter très bon, très grand, Pudentianus, fils de Puttus, d'après un vœu, le 15 des kalendes de....* Suivent deux moitiés de noms que M. l'archiviste Rossignol a reconnus comme désignant les consuls Æmilianus et Aquilinus, et marquant dans les fastes l'année 249. La deuxième se lit également sur une pierre votive; elle se traduit ainsi : *Au Génie de ce lieu, Q. Fabius Saturninus, bénéficiaire du consul Cœsernus Statianus, Gallicamus et Vetus étant consuls, accomplit volontiers et justement le vœu qu'il avait fait.* Or, les deux consuls indiqués marquent dans les fastes l'an 150 de Jésus-Christ, et prouverait à cette date l'existence de Dijon, s'il était établi d'une manière certaine que le cippe en question, qui se trouve aujourd'hui à Dijon, y a été trouvé. Mais à quoi bon discuter des dates année par année, en présence de débris antiques tellement importants et beaux de style et de grandeur, qu'on peut affirmer avec certitude qu'ils sont du II® siècle, et même du Ier.

Deux autres inscriptions trouvées à Dijon expriment également un vœu : la première, des ouvriers en fer de Dijon à la Fortune qui ramène, pour l'heureux voyage de leur patron, Tibérius Flavius Vetus; l'autre, des ouvriers en pierre employés par Titus Flavius Vetus dans sa maison de campagne; ils l'adressent à la même déesse, pour le salut et l'heureux voyage de leur patron. On peut donc conclure de ces inscriptions que dès les premiers siècles de notre ère, et peu de temps après la conquête romaine, il y avait à Dijon des corporations d'ouvriers, et par conséquent des travaux continus et une population nombreuse et opulente.

De ces faits multipliés, si importants, si bien caractérisés, il résulte pour nous une conséquence incontestable, c'est que Dijon existait déjà, sinon comme cité, du moins comme centre de population très important, plusieurs siècles avant la conquête romaine.

Ces deux rivières, ces magnifiques fontaines, ces bois, ces prairies, ces plaines fertiles, ces coteaux caressés par le soleil levant et sur lesquels la vigne croissait si bien, devaient avoir attiré de bonne heure une population active, industrieuse, et si nombreuse qu'elle se trouvait gênée dans la vaste région des Gaules. Les Eduens, les Sénones, les Lingons, les Séquanes devaient nécessairement communiquer entre eux, et les voies qui liaient ces divers pays devaient passer près de Dijon, qui lui-même n'était qu'à quelques lieues de la Saône, qui conduisait ses produits à Chalon, à Lyon et à Marseille.

Sans doute, quelques riches nautoniers de la Saône, ceux peut-être dont parle M. Roget de Belloguet, avaient pu faire construire leurs villas sur les bords de l'Ouche; les riches Lingons n'avaient sans doute pas attendu, pour y élever les leurs, que les Romains leur en montrassent le chemin; mais pour faire place aux villas et pour en aplanir la route, la hache avait dû faire depuis longtemps son office, la pioche et la charrue avaient dû remuer le sol, les moissons, les troupeaux avaient dû couvrir les plaines, l'industrie avait utilisé les cours d'eau en y établissant des moulins semblables à ceux que nous décrit Grégoire de Tours, et que le Suzon faisait tourner avec tant de rapidité; enfin, les coteaux avaient déjà reçu ce présent inestimable dont parle notre Béranger, quand il fait dire à Brennus:

> Les champs de Rome ont payé mes exploits,
> Et j'en rapporte un cep de vigne.

Non seulement cette situation si attrayante et si féconde, source de richesses et d'agréments, avait attiré dès l'origine les populations gauloises sur l'emplacement de Dijon, mais elle les y a fixées constamment, malgré les fléaux de toute espèce, les invasions des barbares, les incendies, les ruines successives : malgré tous ces désastres, Dijon s'est relevée plus prospère et s'est constamment agrandie; elle a survécu à toutes les cités qui l'entouraient. Tandis que Langres ne relevait qu'au bout d'un siècle ses murailles abattues par Attila; que les cités d'Alise, de Mâlain et de Mémont disparaissaient pour jamais; que la ville des Attuariens, qui, selon M. de Belloguet, était le chef-lieu de son *pagus* disparaissait, sans qu'on puisse même dire aujourd'hui où elle était située et quel était son nom, Dijon voyait revenir ses populations, relevait ses ruines, et s'offrait florissante au crayon de notre vieil historien. Cette vitalité si robuste, elle la devait à son heureuse et féconde position.

C'est en l'année 49 avant J.-C. que Jules César commença la conquête des Gaules; mais elle ne fut terminée que sous Auguste. Ce conquérant nous dit lui-même que son armée y trouvait abondamment tout ce qui lui était nécessaire; et nous voyons, par le récit de ses campagnes, que les routes du pays lui fournissaient les moyens d'exécuter ces marches forcées et ces manœuvres rapides qui tant de fois lui ont donné la victoire sur des guerriers intrépides, mais moins habiles que ses soldats.

La cité des Lingons et les pays qui formaient son territoire n'opposa pas de résistance et se soumit au vainqueur; aussi fut-elle déclarée *alliée* de la république romaine, et, par conséquent, elle échappa aux horreurs de la guerre; elle resta fidèle aux Romains jusqu'au règne de Galba, c'est-à-dire pendant plus d'un siècle. Il résulta de cette longue alliance des Gaulois lingons avec Rome que, dès les premiers temps de l'invasion, la civilisation romaine prit de fortes racines et se développa rapidement dans ces contrées paisibles; la religion païenne remplaça celle des druides, que l'empereur Claude supprima, et avec ses dieux elle apporta leurs statues, leurs temples, leurs monuments : c'est ce qui explique comment dès le 1er siècle de notre ère, et plus encore dès le IIe, des édifices somptueux, des temples, des tombeaux furent érigés à Dijon par les Romains qui s'y établirent et par les Lingons qui les imitèrent. Ils n'y furent pas attirés, sans doute, par quelques villas isolées, et les temples ne s'élevèrent pas pour quelques nautoniers de la Saône, mais bien certainement à cause de la population nombreuse qui existait dans ce lieu depuis longtemps, et que l'invasion romaine y trouva. A partir de cette époque, l'importance de Dijon dut s'accroître rapidement; ce qui le prouve, ce sont ces corps de métiers, serruriers et ouvriers en pierre, qui s'y trouvaient assez nombreux, et qui élevaient des monuments, ainsi que le montrent les inscriptions que nous avons citées il n'y a qu'un instant.

Sous le règne de l'empereur Galba, les Lingons prirent une part active à la révolte qui éclata dans les Gaules; mais leur chef Sabinus fut vaincu, et mourut à Rome avec sa femme Eponine, après avoir vécu neuf ans dans un antre sauvage et avoir orné le triomphe de l'empereur Vespasien. Ce fut le premier et le dernier effort des Lingons pour recouvrer leur indépendance; désormais ils ne cessèrent pas de combattre dans les rangs des Romains.

Adrien donna une puissante impulsion à la civilisation dans les Gaules. Des monuments s'élevèrent de tous côtés; Dijon eut aussi les siens, des temples, des statues d'Apollon, de Diane, des tombeaux de sénateurs, de sacrificateurs, de guerriers, des monuments votifs élevés par des corps de métiers.

Mais les invasions des barbares ne tardèrent pas à entraver cet accroissement et à renverser cette civilisation déjà avancée. En 260 notamment, une irruption des Allemands et des Franks ravagea la Gaule et même Dijon. C'est pour chasser ces barbares qu'en 271 l'empereur Aurélien vint dans les Gaules, et sans aucun doute il faut placer à cette époque la construction des murs de Dijon élevés par les ordres de cet empereur, ainsi que la tradition l'avait enseigné d'âge en âge aux populations du temps de Grégoire de Tours. Mais à peine étaient-ils achevés que de nouvelles invasions se précipitèrent sur ces belles provinces, et les empereurs Probus, Julien, Constantin, vinrent successivement les repousser.

En même temps que les Vandales et les Franks, une autre puissance avait envahi la Gaule : le christianisme y avait pénétré et apportait avec lui une civilisation nouvelle qui devait remplacer bientôt celle qui tombait sous les efforts des barbares. L'Evangile fit dans les Gaules des progrès rapides : les esprits y étaient préparés par la vieille religion des druides, qui avait nécessairement laissé des traces. Elle enseignait la croyance de l'immortalité de l'âme, et l'adoration d'un Dieu suprême, inconnu, souverain créateur de toutes choses. Il y avait à peine un siècle que Claude avait ordonné la suppression des druides et de leur religion, lorsque la persécution éclata contre la nouvelle église de Lyon : en 177, saint Pothin, évêque de cette église, y souffrit le martyre avec beaucoup d'autres chrétiens. Les supplices gagnèrent les contrées voisines : saint Symphorien fut martyrisé à Autun, saint Bénigne à Dijon, saint Marcel à Chalon, saint Ferréol à Besançon, et saint Félix à Valence.

L'époque où saint Bénigne vint prêcher l'Evangile à Dijon est contestée. Suivant d'anciennes légendes, ce saint apôtre vint à Autun pour y annoncer l'Evangile avec ses compagnons Andoche et Thyrse ; il se rendit de là à Langres, où il convertit sainte Léonille et ses enfants, les trois saints jumeaux ; puis il vint à Dijon, où se trouvait l'empereur Marc-Aurèle, que son zèle et ses prédications irritèrent, et qui le fit arrêter à Epagny. Bénigne demeura ferme dans sa foi, et souffrit le martyre à Dijon le 1er novembre 178 ; il fut inhumé dans le cimetière public de la cité, et c'est sur le lieu de son tombeau que l'église Saint-Bénigne fut édifiée plus tard.

D'autres légendes rapportent que ce fut l'empereur Aurélien, occupé en 271 ou 273 à faire construire les murs de Dijon, qui s'y rencontra avec saint Bénigne, et ordonna qu'il fût mis à mort. Cette version paraît plus probable. En effet, dit M. Roget de Belloguet, saint Bénigne ne vint dans les Gaules qu'après le martyre de saint Irénée, qui le demandait pour relever son église; et il dut faire partie de la grande prédication qui releva les églises des Gaules après la persécution de Décius, à l'époque où sept évêques partirent de Rome et pénétrèrent jusqu'aux rives de la Seine. Saint Bénigne resta vingt ans dans les Gaules, et la date de son martyre s'accorde bien avec ce long séjour, avec la présence d'Aurélien à Dijon, et avec l'établissement des premiers évêques de Langres, qui ne date que du milieu du III⁰ siècle.

Quelle que soit, au surplus, la version qu'on adopte, il est certain que saint Bénigne fut l'apôtre de nos contrées; qu'il prêcha l'Evangile à Dijon, soit en 178, soit en 273; que par conséquent cette ville, où existaient des monuments remarquables par leur beauté et leur développement, était alors une localité importante, puisque le saint apôtre s'y arrêtait pour prêcher, qu'un empereur y séjournait quelque temps, et qu'il jugeait utile d'y faire élever une enceinte fortifiée.

Cette enceinte, ainsi que nous l'avons déjà fait remarquer, était bien moins étendue que la cité; ce n'était, pour ainsi dire, qu'une citadelle élevée pour la protection de la ville, dont elle occupait le centre avec ses trente-trois tours et ses quatre portes faisant face aux quatre points cardinaux. Mais il est évident que l'enceinte dont on a retrouvé sous le sol les fondations n'est pas celle décrite par Grégoire de Tours, dont les murs étaient beaucoup plus épais et beaucoup mieux construits. Celle que l'on connaît n'eut probablement, comme le dit M. Roget de Belloguet, à protéger que les restes de la ville échappés aux flammes et au fer des barbares. Les premiers murs ont été détruits par des désastres qu'on ignore : ce qui le prouve, ce sont les traces d'incendie qu'on remarque parmi les ruines des anciens monuments retrouvés dans les fouilles qui ont eu lieu à Dijon, et surtout la quantité prodigieuse de débris de statues et de monuments païens enfouis dans les fondations de l'enceinte. De semblables matériaux n'ont certainement pu être employés qu'après la destruction des temples et des idoles, c'est-à-dire à l'époque où le paganisme était aboli et la religion chrétienne tout à fait triomphante. De plus, on a trouvé dans ces mêmes fondations un certain nombre de tombes juives, et l'établissement des Juifs dans les villes de la Gaule ne remonte pas au-delà du Ve siècle. Les portes de cette dernière enceinte du castrum étaient placées, celle d'orient, en face et près du portail de Saint-Michel ; celle du midi, près de l'Ecole de droit, au bout de la rue du Petit-Potet ; celle du nord, à l'angle nord-ouest du palais des Etats, à l'extrémité nord de la rue Porte-aux-Lions ; enfin celle de l'ouest, à l'extrémité ouest de la rue de l'Ecole-de-Droit, nommée autrefois rue Portelle. La première de ces portes a été détruite en 1568 ou 1571, et la troisième en 1775, lors de la construction de l'aile occidentale du palais des Etats.

Dans les années qui suivirent, de nouvelles hordes de barbares ravagèrent le territoire des Lingons : Langres fut à deux doigts de sa perte ; mais une victoire éclatante de Constance Chlore la sauva. Toutefois, cette malheureuse contrée avait été tellement ruinée et dépeuplée par la guerre, que Constance y forma des colonies avec les prisonniers qu'il avait faits, et, dit Eumène, féconda de nouveau le sol de ce pays par les sueurs des barbares. C'est ce qui a fait supposer qu'une de ces colonies, composée d'Attuariens, avait été établie près de Dijon, et que le lieu inconnu de sa résidence était devenu le chef-lieu du *pagus Attuariorium*, dont Dijon faisait partie. On ne connaît aujourd'hui ni le nom ni l'emplacement de cette cité; quelle que soit la réalité de ce fait, il est assez singulier que la résidence des vaincus ait été choisie pour le chef-lieu des populations qui leur avaient fait grâce.

Quelques années auparavant, en 321, Constantin, le premier empereur chrétien, était venu dans les Gaules repousser de nouvelles invasions des Vandales et des Alains : il traversa le pays des Lingons et s'arrêta, disent les chroniqueurs, à Dijon, dont il releva ou répara les murailles.

En 335 il modifia la division administrative de la Gaule : il la partagea en dix-sept provinces, gouvernées par des ducs ou des comtes. L'ancien territoire des Lingons avait été rattaché à celle de ces provinces nommée la Première-Lyonnaise, dont les villes principales étaient Lyon, Autun, Langres, Chalon et Mâcon. Les rapports de Dijon avec les cités méridionales devinrent alors plus fréquents, et sa position dut en être améliorée. A cette époque, les prédications et le martyre de saint Bénigne avaient porté leurs fruits. Les fidèles qui avaient recueilli sa parole à Dijon s'étaient longtemps réunis dans une chapelle souterraine située au-dedans de la ville, du côté de l'orient; mais leur nombre s'augmentant et la religion chrétienne étant librement professée depuis l'an 311 que l'empereur Constantin l'avait embrassée, saint Urbain, sixième évêque de Langres, vint dans cette ville en 374 et y fit élever deux basiliques : l'une dédiée à saint Etienne, sur l'emplacement de la crypte souterraine; l'autre hors des murs, près du cimetière où saint Bénigne avait été inhumé. Cette dernière fut placée sous le vocable de saint Jean-Baptiste.

Saint Urbain y avait lui-même marqué sa sépulture, et y fut, en effet, inhumé quelques années après.

On touchait alors au moment où la domination romaine allait disparaître. Dans les premières années du V* siècle, les peuples du Nord se précipitèrent en si grand nombre dans les Gaules, que rien ne put leur résister : en même temps qu'Alaric s'emparait de Rome et la livrait au pillage, les Bourguignons s'établissaient en Suisse, dans la Franche-Comté et sur les deux rives du Rhône et de la Saône. Les Romains ne songèrent pas même à les en chasser; ils s'en firent des alliés; et quarante ans plus tard, lorsqu'en 451 le fameux Aëtius, commandant les armées impériales, vainquit Attila dans les plaines de Châlons en Champagne, il avait dans ses troupes les Visigoths, les Francs, les Bourguignons, les Bretons et les Allemands.

Ce premier royaume de Bourgogne dura à peu près 120 ans. Dijon, qui en faisait partie, n'en était qu'une des moindres cités : Lyon en était, sinon la capitale, du moins la ville la plus considérable. C'est à Chalon-sur-Saône que le roi Gondebaud, auteur des fameuses *Lois gombettes*, résidait vers l'année 490 : Chlotilde, fille de son frère, qu'il avait assassiné pour s'emparer de ses trésors, lui fut demandée par Clovis, et partit de cette ville pour aller trouver le roi frank son époux. Elle ne tarda pas à exciter la haine de Clovis contre son oncle, qu'elle haïssait doublement, comme arien et comme assassin de son père. En 500, Gondebaud, attaqué par Clovis et trahi par son frère Gondeghisil, fut vaincu, disent les chroniques, près du *fort de Dijon*. Aproncule, évêque de Langres, qui résidait à Dijon, avait tenté de faire révolter les habitants contre Gondebaud; mais il avait été obligé de s'enfuir la nuit, en passant par-dessus les murs de la ville. Saint Grégoire, qui lui succéda dans son évêché, habitait, comme son prédécesseur, la ville de Dijon, dont le climat lui paraissait sans doute plus doux que celui de Langres : sa demeure était située près de la chapelle Saint-Vincent, non loin de Saint-Michel. Il commença à édifier en 506 l'église de l'abbaye de Saint-Bénigne, qu'il venait de fonder : elle fut consacrée en 535, et on y déposa les reliques du saint dont elle prenait le nom. Sigismond, qui avait succédé à Gondebaud, venait d'embrasser la religion catholique.

La fortune des Franks devait l'emporter sur celle des Bourguignons : en 534, Gondemar, roi de Bourgogne, après avoir lutté avec courage contre les enfants de Clovis, succomba enfin, et ses États furent soumis à la domination franque, tantôt formant un royaume séparé, tantôt réunis aux autres possessions des Franks, suivant que le caprice des partages ou l'intérêt des princes en décidait. Durant cette longue période, qui s'étend de l'an 534 à l'an 880, les destinées de Dijon paraissent fort obscures : sans doute il subit sa part des guerres et des ravages qui ne cessaient de désoler les populations dans ces temps de violence et de misère; sans doute ses campagnes furent pillées lorsqu'il ferma ses portes à Chramne, le fils ingrat de Clotaire. Ce prince se présenta dans l'église de Saint-Jean-Baptiste, qu'on appelait alors la Basilique-hors-les-Murs, pour y consulter les Livres saints; et saint Tétricus, évêque de Langres, qui résidait à Dijon, lui prédit le sort funeste qui l'attendait. Plus tard, Dijon dut respirer, sous l'administration de Gontran, qui posséda la Bourgogne en 562, et près duquel le célèbre historien Grégoire de Tours vint remplir plusieurs missions importantes. Ce roi, surnommé *le Bon* par ses contemporains, résidait à Chalon-sur-Saône; il se plut à enrichir l'abbaye de Saint-Bénigne, à laquelle il donna de riches terres et une foule d'objets précieux. C'est ainsi que s'élevait dès cette époque le premier faubourg de Dijon, celui qu'on appelait alors le *quartier de la Chrétienté*.

C'est à cette époque que se rapporte la description de Dijon faite par Grégoire de Tours. Il nous dépeint avec amour la ville où il a passé son enfance; mais quel était alors l'aspect de la ville, soit à l'intérieur de l'ancien castrum, soit à l'extérieur? Les monuments dont on a retrouvé les ruines, les statues, les tombeaux, les temples avec leurs colonnes et leurs riches sculptures, dont les fondations des anciennes murailles contiennent les nombreux débris, existaient-ils encore de son temps? C'est ce qu'on ignore complétement.

Ce qu'il y a de certain, c'est que dès ce temps la ville extérieure était beaucoup plus considérable que celle qui était contenue dans les murs du castrum, et qui pouvait avoir une surface de 350 mètres carrés. Que l'on fasse la part, dans cet espace si resserré, au lit de Suzon, aux voies publiques; à l'église Saint-Etienne, élevée sur l'ancienne crypte souterraine des premiers chrétiens; à la chapelle baptismale de Saint-Vincent, qui en était voisine, et à laquelle touchait le palais des évêques de Langres; enfin, à la demeure des fonctionnaires chargés de gouverner la ville et le pays, quels qu'ils fussent, que devait-il rester pour la population, dont les maisons à cette époque n'avaient jamais qu'un étage? Aussi, voyons-nous que Saint-Jean et Saint-Bénigne étaient hors des murs : ils devaient être entourés d'une certaine population, puisqu'on baptisait également à Saint-Jean; enfin, une foule de monuments et d'édifices s'élevaient à l'entour des fortifications, puisqu'on en a trouvé les ruines en beaucoup d'endroits. Ce qu'il y a de certain encore, c'est que Dijon était *de fait*, sinon de droit, le chef-lieu d'une vaste contrée, et qu'il était la résidence habituelle des premiers dignitaires civils et religieux de la province, qui y séjournaient presque constamment dans leurs maisons de plaisance : c'était le Versailles d'une autre capitale.

Dans ce temps-là, la Bourgogne était déjà presque entièrement chrétienne ; mais que les mœurs et les usages de ces jours d'ignorance et de grossièreté étaient différents des nôtres ! Dans un synode tenu à Auxerre par saint Aunaire, en 578, un grand nombre de décisions furent arrêtées sur la discipline religieuse ; voici les plus singulières :

Défense de se déguiser le 1er janvier en vache ou en cerf ;

Défense d'acquitter des vœux à des buissons, à des arbres, à des fontaines ; de consulter les augures, les sorciers, les devins, les sorts des saints ;

Défense aux laïques de danser dans l'église, d'y faire chanter des chansons à des filles et d'y donner des festins.

On ne devait baptiser qu'à Pâques, même les enfants, excepté en danger de mort ; il n'était pas permis aux prêtres, aux diacres et aux sous-diacres d'officier à la messe, ni même d'y assister, s'ils n'étaient à jeûn. La veuve d'un prêtre, d'un diacre ou d'un sous-diacre ne pouvait se remarier. On y défendait aux prêtres et aux diacres de danser et chanter dans les festins, et aux abbés et aux moines d'aller aux noces et d'être parrains. On peut juger par ces prescriptions, bien certainement nécessaires alors, des habitudes brutales de ce temps, même chez les gens d'une classe élevée. Celles des hommes de guerre étaient plus cruelles encore. Théodebert, petit-fils de Clovis, étant allé attaquer les Goths en Italie, ses soldats commencèrent, en traversant le Pô, par immoler des femmes et des enfants de la nation gothique, dont ils jetèrent les cadavres au fleuve comme prémices de la guerre qui s'ouvrait, et pour se rendre favorable le dieu des combats. Procope, historien grec du même temps, qui raconte ce fait avec horreur, ajoute : « Telle est la manière dont ces barbares sont chrétiens ; ils sacrifient encore des victimes à leurs superstitions impies. »

Le besoin de cette époque était la guerre et le pillage, et les seigneurs s'y livraient sans frein, sous le règne de ces rois à qui l'histoire a donné le nom de *Fainéants*. En 596, Thierry, auquel la Bourgogne était échue en partage, avait, comme Gontran, fixé sa résidence à Chalon-sur-Saône : il y convoqua un concile en 603. Les habitants de Dijon virent presque sous leurs yeux l'arrestation de la reine Brunehaut, en 613 : elle fut prise à Orville, près de Selongey, et mourut dans les supplices à Renève. En 628, la Bourgogne était possédée par Dagobert ; ce roi vint tenir des assises à Langres, Dijon, Auxerre, Chalon, Saint-Jean-de-Losne, pour y rendre la justice et y rétablir le règne des lois. Mais, en 720, la grande invasion des Sarrazins vint désoler la Bourgogne : Lyon, Mâcon, Chalon, Beaune, Dijon et Auxerre furent pris et ravagés. Charles Martel délivra la France de ce fléau, et les populations furent plus tranquilles sous sa domination, ainsi que sous Pépin et Charlemagne. C'est sans doute à cette époque que les anciens murs de Dijon furent relevés, et que pour les reconstruire à la hâte on employa dans les fondations tous ces débris de monuments, de statues, de tombes soit romaines, soit gauloises, soit mêmes juives, qui y ont été retrouvés depuis. Ce qui rendrait très probable cette supposition, ce serait la manière dont ces fondations sont édifiées, et qui ne peut être attribuée aux Romains : les débris de monuments païens, qui ne peuvent y avoir été placés qu'à une époque toute chrétienne ; les tombes juives, qui reculent encore le temps de leur construction ; enfin, le nom de *murailles aux Sarrazins*, qui est donné par les anciens titres à certaines parties de ces murs.

En 813, Charlemagne convoqua un concile en Bourgogne; mais ce fut encore à Chalon. Dijon, depuis la fin du siècle précédent, était devenu le chef-lieu d'un canton, *pagus Divionensis*, auquel il paraît que fut réuni dans le X° siècle le canton de l'Ouche, *pagus Oscarensis*. Les troubles recommencèrent sous Louis le Débonnaire, et après sa mort ses enfants se disputèrent ses Etats. Enfin, dans une conférence tenue près de Mâcon, sur une île de la Saône, l'empire de Charlemagne fut démembré : les provinces du sud-est de la France et la haute Bourgogne furent attribuées à l'empereur Lothaire; Charles le Chauve eut, avec l'Aquitaine et la Neustrie, la Bourgogne inférieure qu'on nomma depuis Duché de Bourgogne. C'est après ce partage qu'on appela *terres d'empire* le côté oriental de la Saône, et *terres de roi* le côté occidental.

La Bourgogne, de royaume qu'elle était, se trouvait ainsi réduite aux proportions d'un duché. Sous Louis le Bègue, la puissance royale s'affaiblit tellement, que les dignitaires se perpétuèrent d'eux-mêmes dans les charges qui leur étaient auparavant conférées par le souverain, et le titre de duc de Bourgogne devint en quelque sorte héréditaire dans la même famille. Les historiens appellent ces ducs *bénéficiaires*, sans doute parce qu'ils tenaient originairement de la couronne le bénéfice de leur duché. Cet état de choses dura depuis Richard, comte d'Autun, appelé le Justicier (877), jusqu'à Hugues le Blanc, père de Hugues Capet. Sous ces ducs, les guerres furent presque continuelles, car plus leur autorité était précaire, plus elle était contestée et avait besoin d'être défendue par les armes. En 888, les Normands ravagèrent les environs de Dijon : le duc Richard les repousse et les bat près de Saint-Florentin. En 911, nouvelle invasion et nouvelle victoire. Raoul, fils de Richard, assiége et prend Dijon en 923. Les

Hongrois, en 937, mettent la province à feu et à sang. En 938, trois ducs, Gislebert, Hugues le Noir et Hugues le Blanc, se disputaient le duché. Hugues le Blanc prit de vive force Dijon et Langres. Othon devint duc de toute la Bourgogne en 956; mais Robert de Vermandois lui enleva Dijon par surprise en 959; l'année suivante, le roi Lothaire reprend Dijon et le rend à Othon, qu'il confirme dans la possession du duché. Henri, frère de Hugues Capet, succéda à Othon en 965. Ce fut lui qui fournit à l'abbé Guillaume les secours nécessaires pour reconstruire l'église Saint-Bénigne. Il était zélé pour la religion : il provoqua la réforme des abbayes de Bèze, Saint-Vivant, Saint-Bénigne, etc. Il mourut en 1002, dans son château de Pouilly-sur-Saône.

Son fils adoptif, Othe-Guillaume, essaya de lui succéder, et disputa longtemps le duché de Bourgogne au roi de France Robert, qui l'envahit deux fois, en 1003 et 1005, et le ravagea sans pouvoir s'emparer de Dijon, que défendait Humbert de Mailly. Enfin, après plusieurs conférences tenues à Verdun-sur-Saône, à Beaune et à Dijon, une transaction eut lieu; Othe fut reconnu comte de Dijon, et le duché resta au roi Robert. En 1015, toute la province était soumise, et Robert était à Dijon avec la reine Constance et ses deux fils Henri et Robert. C'est dans ce temps que Lambert, évêque de Langres, vendit au roi Robert tous ses droits sur la ville de Dijon, qui appartenait en propriété aux évêques de Langres. Robert fit de cette ville la capitale du duché, qu'il donna à son fils Henri; mais en 1032, celui-ci, devenu roi de France, le céda en propriété à son frère Robert. Ce ne fut donc qu'à cette époque que Dijon, affranchie de la puissance des évêques de Langres, put réellement prendre part aux libertés publiques, qui commençaient à poindre au milieu de la barbarie qui couvrait encore la France.

Cette période d'environ 150 ans avait été marquée par bien des guerres et bien des désastres : cependant, malgré ces guerres, ou peut-être à cause d'elles, car le seul refuge un peu sûr était alors le voisinage des places fortifiées, Dijon avait pris un accroissement assez remarquable. Dès le X⁰ siècle, le village de Trimolois s'était formé sous les murs de la ville, au nord, et on y voyait la chapelle de Notre-Dame-du-Marché, qui fut depuis remplacée par l'église Notre-Dame. A l'est, l'église Saint-Médard existait : on y avait placé les reliques de ce saint, prises en 888 par Aymar, comte de Dijon, aux Normands, qui les avaient enlevées au pillage de Soissons. Saint-Michel s'élevait tout près de là. Dans les temps plus réculés, le *logis des Rois* ou des Ducs était adossé à la partie méridionale des murs du *vieux chastel*, et se développait depuis la rue du *Grand-Potet* (rue Buffon) jusques et y compris les bâtiments de la Madeleine. Il couvrait ainsi l'emplacement aujourd'hui occupé par l'Ecole normale, l'Ecole de droit et les maisons situées à l'ouest de ces édifices, jusqu'à l'angle des prisons. Mais à l'époque dont nous parlons, le château des ducs, entouré de fossés, avait été reporté et défendait la ville du côté du nord. Au XI⁰ siècle, Saint-Bénigne avait été reconstruit, et la chapelle de Saint-Philibert remplacée par une église, devenue nécessaire aux fidèles de ce quartier. Du reste, on peut juger de la prospérité de la Bourgogne et de la ville de Dijon au XI⁰ siècle par ce fait remarquable : c'est que le roi Robert admit, par faveur spéciale, les villes de Dijon et d'Auxonne parmi les huit villes principales dont il *nourrissait trois cents pauvres tous les jours.*

Le fait le plus important de cette époque est l'engagement pris par le roi Robert en 1015. En se mettant en possession du duché de Bourgogne, il promit de respecter le droit qu'avait la province d'être administrée par des Etats qui se réunissaient dès lors à de certaines époques. Ces États remontaient, selon Saint-Julien de Balleure, à l'an 882, époque où Louis et Carloman, fils de Louis le Bègue, accordèrent aux habitants du duché de se réunir en États généraux : ils s'étaient maintenus à travers tant de troubles et de guerres; mais l'acte le plus ancien qu'on en connaisse est l'accord qu'ils firent avec Robert. Ce prince confirma solennellement leurs priviléges, qui consistaient dans la haute administration de la province, et surtout dans le vote et la répartition de l'impôt.

Le duc Robert est le premier d'une nouvelle suite de ducs de Bourgogne désignés sous le nom de ducs de la première race royale, parce que Robert, le premier d'entre eux, était petit-fils de Hugues Capet. Elle comprend douze princes, dont plusieurs ont été des hommes remarquables, et remplit un espace de 330 années environ, de 1032 à 1361. A cette époque, la Bourgogne, administrée avec sagesse, et ressentant aussi l'influence du changement qui s'opérait peu à peu dans les mœurs publiques et dans la constitution du royaume, ne fut plus exposée aux invasions et aux ravages des princes voisins. Les ducs, au contraire, pendant que leurs sujets jouissaient d'une paix bienfaisante, portèrent au loin leurs armes, soit en prenant part aux croisades qui eurent lieu dans ce temps, soit en assistant les rois de France dans les guerres nationales qu'ils eurent à soutenir.

En même temps se développaient les libertés publiques, s'élevaient des édifices remarquables, et se formaient des établissements religieux, qui étaient alors le refuge des sciences et de l'agriculture. En 1076, Hugues convoqua à Bèze les Etats de Bourgogne, et dispensa six de ses barons de l'obéissance qui lui était due, s'il lui arrivait de violer la liberté des assemblées ou les coutumes du pays. Ces

Etats, restes des vieilles libertés germaniques, étaient le plus précieux privilége de la province. Ils réglaient son administration générale et la répartition des impôts dans des assemblées composées de députés représentant le clergé, la noblesse et le tiers-état. Ce privilége était l'un de ceux que le roi Robert avait confirmés avec serment en prenant possession du duché en 1015.

Eudes fonda en 1078 la célèbre abbaye de Citeaux. Saint Robert s'était retiré avec quelques religieux dans de vastes forêts près de Nuits : Eudes les acheta au vicomte de Beaune et les donna au pieux abbé, ainsi que des sommes considérables pour construire l'abbaye et entretenir les religieux. Citeaux reçut aussi de sa libéralité *la maison de la Duchesse* (Mahaut, sa mère), avec une vigne et un pré hors des murs de Dijon; c'est ce qu'on nomme encore à présent le Petit-Citeaux, rue Saint-Philibert, et qui aujourd'hui appartient en partie au nouvel établissement des Jésuites. C'est dans l'église de cette abbaye, devenue plus tard si puissante et si célèbre, qu'Eudes fut inhumé, ainsi que la duchesse sa femme et ses successeurs. Ils y avaient de magnifiques tombeaux, et dans une chapelle qui était consacrée aux fondateurs, on remarquait un tableau représentant le duc Eudes, la duchesse Mathilde son épouse, et Hugues leur fils, présentant à saint Robert l'église de l'abbaye. En 1113, saint Bernard s'enferma à Citeaux avec trente-deux gentilshommes bourguignons, et en fit bientôt le premier monastère de l'Europe. L'établissement de la Chambre des comptes date aussi du XIe siècle.

Un incendie considérable détruisit en 1137 une grande partie de la ville. *Cette grande calamité*, dit Paradin, *advint d'un orval de feu si merveilleux, que la ville fut quasi toute explanée et réduite en cendres. Il n'y eut ni palais, ni temple qui en fût exempt.* Heureusement que la ville proprement dite contenait peu d'édifices, puisque les églises étaient presque toutes au-delà des murs : elle ne tarda pas à se relever et à s'embellir.

Cependant ce malheur eut des suites irréparables : ce fut la perte des archives de la province et de la ville; elles contenaient une foule de chartres et de titres qui jetteraient aujourd'hui une vive lumière sur les premiers siècles de l'histoire de Bourgogne. C'est à cette époque que commença à s'élever la nouvelle enceinte de la ville, qui fut tracée sur l'emplacement des remparts actuels; mais elle ne fut terminée qu'en 1359, par Jeanne de Boulogne, mère et tutrice du duc Philippe de Rouvres. Alors s'y trouvèrent renfermées les églises Saint-Médard, Saint-Michel, Saint-Jean et Saint-Philibert, l'abbaye de Saint-Bénigne, les églises Saint-Nicolas et Saint-Pierre, construites au XII° siècle, et l'église Notre-Dame, commencée au XIII° siècle et consacrée en 1334.

Quelques années après, en 1146, saint Bernard prêcha la croisade à Vézelay. Le duc Eudes II assista à cette prédication; mais, dit Courtépée, il résista à l'éloquence du saint abbé, et, sans se laisser entraîner par l'exemple de Louis VII, il préféra le bonheur de ses sujets et la gloire de les gouverner sagement lui-même.

Le duc Hugues III fut moins sage: il prit la croix et s'embarqua pour la Terre sainte en 1171. Pendant une violente tempête il fit vœu, s'il échappait au danger, d'élever un temple à la Vierge. De retour à Dijon, il s'acquitta de son vœu, et fit construire à grands frais l'église de la Sainte-Chapelle, qui touchait à son palais. Ce fut lui qui établit à Dijon une commune sur le plan de celle de Soissons; la chartre en fut scellée en 1182 et confirmée par Philippe-Auguste en 1183. Cependant, malgré cette royale garantie, elle ne tarda pas à être annulée; mais en 1187, ayant sans doute besoin d'argent pour se rendre à la croisade, où il se distingua à la prise d'Acre et commanda l'armée après le départ de Philippe-Auguste, le duc en octroya une seconde, moyennant une redevance de 500 marcs que la ville devait lui payer tous les ans.

La nouvelle chartre d'établissement de cette commune contenait quarante articles, tandis que celle de Soissons n'en contenait que vingt; en voici la formule et les principales dispositions :

« Au nom de la sainte et indivisible Trinité, ainsi soit-il. Nous faisons savoir à tous présents et à venir que nous, Hugues, duc de Bourgogne, avons donné et concédé aux hommes de Dijon une commune pour en jouir à perpétuité, dans la forme de la commune de Soissons, et sans préjudice de la liberté dont ils jouissaient auparavant.

« Dans toute l'étendue de la banlieue de Dijon on se portera secours les uns aux autres, et on ne souffrira pas que personne puisse enlever et s'approprier ce qui appartient à autrui. — Il ne nous sera fait crédit, durant notre séjour à Dijon, pour le pain, le vin et les autres choses nécessaires à la vie, que pendant quinze jours; passé ce délai, si nous n'avons pas payé les choses fournies, il ne nous sera rien avancé de plus jusqu'au paiement des premières fournitures. — Tous les habitants de la ville de Dijon et de sa banlieue prêteront serment à la commune. Les hommes chargés de la répartition de l'impôt prêteront serment de ne déporter personne par affection, et de ne grever personne par haine; mais ils rendront leurs décisions en conscience. Les autres prêteront serment de se soumettre à ces décisions, à moins qu'ils ne prouvent que leur revenu ne leur permet pas de payer leur impôt. — Nul ne pourra être arrêté dans la ville de Dijon ou dans sa banlieue, si ce n'est par l'autorité du maire et des jurés (échevins). — Si quelqu'un de la commune commet un délit et refuse de se soumettre au jugement des jurés, les hommes de la commune en feront justice. — Si quelqu'un, au son de la cloche pour réunir la commune, ne se rend pas à l'assemblée, il paiera une amende de 12 deniers. — Il est entendu que nous, duc, ni nos fils, ni la duchesse notre épouse, ne pourrons avoir aucun serf dans l'intérieur de la commune de Dijon ou de sa banlieue. — Si quelqu'un de la commune ou la commune elle-même commet un délit contre nous, il faudra que nous obtenions justice contre lui ou contre elle, par l'organe du maire et des jurés, qui siégeront dans la cour de Saint-Bénigne, sans que nous puissions les contraindre à tenir audience ailleurs que dans ladite cour. — Nous concédons à la commune, et à perpétuité, le droit de fixer le ban de vendanges. — En ce qui concerne notre justice et les délits dont la connaissance nous est réservée, il demeure statué ainsi qu'il suit : — Lorsqu'il y aura effusion de sang par suite de violences, si le fait est prouvé, il sera infligé au coupable une amende de 7 sous, et le blessé recevra 15 sous. — Si un homme de la commune est surpris commettant un vol, et qu'il n'aie pas volé antérieurement, il paiera une amende de 15 sous ; mais s'il est en récidive, il sera laissé à notre disposition et volonté ; il en sera de même s'il n'est pas de la commune. — Le crime de meurtre sera soumis à notre justice et décision, et celui qui s'en sera rendu coupable sera livré à notre prévôt, si le maire le fait arrêter. Au reste, il ne pourra faire partie de la commune à l'avenir que du consentement des jurés. — Les délits commis sur les fruits des champs et des jardins seront punis par le maire et les jurés, à moins qu'ils n'aient été commis pendant la nuit ; dans ce cas, le coupable nous paiera une amende de 15 sous. — Le rapt sera réservé à notre justice, pourvu, toutefois, que la femme enlevée ait poussé des cris assez forts pour être entendus des hommes de sa famille, et que ceux-ci puissent le prouver. — Celui qui se sera servi d'une fausse mesure *nous* paiera une amende de 7 sous; de plus, il fera serment que dans sa conscience il ne croyait pas que cette mesure fût fausse; et s'il refuse le serment, il *nous* paiera une amende de 15 sous. — Pour toutes les choses qui ne se trouvent pas prévues par les articles ci-dessus, le maire et les jurés les régleront à leur gré.

« Lorsque nous ferons un appel aux hommes de la commune pour notre armée, ils devront nous suivre et rester pendant quarante jours avec nous, notre sénéchal ou notre connétable, sur les terres du royaume de France. Mais si nous assiégeons quelque château dans l'étendue de notre duché, ils resteront tant qu'il nous plaira. Il est entendu, toutefois, que les hommes de la commune pourront se faire remplacer dans notre armée par des serviteurs qui puissent être acceptés à leur place.

« Nous cédons à la commune tout ce que nous possédons sur le territoire de Marsannay et de Fénay, sans aucune réserve. — Nous leur donnons aussi tout ce qui a appartenu à maître Girard des Comptes, dans la ville de Dijon, et tous les droits qui peuvent nous échoir sur les hommes de la commune.

« Nous nous engageons à ne frapper à Dijon de monnaie plus forte que 5 deniers d'aloi. — Nous concédons de même à la commune que nous ne pourrons changer la place où se tenaient les foires de la Saint-Jean et de la Toussaint, ainsi que les marchés du mercredi et du samedi, dans l'année où nous avons donné la présente chartre. — Nous accordons également que la location des places dans lesdites foires et marchés, savoir : pour les changeurs, cordonniers et autres marchands, ne pourra être augmentée par nous au-delà du tiers de ce qu'elle vaut dans la susdite année. — Nous consentons également que si notre prévôt à Dijon s'est approprié quelque chose appartenant à quelqu'un de la commune, il soit condamné par le maire, et sans aucune forme de procès, à rendre la valeur de ce qu'il aura été prouvé qu'il a pris.

« Sur notre demande, Philippe, roi de France, s'est engagé à maintenir cette commune : ainsi, dans le cas où nous viendrions à la violer, il nous obligera à donner satisfaction à la commune, suivant jugement de sa cour, et ce, dans les quarante jours où la nouvelle de cet événement lui sera parvenue. L'archevêque de Lyon, les évêques d'Autun, de Langres et de Chalon ont également promis, sur notre demande, de maintenir cette dite commune; tellement, que si nous-mêmes, ou quelqu'un des nôtres en notre nom, venions à enfreindre les règlements de la commune tels qu'ils sont établis dans la présente charte, du jour où la nouvelle de cette infraction leur sera parvenue et qu'elle leur aura été justifiée soit par le maire, soit par une autre personne si le maire ne peut se rendre près d'eux avec sécurité, soit par deux jurés de la commune dont la qualité sera affirmée par le maire, ils nous adresseront une admonition, ou par eux-mêmes, ou par leurs messagers dans l'étendue du royaume de France ; et si dans les quatorze jours après cette admonition, nous n'avons pas réparé cette infraction faite à la commune, tous les territoires qui nous sont soumis, Dijon excepté, seront frappés d'interdiction jusqu'à ce que nous ayons accordé la satisfaction qui aura été fixée.

« Il est expressément entendu qu'en échange de la concession faite par nous de la présente commune, les hommes qui la composent paieront, soit à nous, soit à notre prévôt, par chaque année, cinq cents marcs d'argent, tel que les changeurs le donnent et le reçoivent entre eux dans les foires ; cette somme devra être payée à Dijon le jour de mars avant le dimanche des Rameaux, ou à Bar le grand samedi de Pâques. Moyennant les conditions ci-dessus établies, tous nos hommes, quels qu'ils soient, faisant partie de la commune qui vient d'être constituée, sont tenus quittes et déchargés de toute taille par nous à perpétuité.

« Et afin que ceci soit définitivement consenti et demeure inviolable, nous avons fait serment de tenir et d'observer d'une manière irréfragable la présente commune. Notre fils Eudes l'a juré comme nous, et nous l'avons revêtue de l'empreinte de notre sceau, sous la réserve, toutefois, de nos droits et de ceux que les églises et les chevaliers peuvent avoir dans ladite ville de Dijon sur les hommes leur appartenant du vivant du duc notre père et avant l'établissement de la présente commune, à moins qu'il ne s'agisse de la liberté de ces hommes.

« Les témoins de la concession et confirmation faites par nous sont : Anseric, seigneur de Montréal ; Aymon, seigneur de Marigny ; Guy, seigneur de Thil-Châtel ; Guillaume, fils du seigneur Eudes de Champagne ; Hugues, seigneur de La Roche ; Robert de Ballot ; Anseric de Ballot ; Bertrand de Saudan ; Simon de Bracon ; Eudes de Dijon ; Aymon de Montrey ; Halo de Saint-Julien ; Valter, seigneur de Sombernon ; Othon, seigneur de Saulx ; Guillaume, seigneur de Fauverney ; Etienne Vilain ; Jules de Saulx ; Othon de Saffres, et Amédée, seigneur d'Arcelot.

« Fait publiquement à Dijon, l'an de l'Incarnation 1187. »

La garantie accordée par le roi Philippe-Auguste pour le maintien de la commune de Dijon était ainsi conçue :

« Au nom de la sainte et indivisible Trinité, ainsi soit-il. Philippe, par la grâce de Dieu, roi des Français, faisons savoir à tous présents et à venir, que notre fidèle parent, Hugues, duc de Bourgogne, a donné et octroyé à perpétuité à ses hommes de Dijon une commune sur le modèle de celle de Soissons, sauf la liberté qu'ils possédaient auparavant. Le duc Hugues et son fils Eudes ont juré de maintenir et de conserver inviolablement ladite commune. C'est pourquoi, d'après leur demande et leur volonté, nous en garantissons le maintien sous la forme susdite, de telle sorte que si le duc ou l'un de ses héritiers veut dissoudre la commune ou s'écarter de ses règlements, nous l'engagerons de tout notre pouvoir à les observer. Que s'il refuse d'accéder à notre requête, nous prendrons sous notre sauvegarde les personnes et les biens des bourgeois. Lorsqu'une plainte sera portée devant nous à cet égard, nous ferons dans les quarante jours amender, d'après le jugement de notre cour, le dommage fait à la commune pour la violation de sa chartre. Et afin que le présent acte subsiste à perpétuité, nous avons ordonné qu'il fût revêtu de notre sceau.

« Fait à Tonnerre, l'an de l'Incarnation 1187, de notre règne le huitième, en notre palais, en présence du comte Théobald, notre maître d'hôtel; de Guy, bouteiller; de Mathieu, camérier, et de Rudulfe, connétable. »

La commune commença donc à recevoir son exécution dans la ville de Dijon et dans la banlieue, qui comprenait alors, ainsi que cela résulte d'une pièce du cartulaire de l'abbaye de Saint-Étienne, Larrey, Chenôve, Marsannay, Ouges, Longvic, Mirande, Crimolois, Pouilly, Ruffey, Fontaine et plusieurs rentes; mais elle fut longtemps l'objet de conflits sérieux soit avec les ducs ou leurs officiers, soit avec les vicomtes de Dijon, soit plus tard avec le Parlement et les gouverneurs de la province.

En exécution de la chartre, le maire était élu par le suffrage de tous les habitants; il était nommé pour un an, l'avant-veille de la Saint-Jean-Baptiste, dans une assemblée qui se tenait au cimetière Saint-Philibert, et plus tard au couvent des Jacobins, qui sert aujourd'hui de marché ; il prêtait, à Notre-Dame, le serment, dans lequel il promettait, entre autres choses, « de garder les franchises et libertés de la ville contre le prince et ses officiers, d'aimer et chérir ses échevins, de faire prompte justice à chacun, de faire exécuter les actes du Conseil, et de ne laisser molester personne par ses agents. » Il présidait la justice municipale, administrait les affaires de la ville, était chef de la milice, dont tout habitant faisait partie, même les gens de robe et d'église. Il avait la noblesse, quelle que fût sa naissance ; vingt-quatre sergents, en manteaux rouges et armés de hallebardes, le suivaient partout ; il avait ses canons et ses artilleurs. Il nommait les officiers de la milice et les gardiens des portes de la ville, qui lui en apportaient chaque soir les clefs ; enfin il donnait le mot d'ordre comme commandant la place en l'absence du gouverneur.

Mais la redevance des cinq cents marcs (27,000 fr. environ), qui exemptait les habitants de toutes autres tailles et charges, était alors si exorbitante relativement à la population, que les habitants quittaient la ville pour en être déchargés. Ils se plaignirent en 1262 à Hugues IV, *le priant que por Dieu, por pitié et por li bien d'icelle, il mist conseil et remède en ceste chose.* Enfin, le duc Robert, quelques années plus tard, renonça à cette prestation, pour prévenir la désertion totale des habitants.

Eudes III, qui prit possession du duché en 1192, fut le protecteur des libertés publiques. A son retour de la quatrième croisade, il fonda à Dijon l'hôpital de la Charité pour recevoir les pèlerins, les pauvres et les enfants exposés. Il accorda le droit de commune à la ville de Beaune en 1203, et à celle de Châtillon-sur-Seine en 1208. On sait quels efforts Robert, évêque de Langres, fit pour empêcher l'établissement de cette dernière commune. Les institutions municipales n'avaient pas alors d'ennemis plus acharnés que les évêques et le clergé, dont elles diminuaient l'autorité arbitraire.

Sous ce règne, l'émine de blé, mesure de Dijon, pesant 480 livres, se vendait 40 sous; une douzaine d'œufs, 4 deniers; une poule, 3 deniers; une livre de cire, 3 sous 6 deniers; la nourriture d'un cheval, par jour, 1 denier; une aune d'étoffe de laine fabriquée à Beaune, 10 sous : il en fallait huit aunes pour habiller un homme et une femme.

C'est seulement en 1196 qu'il fut permis aux juifs d'habiter Dijon : ils y occupaient deux rues, qui forment aujourd'hui la rue Buffon.

En 1206 le duc Hugues IV prit possession du duché de Bourgogne, à l'âge de six ans, sous la tutelle de la duchesse Alix de Vergy. A la majorité de son fils, elle se retira à Prenois, qui lui avait été assigné pour son douaire; elle y faisait valoir *deux charrues à bœufs et* 500 *moutons*. En 1248, le pape Innocent IV, voulant échapper à l'empereur Frédéric, fit prier Louis IX, qui assistait au chapitre de Cîteaux, de lui accorder un asile en France : « Je le ferai, dit le prince, si mes barons me le conseillent, car un roi de France ne peut se dispenser de suivre leurs avis. » Mais les barons, le duc de Bourgogne à leur tête, répondirent qu'ils ne souffriraient pas que le Pape vînt s'établir dans le royaume. Il fut obligé de se retirer à Lyon, qui était alors une ville libre, où, dans un concile, il déposa l'empereur et donna le chapeau rouge aux cardinaux.

Jusqu'à l'établissement de la commune de Dijon, la justice y avait été rendue par des comtes et des vicomtes. Après l'invasion de la Gaule romaine, les barbares avaient établi dans chaque canton (*pagus*) un comte chargé de l'administration et de la justice. Dès le premier siècle de l'établissement des Bourguignons dans le pays des Lingons, on voit trente-deux comtes approuver les lois de Gondebaud. Ces comtes étaient surveillés par des commissaires (*missi dominici*) envoyés par le prince, et les Capitulaires de Charles le Chauve nous font connaître, en 851, les principaux comtés de Bourgogne; c'étaient : Autun, Chalon, Mâcon, Dijon, etc. Ces comtés se subdivisaient en vicomtés. Le comte connaissait de la guerre, des finances et de la police; il avait la juridiction dans toute l'étendue de son ressort, et jugeait les affaires avec des assesseurs de son choix, dans un lieu nommé *Mallum* ou *Placitum*. Les vicomtes étaient les lieutenants des comtes, et les remplaçaient dans leurs fonctions. Ces officiers, amovibles dans l'origine, se rendirent indépendants à l'époque de l'affaiblissement de la monarchie carlovingienne; ils s'emparèrent d'une partie du territoire de leur comté, et transmirent à leurs enfants, comme une propriété héréditaire, et leurs terres et leur dignité. Telle était l'origine de la puissance et des droits des vicomtes de Dijon, qui s'étaient perpétués dans la prérogative d'administrer la ville et d'y rendre la justice; le roi Robert avait réuni la Comté à la couronne en 1015, après la mort d'Othe-Guillaume; mais la Vicomté existait encore en 1276. Le droit de rendre la justice n'avait pu être accordé au maire de Dijon par la chartre de 1187, sans empiéter sur les priviléges des vicomtes, et ce droit même n'avait pu s'étendre sur un quartier de la ville qui leur appartenait en propre, dans lequel ils exerçaient exclusivement tous les droits seigneuriaux, et par conséquent celui de justice. Le duc Robert acheta, en 1276, la Vicomté du sire de Pontailler; mais comme ce traité lui donnait des droits en opposition avec ceux de la commune, des discussions assez vives s'élevèrent entre lui et les habitants. La commune fit parvenir ses plaintes jusqu'à Philippe III, roi de France; et ce prince, saisissant l'occasion d'affaiblir l'autorité d'un de ses hauts barons, engagea le duc, son beau-frère, à remettre aux habitants de Dijon la *Vicomté avec sa justice*, et à les décharger de *l'impôt des* 500 *marcs*. Il le fit, moyennant certaines sommes que les habitants s'obligèrent à lui payer à l'avenir. Cet accord, terminé en 1284, donna aux droits du maire et des échevins des limites certaines; ils avaient désormais le pouvoir de rendre la justice dans toute la ville et sa banlieue, et de lever sur les habitants les sommes nécessaires à l'administration. Ce droit de rendre la justice civile et criminelle fut maintenu pour le maire de Dijon, sur les observations des États, et malgré l'ordonnance de 1566, par lettres patentes du roi à la date de 1571, et celui de régler la police, par lettres de 1572.

Eudes IV établit en 1334 l'obligation, pour lui et ses successeurs, de jurer publiquement, à leur avénement, le maintien des libertés, franchises, immunités, chartres et priviléges de Dijon. Les ducs, et plus tard les rois, ont prêté ce serment lorsqu'ils sont entrés à Dijon pour la première fois. Le roi Jean, le duc Philippe le Hardi, Jean sans Peur, Philippe le Bon, Charles le Téméraire, Louis XI, Louis XII, François Ier, Charles IX, Henri IV, Louis XIII et Louis XIV se soumirent à cette formalité.

Philippe de Rouvres prit possession du duché en 1349, sous la tutelle de sa mère Jeanne de Boulogne, et plus tard sous celle du roi Jean, qui épousa cette princesse. Vainement ce roi voulut établir dans la province l'impôt de la gabelle : trois fois il convoqua les États, à Châtillon, à Beaune, puis à Dijon; trois fois il éprouva de la part des représentants du duché une résistance invincible.

Après la bataille de Poitiers, les Anglais envahirent la

Bourgogne, s'établirent à Flavigny et ravagèrent le duché : les Etats s'assemblèrent à Beaune et négocièrent avec l'ennemi ; les Anglais se retirèrent après avoir reçu 100,000 moutons d'or (environ 200,000 fr.). La monnaie bourguignonne se frappait alors à Dijon, à Auxonne, à Saint-Laurent-les-Chalon et à l'abbaye de Saint-Etienne, à qui ce droit avait été accordé par Charles le Chauve, et qui en jouit jusqu'à la fin du XIIIe siècle.

Philippe mourut en 1361, sans postérité ; le roi Jean revendiqua la Bourgogne par droit de *proximité*, et en prit possession le 23 décembre 1361, après avoir juré sur la châsse de Saint-Bénigne de respecter les priviléges de la ville et du duché, serment qu'il ne tarda guère à violer, car, malgré l'opposition des Etats, il établit en Bourgogne les mêmes impôts que dans les autres provinces, pour payer sa rançon aux Anglais. Le duché de Bourgogne se trouva ainsi incorporé au royaume de France, et le roi s'empara des châteaux que les ducs possédaient à Dijon, Salmaise, Aignay, Maisey, Duesme, Aisey, Villaine, Châtillon, Montbard, Montréal, Salives, Germolles, Pouilly-en-Auxois, Brazey, Pagny, Volnay, Pouilly-sur-Saône, Vergy, Talant, Argilly, Rouvres, Saulx-le-Duc, etc.

Nous sommes arrivés à l'époque la plus brillante, mais non la plus heureuse de l'histoire de Bourgogne ; et c'est aussi celle que les historiens se sont plu à décrire avec le plus de développement. Nous ne ferons donc que rappeler ici les principaux faits historiques, en nous bornant à ceux qui intéressent plus directement la ville de Dijon.

Tout le monde sait que le roi Jean, pour reconnaître le dévoûment de son fils Philippe, blessé et fait prisonnier avec lui à la bataille de Poitiers, lui donna en 1363 le duché de Bourgogne à titre d'apanage, réversible à la couronne à défaut d'héritiers.

Philippe le Hardi fut le premier des ducs de Bourgogne de la deuxième race royale. Après lui, Jean sans Peur et Philippe le Bon possédèrent le duché, et sa postérité mâle s'éteignit dans la personne de Charles le Téméraire, tué devant Nancy en 1476.

Pendant cette période de 114 années, Dijon se ressentit nécessairement des événements déplorables qui mirent la France si près de sa perte ; mais il n'éprouva que le contrecoup de ces désastres ; la présence des ducs et des seigneurs qui les entouraient, leur magnificence et leurs libéralités y répandirent de grandes richesses, et furent la source d'une foule d'embellissements et d'institutions utiles.

A peine Philippe le Hardi avait-il juré l'observation des priviléges du duché, qu'il lui fallut repousser l'invasion des Anglais en 1336; puis arrivèrent les *grandes compagnies*, connues sous les noms d'écorcheurs, retondeurs, routiers, tard-venus, malandrins, qui pillèrent la province, et dont Duguesclin délivra la France en les emmenant guerroyer en Espagne.

La nouvelle enceinte de la ville, terminée en 1353, mettait Dijon à l'abri de ces malheurs : elle avait laissé le château des ducs presque au centre de la cité ; Philippe le fit reconstruire avec magnificence ; les travaux commencèrent en 1366, et furent promptement achevés. Mais le gouvernement de ses vastes Etats et l'embellissement de la ville ne lui faisaient pas oublier les intérêts généraux du pays : il rendit en 1370 une ordonnance datée de son château de Talant, par laquelle il établit dans les principales villes du duché des greniers où devait se vendre le sel, sur lequel il mit, du consentement des Etats, *une gabelle pour deux ans*; le produit en devait être employé à lever des troupes *pour secourir la France*.

En 1382, la révolte des Gantois l'appela en Flandre : Dijon

lui fournit volontairement mille hommes d'armes pour l'aider dans cette guerre. Le duc, pour en témoigner à la ville sa gratitude, lui fit présent de la fameuse horloge de Courtray, à laquelle les Dijonnais donnèrent le nom de *Jacquemar*; et que le maire, Josset de Halle, fit placer au-dessus du portail de Notre-Dame. Le duc accorda, en outre, à la ville le privilége de posséder des terres en fief, et de placer sur son écusson les deux premiers chefs de ses armes avec sa devise : *Moult me tarde*.

Dans le même temps (1283) il fondait la Chartreuse de Champmol, près de Dijon, où devait s'élever son tombeau ainsi que ceux de sa famille; quelques années auparavant (1371), il avait établi un couvent de Carmes dans la rue Gauche, aujourd'hui rue Crébillon.

Il existait à cette époque à Dijon plusieurs jeux de paume. Le plus ancien fut établi en 1259, dans la rue des *Petits-Champs*, aujourd'hui *Petite rue du Château*, et c'est là que plus tard la Société de *la Mère-Folle* tint ses assemblées. Le deuxième existait près du Pilori, dans l'emplacement des anciennes halles, dont une partie est encore debout, entre les rues Saint-Martin et Saint-Nicolas. Le troisième fut élevé en 1420, par Robert de Mailly, dans son hôtel, rue Vertbois, aujourd'hui Verrerie, sur la place occupée par l'hôtel de Saint-Seine. Le quatrième était situé rue Poulaillerie (Piron). Le cinquième, dans la rue de Cluny (Cazotte). Le sixième, situé rue du Grand-Potet (Buffon), était construit dans l'enclos du monastère Saint-Etienne; il fut plus tard converti en une salle de spectacle qui n'existe plus. Le septième fut celui que les ducs de Bourgogne firent élever dans leur palais; il était situé entre la rue des Bons-Enfants et la rue Rameau. Enfin le huitième, construit sur un terrain appartenant au monastère de Saint-Bénigne, rue Guillaume, se voyait encore au commencement de ce siècle, et a été remplacé par les maisons qui sont en face de l'hôtel de la Cloche.

Il y avait aussi, dans différents quartiers de la ville, des étuves ou bains publics. Les premières étaient situées rue de Cluny (Cazotte), sur le cours de la fontaine de Raine; les secondes dans la rue du Marché-aux-Porcs (rue Verrerie): elles étaient alimentées par la fontaine de la rue du Champ-Damas (Champ-de-Mars). Les troisièmes étaient celles de Saint-Michel, situées à l'angle de la rue Vannerie et de la rue *Ribotée*, depuis rue Chanoine (Jeannin). Les hommes étaient reçus dans ces établissements les mardis et les jeudis, et les femmes les lundis et mercredis. En 1387, Marguerite de Flandre, femme de Philippe le Hardi, fit élever une étuve magnifique dans la basse-cour de son palais de Dijon, située où se trouve aujourd'hui la place des Ducs-de-Bourgogne.

Le passage de Charles VI à Dijon, où il séjourna huit jours (1389), fut pour Philippe une occasion de déployer toutes les pompes de sa cour : il y eut des fêtes et des mystères; les joutes et les tournois eurent lieu dans les jardins de l'abbaye de Saint-Etienne.

On fit dans la cour, derrière l'hôtel du duc, une salle tendue de 3,100 aunes de toile à sept deniers l'aune. « Pour l'amour du roi, dit Froissard, était venue à Dijon grande foison de dames et de damoiselles que le roi véoit moult volontiers. Là était la dame de Sully, la dame de Vergy, celle de Pagny, et moult d'aultres dames belles et frisques et bien aornées ; et s'efforçaient de chanter, danser et fort réjouir le roi, qui fust huict jours en esbattements. »

On voit par les comptes d'Amiot Arnaud qu'il fallait par jour, dans les lieux où séjournait la cour, six bœufs gras à six livres chacun, quatre-vingts moutons, trente veaux, sept cents poules et trois mille œufs. La queue du meilleur vin était estimée quatorze livres. La dépense par jour gras montait à deux cent trente livres, et par jour maigre à trois cents livres.

Quelques années après, un grand malheur plongea dans le deuil le duc et toutes les grandes familles du duché. Jean, duc de Nevers, son fils, qui était allé combattre les Turcs avec l'élite de la noblesse bourguignonne, fut fait prisonnier à la bataille de Nicopolis (1396). Le duc fit de grands sacrifices pour le racheter, et les Etats se taxèrent d'eux-mêmes pour sa rançon.

Philippe mourut le 27 avril 1404, et fut inhumé à la Chartreuse, dans le superbe mausolée qu'il s'était fait élever. On embauma son corps, qui fut recouvert d'une robe de chartreux et déposé dans un cercueil de plomb; ses entrailles furent enterrées dans la ville de Hall, où il était mort; son cœur fut porté à Saint-Denis, et son corps à la Chartreuse de Dijon, qu'il avait fondée en 1383. Il fut donné soixante-douze draps de Lucques, à douze écus pièce, aux douze églises où le corps reposa pendant la route, savoir : à Grammont, Oudenarde, Courtray, Lille, Douai, Saint-Quentin, Troyes, Bar-sur-Seine, Châtillon, Baigneux, Saint-Seine et le couvent des Chartreux. Ce prince avait la passion des livres, fort rares à cette époque. On voit par les comptes qui nous restent de lui que six cents livres furent données à M. Jean Durand, *son physicien*, pour être employées *ès écriture et perfection d'une très belle et notable Bible*. En 1389, il achète cinq cents livres, de Dyne Raponde, un Tite-Live enluminé de lettres d'or et d'*imaiges*. Un livre, *De la Propriété des choses*, lui coûta quatre cents écus d'or, et une Bible *en françois*, de lettres très bien *historiées, armoriée de ses armes*, garnie de gros *fermeaux* d'argent doré, fut payée six cents écus à Jacques Raponde, lombard.

Son fils Jean sans Peur lui succéda ; il est célèbre dans l'histoire par l'assassinat du duc d'Orléans et son alliance avec les Anglais, et c'est à lui qu'on doit en grande partie les malheurs du règne de Charles VI ; sa mort ne rendit pas la paix à la France, et l'assassinat commis sur le pont de Montereau le 10 septembre 1419 ne fit que ranimer la guerre civile et augmenter les misères du pays. Il avait, comme son père, le goût des livres : il donna à Christine de Pisan cent soixante écus pour deux livres qu'elle lui offrit, et elle écrivit à sa prière la vie de Charles V. Jacques Raponde reçut de lui quatre cents écus d'or pour un grand livre, *tant du Roman de Lancelot du Lac et du saint Gréal, comme du roi Artus, avec plusieurs belles histoires*, couvert de drap de soie, garni de deux gros *fermeaux* d'argent doré et ciselé. Le duc donna deux cents écus d'or pour un bréviaire très notable et bien enluminé, dont il fit présent à la duchesse. Il portait sur lui ce bréviaire le jour de sa mort.

Parmi ceux qui avaient trahi le duc Jean au pont de Montereau était Philippe Jossequin, son valet de chambre et garde de ses joyaux : sa maison, qui était *moult notable*, et située place Saint-Jean, fut démolie par le peuple de Dijon quand on apprit sa perfidie.

En 1417, il y avait à Dijon un inquisiteur de la foi : il fit le procès au bâtard de Longvic, pour certaines choses dites contre Dieu et la religion ; en 1470, disent les *Mémoires de Bourgogne*, Jehanne la Bavarde et Jehanne Moingeon, déclarées *ramassières* et *hérites* (sorcières et hérétiques), après avoir été prêchées et mitrées à Nuits par l'inquisiteur de la foi, furent, par sentence de Jacques Bouton, bailli de Dijon, condamnées, la première à être brûlée, l'autre fustigée et bannie.

Le premier soin de Philippe le Bon fut de faire transporter à la Chartreuse de Dijon le corps de son père Jean sans Peur, et de lui faire élever le magnifique tombeau qu'on voit aujourd'hui au Musée. Marguerite de Bavière, son épouse, *belle princesse, bonne et vertueuse*, fit alors distribuer aux pauvres de tout état, par le prieur, trois mille livres, attendu que le duc n'avait pu pourvoir à ce legs par un testament; elle-même mourut à Dijon le 23 janvier 1423, environ trois ans après l'assassinat de son mari. Puis le duc renouvela le traité d'alliance avec l'Angleterre, et fit conclure le mariage du roi d'Angleterre Henri V avec Catherine, fille de Charles VI. Ce traité fut accueilli à Dijon avec transports, tant les esprits étaient irrités de l'assassinat du duc Jean! Philippe avait fait son entrée à Dijon et pris possession du duché de Bourgogne en 1422, et il avait prêté à Saint-Bénigne le serment ordinaire de respecter les priviléges et libertés de la ville et de la province. Ce fut pendant les guerres civiles que soulevèrent ces événements qu'il fonda à Bruges l'ordre de la Toison-d'Or, à l'occasion de son mariage avec Isabelle de Portugal : il voulut que l'église de la Sainte-Chapelle de Dijon fût *le lieu, collège et chapitre de cet ordre*, institué, disent les statuts, *à la gloire de Dieu, en révérence de sa glorieuse Mère, en l'honneur de Mgr saint Andrieu, à l'exaltation de la foi de la sainte Église, et à l'excitation des vertus et bonnes mœurs*. Le troisième chapitre de l'ordre se tint à Dijon en 1433.

Le traité du 21 septembre 1435 rapprocha le roi Charles VII et le duc Philippe, et augmenta de beaucoup les richesses et les domaines de ce dernier. A peine était-il signé, qu'une épidémie affreuse et une grande famine ravagèrent la Bourgogne (1438). L'hôpital de la Charité de Dijon reçut à lui seul quinze mille pauvres; il en mourut dix mille. Ce fléau fut remplacé par un autre : les écorcheurs reparurent, et dévastèrent les environs d'Is-sur-Tille.

Le duc Philippe maria, en 1439, son fils Charles, comte

de Charolais, avec Catherine de France, fille de Charles VII.

Quelques années après, en 1443, Pierre de Beaufremont, comte de Charny, chevalier de l'ordre de la Toison-d'Or, grand-chambellan de Philippe le Bon, fit publier dans les deux Bourgognes, dans les Flandres et les Pays-Bas, par toute la France, en Savoie, en Italie, en Allemagne, que le 11 juillet 1443 s'ouvrirait à Dijon un tournoi, et que pendant six semaines, avec treize gentilshommes de la cour du duc, ils tiendraient contre tous venants le pas d'armes en l'honneur de Dieu et de sa très sainte Mère.

Ces chevaliers étaient Guillaume de Beaufremont, baron de Sey et de Sombernon; son frère, Pierre de Beaufremont; le comte d'Albert, le sieur de Valengin, Guillaume de Champdivers, Guillaume de Vaudrey, Antoine de Vaudrey, Amé de Rabutin, Guillaume de Vienne, Thibaut de Rougemont, Jean de Rup, Jean de Créon; Jean de Chaumernis, premier écuyer du duc; et Jean de Saillans. On voyait autrefois les armes de tous ces seigneurs, avec celles du duc de Bourgogne, peintes au-dessus de la porte de l'hôpital du Saint-Esprit de Dijon.

Le champ de bataille était à une lieue de la ville, sur le chemin de Nuits, dans un lieu appelé la place de Charlemagne : là se trouvait un arbre d'une extrême grosseur, qui couvrait de son ombre une grande partie de la place. Il s'appelait l'arbre de Charlemagne : on y avait suspendus deux écus, l'un noir semé de larmes d'or, l'autre violet semé de larmes noires; le second était pour ceux qui combattaient à pied, le premier pour ceux qui combattaient à cheval dans le tournoi.

La noblesse la plus distinguée se rendit de toutes parts à l'appel des tenants : le duc et la duchesse présidèrent aux joutes; le duc de Savoie, le comte de Genève et plusieurs autres princes vinrent exprès pour y assister. Jamais tournoi n'avait été plus beau et plus magnifique, soit par rapport aux dépenses immenses qui y furent faites, soit par rapport au concours extraordinaire des personnes qui s'y trouvèrent, soit par rapport aux fêtes brillantes et nombreuses que les seigneurs tenant le pas d'armes inventaient et donnaient chaque jour, soit enfin par la valeur qui fut déployée par les combattants.

Après le tournoi, le comte de Charny et les douze chevaliers qui tenaient pour lui, couverts de gloire, précédés de leurs hérauts et rois d'armes, accompagnés de la noblesse et de tous ceux qui avaient été juges et spectateurs du combat, vinrent à l'église Notre-Name, où, après avoir fait célébrer une grand'-messe dans la chapelle de Notre-Dame-de-Bon-Espoir, tous à genoux offrirent à la sainte Vierge leurs écus; ils les appendirent eux-mêmes à la voûte de la chapelle, comme un éternel monument de leur reconnaissance pour la gloire qu'ils venaient d'acquérir.

Le soin de ses Etats et de sa famille ne faisait négliger au duc ni les sciences ni les arts. Il fonda à Dole une université pour les deux Bourgognes; il fit rédiger en 1449 la Coutume du duché. L'église Saint-Jean fut reconstruite à ses frais en 1455. Il avait attaché à sa cour le célèbre peintre flamand Jean Van Eick, de Bruges, l'inventeur de la peinture à l'huile, dont l'hôpital de Beaune possède un admirable tableau. Il faisait copier les ouvrages de ce peintre dans ses manufactures de tapisseries établies dans les Pays-Bas, les seules qu'il y eût alors en Europe.

Il mourut à Bruges en 1467, et fut transféré à la Chartreuse de Dijon. Il avait déposé entre les mains du prieur de ce monastère une somme considérable destinée à l'érection de son tombeau; mais son fils Charles s'en empara après la bataille de Granson. Philippe laissait dans son épargne 400,000 écus d'or et 12,000 marcs de vaisselle d'argent; son mobilier précieux était estimé 2,000,000 de livres, somme énorme pour ce temps-là.

Ces épargnes n'étaient pas le fruit de la lésinerie, mais d'une bonne administration, et la cour des ducs de Bourgogne était une des plus somptueuses de cette époque; les mémoires du temps et les comptes de leurs maisons nous donnent une idée du luxe et de la magnificence qui se déployaient autour d'eux. Dans leurs festins se dressaient sur les buffets chargés d'or et d'argent, tantôt un dromadaire portant paniers pleins d'oiseaux peints qu'on lâchait au milieu de l'assemblée, tantôt un lion qui chantait une ballade et saluait les assistants; d'autres fois c'était un loup jouant de la flûte, des sangliers sonnant de la trompette, ou des montagnes de glace ornées d'ours, des châteaux forts, des moulins à vent, des lacs; des baleines de soixante pieds de longueur, de la gueule desquelles sortaient sirènes et chevaliers qui, leur rôle joué, rentraient dans le ventre du monstre; des pâtés creux représentant une église avec ses moines et ses orgues; et mille autres inventions aussi extraordinaires, qui descendaient du plafond sur des chariots peints d'or et d'azur et ornés des armes du duc.

A ces merveilles se joignait le gibier des forêts ducales, et les excellents vins de Pommard et de Montrachet; puis une foule de menus mets mieux goûtés des dames, faisans à la poudre d'or, poules de l'Inde braisées, dont la première fut offerte à la duchesse Marguerite le 12 novembre 1385; gélines au safran, pâtés de groseilles, tartelettes et confitures au poivre, anis et aulx confits servis dans de riches drageoirs, épinaches (épinards) au sucre rousset, oblies, pots de gingembre vert, coignardes, confires de cerises, verjus de pommes au girofle, noix musquettes, ypocras, vin d'épices et claret de Gascogne servis dans les hanaps d'or et que le duc buvait dans le grand hanap de M. Julius

César, qui fut remis à neuf pour la venue du roi d'Arménie à Dijon.

Le luxe des vêtements égalait celui de la table : les rôles de dépenses de 1392 nous représentent Philippe le Hardi montant un cheval chargé de housses et de sonnettes d'or, vêtu d'une houppelande de velours noir, les manches ornées de branches de rosier d'or, avec 442 feuilles et 22 roses aussi en or, 22 saphirs, 22 rubis et 176 perles ; d'une robe de soie écarlate brodée de levrettes en perles ; d'un chapeau de velours cramoisi orné de douze plumes d'autruche, de deux plumes de faisan et de deux plumes de *oiseaux de l'Inde* ; d'un colier d'or représentant un aigle et un lion du poids de trois marcs, et portant ces mots : *En loyauté* ; d'une écharpe du prix de cent mille écus, brodée de 25 gros balais, 23 gros saphirs, 22 feuilles de chêne en or avec 66 grosses perles, 22 feuilles d'orme avec 24 perles, 94 feuilles pour bordure ; 8 plions d'or pour pendre 24 grandes sonnettes de même métal. Les autres joyaux du duc répondaient à cette magnificence. Sa chaîne *à porter reliques*, sa *gibecière pour donner à Dieu*, sa bonne ceinture de monseigneur saint Louis rachetée d'Erard de Roussillon ; les anneaux d'or au rabot, qu'il portait par douzaines, enfilés dans un laz de soie rouge, pour en guerdonner et bienvenir les dames et chevaliers, étaient pareillement semés de pierres et de perles de prix. Pourtant cette somptuosité n'excluait pas l'économie : c'est ainsi qu'on voit les ducs acheter à Semur des rosiers qu'ils plantaient dans leurs jardins, parce qu'on les y vendait moins cher qu'à Dijon, et faire regarnir de semelles leurs bottes et galoches fourrées, à l'entrée de l'hiver, comme pauvres gens mal fournis d'argent.

Ce fut Philippe le Bon qui encouragea dans presque toutes les villes du duché l'établissement des compagnies de l'Arc et de l'Arbalète.

Sous son règne (1424), on commença à paver les rues de la ville. Ses lettres patentes à ce sujet furent publiées le 24 août 1428. Dès 1390, on avait ordonné le creusage et le sablonnage pour le pavement des rues, et le maire Jean Baudot avait représenté au duc que les habitants étaient trop chargés par le travail nécessaire à cette opération, plusieurs étant trop pauvres ou ayant des espaces trop longs sur la voie publique. Le duc Philippe le Hardi avait donné en 1391 une somme de 2,000 livres pour cet objet; mais il paraît que cette amélioration si utile n'avait pas été exécutée. En 1428 une commission fut nommée pour surveiller le pavement et faire démolir les ouvertures de celliers qui nuisaient à la viabilité ou à l'embellissement. Au milieu de la place des Cordeliers était dans ce temps-là une mare profonde formée par une fontaine. La première rue pavée fut la rue *Neuve*, que Suzon partageait. Mais le travail s'acheva lentement ; la rue du Bourg fut pavée en avril 1612, aux frais des riverains, chacun en droit soi.

En 1545 on établit six tombereaux pour l'enlèvement des boues de la ville ; mais le premier marché fait pour cet objet ne date que du 13 octobre 1601.

Charles le Téméraire prit en 1467 le gouvernement du duché ; mais il ne fit sa première entrée à Dijon qu'en 1473.

Le mardi 18 du mois de janvier 1473, le duc Charles, revenant de Trèves, arriva à Auxonne. Le lendemain il vint coucher au château de Rouvres, où il séjourna le jeudi, et le vendredi 21 il se rendit au château de Perrigny-les-Dijon, qui appartenait alors à Guillaume Rollin, seigneur de Bonchamp, pour être plus à portée de recevoir les députations de tous les corps du duché de Bourgogne, et des comtés de Charolais, Mâconnais et Auxerrois.

Le dimanche 23, sire Jean Bonnel, écuyer, maire de la ville de Dijon, fit assembler devant son hôtel, en la grande rue Saint-Jean, les échevins et tout le corps de ville en robes violettes, et les bourgeois notables, auxquels se joignirent les députés des autres bonnes villes du duché et des comtés, et tous ensemble partirent et allèrent au-devant de monseigneur le duc, qu'ils trouvèrent près de Perrigny. Il était monté sur un cheval d'Espagne, et suivi d'une nombreuse escorte de gens de guerre tous richement vêtus et montés. Le duc avait un habillement de guerre tout éclatant d'or et de pierreries.

M. Etienne de Berbisey, conseiller du duc et lieutenant du maire de Dijon, porta la parole pour toute l'assemblée, et demanda au duc la confirmation des priviléges, franchises et libertés de la ville de Dijon, ainsi que ses prédécesseurs avaient coutume de faire. Après ce discours, les maires, échevins et députés des villes saluèrent le duc, et partirent pour rentrer les premiers à la ville et se rendre à l'église Saint-Bénigne.

Ensuite la noblesse, ayant à sa tête Antoine de Luxembourg, comte de Roussy, gouverneur de Bourgogne, salua le duc et se joignit à son cortége.

A quelque distance, et plus près de la ville, Guillaume Hugonnet, seigneur de Saillans et d'Epoisses; Jean Jouard, président; le bailli de Dijon, et tous les officiers des comptes et du conseil du duc le saluèrent et se mirent à sa suite.

Enfin, le cardinal Rollin, évêque d'Autun; l'évêque de Chalon; les abbés de Citeaux, de Saint-Etienne de Dijon, de Saint-Seine, de Laferté, de Maizières, de Labussière, d'Ogny, de Bèze, de Fontenay, de Tournus, de Theuley, de Sainte-Marguerite, de Châtillon, etc., vinrent à la rencontre du duc, qui les reçut avec distinction, fit placer à côté de lui le cardinal Rollin, et tous ensemble ils arrivèrent au Pont-aux-Chèvres, à l'extrémité du faubourg d'Ouche, où se trouva tout le clergé de Dijon, qui y était venu proces-

4.

sionnellement, vêtu de ses plus beaux ornements, et faisant porter plusieurs riches reliquaires. A cet endroit le duc descendit de cheval, et on lui présenta les reliques à baiser; après quoi il remonta à cheval et se fit couvrir d'un manteau enrichi de perles et de pierres précieuses; il s'avança alors au milieu du clergé, qui formait un double rang depuis le Pont-aux-Chèvres jusqu'à la porte d'Ouche.

Pendant toute cette marche, messires Louis de Chalon, seigneur de Lisle, Charles de Beaufremont, Nicolas de Ternant et Guy de La Baume, tous quatre à pied, portèrent le poêle de drap d'or sur la personne du duc; il était précédé par son écuyer, qui portait l'épée d'honneur nue, et par Philippe Bouton, seigneur de Chamilly, bailli de Dijon, qui portait une grande baguette blanche; une nombreuse troupe de hérauts d'armes, de trompettes, de tambourins à la mode d'Allemagne et de musiciens de toute espèce précédaient le cortége.

On arriva à l'église de Saint-Bénigne, où le grand-prieur et les religieux, vêtus de leurs plus beaux ornements et portant des reliquaires, reçurent le duc à la porte et le conduisirent processionnellement au grand autel. Il avait à sa gauche le cardinal Rollin, et à sa droite les autres prélats, les maires, échevins et députés des villes. Il fit sa prière, et, s'étant placé ensuite sur un trône qu'on lui avait élevé au bout de l'autel, du côté de l'Evangile, l'abbé de Cîteaux fit un discours dans lequel il lui représenta la situation et les besoins de ses peuples; le chancelier y répondit; le duc parla ensuite, et, s'étant avancé au milieu de l'autel, il prit possession de son duché, et reçut des mains de l'abbé de Saint-Bénigne l'anneau ducal (1), après quoi il jura de

---

(1) Au compte de Jean d'Espoulette, receveur général des finances de Bourgogne, pour l'année 1397, folio 218 (Arch. de Bourg., salle 1), on lit ce qui suit :
« Antoine Gentel, marchand, demeurant à Gênes, auquel a esté payé, baillé

conserver les priviléges de la ville de Dijon et de toutes les villes et ordres de la province. Le maire de Dijon et les députés des villes lui firent ensuite le serment ordinaire.

De là il se rendit, accompagné du même cortége, à la Sainte-Chapelle, où il fut reçu par le doyen et le chapitre, et jura de conserver les priviléges, libertés et franchises de ladite église, ainsi que les ducs ses prédécesseurs avaient coutume de le faire.

Dans toutes les rues que le cortége avait parcourues, depuis le Pont-aux-Chèvres jusqu'à la Sainte-Chapelle, les maisons étaient richement tapissées, et de distance en distance on avait dressé des échafauds sur lesquels des sujets allégoriques étaient représentés.

A la première barrière de la porte d'Ouche était un échafaud couvert d'une loge tapissée, où on voyait deux personnages tenant chacun un rouleau à la main. Sur l'un était écrit : *Dominus custodiat introitum et exitum tuum*; et sur l'autre : *Ex hoc nunc et usque in seculum.*

Au-dedans de la porte était un autre petit échafaud avec un personnage tenant un rouleau où était écrit : *Introite portas ejus in exultatione.*

En la grande rue Saint-Jean, devant l'hôtel de Morimond, était une grande et spacieuse loge au milieu de laquelle était un personnage représentant Notre-Seigneur vêtu d'une riche chappe vermeille; à ses côtés étaient deux anges, et autour de lui un grand nombre de personnages représentant les trois Etats de Bourgogne : l'église, la noblesse et

et délivré, du commandement et ordonnance de mondit seigneur, la somme de quinze mille francs à lui déchüe pour la vendüe et délivrance d'un gros ruby que iceluy seigneur, après son trépas, a intention d'iceluy faire mettré en l'église Saint-Bénigne, en la ville de Dijon, pour le bailler au duc de Bourgogne que après lui succédera, et aussi en suivant chacun duc semblablement, en prenant la saisine et possession de ladite duché de Bourgogne, si qu'il appert par mandement d'iceluy seigneur, donné à Conflans-lez-Paris le 21ᵉ jour d'octobre 1397. »

le tiers-état. Chacun de ces personnages tenait un rouleau portant une inscription tirée des Livres saints.

Au-dessus de la même rue, près de l'hôtel du prince d'Orange, on voyait, dans une autre grande loge, Gédéon revêtu d'une cotte d'armes semée de toisons d'or : les trompettes et les enseignes de son armée étaient ornées de même. Il mettait en fuite une troupe ennemie ; un ange tenait au-dessus de Gédéon un écriteau portant ces mots : *Dominus tecum, virorum fortissime.* Chacun de ses gens d'armes tenait un écriteau où on lisait : *Gladius Domini et Gedeonis.*

Devant l'*hostel des Mireust* (au Coin-du-Miroir), était sur un échafaud un grand lion portant à son cou le blason des armes du duc avec le collier de son ordre, et tenant dans sa patte droite une riche épée dorée ; le prophète Jérémie et huit autres prophètes tenaient des inscriptions dans lesquelles le duc était comparé à un lion.

Dans la rue Deschamps, près de l'hôtel de Jean de Champlitte, grand échafaud où Josué, à la tête de son armée, mettait les ennemis en déroute. Josué tenait un rouleau sur lequel on lisait : *Sic faciet Dominus cunctis hostibus nostris.*

Enfin, devant l'hôtel d'Arnolet Macheco était une grande loge dans laquelle on voyait Salomon environné d'une cour brillante, et devant lui la reine de Saba avec une nombreuse suite de dames ; elle tenait un rouleau où était écrit : *Benedictus sit Deus tuus cui placuisti, qui posuit te super thronum patris tui.*

Le lundi 24, M. Etienne Berbisey présenta au duc, au nom de la ville de Dijon, deux grands pots d'argent ciselés.

Le mardi 25, le duc vint à cheval à Saint-Bénigne, en habit royal, ayant la tête couverte d'un chapeau d'or enrichi de pierreries ; il était précédé du chancelier de Bourgogne, du comte de Roussy, gouverneur ; de Philippe Pot, seigneur de La Roche, son grand-maître d'hôtel, et de toute sa maison richement vêtue. Après la messe, il revint à son hôtel dans le même ordre, et y donna un dîner splendide aux prélats, nobles et députés des trois états. Après que les tables eurent été levées, il reçut en foi et hommage toute la noblesse, qui était venue lui faire la cour.

Quelques jours après il rendit les honneurs funèbres à son père, qu'il fit inhumer à la Chartreuse de Dijon.

Le dimanche 6 février 1473, Adolphe de Clèves, seigneur de Ravastein, avec une nombreuse suite de noblesse et de domestiques de la maison du duc de Bourgogne, fit exposer en l'église de Saint-Apollinaire le corps du duc Philippe le Bon et de la duchesse Isabelle de Portugal, sa femme.

Le mardi 8, le duc Charles, vêtu de deuil et suivi de toute sa cour, alla au-devant du convoi jusqu'à l'église Saint-Nicolas, qui était alors située hors des murs de la ville, dans le faubourg de ce nom.

Le maire et les échevins de la ville de Dijon, et les députés des bonnes villes des duché et comtés de Bourgogne allèrent jusqu'à moitié chemin de Saint-Apollinaire, dans l'ordre qui leur avait été prescrit par le maître d'hôtel de la maison du duc.

Après les processions, marchaient les députés des villes, deux à deux : Semur, Montbard, Châtillon, Talant, Nuits, Saint-Jean-de-Losne, Seurre, Poligny, Arbois et Pontarlier-en-Montagne : les huit villes suivantes marchaient, Auxonne à droite, Gray à gauche ; Dole et Salins, Autun et Mâcon, Beaune et Chalon ; Besançon et Dijon fermaient la marche, Dijon étant le plus près des corps, immédiatement avant les prélats, qui les précédaient, et qui étaient : le cardinal-évêque d'Autun, l'archevêque de Besançon ; les abbés de Citeaux, de Saint-Etienne de Dijon, de Saint-Seine, d'Ogny, de Châtillon, de Labussière, de Laferté, de Theuley, de Sainte-Marguerite, de Maizières, de Bèze et de Tournus.

Les maires, échevins et bourgeois de Dijon, tous vêtus de noir, suivis de leurs valets aussi en deuil, marchaient en très bel ordre. Ils avaient fait habiller de noir cent hommes qui portaient chacun une torche du poids de quatre livres et demie, avec les écussons de la ville; Besançon en faisait porter vingt-quatre, et ainsi des autres villes en proportion de leur rang. Ceux qui portaient les torches marchaient dans le même rang que les villes qui les avaient envoyés.

Les corps du duc et de la duchesse étaient sur des chariots très richement ornés, couverts chacun d'un drap noir: celui du duc était surmonté d'un dais. Quand le convoi fut arrivé à la porte de la Sainte-Chapelle, le doyen et les chanoines de cette église le reçurent, et firent pendant six jours des services solonnels. Les chapelains, domestiques du duc, firent l'office avec eux pendant tout ce temps; l'église était illuminée des torches que le duc Charles avait fait porter au convoi: celles des villes étaient restées hors de l'église. Le 14, les corps furent transportés de la Sainte-Chapelle aux Chartreux, avec les mêmes cérémonies, et ils y furent déposés dans les magnifiques tombeaux qui leur étaient destinés.

Charles avait trouvé en 1467, à la mort de son père, de grands trésors, une belle armée et des domaines immenses. Dix ans après, les défaites de Granson et de Morat avaient abattu sa grandeur, et il mourait trahi sous les murs de Nancy. En lui périt le dernier duc de Bourgogne et l'indépendance du duché.

Le duc Charles était le plus puissant et le plus redoutable feudataire du roi de France. Ses possessions étaient d'une vaste étendue, à ne considérer que la Bourgogne seulement; le duché proprement dit comprenait le Dijonnais, le Beaunois, le Chalonnais, l'Autunois, l'Auxois, le Châtillonnais ou pays de la Montagne; les comtés étaient la Franche-Comté, le pays d'Auxonne, le Mâconnais, le Charolais, enfin le Barrois et l'Auxerrois, ces deux dernières provinces enclavées dans la Champagne, qui appartenait au roi de France : la Bourgogne s'étendait donc de la Loire au Jura, du Lyonnais à la Champagne. Dijon était le centre politique de ces diverses contrées ; la Saône en était l'artère principale, et en servait merveilleusement l'industrie et le commerce.

Outre ces possessions de Bourgogne, Charles était duc de Lorraine, de Limbourg, de Luxembourg et de Gueldre; comte de Flandres et d'Artois; palatin de Hainaut, de Hollande, de Zélande, de Namur et de Zutphen; marquis du Saint-Empire; seigneur de Frise, de Salins et de Malines; vingt-quatre écussons portaient les emblèmes de sa puissance, qui dépassait celle du roi de France. Allié des Anglais, du roi d'Aragon, du duc de Bretagne, de la Savoie, du duc de Milan, le roi de Sicile allait lui remettre la Provence, l'empereur d'Allemagne le reconnaître pour vicaire du Saint-Empire et lui conférer le titre de roi de Bourgogne; si ces projets si brillants, et qui semblaient si sûrs, se fussent réalisés, c'en était fait du royaume de France.

Mais Louis XI, par ses intrigues incessantes, son activité infatigable, ses largesses, au moyen desquelles il achetait toutes les consciences, sut briser tout d'un coup une fortune qui semblait au comble de la prospérité. Il parvint à détacher du duc Charles toutes ses alliances, à lui susciter des ennemis nouveaux, enfin à changer en traîtres ceux qu'il croyait ses plus fidèles serviteurs.

Louis XI écrivait au comte de Dunois :

« Monsieur de Dunois, si vous pouvez gagner le comte de

« Campo-Basso, et qu'il eust la volunté d'estre des miens,
« et soi déclarer entièrement, je serais bien content. Et
« pourrez dire au poursuivant que j'appointerais le comte
« son maistre, de pension, et lui de bon office, en manière
« qu'ils devraient estre satisfaits l'un et l'autre. Parlez-en
« comme de vous-mesmes.

« A Lyon, le cinquième jour de juin 1476. — LOUIS. »

Six mois après, devant Nancy, Charles le Téméraire donnait sa dernière bataille, et Campo-Basso, le chef principal de l'armée bourguignonne, vendu à Louis XI, livrait à ses ennemis le duc, qui périssait après s'être défendu avec le courage du désespoir.

Il ne suffisait pas à Louis d'avoir terrassé le géant : il fallait encore s'emparer de sa puissance.

Son premier soin fut de gagner, par de riches présents, Jean de Chalon, prince d'Orange, l'un des plus puissants seigneurs de Bourgogne, et de nommer pour son lieutenant dans la province Georges de la Trémouille, seigneur de Craon.

Voici la lettre qu'il avait écrite aux habitants de Dijon, en date du 9 janvier 1476 (nouveau style 1477, l'année ne commençant alors que le 25 mars, jour de l'Annonciation) : il venait d'apprendre la défaite du duc Charles, tué près de Nancy le lundi 5, et dont le corps ne fut retrouvé que le mercredi 7 ; il prévient les habitants de Dijon de cet événement, et proteste de son dévoûment aux intérêts de la princesse Marie, dont il paraît vouloir se rendre le protecteur. Les archives de la mairie de Dijon en conservent une copie faite à l'époque ; elle est ainsi conçue :

« De par le Roy,

« Chiers et bien-améz, nous avons sceu l'inconvéniant
« advenu à beau-frère de Bourgoingne, dont nous déplait.

« Et pour ce, se ainsi estoit que sa personne feust prinse
« ou mort, que Dieu ne veuille! vous savés que vous estes
« de la coronne et du royaulme; et aussi que sa fille est
« notre prochaine parante et *fillole*, à qui nous vouldrons
« garder son droit en toute façon comme le nôtre propre
« et que faire le devons. Par quoy nous advisons que à
« nulle main ne soubz autre ne vous mectés fors en la
« nôtre et nous y garderons le droit de notre dite fillole
« comme dit est. Et de votre voulenté nous advertissés
« ensemble de vos affaires, s'aucunes en avés, pour y
« pourveoir en manière que serés contents.

« Donné au Plessis-du-Parc, le 9° jour de janvier.

« Ainsi signé : Loys, et du secrétaire J. Mesme; et superes-
« cripte : Aux chiers et bien améz les conseillers, bour-
« geois, manants et habitants de la ville de Dijon. »

A la lecture de cette lettre, la mairie de Dijon se réunit
à la hâte aux Jacobins : on fit lecture de la dépêche royale.
Le duc était-il mort? était-il en fuite ou captif? On l'igno-
rait; mais il était certain que pour la quatrième fois son
armée était en déroute, et que le reste des chevaliers
bourguignons étaient morts ou prisonniers. On envoya des
courriers à Nancy afin d'avoir des nouvelles certaines, et
la délibération prise le 13 janvier par la municipalité dijonnaise s'exprimait ainsi : *Nous voulons faire notre devoir
envers monseigneur le duc comme à notre prince.*

Le 16 janvier, cinq mille hommes de troupes du roi arrivèrent sous les murs de Dijon : à leur tête était Georges de La
Trémouille, baron de Craon, prince d'Orange et d'Amboise,
gouverneur de la Champagne; avec eux étaient l'évêque
de Langres et les délégués du Parlement de Paris. Ils som-
mèrent la province de se rendre avant douze jours.

La noblesse, mandée par Jean Jouard, président du
Conseil, arrivait chaque jour : le 19 janvier, Louis XI fit

publier une amnistie pour tous les crimes, offenses ou délits que les Bourguignons, *nos sujets, peuvent avoir commis à l'encontre de nous*; d'un autre côté, ses agents s'efforçaient de gagner, par des présents ou des offices, les plus influents de la noblesse, du clergé et de la bourgeoisie.

Enfin, les Etats s'ouvrirent : beaucoup de nobles n'avaient pas voulu s'y rendre, craignant de délibérer trop près des cinq mille *souldars* de Craon le Terrible; il y eut toutefois de vifs débats; les Etats promirent de remettre la province en la main du roi, s'il voulait franchement garder les droits de Mademoiselle, s'il garantissait la paix par le mariage de son fils avec Marie de Bourgogne, enfin s'il promettait de rendre la Bourgogne au cas que le duc Charles ne fût pas mort et revînt dans ses Etats. Les commissaires du roi eurent l'adresse d'intercepter une lettre adressée aux Etats par la princesse Marie, et jurèrent tout ce qu'on voulut; ils promirent aussi que les libertés, priviléges et franchises de la province et de la ville seraient respectés à toujours, *sans qu'aucune nouvelleté y fust faite*. De ce moment la réunion de la Bourgogne à la France fut consentie, et on remplaça les sceaux aux armes de Bourgogne par d'autres portant les fleurs de lis de France.

La lettre de la princesse Marie, écrite de Gand, et datée du 23ᵉ jour de janvier, adressée aux président, gouverneur de la chancellerie et gens des Comptes, était une véritable protestation contre la conduite de Louis XI : elle y établissait ses droits incontestables à la souveraineté de chacune des provinces des Etats de son père; puis elle ajoutait :

« Je vous envoie lettres et instructions par ce porteur, sur Simon de Cléron, par lequel faites conduire la chose, et tenir, tant au duché qu'au comté, les païs en mon obéissance, le plus que possible sera, au cas que vous ne puissiez mettre la chose en délay, à quoi vous tendrez tant que faire pourrez. Au surplus, croyez ce porteur de ce qu'il vous dira.

« Recommandez-moi aux prélats, nobles et villes de par delà, auxquels je prie qu'ils retiennent toujours en leurs courages la foy de Bourgogne, quand-ores ils seraient contraints de parler autrement. — MARIE. »

Mais cette lettre, supprimée pour un temps à Dijon, ne put l'être de même dans toute la Bourgogne. Elle fut bientôt connue dans la Franche-Comté, qui se souleva à l'instant même, de sorte que de cette province Gray fut la seule ville qui restât au roi. Le gouverneur La Trémouille y courut avec ses troupes et établit à Gray son quartier général.

Jean de Chalons, prince d'Orange, qui d'abord s'était déclaré pour le roi, mais qui venait d'être nommé par Marie gouverneur de la Bourgogne, écrivit avec Jean de Clèves, comte de Ravenstein, la lettre suivante aux habitants de Dijon :

« A Messieurs les mayeur, eschevins et aultres de la commune de Dijon.

« A l'aide de Dieu, l'on purge ce conté des gens de guerre que les seigneurs de Craon et de Chaumont y avaient amenez ; et sont les choses tellement disposées et asseurées que, pour quelque puissance qui y viengue cy-après, ledit conté ne se départira de l'obéissance dehne à Mademoiselle.

« Et pour ce que lesdicts gens de guerre se pourraient retirer en vostre ville, que serait la totale désolation d'icelle, nous vous en avertissons, et prions, pour votre bien, honneur et prouffit, que ne les y vueillez recevoir ; et si vous vient affaire vous serez incontinent secouruz.

« Messieurs, vueillez réduire à mémoire que votre dicte ville a toujours esté plus honorée et enrichie par la maison de Bourgogne que ville quelconque de par deçà.

« Et au surplus, considérez comme les traitiés faiz par les seigneurs de Craon et de Chaumont ont été entretenuz, tant en la duchée qu'audict comté.

« On ne vous peult le tout escripre. Mais se vous envoyez par devers nous aulcung féal personnage, rien ne vous sera célé, et saurez des chouses qui vous plairont.

« Soyez contents de lire nos lettres devant le commung de votre ville; et nous faites response.

« A Dieu, qui vous soit garde.

« Escript à Besançon, le 26ᵉ jour de mars. — J. DE CLÈVES. — J. DE CHALON. »

L'or de Louis XI lui avait fait à Dijon de nombreuses créatures; mais la population était favorable à Marie de Bourgogne, et si la forteresse de Talant n'eût pas menacé la ville de sa garnison et de ses canons, si les troupes royales ne l'eussent pas maintenue, il est probable qu'une sédition eût éclaté sur-le-champ. Louis XI, furieux des succès du prince d'Orange en Franche-Comté, l'accusa d'avoir voulu l'empoisonner, le dégrada de ses titres et confisqua ses domaines; à Dijon, son hôtel, situé place Saint-Jean, fut rasé, et Thiébaut Lalèvre, peintre-vitrier, fit pour quarante sous quatre *imaiges en teinture* d'un homme pendu par les pieds et représentant le prince d'Orange; elles furent suspendues le 20 juin dans les quatre places principales de la ville.

Ces actes de rigueur ne produisirent pas l'effet qu'en attendait le roi, car le 24 juin 1477, les Dijonnais, assemblés selon l'usage dans le grand cimetière de Saint-Bénigne, avaient réélu l'ancien mayeur, Etienne Berbisey, qui avait prêté, devant le grand autel de Notre-Dame, le serment accoutumé : le lendemain, le faubourg Saint-Nicolas se souleva et envahit la ville aux cris de : *Vive Bourgogne! A bas les gros!* Les *gros* c'étaient les gens vendus au roi et touchant d'énormes pensions. Jean Jouard de Gray, premier président du Parlement, fut tué dans les rues de la ville, remplies d'une multitude confuse proclamant Marie de Bourgogne.

Le peuple essaya d'établir un certain pouvoir afin de maintenir l'ordre : chaque paroisse reconnut quatre notables auxquels les paroissiens devaient obéir. On défendit, sous peine de la hart, voies de fait, crimes et pilleries ; on enjoignit à tous les artisans de s'occuper de leurs métiers *doulcement* et paisiblement les uns avec les autres, *sans noises, paroles ni débats* ; ceux qui avaient des valets et des serviteurs furent invités, *sous peine d'être pendus*, à les tenir au travail *sans les souffrir être oiseux ni aller par la ville*.

Mais ce mouvement, que la noblesse et la bourgeoisie ne voulurent pas seconder, ne fut pas de longue durée. Le 30 juin, gens d'église, nobles, mayeur, échevins, bourgeois, marchands et autres habitants de la ville, dit le registre municipal, se réunirent aux Jacobins, « où il fut conclu d'un même vouloir et assentiment, que nonobstant toutes mutations faites par aucuns de méchant estat, l'on se mettrait derechef en l'obéissance du roi notre sire, et qu'on ferait requeste en toute humilité pour avoir abolition des cas commis en cette partie par ceux qui avaient été cause et avaient fait ladite mutation. » On jura fidélité au roi ; on lui envoya une députation pour lui faire amende honorable au nom de la ville ; La Trémouille, accouru de la Franche-Comté, avait étouffé sans peine cette révolution de quelques jours.

Toutefois, il crut devoir faire un grand déploiement de force et exercer une sévérité rigoureuse. Des arrestations nombreuses furent faites : un sieur de Saint-Bois fut enfermé au château de Talant ; Chrétiennot-Vyonnet, Etienne Billart, Jean Gabut, un éperonnier et un bonnetier furent condamnés à mort et pendus sur les principales places de la ville.

Louis XI sentit qu'il fallait maintenir Dijon, et comme Talant ne la serrait pas d'assez près, il écrivit au gouverneur, au mayeur de la ville, aux gens des Comptes, de construire en toute diligence *un fort ou château près de la porte Guillaume*. Ce fut le 6 juin 1478 que la question fut posée au Conseil de ville : les magistrats municipaux résistaient ; mais le roi commandait, il fallut céder : *on conclut que le bon vouloir du roi serait fait, pour la sûreté de la ville*; de plus, le roi nomma gouverneur général du bailliage de Dijon Jean Blosset, seigneur de Saint-Pierre, grand-sénéchal de Normandie, et l'un des plus rigoureux exécuteurs des sévérités royales.

Les lettres de nomination du nouveau gouverneur sont du 6 juillet 1477 ; elles furent enregistrées le 23 à la Chambre des comptes, sur un registre où on lit ce passage :

« Le roi, averti de l'entreprise qui a été faite à Dijon par *le menu peuple contre les gros*, ordonne à son sénéchal d'entrer dans la ville avec tant de gens qu'il voudra, d'y faire habiter gens nouveaux et faire vuider de ceux qu'il connaîtra ne luy estre bons et loyaux, de pourveoir aux offices de la ville et du pays, avec faculté d'assembler les Estats quand il voudra ; de punir, de pardonner, d'assembler gens de guerre ; d'attaquer les villes rebelles, et de faire tout ce qu'il croira urgent pour le service de Sa Majesté. »

A l'arrivée du gouverneur, la ville lui envoya six muids de bon vin, six émines d'avoine et douze torches, à titre de présent d'honneur et de bienvenue. Beaucoup de Dijonnais avaient quitté la ville à son approche. Le premier acte de son administration fut de proscrire les femmes de ces fugitifs ; elles furent obligées de suivre leurs maris. « Pour

éviter toute suspicion et imagination qui s'en pourraient ensuivre, dit le registre municipal, on fera vuider de cette ville, le plus bref que faire se pourra, les femmes de tous ceux qui se sont absentés de la ville, et tous ceux et celles qui ne voudraient tenir le parti du roi nostre seigneur. »
Enfin, les confiscations suivirent, et les meubles, les terres, les châteaux, les seigneuries, les abbayes, les bénéfices des partisans de Marie furent saisis dans toute la province, et donnés en récompense aux serviteurs du roi.

Quant aux chefs de ses armées en Bourgogne, Louis XI les gorgeait d'or et de richesses. La Trémouille et le sire de Chaumont se partagèrent les sommes qui se trouvaient dans les caisses du receveur général de la province : elles contenaient 24,000 livres, environ 150,000 francs de notre monnaie. Toutefois, ils en offrirent une part à Louis, qui leur répondit :

« Messieurs les comtes, j'ay reçu vos lettres, et vous mercie de l'onneur que me voulez faire de me mettre à butin entre vous. Je veux bien que vous ayez la moitié de l'argent des restes que vous avez trouvés......... Touchant les vins du duc de Bourgogne qui sont en ses celliers, je suis content que vous les avez.

« Escript à Péronne, le 9e jour de février. — Loys. »

La Trémouille se fit aussi donner par le roi les meubles de l'hôtel des ducs de Bourgogne. Louis lui écrivait :

« Monsieur le comte, Crenant m'a parlé des *meubles* et *vaisselle* que je vous ai donnez. Je veux que vous les preniez et en faictes comme des vostres. Touchant ma part des restes, prenez-les entre vos mains pour les employer en ce que verrez qui sera nécessaire par delà, comme je dis à Merlin. Et à Dieu.

« Escript à Arras, le 23e jour de mars 1476. — Loys. »

Si l'on veut se faire une idée de la richesse mobilière du

duc Charles, il faut lire Olivier de La Marche et les autres chroniqueurs du temps, mais surtout les inventaires de la Chambre des comptes : on pourra en juger, au surplus, par ce qui se passa dans l'entrevue qu'il eut à Trèves avec l'empereur d'Allemagne.

Le duc avait sur son armure un manteau parsemé de diamants de la valeur de plus de 100,000 ducats; outre les riches vêtements, ses bagages contenaient une grande quantité de tapisseries flamandes brochées d'or et d'argent, de riches pièces de velours, de soie et de draps d'or; la chapelle qui le suivait avait quarante statues d'argent, de vermeil ou d'or, dont quelques-unes étaient d'une aune de hauteur; on y voyait briller vingt-quatre croix, petites et grandes, en vermeil ou en or, incrustées de pierres précieuses; il y avait des flambeaux, des châsses, un tabernacle, des tableaux en or ciselé enrichis de pierreries; une cassette d'or renfermait un morceau de la vraie croix enchâssé dans un diamant de la valeur de 200,000 écus d'or.

Le 7 octobre 1473 il invite l'empereur à dîner, et alors il étale sa magnifique vaisselle. Devant chaque couvert se trouvait une coupe d'or et un flacon de vermeil; un immense buffet s'élevait en amphithéâtre jusqu'au plafond de la salle; il portait trente-trois grands vases d'or ou d'argent, soixante-dix flacons de diverses grandeurs et des mêmes métaux, cent patères d'or garnies de perles et de pierres précieuses, quarante douzaines de grandes coupes d'argent; six nefs de colossales dimensions, admirablement ciselées, et dont deux étaient en or massif; douze bassins en argent et leurs aiguières; six grandes carafes d'argent, dont chacune contenait 24 bouteilles; six cornes de narval montées en or; enfin, trois mille pièces d'argenterie pour le service de la table. Qu'on juge, par cet aperçu, du mobilier et de la vaisselle qui se trouvaient à Dijon dans l'hôtel du duc, et dont le roi Louis XI faisait cadeau à son lieutenant. Cette libéralité comprenait, en outre, quatre-vingt-trois volumes composant la bibliothèque du duc *à Dijon*, tous magnifiquement illustrés et reliés, et enfermés dans des coffres de fer. Pour avoir une idée de la valeur énorme de ces ouvrages, il faut se rappeler qu'une Bible que Philippe le Hardi avait fait exécuter par ses artistes, et à laquelle ils travaillèrent pendant quatre ans, avait coûté environ 20,000 francs de notre monnaie.

Si Louis XI abandonnait à ses grands-officiers les riches dépouilles du duc Charles, il n'en était pas de même de ses vins : en 1477, le gouverneur de Bourgogne lui expédiait au Plessis-les-Tours les vins du roi récoltés à Beaune, Pommard et Volnay; et la même année, la Chambre des comptes traitait avec un sieur Pierre Gorrat, qui s'engageait à cultiver, moyennant 1,200 livres, les 148 journaux que ce prince possédait à Chenôve et à Marsannay; ils étaient divisés en six grandes pièces : le clos de Ruelle, la Violette, Dame-Henriette, Bonne-Mère, Dame-Alix, et le grand clos de Chenôve, nommé depuis clos du Roi.

Le peu de succès qu'obtenait La Trémouille dans la guerre de Franche-Comté décida le roi à le remplacer par Charles d'Amboise, sire de Chaumont, gouverneur de Champagne, auquel il donna les instructions les plus rigoureuses.

La guerre recommença donc avec une nouvelle énergie. Malgré les efforts des partisans de Marie, les troupes du roi parvinrent à reprendre les villes du duché, Flavigny, Semur, Châtillon, Seurre, puis enfin Beaune, qui soutint un siège de plus d'un mois; Dole fut prise par ruse et brûlée; Auxonne enfin se rendit. Le maire Courtois avait dit aux habitants réunis : « N'est-il pas plus honorable de revenir à la couronne de France, à qui toute la Bourgogne appartenait autrefois, que de rester sous un Allemand, que de vivre avec des Flamands volages ou lâches, dont nous ne comprenons ni les usages ni la langue? » Et la ville avait ouvert ses portes.

Pour mieux jouir de ses succès, et sans doute pour en presser les conséquences, Louis XI vint à Dijon. Le mayeur, les échevins, les procureurs et autres officiers de la ville, les bourgeois, les marchands en grand nombre, tous vêtus de robes rouges, allèrent au-devant de lui sur la route de Langres, comme ils allaient naguère au-devant des ducs de Bourgogne; la noblesse était nombreuse et brillante; le clergé, à l'exception de celui de Saint-Bénigne, sortit aussi de la ville en chappe et portant les saintes reliques: Louis XI les baisa; il était vêtu avec une simplicité qui contrastait avec l'ancienne magnificence des ducs de Bourgogne. Le mayeur lui demanda, suivant l'ancienne coutume, de jurer à Saint-Bénigne l'observation des *libertés publiques*. Le roi entra ensuite dans la ville à cheval, précédé du seigneur de Longecourt, à cheval lui-même, et tenant à la main une grande verge blanche : c'était le 31 juillet 1479.

On le conduisit à Saint-Bénigne : il y jura tout ce qu'on voulut lui faire jurer de priviléges, de libertés, de vieilles coutumes; il reçut l'anneau symbolique en signe d'alliance avec la Bourgogne; il reçut le serment des magistrats présents; enfin, après avoir baisé les reliques de monseigneur saint Bénigne, il quitta l'abbaye et se rendit, précédé de trompettes, ménestriers et tambourins, au palais des ducs. La ville lui offrit quarante pièces des meilleurs vins de Bourgogne.

Louis distribua des faveurs et des gratifications à ses partisans; mais il se donna en même temps le plaisir de quelques exécutions. On pendit Bertrand de Marsannay-le-

Bois et Guillaume Renaud, dit Barrot, *comme brigands des bois et tenant le parti contraire au roi*; Noël de Chaudenay et sa femme furent exécutés, et leurs biens furent donnés à Jacques de Gand; enfin, Barthélemy, sire de Thoisy, fait prisonnier à Dole, ayant refusé de prêter serment à Louis XI, eut la tête tranchée par le bourreau.

Pendant son séjour à Dijon, Louis activa la construction du château. Wausy de Saint-Martin, maître des œuvres de maçonnerie en Bourbonnais, était venu dans cette ville *pour diviser et ordonner la façon du château* : il y avait eu une assemblée de bourgeois; on avait pris connaissance de la levée des deniers nécessaires à la construction, et on voulait résister; mais quelques jours après l'impôt fut voté. Le duché tout entier fut imposé à une somme de 47,158 livres par année, sur laquelle le bailliage de Dijon payait à lui seul 14,000 livres.

Après le départ du roi, quelque agitation se fit de nouveau sentir à Dijon, car dans les premiers jours de décembre le mayeur reçut du roi la lettre suivante :

« Le roi de France à Etienne Berbisey, salut et dilection.

« Avant et après la soumission de la Bourgogne, quand j'étais à Dijon, j'ai appris qu'il y avait dans cette ville des gens qui ne m'étaient point affectionnés, qui avaient fait tout ce qu'ils avaient pu pour empêcher cette capitale de se soumettre. Pour être sûr de Dijon, j'avais chassé tous ces rebelles, en leur commandant de ne jamais revenir, sous peine de confiscation de corps et biens. Mais j'apprends qu'ils rentrent dans leurs foyers, malgré mes ordres. Ils pourraient subvertir et tirer à eux mes bons et loyaux amés de Dijon, se faire des intelligences et révéler nos secrets. Pour éviter les inconvénients qui pourraient s'ensuivre, je vous ordonne donc de mettre hors de vos murs toutes ces personnes retournées, et quiconque *ne vous paraîtra féable*; boutez-les hors de la ville, des faubourgs, de la banlieue, avec leurs femmes, leurs enfants, et leur ménage s'il le faut. Dites-leur, maître Etienne Berbisey, que je les ferai pendre s'ils se remontrent dans vos rues, lors même qu'ils vous montreraient des permissions du capitaine ou du gouverneur; à moi seul il appartient de révoquer cette sentence.

« Donné à Bonnaventure-les-Chinon, le 27 novembre 1480. — Loys. »

Tous ces malheureux furent donc impitoyablement chassés de la banlieue dans le mois de décembre.

Au milieu de toutes ces misères, le bruit se répandit qu'une pluie de sang était tombée à Dijon; c'était le 15 février, à trois heures de l'après-midi. Par quel phénomène naturel cette illusion avait-elle pu être produite? On l'ignore: ce qu'il y a de certain, c'est que la liqueur rouge existait sur les pavés; on se baissait pour la voir, on en recueillait pour l'examiner; on en envoya au roi. La superstition populaire en tirait les présages les plus funestes. Jean Molinet a consigné cet événement dans sa revue rimée des événements contemporains:

> J'ay vu, dit-il, belle besoigne
> Et cas de grant pitié,
> A Disjon, en Bourgoigne,
> Pleuvoir sang à planté.
> Au roy Loys de France
> Fust le sang envoyé,
> Doubtant avoir souffrance
> Fust assez ennuyé.

Dans cette même année une horrible famine désola la Bourgogne: la guerre, le pillage, l'agriculture devenue presque impossible, le commerce anéanti, avaient rendu le grain très rare et très cher. Des bandes de malheureux quittaient les villages pour chercher dans les villes un refuge contre le froid et la faim. A Dijon, le mayeur nomma des commissaires qui allaient de porte en porte demandant l'aumône pour la *sostentation des pauvres mendiants, qui estaient en très grand nombre et en grande pauvreté.* Les rues étaient pleines de gens en haillons, hommes, femmes, enfants, qui demandaient en pleurant du feu et du pain ; ces troupes de malheureux allaient continuellement *criant jour et nuit par la ville.* On les entassa dans les hôpitaux et les églises, au Saint-Esprit, à la Madeleine, à Notre-Dame, à Saint-Jacques, à la Chapelotte, à Saint-Bénigne, à Saint-Pierre. La mairie décida qu'on prendrait pour eux 100 francs sur les deniers municipaux.

Mais qu'était-ce que cela en présence d'une multitude affamée ! Bientôt la famine fut partout. On fut obligé de garder le jour les portes de la ville et d'en défendre l'entrée ; les campagnes étaient parcourues par une foule de vagabonds organisés en troupe, mourant de faim, et repoussés de tous côtés. Ce triste état de choses dura pendant près de deux ans.

Pendant ce temps, Louis XI était tombé malade, et pour recouvrer la santé, il faisait des pèlerinages et de riches donations aux saints et à leurs églises. En 1481 il était allé en pèlerinage à Saint-Claude, et pour se rendre ce grand saint favorable, il combla de ses présents l'abbé et le couvent. Entre autres dons, il céda *aux religieux et couvent* de monseigneur saint Claude *toutes les vignes que nous avons et tenons à notre main, assises et scituées au terrouer et vignoble de Chenôve*, les chargeant de prier Dieu pour l'Etat, le dauphin, la reine, *et mesmement pour la bonne disposition de nostre estomac, pour que vin, que viandes, ne aultres choses ne nous y puisse nuire, et que l'ayons toujours bien dis-*

posé. Cette donation est datée d'Arban, en Savoie, *du mois d'avril* 1482.

Il voulut aussi s'assurer la protection de saint Edme, dont les reliques étaient à Pontigny ; il lui donna la châtellenie, les vignes, celliers, cuves et pressoirs de Talant. Enfin, il fit don à Notre-Dame-de-Cléry, sa dévotion favorite, d'une part de ses vignes de Beaune. Mais la Chambre des comptes de Dijon refusa d'enregistrer les lettres du roi contenant ces diverses donations.

Deux ans auparavant, le Parlement avait été établi à Dijon. Louis d'Amboise, évêque d'Alby, vint en Bourgogne pendant l'été de 1480 ; il y présida les Etats, et y installa les Parlements. Le procès-verbal de cette installation est daté du 24 octobre. Il y est dit que le prélat a été nommé commissaire pour ériger une cour de Parlement dans le duché et dans le comté de Bourgogne ; qu'il s'est rendu dans ces pays, qu'il y a présidé les Etats généraux, et déclaré qu'en vertu de ses pouvoirs il avait jugé convenable de fixer un Parlement à Dijon pour le duché, et un autre à Salins pour la Franche-Comté. Mais ces deux Parlements ne formèrent qu'une seule compagnie ; ce furent les mêmes magistrats qui siégèrent des deux côtés ; les séances du premier commencèrent le lendemain de la Saint-Martin, et celles du second le lendemain de Quasimodo. On voit dans les registres des Comptes qu'au mois de décembre suivant on exécuta des travaux pour l'établissement du Parlement et à Dijon et à Salins.

Pendant que Louis XI s'affaiblissait chaque jour, la duchesse Marie périt tout à coup d'une chute de cheval, le 27 mars 1481. Cette mort porta le dernier coup aux partisans des anciens ducs de Bourgogne. Beaucoup d'entre eux firent sans doute la réflexion du maire d'Auxonne, qu'il valait mieux se rendre à un roi de France que d'obéir à un prince allemand. D'ailleurs, après quatre ans de guerre civile, d'alternatives de victoires, de défaites, de pillages, d'incendies, de destructions, de massacres, la misère était au comble, le pays à demi-désert et à bout de forces et d'énergie. Depuis cette époque la Bourgogne ne fut plus qu'une province du royaume de France, et elle suivit, ainsi que sa capitale, le mouvement général de l'Etat.

Le duché de Bourgogne envoya ses députés aux Etats de Tours en 1484. Quelques années après eut lieu le traité de Senlis (23 mai 1493), par lequel la Franche-Comté fut cédée à l'empereur Maximilien, et Dijon se trouva sur la frontière de France. Cette circonstance avait sans doute motivé la décision prise par le roi Charles VIII de réunir le Parlement de Dijon à celui de Paris. Cependant, sur les instances des Etats, il le maintint à Dijon par lettres patentes datées de Grenoble du 24 août 1494. Ce prince venait de quitter Dijon, où il avait abrégé son séjour à cause de la peste qui désolait cette ville; la mortalité était si grande, que les magistrats, effrayés, avaient abandonné la cité: la Chambre des comptes siégeait à Talant.

Le 3 avril 1501, la ville avait acquis, moyennant 1,500 livres, pour son administration, l'hôtel du chancelier Rollin, où sont aujourd'hui les archives du département; jusque là les assemblées s'étaient tenues en plein air, sur le cimetière de Saint-Philibert ou dans les salles des Jacobins. Onze ans auparavant, en 1490, Jean de Cirey, de Dijon, abbé de Citeaux et député de Bourgogne aux Etats généraux de Tours en 1484, avait fait venir de Dole Pierre Metlinger, imprimeur; cette imprimerie, une des premières qui aient existé en France, fut établie rue Saint-Philibert, dans les bâtiments de l'abbaye; on y imprima les Constitutions, les Priviléges et la Vie des Saints de l'ordre de Citeaux. Le premier de ces ouvrages, d'une fort belle impression en caractères gothiques, porte à la dixième ligne de l'avant-dernière page : *Divione, per Magistrum Petrum Metlinger, Alemanum. Anno Domini M. cccc. Nonagesimo primo. iiij Nonas Julias.*

L'église de la Sainte-Chapelle, qui était la paroisse des ducs de Bourgogne, avait été constamment enrichie et embellie par leurs libéralités. Philippe le Bon y avait établi en 1431 quatre chanoines *experts en musique*, et en 1433 il y déposa une hostie miraculeuse qui venait de lui être envoyée par le pape Eugène III. On l'exposait aux regards des fidèles dans un vaisseau d'or fin donné en 1454 par la duchesse Isabelle, pesant cinquante-un marcs, et enrichi de pierreries.

Cette précieuse relique, connue à Dijon sous le nom de la *Sainte-Hostie*, était en grande vénération parmi les personnes pieuses. En 1505, le roi Louis XII, gravement malade, fit vœu de lui consacrer sa couronne, et après sa guérison il écrivit au chapitre de la Sainte-Chapelle la lettre suivante :

« A nos chers et bien amez les doyen et chapitre de nostre Sainte-Chapelle de Dijon.

« Chers et bien amez, puis n'a guères auons eust une grande et grièue maladie, de laquelle, grâce à Dieu nostre créateur, sommes à présent hors et en auons bonne et vraye connoissance que dès l'heure que eusmes reçu nostre Créateur par le moyen de sa bonté et grâce nous recouvrâmes la sancté, et de luy et non d'autres tenons nostre guérison. A cette cause et que nous auons singulière dénotion à la Sainte-Hostie qui repose en uostre église, nous uous ennoyons par ce porteur la propre et vraye couronne, laquelle portames après notre sacre tout le jour que nous fumes couronné en notre ville et citée de Rheims comme il est de coustume, uous prions la présenter deuant ladite

Sainte-Hostie, en prians nostre dit Créateur qu'il luy plaise nous préserver et maintenir en bonne sancté pour luy faire service.

« Donné à Blois, le 21e jour d'auril. — Louis. »

Et plus bas : « Robertet. »

Le 29 avril 1505 deux héraults d'armes du roi présentèrent cette couronne au chapitre assemblé ; elle fut placée « sur le vaissel et reliquaire de ladite sacrée hostie, le tout en présence de Messieurs de la cour souveraine du Parlement, des Comptes, et grande et innumérable foule de peuple, bourgeois et bourgeoises dudit Dijon, lors estant en ladite Chapelle en grande dévotion, fournis de luminaire, regratians Dieu de la bonne sancté et convalescence dudit sieur; et ce fait, fut ladite hostie sacrée, en présence que dessus, portée processionnellement par aucunes rues de cette ville, et lesdites lettres du roy Louis patament lues à haulte voix en chère par le grand prieur des frères Prescheurs dudit Dijon, lequel fit en la nef de ladite Sainte-Chapelle la collation et sermon de ladite procession. »

Au mois de mai suivant, le roi envoya à Dijon deux héraults d'armes pour y prendre le bâton de la Sainte-Hostie, qui lui fut accordé par le chapitre, « sachans et connoissans ne le pouvoir donner en ce monde à personne qui puisse mieux le porter et soustenir. » Depuis cette époque, la Sainte-Hostie fut portée en grande pompe dans une procession solennelle qui attirait à Dijon un grand concours d'étrangers; elle avait lieu le 2 juillet de chaque année.

En 1510, le roi Louis XII vint pour la seconde fois à Dijon : il y séjourna quatre jours, *et tous ceux-là*, dit Saint-Gelais, *se réputaient heureux qui le pouvaient voir*. Il donna des ordres pour qu'on réparât le dommage fait au palais des ducs par un incendie qui avait eu lieu le 17 février 1502.

Il ordonna aussi l'achèvement du château, sur les murs duquel on voit encore le porc-épic qu'il avait pris pour emblème. Enfin, par lettres du 8 août 1511, il chargea le premier président du Parlement, Humbert de Villeneuve, de diriger la construction du palais de justice : cet édifice ne fut terminé que sous Charles IX (1571), qui fit élever la façade et la grande salle des pas perdus.

A cette époque, la peste avait redoublé ses ravages; le nombre des victimes était encore plus grand à Dijon que dans les campagnes, et toutes les administrations s'éloignèrent de la ville. La Chambre des comptes siégeait à Auxonne, le Parlement à Arnay, et la *Chambre de ville* s'était établie à Saint-Apollinaire et tenait ses séances à Montmusard.

La guerre vint encore aggraver les malheurs publics; 40,000 Suisses et Francs-Comtois envahirent la Bourgogne, ravagèrent les campagnes et vinrent assiéger Dijon.

Voici la relation naïve de ce siége écrite par Pierre Tabourot, bourgeois de Dijon, au moment même de l'événement. Ce Pierre Tabourot fut employé par le Parlement pour faire le dessin et veiller au bâtiment de la salle de l'audience; il fut seigneur de Véronnes et maire de Dijon.

« Le vendredi 2ᵉ jour de septembre, d'autant que c'était la vérité que les Suisses voulaient mettre le siége devant Dijon, il fut ordonné par monseigneur de La Trémouille, gouverneur de Bourgogne, d'abattre l'église Saint-Nicolas hors les murs; et ainsi que les maçons faisaient leur oraison avant que d'y mettre la main, ils s'enfuyrent comme tout éperdus, et se prit à suer à grosses gouttes une image en bois de Notre-Dame, et son petit enfant qu'elle tenait, tournant sa vue regardant le côté des faubourgs; et j'ai parlé à des gens qui le virent.

« Le dimanche 4 dudit mois, le feu fut mis au faubourg

Saint-Nicolas et de la porte Fermerot, qui estoit chose piteuse à voir.

« Le lundi 5, le feu fut mis au faubourg Saint-Pierre, et de là porté à la porte Neuve et au temple.

« Le mercredi 7, le feu fut mis au faubourg d'Ouche.

« Le vendredi 9 septembre, jour de la relevation de monsieur saint Médard, les Suisses et Mgr de Vergy mirent le siége devant Dijon, environ le midi, du côté de la porte Neuve; ils avaient canons portant gros boulets de fer ayant deux pieds de tour ou environ; il en tomba beaucoup parmi la ville, qui ne blessèrent personne.

« Le samedi 10, les Suisses ont laissé les artilleries tirantes, et sont allés loger aux Chartreux; et ont été par devers eux, par sauf-conduit, M. le gruyer, M. de Maizières, M. le bailly de Dijon et M. Jean de Rochefort, pour voir si on pourrait trouver quelque appointement (que Dieu le veuille!).

« Le dimanche 11, à la sortie de la messe de monsieur saint Médard, est passé un boulet de fer, gros d'environ deux pieds de tour, parmi le toit de Saint-Etienne, du côté de Saint-Michel, qui a rompu au long la forme de la fenêtre du pignon du côté de Saint-Vincent, et rompu l'une des jambes du clocher de Saint-Médard, et tombé audit Saint-Vincent; et demi-heure après un semblable ou environ à quatre pieds plus bas. Plusieurs autres pareils sont tombés parmi la ville; mais, Dieu merci, ils n'ont tué ni blessé personne.

« Et après on a ordonné de ne tirer aucun canon, et nos gens ont parlé avec les Suisses les uns avec les autres de dessus la muraille, afin de savoir si l'on pourrait traiter de quelque appointement, en demandant, les Suisses : le duché de Bourgogne et pays adjacents; les châteaux de Milan, Crémone et Gênes; le comté d'Ost et 400,000 écus pour intérêts; que le roi eût à prendre dix mille hommes suisses à son service, et en payer cinq mille cinq cents pour trois mois, dont ils feraient montre.

« Ledit jour, environ sept heures du soir, on a recommencé à tirer de part et d'autre toute la nuit.

« Le lundi 12e au matin, environ les sept heures, on a cessé de tirer de part et d'autre, et ont fait lesdits ennemis de merveilleux dommages à Saint-Etienne, Saint-Michel. et plusieurs maisons de la ville ont été percées d'outre en outre. Ils entendaient donner l'assaut à cedit matin; toutefois, on a arrêté pour parler ensemble et voir si on pourrait trouver appointement, et ne tirèrent les ennemis ni nous de toute la journée.

« Ils ont accordé ledit jour avec les ligues, et ledit jour, environ les onze heures du soir, on a mandé tous les habitants de ladite ville en la maison d'icelle ville; a été proposé par Bénigne de Cirey, maire, qu'il convenait d'avoir argent promptement pour renvoyer iceux ennemis hors du pays, qui demandaient 400,000 éus; et fut envoyé à l'heure même par toutes les paroisses gens pour savoir ce que chacun pourrait fournir et bailler.

« Le 13, on fut chez Bénigne de Cirey, maire, afin d'imposer particulièrement les gens de la ville pour trouver, comme on disait, promptement 26,000 livres, ce qu'on ne pouvait trouver audit Dijon, et on demeura toute la journée à faire les impots, parce que les Suisses entendaient avoir ledit argent, et que si on ne se dépêchait, ils amèneraient leur artillerie et encore d'autres pour les tirer; mais à trois heures après midi la paix a été créée perpétuelle entre le roi et les Suisses, avec les ligues et cantons.

« Et au matin, le gouverneur d'Orléans, Lancelot du Lac, est parti pour aller vers le roi et lui faire ratifier le traité; et ne partirent hommes aucuns de la ville.

« Et ce pendant on vendange toujours nos vignes, et s'enlève le vin et le bled, et s'emmène le bétail. »

Le roi Louis XII, dit une ancienne relation plus étendue, informé de la marche de l'armée ennemie, en donna avis au maire et aux échevins, leur recommandant de soutenir l'attaque avec courage, et leur promettant des secours. En effet, arriva bientôt Louis de La Trémouille, gouverneur de Bourgogne : il était au-delà des monts; le roi le fit revenir et l'envoya à Dijon pour y organiser la défense; il était surnommé le Chevalier sans reproche, et passait pour le plus grand capitaine de son temps.

A peine arrivé dans la ville, il en fit réparer à la hâte les fortifications délabrées : ces ouvrages, commencés vers le mois de juillet, furent achevés sur la fin d'août. Le roi envoya six mille hommes de troupes réglées. On se hâta de faire la revue de tous les habitants capables de porter les armes, et le commandement en fut donné à Jean de Baissey, grand-gruyer; on nomma des officiers pour conduire les habitants de chaque paroisse, et chaque jour ces nouvelles troupes étaient exercées.

La Trémouille fit assembler le Conseil de guerre et celui de la ville : il y fut résolu qu'on mettrait le feu dans tous les faubourgs pour les rendre inutiles à l'ennemi, et, d'après l'ordre qui en fut donné, le 4 septembre le feu fut mis dans toutes les maisons et bâtiments du faubourg Saint-Nicolas. L'église paroissiale fut seule épargnée : elle était située du côté du septentrion, à l'extrémité de la rue nommée autrefois le *Four-de-Bèze*; elle s'étendait sur le glacis de l'enceinte moderne de la ville, et couvrait par sa hauteur le rempart devenu plus tard le bastion de Saulx. Elle n'était pas moins belle, dit-on, que celle de Saint-Bénigne : on enleva le saint sacrement, les vases sacrés, l'argenterie et tous les objets qu'on put déplacer, et on les transporta dans la chapelle de Noidant, sur l'emplacement de laquelle on a construit depuis la nouvelle église Saint-Nicolas.

Les autres faubourgs subirent le même sort. Celui de Saint-Pierre fut brûlé le 5, au grand regret des chevaliers de Saint-Jean de Jérusalem, qui y avaient de très belles maisons; leur église fut aussi réservée. Le 6, on mit le feu dans celui de la Porte-Neuve. Le 7, le faubourg d'Ouche fut pareillement réduit en cendres, excepté l'église et l'hôpital du Saint-Esprit.

Pendant ce temps, les Suisses approchaient, commandés par le duc Ulrich de Virtemberg et Guillaume de Vergy, seigneur bourguignon, qui avait suivi le parti de Marie de Bourgogne, mariée à Maximilien d'Autriche. Ils ravageaient tout sur leur passage, et se livraient à toutes les horreurs de la guerre. Leur armée marchait sur deux colonnes : l'une arrivait par Gray, l'autre par Auxonne.

Le 7 septembre 1513, ils parurent devant Dijon, qu'ils investirent entièrement. Le 8, le siége commença et la tranchée fut ouverte; leur artillerie faisait un feu continuel, et les murs furent bientôt ébranlés.

Ils battaient la ville avec tant de violence, leurs forces étaient si supérieures, que l'on comprit qu'il y aurait de la témérité à résister; en sorte que le 10 il fut résolu dans le Conseil que l'on chercherait à capituler, et dès le même jour le grand-gruyer de Bourgogne, le grand-bailli de Dijon, le premier président du Parlement, et J. de Maizières, lieutenant général du gouverneur, se rendirent dans le camp des ennemis. Leur négociation n'eut aucun effet; au contraire, ce jour-là même la ville fut battue avec plus de fureur et de deux côtés en même temps.

Les Suisses n'avaient d'abord dressé qu'une batterie du coté de la porte Neuve, profitant d'une élévation qui est sur le chemin de Mirande et qui commande la ville : c'est ce qu'on appelle les Petites-Roches. Mais le jour de la négociation, après que nos envoyés furent rentrés, ils dressèrent une autre batterie au-dessus de la Chartreuse, où M. de Vergy fut même se loger.

Cette nouvelle attaque était si vigoureuse, que les députés retournèrent le 11; ils furent plus heureux, car ils obtinrent une trève. Les assiégeants étaient déjà si près des murs, qu'ils pouvaient parler aux soldats qui étaient sur les remparts. Mais les généraux des Suisses firent des demandes auxquelles on ne put répondre, tant elles étaient extraordinaires et injustes. Ils exigeaient le duché de Bourgogne et tous les pays adjacents, les châteaux de Milan et de Crémone, Gênes, le comté d'Acs, 400,000 écus d'argent comptant, et qu'outre cela le roi eût à reprendre dix mille Suisses à son service et à en payer cinq mille cinq cents pour trois mois, dont ils feraient montre.

Le seigneur de La Trémouille, aussi intrépide que les Suisses étaient présomptueux, répondit à ces propositions par un coup de canon. Ce fut le signal de la rupture de la trève, qui n'avait duré que huit heures : on recommença à battre la ville avec plus de fureur; le feu fut égal de part et d'autre pendant toute la nuit, et les assiégés firent paraître une constance et un courage qui étonnèrent les ennemis.

Mais les murailles étaient ouvertes de tous côtés, et le 12 les ennemis se préparaient à un assaut général : alors La Trémouille hasarda une troisième députation, et il demanda une nouvelle conférence, qui lui fut accordée.

Dans cette conférence allait se décider le sort non seulement de Dijon, mais de toute la province : les Dijonnais le comprirent, et ils sentirent aussi qu'il fallait un miracle pour les arracher à un aussi grand péril. Ils mirent donc leur confiance en Dieu; les églises étaient remplies de fidèles en prières, et surtout l'église Notre-Dame, où se trouvait la chapelle renfermant l'image célèbre de Notre-Dame-de-Bon-Espoir.

Pour se rendre la mère de Dieu plus favorable, le clergé de cette église fit une procession où l'image de Notre-Dame fut portée avec toute la pompe qui fut possible dans les conjonctures où l'on se trouvait. La procession parcourut les remparts de la ville : toutes les cours y assistèrent, avec le seigneur de La Trémouille, tous les officiers de l'armée, tous les soldats et un concours de peuple extraordinaire. Tous portaient à la main un flambeau et faisaient paraître une foi ardente, un profond recueillement.

Dès ce moment les ennemis devinrent plus traitables; et à peine la procession fut-elle finie, que les Suisses acceptèrent les mêmes propositions que deux jours auparavant ils avaient rejetées avec le mépris le plus dédaigneux. Sur les dix heures du soir les députés rentrèrent, et apportèrent la paix qu'ils venaient de conclure avec les ennemis. La Trémouille signa le traité et ratifia tous les articles au nom du roi.

Ces mêmes Suisses, qui demandaient tant de choses deux jours auparavant, se contentèrent alors de la remise du château de Milan, du comté d'Acs et de 400,000 écus d'argent; ils n'exigèrent même que 25,000 livres avant de lever le siége, et se contentèrent de quatre personnes qu'on leur donna et qu'ils emmenèrent en otages pour sûreté du reste de la somme, que La Trémouille s'engagea, au nom du roi, à leur payer dans un an. En conséquence de ce traité, ils levèrent le siége le 13 septembre.

L'argent était si rare en ce temps-là, que pour payer les 25,000 livres il fallut puiser dans toutes les bourses de la ville. Le clergé et toutes les compagnies nommèrent des commissaires qui allèrent pendant la nuit de porte en porte recevoir les sommes auxquelles chacun voulut bien s'imposer. Le 14, on paya les Suisses.

Les otages furent M. de Maizières, neveu de M. de La Trémouille ; Jean de Rochefort, grand-bailli de Dijon ; Humbert de Villeneuve, premier président, et quatre bourgeois : Bénigne Serres, seigneur de Daix ; Philibert Godran, chanoine de la Sainte-Chapelle ; Bénigne de Cirey, vicomte-mayeur ; Jean Noël, échevin. Ils furent seize mois en otage, parce que le roi ne se pressait pas de payer, et furent obligés de se racheter eux-mêmes. M. de Maizières paya 10,000 écus soleil, M. de Rochefort 6,000, et les autres chacun 1,000. Louis XII les dédommagea tous et les récompensa (1).

Les habitants de Dijon avaient courageusement secondé pendant le siége les troupes de La Trémouille ; la milice bourgeoise était commandée par Jean de Baissey, grand-gruyer, qui avait sous ses ordres les seigneurs d'Arcelot, d'Arc-sur-Tille et d'Auvillars. François Ier voulut reconnaître les services qu'ils venaient de rendre à la France : il les exempta pendant dix ans de l'impôt appelé *des marcs*, qui s'élevait à 627 livres par an ; et il leur donna 4,000 livres, soit sur son domaine, soit sur d'autres fonds.

Le siége de 1513 et les désastres qui l'avaient accompagné avaient fait sentir le besoin de rendre plus redoutables les fortifications de la ville : aussi commença-t-on en 1515 à élever les chemins couverts et les bastions, qui ne furent achevés que plus tard. Mais ces précautions devinrent moins nécessaires par le traité signé à Saint-Jean-de-Losne le 8 juillet 1522 : il établissait une neutralité entre les deux

---

(1) Les principaux faits de ce siége sont représentés sur une tapisserie contemporaine, de 2 m. 73 cent. de haut sur 6 m. 93 cent. de long, qu'on voit aujourd'hui au Musée de Dijon (n° 739).

provinces de Bourgogne, qui purent ainsi jouir de la paix au milieu des troubles et des guerres excités en Europe par la rivalité de la France et de l'Autriche.

A peine la province avait-elle acquitté les sommes dues en exécution du traité fait avec les Suisses et celles qu'avait coûté le rétablissement de ses places de guerre, qu'il lui fallut faire de nouveaux sacrifices pour la rançon de François Ier, fait prisonnier à la bataille de Pavie. Ce roi, par le traité de Madrid, avait cédé, pour sa rançon, la Bourgogne à Charles-Quint, qui possédait déjà la Franche-Comté : mais quand on vint demander la ratification du traité, les Etats, le Parlement et la Chambre des comptes répondirent énergiquement, par leurs députés convoqués à Cognac avec les autres notables du royaume, qu'*ayant par les droits de la couronne et par leur choix des maîtres nécessaires, le roi ne pouvait les céder; que si on les retranchait de l'association commune ils disposeraient d'eux-mêmes, et s'affranchiraient de toute domination.* Les Etats avaient déjà donné un exemple de cette courageuse fermeté en résistant aux exigences du duc Charles le Téméraire, *qui mesurait toute chose à l'aune de ses volontés*, et qui les accablait chaque jour de nouveaux impôts. *Dites à monseigneur le duc,* avaient-ils répondu à ses commissaires, *que nous lui sommes très humbles et obéissants serviteurs et sujets, mais que pour ce que vous nous avez proposé de sa part, il ne se fit jamais, il ne peut se faire, il ne se fera pas.* La Bourgogne préféra donc rester française, et s'imposer encore de lourdes charges pour acquitter la rançon du roi : la ville de Dijon en paya sa part, et tant de sacrifices ne l'empêchèrent pas de contribuer puissamment à la construction de la belle église Saint-Michel, qui fut consacrée en 1527, et à la fondation du collége, dont le fameux Turrel était principal en 1520, et que Julien Martin enrichit en 1531.

Il existe un ancien plan de la ville de Dijon, dressé en l'an 1574; il porte au-dessous de la légende ces mots : *Edoardus Bredin, geometrice depinxit*. Malgré cet adverbe, le plan est loin d'être géométrique; il est grossièrement dessiné, et si l'on en juge par ce qui reste de cette époque, il ne rend pas toujours d'une manière bien exacte la forme et la position des monuments : toutefois il est curieux de se faire, d'après ce tableau un peu informe, une idée de ce qu'était alors la ville de Dijon.

L'enceinte de la ville, bien mieux fortifiée que celle de l'ancien castrum, n'avait cependant pas encore été entourée du système de bastions qui fut établi un siècle plus tard. Au nord s'élevait le château, dont la construction n'était pas encore achevée; la demi-lune qui devait le terminer du côté de la campagne et la tour qui devait commander le pont de pierre du côté de la ville n'étaient pas faites. Un vaste espace, libre de toutes constructions, se développait alentour; de larges fossés pleins d'eau défendaient l'approche de la forteresse; un pont-levis permettait de sortir dans la campagne; un pont de bois la faisait communiquer avec la ville.

Sur le rempart du nord, une tour nommée Poinsard-Bourgeoise se dressait en face de la rue des Champs; un escalier descendait du rempart dans cette rue. On trouvait ensuite la tour aux Anes, qui commandait l'entrée de Suzon. Cette tour, appelée ainsi en raison des moulins qui tournaient à ses pieds, et qui reçut plus tard le nom de La Trémouille, surmontait une poterne, et était elle-même entourée au-dehors d'une petite fortification quadrangulaire. Suzon entrait par-dessous la tour dans la ville, qu'il traversait à peu près en ligne droite pour sortir près de la porte d'Ouche. Une partie de ses eaux allait à l'ouest remplir les fossés du château; une autre partie entourait la ville à l'est et au midi, comme aujourd'hui, pour se jeter dans l'Ouche au pied du bastion d'Ouche (Tivoli).

Sur le rempart voisin était la tour Fourmerot ou Fermerot, ayant également une poterne; un escalier communiquait du rempart à la rue qui avait pris son nom, et qui aboutissait à la rue Charbonnerie (Préfecture). Au bout de ce rempart était la porte Saint-Nicolas. Une tour très élevée surmontait une première porte, en face de laquelle se dressait un vaste bastion triangulaire; le long du mur de ce bastion régnait un passage qui formait avec la rue Saint-Nicolas un angle droit, et aboutissait à une seconde porte faisant face au nord, flanquée de deux tourelles, et ayant un pont-levis sur Suzon.

Au milieu du rempart qui tournait à l'est, derrière l'hôtel de Saulx, se trouvait un petit bastion quadrangulaire appelé l'*Aide-de-Saulx*; il existe encore aujourd'hui. En suivant on descendait à la porte Neuve, appelée alors porte des Chanoines, au bout de la rue de ce nom. Du côté méridional de cette porte était le vaste bastion triangulaire qui forme aujourd'hui les jardins de la recette générale. Il y avait de plus, proche cette porte, quatre tours, les tours Quarteau, Rouge, Saint-Michel et Saint-Antoine.

La porte Saint-Pierre était flanquée de deux tours, la tour Saint-Pierre et la tour la Bussière, et avait un pont-levis; au-devant s'élevait une vaste demi-lune ayant un passage qui tournait à l'ouest, et débouchait par un second pont-levis jeté sur Suzon. Cette demi-lune n'a été détruite qu'en 1826. Sur le rempart allant à la porte d'Ouche on comptait quatre tours, la tour Fondoire, la tour Saint-André, la tour Nanxion au bout de la rue du Chaignot ou des Crais, la tour Quarrée, puis le bastion triangulaire appelé bastion d'Ouche, du nom de la rivière qui en baigne le pied.

La porte d'Ouche, au pied de laquelle la fontaine de Raine et Suzon se jetaient dans l'Ouche, avait un pont-levis dont l'extrémité joignait le pont de pierre établi sur la rivière; à quelques mètres en arrière de cette porte extérieure était une seconde porte fermant la rue, et commandée par une tour très élevée appelée tour de Guise, que baignait Suzon. Au dehors, au pied du pont de pierre, était le moulin des Chartreux; plus loin, sur l'autre rive de l'Ouche, l'hôpital du Saint-Esprit et l'hôpital de Notre-Dame-de-Charité. Sur la rive occidentale de la rivière étaient les maisons des tanneries; la rue de l'Hôpital n'avait encore que quelques maisons près de la fausse rivière.

Sur le rempart de la porte Guillaume étaient quatre tours, la tour Saint-Philibert, la tour Charlieu, la tour de Raine, près laquelle la fontaine de ce nom entrait dans la ville; enfin la tour Saint-Georges, détruite récemment. La porte Guillaume avait elle-même deux tourelles, et une petite fortification carrée en défendait l'approche. Elle était séparée du château par un vaste fossé entièrement dégagé de maisons.

On voyait au loin, de ce côté, l'église de Larrey, l'abbaye des Chartreux, et les tours du fort de Talant.

Telles étaient alors les fortifications de la ville, et ce ne fut que dans le milieu du siècle suivant que les guerres que subit la France firent sentir le besoin de les compléter par un système de bastions extérieurs, dont quelques-uns existent encore, et par une ligne de chemins couverts qui n'est pas entièrement détruite.

A l'intérieur la ville était partagée en deux parts par la rivière de Suzon, qui entrait sous la tour aux Anes et se jetait dans l'Ouche au pied de la tour de Guise. On la traversait sur des ponts ou des voûtes au midi de la place

Suzon, à la rue Musette, à la rue des Forges, à la rue Poulaillerie (Piron), à la place Morimont, et à la courbe qu'elle décrivait à droite sur le pont Arnaut. Elle faisait tourner un moulin près de la porte aux Anes, et un autre au bas de la place Morimont.

Sur la rive gauche était, au nord de la ville, près la tour La Trémouille, l'hôtel et la chapelle de l'abbaye de Clairvaux; à l'est, la rue Fermerot, la rue Charbonnerie, la place du même nom sur laquelle était le marché au charbon, les hôtels de Vergy et de la famille Pot; à l'est encore, la rue Saint-Nicolas, au bas de laquelle l'église de ce nom; en face de la porte méridionale de l'église se tenait le marché au blé, dans la rue du Vieux-Marché, au milieu de laquelle se dressait une potence. Le prolongement de la rue Saint-Nicolas, après le Coin-des-cinq-Rues où s'élevait une croix, se nommait la rue du Pilori : on y voyait en effet le pilori qui servait à l'exposition des condamnés. Le long de cette rue, au couchant, étaient les halles où se tenaient les foires établies dans la ville; une partie était couverte et formait un vaste hangar bas et sombre, dont on voit encore un fragment à côté de la maison Sirodot, n° 102; on y entrait par une porte cochère au midi; elle était destinée aux boutiques de luxe; l'autre partie consistait en une ruelle garnie de baraques où se plaçaient les marchands d'étoffes, de draps, de cuirs, etc.

Au centre de la ville était la Maison du roi, avec sa haute tour appelée la Terrasse; il n'existait au midi qu'une petite place appelée Saint-Barthélemy, sur laquelle se trouvait l'hôtel des évêques de Langres, *palatium Lingonense*, et aboutissait à la rue Saint-Fiacre, où était situé l'hospice de ce nom; au nord du palais du roi était Notre-Dame, surmontée de l'horloge de Courtray donnée par Philippe le Hardi; à l'est, la Sainte-Chapelle avec sa flèche et ses deux tours;

un peu derrière la Maison de ville. On arrivait au palais par la rue des Forges, qui, avec la rue Guillaume, était alors la principale rue de Dijon; on y voyait les hôtels de plusieurs grands seigneurs de la cour des anciens ducs, tels que les ambassadeurs d'Angleterre et la famille Chambellan. A quelque distance du Logis du roi, au midi, était le Palais de justice, comprenant le Parlement, la Chambre des comptes, le Bailliage, la Chancellerie. Un peu à l'ouest de cet édifice se trouvait le *Bourg* ou la boucherie, entre les rues des Forges et Poulaillerie; le vieux plan ne figure pas la rue des Etioux.

A l'est de la ville, près de la Sainte-Chapelle, étaient les ruines des églises Saint-Médard et Saint-Vincent; puis Saint-Michel, autour de laquelle régnait une grande place où se tenait le marché au bois. En face de Saint-Médard, et en avant de Saint-Michel, étaient l'abbaye de Saint-Etienne, son église et son vaste enclos; l'entrée de l'abbaye était la porte de style gothique qu'on voit encore en face de la rue des Bons-Enfants. Derrière l'enclos de l'abbaye était la rue des Juifs (Buffon); plus loin la rue du Vieux-Collége, où se trouvait le collége fondé par les Martins, et où professait le célèbre Duchatel.

A la suite de la rue des Juifs était la rue du Grand-Potet (Buffon): à peu près sur l'emplacement occupé plus tard par l'hôtel Buffon, n° 24, on voyait alors cinq tours du *viel chastel* qui avait été autrefois la demeure des rois et premiers ducs de Bourgogne; puis, dans la rue du Petit-Potet, était l'hospice Saint-Jacques, fondé en 1580 par Jean Tallenet; et dans la rue de la Madeleine, l'hôtel de La Trémouille (aujourd'hui l'Ecole de droit), en face l'hôtel Byron; plus loin, l'église de la Madeleine, appartenant aux chevaliers du Temple, l'hôtel de la vicomté, enfin l'hôtel de Vienne, sur la place Saint-Georges.

Près la porte Saint-Pierre était l'église de ce nom, appuyée contre le rempart; de l'autre côté de la rue, l'hôtel des abbés d'Epoisses, qui y entretenaient un hospice. Derrière l'église commençait le vaste enclos des Cordeliers, dont l'église était près de la place de ce nom. A l'angle nord-ouest de cette place était l'hôtel du célèbre Hugonet, chancelier de Bourgogne.

Dans la petite rue des Carmélites, sur la place même où s'éleva depuis le couvent, était l'hôtel de l'illustre président Jeannin, et à l'extrémité de cette rue se trouvait la chapelle aux Riches, fondée par les frères Leriche, et appelée la Chapelotte.

Dans la rue à laquelle elle avait donné son nom étaient les hôtels de Plaines (depuis aux Courtivron et aux Sassenay) et de Hochberg, maréchal de Bourgogne (depuis aux Souvert, aux Bauyin et aux Ruffey). A l'extrémité de la rue, à droite, le couvent des Carmes.

Sur la rive droite de Suzon se trouvait, au nord de la ville, le couvent des Jacobins, autour duquel se tenait la poissonnerie ou marché au poisson. L'élection du maire s'y faisait, et la Chambre de ville, quelquefois les Etats de la province, y tenaient leurs séances.

En descendant au midi on trouvait l'hôtel des abbés du Miroir au bout de la rue des Champs; l'hôtel et la chapelle des religieux du Val-des-Choux dans la rue Saint-Jean, qui commençait alors au Coin-du-Miroir; sur la place Saint-Jean, les hôtels d'Orange, de Lux, de Montgommery, de Jaucourt.

A l'extrémité de la place était l'église St-Jean, dont l'abside s'appuyait sur la place; la façade donnait sur le cimetière, autrefois l'unique de Dijon, et qui s'étendait à l'ouest de l'église. Le vieux plan de Bredin indique de ce côté un petit édifice qu'il appelle *la Chrétienté*; c'était à ce qu'il paraît l'ancien baptistère où les habitants de Dijon venaient recevoir le baptême dans les premiers siècles de l'établissement de la religion chrétienne.

Au midi de Saint-Jean était la place Morimont, qui prenait son nom de l'hôtel des abbés de Morimont, qui s'y trouvait placé. Sur cette place, où se faisait l'exécution des criminels, on voyait à demeure un calvaire, une potence et une roue fixée horizontalement sur un poteau. La croix du calvaire avait été élevée en 1535 par Jean de La Haye; en 1520, Jean Laverne, procureur du roi au bailliage, fit refaire l'échelle et l'échafaud sur lequel le maire Jacques Laverne, son fils, eut la tête tranchée en 1594.

A l'ouest de Saint-Jean était Saint-Philibert et son cimetière; puis Saint-Bénigne et son vaste enclos, qui s'étendait jusqu'à la rue Guillaume et au rempart. Derrière l'église était une construction antique et d'une riche architecture; elle recouvrait la crypte où reposaient les restes de saint Bénigne. Bredin désigne cette construction sous le nom de Vieux temple ou Panthée.

Telle était alors la physionomie de Dijon, lorsque éclatèrent les dissensions religieuses qui déchirèrent la France dans le XVIe siècle. Le massacre des huguenots de Vassy (1er mars 1562) fut en Bourgogne le signal de cette guerre si longue et si désastreuse. Claude de Lorraine, duc d'Aumale, était gouverneur de Bourgogne, et son lieutenant, Gaspard de Saulx, comte de Tavannes, catholique exalté, avait empêché qu'on publiât dans la province l'édit de janvier qui défendait d'inquiéter les religionnaires quand leurs assemblées se tenaient ailleurs que dans les villes. La noblesse était en général dans les mêmes dispositions d'esprit; mais la bourgeoisie et le peuple comptaient parmi eux beaucoup de partisans de la religion réformée. Pendant de longues années il y eut entre les deux sectes religieuses d'affreuses représailles de pillages, de dévastations, d'incendies et d'assassinats. Dijon renfermait un grand nombre de huguenots, exaspérés sans doute des maux de leurs frères, et en craignant pour eux de semblables : ils s'assemblaient en armes chaque nuit dans la rue des Forges, et se répandaient en menaces et en injures contre les catholiques. Mais le comte de Tavannes fit entrer secrètement des troupes dans le château, puis dans la ville ; fit arrêter les principaux huguenots, parmi lesquels se trouvaient plusieurs conseillers au Parlement, et les rendit responsables des actes de leurs coreligionnaires, dont il chassa ensuite douze à quinze cents.

Charles IX se rendit à Dijon le 22 mai 1564 : le but de ce voyage était de tenir un lit de justice au Parlement, et d'obtenir de cette compagnie l'enregistrement des actes touchant la liberté de conscience, notamment de celui de janvier 1562. Ce prince était à peine majeur, mais le fameux chancelier l'Hospital l'accompagnait. La reine-mère Catherine de Médicis l'avait précédé de quelques heures ; elle assista à la réception triomphale que la ville fit à son fils, et dont la province paya les frais. Elle était placée à une fenêtre de l'hôtel Tabourot, place Saint-Jean, où la ville avait fait servir une collation pour elle et sa cour. Tavannes offrit au roi, sur cette place, le spectacle d'un tournoi. — Tout y sembla, dit une chronique du temps, *hormis la mort*, un combat entre ennemis ; on y vit couler le sang et porter des coups si terribles que la reine demanda *quels jeux c'étaient*, et ajouta qu'ils *lui faisaient trembler l'âme dans le corps*.

Le Parlement tout entier, à cheval et en robes rouges, était allé complimenter la reine dans l'hôtel de Tavannes, rue Vannerie, où elle était descendue ; elle recommanda à cette compagnie d'être plus diligente à l'avenir dans l'enregistrement et la publication des édits. Puis il s'était rendu aux Chartreux pour complimenter le roi avant son entrée. Le premier président Claude Lefèvre fit le discours, auquel le prince répondit par quelques paroles bienveillantes tout à fait étrangères à la politique. Après son entrée dans la ville, il fut reçu dans l'hôtel Chabot par Chabot lui-même. Là, il se fit remettre le registre des délibérations du Parlement et celui de la Chambre de ville, afin de juger de la conduite qu'avaient tenue ces deux corps pendant les troubles.

Le jeudi 24 mai, jour fixé pour le lit de justice, Charles IX, qui n'avait pas quatorze ans, fit son entrée au Palais, où l'Hospital l'avait précédé de quelques heures, ainsi que les évêques d'Orléans et de Valence, M. de l'Isle, premier président de Bretagne, et plusieurs grands personnages du Conseil et de la Cour.

A neuf heures du matin, au bruit des fanfares et des acclamations publiques, couvert du manteau royal, l'épée au côté, et décoré du grand collier de son ordre, Charles arriva d'un pas ferme, et fut reçu par une députation de la compagnie, qui le harangua tête nue et genoux en terre, à la porte du Palais. Il marchait accompagné de la reine-mère, de son frère le duc d'Orléans; des princes de Nevers, de la Roche-sur-Yon et de Montpensier; du duc d'Aumale, gouverneur de la province; du vieux connétable de Montmorency, l'épée nue à la main; des quatre maréchaux de France, et d'une foule de gentilshommes en habit de cérémonie. Le roi entré dans la grand'salle, se plaça dans l'angle de cette pièce, où un trône lui avait été élevé sous un dais de velours surmonté de drap d'or. Il avait à sa droite le cortége que nous venons de décrire, et à sa gauche les cardinaux de Lorraine et de Bourbon en costume de princes de l'Eglise; puis à ses pieds, au parquet, l'Hospital son chancelier, et plus bas encore de quelques degrés, les présidents, conseillers et gens du roi du Parlement, tous revêtus de leurs robes fourrées et écarlates, découverts et le genou en terre, dans l'attitude du respect.

Charles IX ne dit que quelques mots, par lesquels il déclara sa volonté sur l'observation des édits et l'obéissance qui devait leur être rendue; le chancelier fit au Parlement des remontrances qui se rapportèrent à ses devoirs et à sa fidélité; le premier président répondit à cette harangue par un discours prononcé à la louange du roi et de la justice; puis l'audience ayant été ouverte, une cause fut plaidée, suivant l'usage ancien, devant le roi, qui en prononça l'arrêt de sa bouche : cet arrêt, qui existe aux archives, porte en tête : *Le roi séant en sa cour de Parlement......*, et finit par ces mots : *Fait au Parlement de Dijon, le roi étant au jugement.* Il est signé M. DELOSPITAL. Il fut rendu sur les plaidoiries des avocats Nicolle, Legrand, Fyot et Guillaume de Montholon; les sieurs Fichot, Fournier, Avinsot et Fleutelot étant procureurs de la cause. Le procureur général Languet conclut au nom du roi. Ainsi, tout le secret de cette solennité et son objet véritable resta enfermé dans le mystère des chambres réunies, tenues hors la présence du prince et avant son entrée au Palais. On n'a pas le discours prononcé par l'Hospital dans cette occasion; mais le soin pris par lui de se faire représenter les édits de pacification et l'arrêt qui les avait fait publier ne laissa pas de doute sur le but de conciliation qu'il avait voulu atteindre en se rendant dans le sein de la compagnie. On espérait alors rapprocher les catholiques et les huguenots.

En quittant Dijon Charles IX gagna Chalon; mais il y trouva la peste, qui désolait alors le pays. D'un autre côté, les huguenots, chassés de Dijon, Beaune et Chalon, s'étaient réunis et dévastaient les pays catholiques. Dès cette époque (1567), il y avait en Bourgogne des *ligues catholiques* contre les huguenots, sous le nom de *confréries du Saint-Esprit*. Les historiens ecclésiastiques rejettent eux-mêmes les excès de la guerre sur ces confréries. Le père Perry, qui a écrit une histoire de la ville de Chalon, rapporte une lettre du comte de Saulx-Tavannes dans laquelle il se justifie du meurtre de plusieurs huguenots tués à Dijon et à Chalon par ces ligues catholiques.

Une paix trompeuse suspendit un instant toutes ces horreurs; mais elle n'aboutit qu'à la Saint-Barthélemy (24 août 1572). Philippe Chabot, comte de Charny, était lieutenant-général de la province quand l'ordre de massacrer les huguenots y fut expédié : Pierre Jehannin, alors avocat de la ville et de la province, depuis ministre de Henri IV, lui représenta avec chaleur que le roi n'avait pu donner un pareil ordre *avec une mûre délibération*, et qu'il fallait attendre. Le comte de Charny attendit en effet; le contre-ordre arriva quelques jours après, et les huguenots furent sauvés dans presque toute la Bourgogne.

La Saint-Barthélemy donna une nouvelle ardeur aux haines religieuses : les protestants se réunirent en armes de tous côtés, et la Sainte-Ligue s'étendit sur tous les points de la France. Le prince de Condé et le duc Casimir entrèrent en Bourgogne avec 6,000 reitres, dévastèrent les environs de Dijon, mais ne réussirent pas à prendre la ville, où s'étaient renfermés les comtes de Charny et de Tavannes avec la noblesse du pays. Bientôt le duc de Mayenne, nommé gouverneur de Bourgogne, vint à Dijon, et la Sainte-Ligue y prit de nouvelles forces. Cette ville était tellement dévouée à Mayenne, que lorsqu'on y apprit la nouvelle de l'assassinat du duc de Guise à Blois, les portes furent fermées, avec défense de laisser entrer d'autres personnes que les partisans du duc.

Bientôt la mort de Henri III expia celle de Guise, et Henri IV parvint à entrer à Paris; mais le duc de Mayenne, qui avait à Dijon de nombreux amis, conserva cette ville jusqu'en 1595.

Le fanatisme des ligueurs de Dijon dépassait, en effet, tout ce qu'on peut dire, et les luttes religieuses avaient créé parmi les habitants des haines implacables. Le Parlement, la Chambre de ville étaient divisés; mais les ligueurs s'y trouvaient en grande majorité et usaient de leur pouvoir avec une rigueur que rien ne pouvait fléchir. Le maire de Dijon, nommé Laverne, et le capitaine Gaux, de la milice bourgeoise, gagnés par les conseillers au Parlement, Fyot, Gagne, Bretagne et Carré, qui leur avaient promis 20,000 écus d'argent, s'entendirent avec un sieur de Vaugrenant, commandant à Saint-Jean-de-Losne pour Henri IV, et formèrent le projet de l'introduire dans la ville avec un détachement de troupes royales; mais ils furent trahis, dénoncés à la Chambre de ville, qui avait pris en main tous les pouvoirs, même celui de rendre la justice criminelle et de faire exécuter ses jugements sans appel. Le tribunal municipal, composé du maire, des échevins et d'un certain nombre de gradués formant une espèce de jury, condamna Laverne et Gaux à avoir la tête tranchée. Vainement formèrent-ils un appel au Parlement; on n'en tint nul compte, et la sentence fut exécutée sur la place de Morimont, malgré la promesse de Tavannes, gouverneur du château, qui leur avait garanti la vie. La tête de Laverne fut portée par un boucher du Bourg depuis le lieu de l'exécution au cimetière Saint-Médard, où elle fut inhumée avec le corps, et la famille des suppliciés obtint à grand'peine la permission de faire dire pour eux une messe basse. Le maire Fleutelot fit emprisonner les conseillers auteurs du complot, et il ne fallut rien moins que le crédit tout-puissant de Mayenne pour les faire élargir ; mais il leur en coûta une grosse somme d'argent distribuée aux valets du duc. Le chanoine Gagne, de la Sainte-Chapelle, impliqué dans la même affaire, fut jugé par le même tribunal et pendu en effigie avec ses habits sacerdotaux. Le marquis de Fervaque lui-même, commandant de la province, fut détenu, sur un simple soupçon, dans le château de Dijon même, dont il avait le commandement et où était sa résidence. Il fallut pour obtenir sa liberté l'intervention du légat, le cardinal de Cajétan : encore fut-il obligé de payer une rançon de 20,000 écus, de jurer qu'il n'entreprendrait rien contre la Sainte-Union, et de donner son château de Grancey pour gage de son serment. Et cependant, chose trop commune dans les temps de révolution, ce fut ce même Fleutelot qui, peu de temps après, ménagea à Henri IV lui-même la prise de possession de Dijon.

Toutefois, cette ville fut en France le dernier refuge de la Ligue, sans doute en raison de l'influence du duc de Mayenne qui en était gouverneur. Pendant dix-huit jours elle vit à ses portes le maréchal d'Aumont et le vicomte de Tavannes porter autour de ses murailles le ravage et l'incendie : la ville elle-même, de peur que l'armée ne s'y logeât, avait fait raser Larrey, La Noue, la Colombière, Champmaillot, Montmusard, Pouilly et même le château de Fontaine; mais en apprenant les succès de Biron et la prise de Beaune, le maire Fleutelot convoqua une réunion composée de délégués des habitants, du Parlement et de la Chambre des comptes, et, après deux jours d'une discussion violente, on se décida à se soumettre. Biron, qui campait à Champmaillot, ratifia le traité. Malgré cela une forte barricade fut encore élevée au coin du Miroir, et le château, qui tira sur la ville, ne se rendit que le 30 mai, après un siége en règle.

Les États du duché avaient été réunis au mois d'octobre 1593 ; toutes les villes chargèrent leurs députés d'y représenter vivement la misère et l'oppression du peuple ; mais ces plaintes furent inutiles : les ligueurs avaient les armes à la main, et, comme ils n'étaient pas payés, ils vivaient militairement aux dépens des populations. Enfin, le président Frémyot, suivi d'une partie du Parlement, se retira à Semur avec la Chambre des comptes et les trésoriers de la province : le comte de Tavannes et une partie de la noblesse les y suivirent. Bientôt le maréchal de Biron vint en Bourgogne, envoyé par le roi, et en peu de temps presque toutes les villes et les forteresses du duché se soumirent.

Cependant, lorsque Henri IV vint à Dijon en 1595, comme il était allé souper à la Chartreuse, le château de Talant lança quelques boulets sur le monastère. Ce château, qu'affectionnaient les ducs de Bourgogne, que Jean sans Peur et Philippe le Bon s'étaient plu à fortifier, et où François Ier avait dîné le 16 avril 1521, était alors commandé par un autre Tavannes, ligueur exalté. Cette démonstration hostile décida la démolition du château, qui eut lieu de 1609 à 1611. Les ligueurs avaient encore une armée de 15,000 hommes réunie près du village de Fontaine-Française : le 5 juin, Henri IV les attaqua avec 500 hommes de cavalerie, et les dispersa.

M. de La Mare, dans ses Mémoires manuscrits, dit avoir souvent ouï raconter à sa mère « que Henri IV entrant à Dijon avait un pourpoint de futaine blanche percé aux deux coudes, et que le matin du jour de la bataille de Fontaine-Française elle le vit en la Sainte-Chapelle *aux siéges des chanoines*, où il était venu seul de son logis, priant Dieu avec une ardeur qui n'est pas concevable. »

Une inscription gravée sur un pont qu'on rencontre sur

la route de Fontaine-Française à Saint-Seine-sur-Vingeanne rappelle ce combat, qui porta le dernier coup à la Ligue en Bourgogne. Le roi revint à Dijon le 6 juin, et, dit Courtépée, le collége des jésuites, que la Ligue avait introduits à Dijon en 1587, fut fermé ; le recteur Gentil fut chassé avec ses suppôts.

Henri IV resta plusieurs jours à Dijon. Il y assista, le 21 juin, à l'élection du maire ; il alluma le feu de la Saint-Jean ; il présida les jeux de l'Arquebuse ; le 1ᵉʳ juillet, il assista avec toute sa cour à la procession de la Sainte-Hostie, et quand il partit, il laissa les habitants charmés de ses manières franches et affables.

Ce bon prince vécut trop peu : le poignard de Ravaillac mit fin à un règne sous lequel la France commençait à se remettre des troubles qui l'avaient si longtemps déchirée.

Voici la lettre par laquelle Louis XIII notifia le jour même ce malheur aux magistrats de Dijon :

« De par le roy,

« Chers bien amés, sur les quatre heures du soir, le roy, notre très honoré seigneur et père, à qui Dieu fasse paix, estant par ceste ville dans un carosse, a esté frappé au costé gauche par un malheureux assassin, d'un coup de cousteau, duquel il est peu de temps après décédé. Ce que nous vous avons aussitost voulu faire sçavoir, à ce que chacun et tous en général et particulier fasse son debvoir et prenne une ferme résolution de s'unyr et conserver soubs notre authorité et obéissance, et se contienne en l'observance des édicts de pacifficacion ; n'y faictes donc faute, car tel est notre plaisir.

« Donné à Paris ce 14ᵉ jour de may 1610.

« Loys. — Pothier. »

Cette lettre, dictée évidemment par Marie de Médicis à son fils âgé de neuf ans, peu d'heures après le crime, montre avec quelle sécheresse de cœur elle prenait ses mesures pour se faire conférer la régence.

C'est sous le règne trop court de Henri IV, et pendant le calme qu'il ramena en France, que commencèrent à s'établir à Dijon les registres de l'état civil. On n'y inscrivait d'abord que les baptêmes : les plus anciens sont ceux de Notre-Dame, qui remontent à l'année 1578 ; ceux de Saint-Michel, à 1581 ; de Saint-Pierre, à 1587 ; de Saint-Nicolas, à 1588. Ce n'est qu'en 1615 qu'on commence à y trouver inscrits les décès et les mariages. Toutefois, il se trouve dans les registres des lacunes nombreuses et considérables, et ils ne sont complets et réguliers que depuis l'année 1670.

La ville et la province furent longtemps à se remettre des dépenses et des pertes énormes faites pendant les guerres civiles : la paix ramena peu à peu l'industrie et la richesse dans le duché. La réaction catholique, excitée pendant les années précédentes par les tentatives de réforme religieuse, continua à se faire sentir puissamment, car c'est de cette époque que date à Dijon la fondation de presque tous les couvents qui furent supprimés en 1789.

En 1599 se fonde le couvent des Minimes ; en 1602, celui des Capucins ; les Carmélites s'établissent en 1605 ; l'église Saint-Nicolas est construite dans la ville en 1610 ; les Ursulines se fondent en 1611 ; l'église Saint-Etienne est relevée en 1613 ; en 1621, on voit s'établir les Oratoriens ; en 1622, la Visitation ; en 1623, les Bernardines ; en 1645, l'hôpital Sainte-Anne ; en 1653, le Refuge ; en 1658, la société de la Miséricorde ; en 1664, la flèche de l'église Saint-Jean est élevée ; en 1673, les dames Saint-Julien s'établissent ; en 1678, les sœurs Sainte-Marthe ; en 1681, le Bon-Pasteur ; enfin, en 1682, les Lazaristes.

Dans cette dernière année, Bénigne Joly, chanoine de Saint-Etienne, appela à Dijon les sœurs de charité de la congrégation de Saint-Vincent-de-Paul : leur première maison fut fondée en 1696, sur la paroisse Notre-Dame.

Louis XIII vint à Dijon, en 1629, prendre possession du duché : il trouva la province en proie à deux fléaux, la famine et la peste. A peine était-il parti qu'éclata la fameuse sédition du *Lanturelu*. Le pouvoir royal commençait à détruire autour de lui toutes les puissances nobiliaires, et surtout les institutions de liberté. Il voulut établir dans la province l'édit des élections, qui portait atteinte aux priviléges de la ville et des Etats. Les habitants se soulevèrent; on leur persuada que l'augmentation des impôts serait la conséquence immédiate du nouvel état de choses. Le 28 février 1630, le peuple, et surtout les vignerons, s'armant de tout ce qu'ils purent trouver, se choisirent un chef qu'ils nommèrent le *Roi Machas*, sans doute par épigramme contre la cour, et brûlèrent le portrait de Louis XIII sur la place publique, en criant : *Vive l'Empereur!* Leur cri de ralliement était *Lanturelu!* c'était le refrain d'une chanson très populaire dans ce temps-là. Ils forcèrent plusieurs maisons, en brisèrent et brûlèrent les meubles, et commirent de graves excès. Au nombre des maisons pillées était celle du premier président Legoux de la Berchère, sans doute parce qu'ils le croyaient favorable à l'enregistrement de l'édit. Cet état de troubles dura près de deux mois.

Cependant la milice bourgeoise avait été convoquée, on avait forcé le clergé régulier de prendre les armes, et des arrestations avaient été faites. Voici la lettre qu'écrivait alors un Dijonnais, sans doute militaire, à un habitant de Paris, et qui peint assez plaisamment la situation de la ville lorsque la première fureur de l'émeute eût été comprimée :

« De peur que les vignerons ne fissent rumeur pour

enlever les coupables des prisons, on a redoublé le corps de garde toutes les nuits, et, par ordonnance publique, obligé tous les ecclésiastiques, exempts et non exempts, séculiers et réguliers, avec bâtons ferrés et non ferrés, de s'y trouver en personne : c'est donc plaisir tous les soirs de voir entrer les francs champions en garde.

« Dimanche dernier, le doyen de la Sainte-Chapelle marchait en tête avec la pique et le hausse-col, suivi d'un rang de mousquetaires composé de quatre chanoines de la Sainte-Chapelle, avec des baudriers, l'espadon, la bandolière, le mousquet, la fourchette et le chapeau retroussé avec la plume noire ; suivi d'un autre rang de chanoines de Saint-Etienne, ceux-là de quatre moines de Saint-Bénigne, et ceux-ci de sept ou huit files de prêtres habitués dans les paroisses ; et, pour l'arrière-ban, de deux jésuites en manteau court et soutane retroussée, avec chacun un brin d'estoc rouillé dès le temps que le connétable de Castille vint au secours de feu monseigneur du Maine. Deux bons pères de l'Oratoire venaient après, l'un avec la hallebarde et l'autre avec le mousquet ; l'escouade était fermée de trois pères carmes réformés, avec la bandolière verte, le coutelas pendant et le mousquet, leurs habits relevés à la ceinture.

« Pour la faction, voici ce qui s'y passa : chacun y fit sentinelle à son tour, et on remarqua que le père de l'Oratoire, au lieu de dire : « Qui va là ? » aux passants, disait d'un tordion de tête à la mode et avec sourire : « Monsieur ou madame, je vous supplie, pour l'amour de Notre-Seigneur, demeurez là, s'il vous plaît, en attendant que j'aie averti monsieur notre caporal ; car ainsi me l'a-t-on ordonné. » Puis, laissant son poste, il s'en venait au corps de garde, à pas comptés, dire : « M. le caporal, s'il vous plaît de venir là, quelqu'un désire de passer. »

« Au reste, la plupart sont si bien duits de deçà aux exercices de Mars, qu'un cordelier menant sa ronde, au moindre arrêt qu'une sentinelle lui fit, dit le mot tout haut afin de passer. D'autres équivoquent au mot, et au lieu de saint Luc disent saint Jacques : ce qui, le plus souvent, les met aux termes de se couper la gorge. Voilà où les vignerons nous ont réduits. »

Enfin le marquis de Mirebeau entra à Dijon avec des troupes; un engagement eut lieu sur la place Saint-Michel; quatorze vignerons furent tués : le reste se dispersa, et les membres des morts furent exposés aux portes de la ville.

Alors se passa une scène qui donne l'idée de ce qu'était à cette époque la puissance royale. Louis XIII, qui était à Troyes, vint à Dijon pour y exercer sa justice suprême : il y entra le 27 avril, et sans doute les restes des malheureuses victimes de l'insurrection furent le premier objet qui frappa ses yeux. Les vignerons avaient été chassés de la ville, comme indignes de voir leur souverain. Le roi avait défendu qu'on sonnât les cloches, qu'on tirât le canon et que le corps de ville se présentât devant lui; les habitants étaient dans la consternation. Le même jour, il tint un conseil où furent admises les premières autorités de la province, et on délibéra si l'on mettrait en jugement les magistrats qui n'avaient pas arrêté la sédition ; mais le duc de Bellegarde, gouverneur du duché, implora leur grâce et l'obtint. Le lendemain, le maire Evrard, les échevins, les capitaines de la milice bourgeoise et plus de cent des principaux bourgeois obtinrent d'être introduits en présence du roi : ils étaient prosternés devant lui; le célèbre avocat Charles Fèvret plaida à genoux la cause de la ville, et son discours fut si éloquent que le roi ne put retenir ses larmes ni refuser le pardon.

Mais comme les libertés de la ville devaient payer les frais de la guerre civile, l'arrêt du conseil, qui *éteignait* et *abolissait* le crime de sédition, ordonna que le corps de ville ne serait plus que d'un maire et de six échevins, et modifia la forme de leur élection ; que neuf capitaines de la milice bourgeoise seraient changés ; que la ville dédommagerait tous ceux qui avaient souffert de l'émeute; que tous les vignerons sortiraient de Dijon, avec défense d'y venir demeurer, sous peine de punitions corporelles ; que la tour Saint-Nicolas serait abaissée jusqu'à la hauteur nécessaire pour commander seulement le bastion voisin; enfin, que toutes les pièces d'artillerie qui se trouvaient dans les fortifications seraient transportées au château, à l'exception de quatre *couleuvrines bâtardes*, dont les effets n'étaient sans doute pas bien redoutables.

Ce fut deux ans après cette sédition que Henri de Bourbon, prince de Condé, fut nommé gouverneur de Bourgogne : il fit son entrée à Dijon le 26 mars 1631. Il obtint la révocation de l'édit des élections, le rétablissement des priviléges de la ville, et l'élection des maires et échevins en la forme accoutumée. La peste n'avait pas cessé ses ravages, et les magistrats de Dijon renouvelèrent pour la quatrième fois le vœu fait à sainte Anne un siècle auparavant. La famine était si cruelle en cette année, dit Courtépée, que le peuple se jetait dans les champs, sur les charognes, et n'y laissait que les os. — A ces maux vint se joindre la guerre civile : les grands du royaume essayèrent d'ébranler le pouvoir de Richelieu ; Gaston d'Orléans, frère unique du roi, s'était retiré en Comté, où on lui avait formé une petite armée; il vint de là en Bourgogne, ravagea les environs de Dijon, puis gagna le midi de la France.

La guerre ne tarda pas à s'allumer entre la France et

l'empire : bientôt une armée de 80,000 hommes, commandée par le général Galas, entra en Bourgogne, brûla Chaussin, Pontailler, Verdun et tous les villages au-delà de la Saône et du Doubs, et prit la petite ville de Mirebeau, qui résista vaillamment pendant trois jours et obtint une capitulation honorable. Galas n'osa pas attaquer Dijon, où le prince de Condé s'était renfermé, et il vint échouer devant la petite ville de Saint-Jean-de-Losne, qui, après une défense héroïque de quatre jours avec huit petites pièces de canon sans canonniers, une garnison de 150 hommes, dont il fallut acheter le courage par 600 écus d'or, et à peine 300 habitants en état de combattre, fut enfin sauvée par une inondation de la Saône.

Le grand Condé fut nommé gouverneur de Bourgogne en 1646. Il fit présent à la ville de Dijon des drapeaux gagnés à la bataille de Rocroy; on les déposa en grande pompe dans l'église de la Sainte-Chapelle. Dijon resta calme, malgré les troubles de la Fronde, jusqu'à l'arrestation du prince de Condé, qui fut enfermé à Vincennes le 18 janvier 1650, par ordre de Mazarin. Alors la ville se divisa en deux partis : celui de la cour, qu'on appelait les *Frondeurs*, à la tête duquel était l'avocat-général Millotet, et celui du prince, désigné sous le nom de *Parti des Principions*, et dirigé par le premier président Bouchu et le conseiller Lenet; l'un dominait dans la ville; l'autre occupait le château, dont Comeau était le commandant.

Le duc de Vendôme avait été nommé gouverneur de la province pendant la captivité de Condé : il fit nommer maire de Dijon Millotet, qui, par son énergie, sut maintenir la ville dans le parti de la cour. Quelque temps après, Comeau rendit le château, après avoir reçu une somme de 10,000 livres.

La ville de Seurre tenait pour Condé, et Louis XIV vint

en Bourgogne pour la soumettre : il fit son entrée à Dijon le 6 mars 1650 ; il y resta jusqu'à la reddition de Seurre. Mazarin était à Saint-Jean-de-Losne, pour diriger de là les opérations du siége. Les habitants avaient arboré un drapeau semé de têtes de mort, et voulaient s'ensevelir sous les ruines d'une ville que Condé leur avait confiée; mais les soldats de la garnison les abandonnèrent, et la ville fut remise le 21 avril.

Condé sortit de sa prison en 1651, et la nouvelle de sa délivrance fut fêtée à Dijon par ses partisans : ils firent chanter le *Te Deum* à Saint-Étienne, sans y ajouter l'*Exaudiat*, selon la coutume. Des femmes du peuple habillèrent une figure de paille qu'elles appelèrent la *Fronde*, et l'enterrèrent devant l'église, en la chargeant d'imprécations et de saletés : elles forçaient les passants à les imiter.

Dans l'intérêt de ses projets de vengeance, Condé avait échangé son gouvernement de Bourgogne contre celui de Guyenne avec le duc d'Épernon. Mais quand ce dernier arriva à Dijon, le 29 novembre 1651, le commandant du château, La Planchette, refusa de le lui remettre, et fit tirer le canon sur la ville. Cette attaque inattendue dura plusieurs jours, et fit beaucoup de mal aux maisons et aux édifices publics. Enfin, le duc d'Épernon fit jouer une mine sous la tour Notre-Dame et le château capitula. La mort du premier président Bouchu, qui fut enlevé l'année suivante par une épidémie dont plus de deux mille personnes furent victimes à Dijon, mit fin aux dissensions que son crédit et son attachement au prince de Condé avaient entretenues en Bourgogne.

Pendant la guerre de 1636 jusqu'en 1662, les dettes de la ville de Dijon s'étaient augmentées; dans les derniers temps, elles s'élevaient à la somme de 459,461 livres 19 sols 6 deniers. Un arrêt du Conseil du roi, du 20 mars

1663, qui fixe la situation financière de la ville, porte que les dépenses annuelles demeureront réglées suivant un état dont voici quelques détails :

Il sera payé, dit l'arrêt :

Aux Jacobins, pour une messe tous les mardis à la Chambre de ville....................	25 l. »
Pour aumônes aux Capucins............	90 »
Pour le manteau du maire et le chaperon de la mairesse...........................	93 »
Pour les manteaux des sergents du maire.....	133 »
Pour droit d'oisons aux échevins.........	60 »
Aux libraires pour châssis.............	10 »
Aux joueurs d'instruments pendant l'Avent....	6 »
Pour le festin de la nomination des jurés, pour l'élection du maire...................	18 »
Pour le festin du retour de la nomination....	50 »
Pour celui du jour de la visite des murailles...	50 »
Pour celui de l'ouverture des vendanges.....	50 »
Pour le louage de leurs chevaux..........	6 »
Au trompette.....................	5 »
Aux jurés vignerons pour la recherche des vigniers...........................	51 »
Pour le festin de Fontaine.............	50 »
Aux vignerons qui portent l'eau bénite aux processions des Rogations..................	18 »
Pour la dépense de la tenue des jours de Fontaine.	12 10
Aux trompettes...................	2 »
Pour réparations de l'hôtel de ville, halles et poissonnerie......................	300 »
Au maire pour les jetons..............	300 »
Au peintre pour la garde des peintures......	6 »
Pour le festin du jour de l'élection du maire, où sont tous les corps...................	200 »

Pour le nettoiement des boues.	100 »
Aux trompettes de la ville, pour gages.	12 »
Au fourrier de la ville, pour gage.	20 »
Pour un régent en philosophie chez les Jésuites.	400 »
Au voyer de la ville	36 »
A ceux qui ouvrent et ferment les portes.	200 »
Aux soldats des portes	384 »
A la guette.	144 »
Aux conducteurs des trois horloges.	50 »
Au maire pour ses aumônes.	120 »
Aux sergents des bandes, pour gages.	90 »
Au cannonier de la ville.	20 »
Au bâtonnier de Saint-Jean	100 »
A celui qui nettoie le grillage de la porte Saint-Pierre	18 »
Au questionnaire.	36 »
Aux chasse-coquins	150 »
A celui qui conduit la paroisse le jour de la Sainte-Hostie	20 »
Pour trois prix francs du jeu de l'arquebuse.	60 »
A celui qui a abattu l'oiseau du jeu de l'arquebuse.	60 »
A celui du jeu de l'arc.	40 »
A celui du jeu de l'arbalète.	30 »
A celui du jeu de l'arquebuse.	100 »
Pour le prédicateur	600 »
A celui qui retire le prédicateur avant et après le sermon.	25 »
Pour le festin du prédicateur	50 »
Pour le pavé.	1,500 »

Etc., etc., etc.

Il y a loin de ce budget à celui de nos jours.

La reine Christine de Suède passa à Dijon le 27 août 1656 : on lui fit une réception royale ; elle avait pour costume un justaucorps d'homme en satin noir boutonné jusqu'aux genoux, une jupe noire fort courte, un nœud de ruban au lieu de cravate, et une perruque.

Louis XIV vint plusieurs fois à Dijon (1650, 1658, 1674) et y fit un long séjour pendant que ses généraux lui prenaient les villes de la Franche-Comté. C'est dans cet intervalle que la ville de Dijon obtint de lui (en 1666) l'établissement des trois foires de la Saint-Martin, de la mi-Carême, et de la Sainte-Hostie, en remplacement de celles créées par les ducs de Bourgogne au profit des abbayes de Saint-Étienne et de Saint-Bénigne. La conquête de cette province fut un grand bienfait pour la Bourgogne, qui cessa d'être une des frontières de la France, et qui, n'étant plus agitée par les dissensions des seigneurs, que le pouvoir royal avait enfin soumis, put développer son industrie et augmenter ses richesses à la faveur de la paix.

Louis XIV, comme Charles IX, tint à Dijon un lit de justice : il est curieux de voir ce qui s'y passa, et de comparer la politique adroite de Catherine de Médicis à celle du grand roi ; ce fut, du reste, une lutte de puissance à puissance, qui ne manque ni d'intérêt ni d'une certaine grandeur.

Le roi venait de remporter sur les Espagnols de grands avantages ; mais la guerre n'était pas terminée, et il avait besoin d'argent. Il s'était adressé aux États de la province, et avait rendu, en outre, certains édits relatifs à de nouveaux impôts. Les États de Bourgogne avaient accordé de nombreux subsides ; mais le Parlement avait refusé d'enregistrer les édits : le but du lit de justice était donc de forcer cet enregistrement.

Louis arrivait en Bourgogne accompagné de la reine-mère, de son frère le duc d'Anjou, du cardinal Mazarin, premier ministre ; du chancelier Séguier, du secrétaire d'État de Lavrillière, du comte d'Harcourt, des maréchaux Duplessis et de Villeroi. Sept membres du Parlement, le président Fyot en tête, allèrent le complimenter jusqu'à Chanceaux. La ville avait aussi envoyé au-devant de lui une députation, et avait ordonné, pour fêter son arrivée, des réjouissances magnifiques. Le roi, qui avait couché à Saint-Seine, entra à Dijon le 5 novembre 1658, à quatre heures du soir. Il était escorté de nombreux gentilshommes, de plusieurs régiments de ses gardes et précédé d'une musique guerrière. Le maire lui présenta à genoux les clés de la ville, dont les priviléges s'opposaient à l'entrée d'une force militaire si considérable. La réponse du roi aux compliments d'usage fut empreinte d'une dignité froide et affectée. Il descendit au Logis du roi. Le lendemain de son arrivée, il donna audience au Parlement : le premier président Brulart lui adressa un discours dans lequel il lui prodiguait la flatterie; le prince n'y répondit que peu de mots.

Le 17 novembre, veille du lit de justice, M. de Saintot, maître des cérémonies, se rendit au palais près des Chambres assemblées, pour les prévenir que le roi viendrait au palais le lendemain. La Compagnie refusa de recevoir cet envoyé, sous prétexte qu'il était en armes.

Dès le matin du 18 novembre, un lieutenant des gardes, accompagné de quelques exempts, se rendit au palais et fit changer les serrures des portes en présence des syndics de la Compagnie. Des sentinelles furent placées partout; le régiment des gardes fut chargé d'occuper l'extérieur, le régiment des Suisses de former la haie depuis le Logis du roi au palais.

A neuf heures précises, au bruit du canon, le roi se rendit au Parlement et fut reçu au-bas des degrés du grand perron par une députation composée de quatre présidents à mortier et de six conseillers, par lesquels il fut introduit.

En avant marchaient les archers du grand-prévôt, puis une partie des Cent-Suisses, la noblesse du roi, gentilshommes, écuyers et seigneurs; le héraut, vêtu de sa cotte d'armes de velours violet, brodée de fleurs de lis d'or; le grand-maître de l'artillerie, les maréchaux de France, le premier huissier du Parlement, vêtu de sa robe rouge, précédé des huissiers ordinaires ayant leurs verges cachées. Venaient après, M. de Saintot, maître des cérémonies; les huissiers et massiers de la Chambre; le duc de Bouillon, grand-chambellan; puis le roi; à ses côtés les présidents; enfin les conseillers en robe rouge, ayant le mortier dans la main gauche. Le cortége était fermé par les capitaines des gardes, les gardes de la manche et les gardes du corps en grand uniforme, mousquet au poing et étendards déployés.

Louis XIV monta, l'épée au côté, au trône surmonté d'un dais de drap d'or qu'on avait élevé à l'angle de la grande salle : il s'assit entouré de ses grands officiers, fit signe au Parlement de se couvrir et annonça d'une voix ferme que son chancelier allait expliquer sa volonté. Sur quoi, Séguier, debout, après avoir pris à genoux les ordres du roi, exposa à la Compagnie les motifs que le souverain avait eus de venir en personne pour y faire enregistrer les édits : ils étaient au nombre de neuf, parmi lesquels il y en avait un portant création de plusieurs charges dans le Parlement, la Chancellerie et la Chambre des comptes, et un autre établissant un octroi sur le bétail consommé dans la ville de Dijon. Après cette harangue, le premier président Brulart se leva, et avec lui tout le Parlement composé de quatre-vingts membres, lesquels étant découverts et inclinés, il prononça un discours dans lequel, sous des formes respectueuses, se montrait clairement la volonté de la Compagnie de persévérer dans ses résistances.

En entendant ce discours le roi laissa échapper des signes de colère. Séguier, sans y répondre, fit ouvrir les portes et ordonna au greffier de donner lecture des édits. Le procureur général Languet, par le devoir de sa charge, conclut à l'enregistrement qui fut sanctionné par la Cour, après, toutefois, que le chancelier eut, par ordre du roi, recueilli les voix, en commençant par celles des ducs et pairs, maréchaux, ministres et évêques, conviés tout exprès à cette solennité, et dont le nombre, joint à celui des hommes faibles et irrésolus, devait faire pencher la balance du côté de la force. En descendant les degrés du trône, Louis XIV s'arrêta près de Brulart, et lui recommanda de faire enregistrer sans retard la bulle du Pape lancée contre Jansénius, ordre qui ne fut exécuté que sept ans plus tard.

Le même jour, et pendant la séance du lit de justice, le duc d'Anjou, frère du roi, accompagné du maréchal Duplessis-Praslin et de la compagnie de ses gardes, s'était rendu à la Chambre des comptes, où, malgré quelques protestations du premier président Dugnay, l'arrêt d'enregistrement fut prononcé à défaut du chancelier, par Bouchu, intendant de la province, sans qu'il eût pris la peine de recueillir les voix. Le lendemain, Louis XIV et sa cour quittèrent Dijon sans bruit, se dirigeant vers Lyon, et sans que le Parlement fût admis à lui présenter ses adieux.

Le maître une fois parti, l'esprit de révolte se fit jour de nouveau. Cependant le chancelier était resté à Dijon pour hâter l'expédition des arrêts; il avait attaché un huissier à la personne du greffier avec ordre de ne pas le quitter qu'ils ne fussent expédiés; le greffier obéit. A cette nouvelle, le Parlement s'assembla, déclara faussaire le malheureux greffier, l'obligea à faire amende honorable, lui imposa une amende de 10,000 fr., et le fit mettre en prison pour y rester jusqu'au paiement de cette amende. Le Parlement décida, en outre, que l'exécution des édits était suspendue, et que des remontrances seraient adressées au roi. Mais le chancelier fit mettre le greffier en liberté et l'envoya à Lyon où se trouvait la cour.

A peine le roi fut-il instruit de cet événement qu'il lança une lettre de cachet qui mandait à Lyon le premier président Brulart et six conseillers. Après les avoir entendus, il exila Brulart à Perpignan, relégua huit conseillers dans leurs terres et en fit mettre deux en prison ; de plus, il suspendit la Compagnie et détacha de son ressort la province de Bresse. Ce ne fut qu'au bout de plusieurs mois, et après le mariage de Louis XIV avec l'infante d'Espagne, que le roi consentit à faire grâce. Les exilés revinrent dans leur patrie, le premier président Brulart rentra à Dijon le 1er janvier 1660 : toute la ville se porta à sa rencontre ; 25 carrosses, 200 cavaliers allèrent au-devant de lui ; les procureurs et les huissiers lui envoyèrent une députation à une journée de la ville pour le complimenter. Le Parlement reprit alors ses audiences ; mais ce ne fut que plus d'un an après que la Bresse lui fut annexée de nouveau, et encore fallut-il que le Parlement, la Chambre des comptes et les trésoriers de France payassent, de leurs deniers, une somme de 400,000 livres comptant, qui servit à désintéresser les magistrats de la nouvelle Cour établie à Bourg, et à leur rembourser le prix des offices qu'ils avaient achetés.

Dans ces temps, où les divers pouvoirs de l'Etat n'étaient pas délimités comme aujourd'hui, il est intéressant de voir comment le Parlement réglementait la police de la ville de Dijon. Un arrêt célèbre, rendu en 1679, donne une idée du peu d'ordre qui y régnait alors, même pendant la paix, et du peu de tranquillité dont jouissaient les habitants.

Nous citons textuellement cet arrêt :

« M. Sébastien Armand, procureur-syndic de cette ville, ayant été mandé, et étant debout et découvert derrière le bureau, M. le premier président lui a demandé raison des diligences qui ont été faites par les magistrats pour avoir la preuve des désordres arrivés dans ladite ville depuis quelque temps.

« Ledit procureur-syndic a rendu compte à la Cour de tout ce qui avait été fait à ce sujet par les magistrats; après quoi le procureur-syndic s'est retiré, et le procureur-général ouï en ses conclusions; l'affaire mise en délibération, il a été fait deux arrêts.

« Le premier, par lequel la Cour a ordonné et ordonne au vicomte maïeur de cette ville d'établir la sûreté publique en icelle, et à cet effet de faire faire des guets et des patrouilles pendant la nuit, de poser des corps de garde secrets dans les endroits où il avisera, pour surprendre les malfaiteurs et les constituer prisonniers, et de pourvoir au paiement de ceux qui y seront employés.

« Ordonne qu'exacte recherche sera faite par les échevins tant en ladite ville qu'aux faubourgs d'icelle, de quinzaine en quinzaine, de tous voleurs, vagabonds, gens sans aveu et mendiants valides qui peuvent gagner leur vie, pour, après, être procédé contre les coupables et complices suivant les ordonnances et arrêts;

« Enjoint à tous lesdits vagabonds, gens sans aveu et mendiants valides, de sortir de la ville et faubourg d'icelle dans vingt-quatre heures après la publication du présent arrêt, à faute de quoi et ledit temps passé, ils seront arrêtés et mis à la chaîne pour être conduits aux galères.

« A cet effet, seront tenus tous hôtes et autres personnes qui tiennent des pensionnaires ou chambres garnies de porter à l'échevin de la paroisse, aussi de quinzaine en quinzaine, leurs livres, comptes, les noms, surnoms, vocations et pays de ceux qu'ils retireront dans leurs maisons, et leur feront déclarer le sujet de leur demeure en ladite ville. Le vicomte maïeur, outre le nombre ordinaire d'échevins, chargera les dixeniers des paroisses de veiller à la sûreté publique, recevoir les plaintes et les avis qui leur seront donnés touchant les contraventions qui seront faites à l'ordre de la police.

« Ordonne à tous les habitants qui connaîtront aucun desdits voleurs, mendiants valides et vagabonds, d'en donner promptement avis auxdits échevins ou dixeniers, et de sortir de leurs maisons avec hallebardes, épées, pertuisanes et autres bâtons ferrés, sans toutefois aucune arme à feu, lorsqu'ils seront appelés par lesdits échevins ou dixeniers, ou qu'ils verront ou oiront quelques vols, désordres et violences se faire par les rues, à peine de l'amende arbitraire et des dommages-intérêts de la partie offensée, s'il y échet.

« Fait inhibition et défense à toutes personnes de marcher par les rues *sans lumières*, depuis la nuit close, comme aussi d'aller à pieds *masqué, déguisé et travesti*. Il ordonne à tous ceux qui feront les guets et patrouilles de se saisir des contrevenants et les constituer prisonniers.

« Défend à tous écoliers et clercs, et à tous compagnons de métiers, de porter épées, pistolets et armes *offences*, et leur ordonne de se retirer en leurs maisons avant la nuit à peine d'être mis en prison.

« Ordonne que les arrêts portant défenses aux pages et laquais de porter épées seront derechef publiés et exécutés (1). Enjoint aux soldats du château et à tous autres soldats de se retirer pareillement dans leurs logements à cinq heures du soir en hiver, et à sept heures en été, et

---

(1) Les laquais, à cette époque, suivaient leurs maîtres en qualité de spadassins. Forcés de quitter l'épée, ils prirent le bâton, qui leur fut interdit en 1686.

de *porter partout, tant en la ville que dehors, leurs ban-douillères, afin qu'ils puissent être reconnus.*

« Ordonne au vicomte maïeur de faire emplir et combler les puits inutiles qui sont dans les rues, et de faire fermer à clef les autres qui seront jugés nécessaires ; à cet effet, de faire faire quatre clefs de chaque puits, lesquelles seront remises à quatre habitants voisins desdits puits, conservées et par eux gardées, pour être ouverts à sept heures du matin en hiver et quatre heures en été, et fermés à six heures du soir en hiver et à dix en été.

« *Fait inhibition et défense à tous propriétaires et locataires de maisons d'y recevoir aucun à prendre et fumer du tabac, et à toutes autres personnes de hanter ou se retirer auxdits lieux mal famés, le tout à peine de punition corporelle et de 500 livres d'amende;* enjoint auxdits échevins et dixeniers d'y faire visite et emprisonner ceux qui s'y trouveront, spécialement *lesdits vendeurs de tabac,* vagabonds et gens sans aveu, les femmes et les filles débauchées.

« Pareillement fait défense auxdits propriétaires et locataires de maisons de les louer à gens mal famés, ni souffrir qu'on y fasse scandale, ni que les voleurs, vagabonds, mendiants valides, les receleurs, femmes et filles débauchées y demeurent et y soient reçus après qu'ils en auront été avertis par les échevins, dixeniers ou voisins, à peine, contre les propriétaires, de la confiscation des loyers pour la première fois, et *de la perte de leurs maisons pour la seconde;* et, à l'égard des locataires, de 300 livres d'amende pour la première fois, et de punition corporelle pour la seconde.

« Ordonne aux prévôts des maréchaux, lieutenants et archers, de mettre le présent arrêt à exécution sans connivence ni dissimulation, à peine d'en répondre en leurs propres et privés noms.

« Et sera le présent arrêt lu et publié à son de trompe et cri public, et aux prônes des églises paroissiales de cette ville, et affiché aux carrefours et places publiques d'icelle; enjoint audit vicomte maïeur et syndic de tenir la main à l'exécution d'icelui, et audit syndic d'en certifier ladite Cour.

« Et par le second desdits arrêts, la Cour a ordonné et ordonne à tous mendiants valides et qui peuvent gagner leur vie, et à tous vagabonds, bohémiens et gens sans aveu de sortir incessamment des villes, villages et pays du ressort. Enjoint aux maires et échevins, tant de cette ville de Dijon que des autres villes et bourgs, et même à tous officiers et habitants des lieux, de les chasser et expulser.

« Ordonne que tous les mendiants valides, vagabonds, bohémiens et gens sans aveu qui se trouveront dans les villes et bourgs vingt-quatre heures après la publication du présent arrêt, et dans les villages et par la campagne huit jours après ladite publication, seront arrêtés et menés aux prisons royales les plus prochaines, pour être attachés à la chaîne et *conduits incessamment aux galères.*

« Enjoint à cet effet aux prévôts des maréchaux, leurs lieutenants, huissiers, archers et sergents, de s'assembler, faire sonner le tocsin, courir sus et s'en saisir, et à tous gentilshommes, officiers et autres personnes, tant des villes que du plat pays, de donner assistance et main-forte pour lesdites captures.

« Défense à toutes personnes, de quelques qualités et conditions qu'elles soient, de leur donner retraite ni de les favoriser et assister d'aucune chose, à peine de punition corporelle.

« Pourront néanmoins les maires des villes recevoir en icelles les pauvres paysans, en leur donnant permission par écrit d'y demeurer seulement pendant deux jours, et y demander l'aumône, après lequel temps ils seront tenus de se retirer et de continuer leur chemin, à la même peine.

« Et sera le présent arrêt lu et publié, etc. »

On voit qu'à l'époque de ces arrêts, la ville n'était pas encore éclairée pendant la nuit. En effet, l'établissement des lanternes pour l'éclairage public des places et rues ne date que de la fin du XVIIe siècle. Une délibération de la Chambre de ville, du 30 juillet 1697, adjuge à un sieur Talanier la fourniture de 800 chandelles d'un quart par jour, pour les 800 lanternes qui devaient être faites en exécution des édits des 20 octobre, 31 mars et juin précédents, à l'effet d'illuminer les rues de la ville : le prix de l'adjudication était de quatre sols quatre deniers par livre. Ces lanternes s'appliquaient sur le côté des rues, et ne donnaient qu'un éclairage bien imparfait.

A cette époque cesse pour ainsi dire l'histoire de Dijon, qui perdit alors le triste avantage d'être un point important que se disputait l'ambition des grands. La centralisation commençait à s'établir dans l'Etat, et les villes de province n'étaient plus que les membres du grand corps national dont Paris était la tête. Cependant la capitale d'un vaste pays ne pouvait pas cesser d'être une ville importante, riche, élégante et illustre.

La Bourgogne comprenait : le Dijonnais, l'Autunois, le Chalonnais, l'Auxois, la Montagne, le Charolais, le Mâconnais, l'Auxerrois, le bailliage de Bar-sur-Seine ; les pays de Bresse, Bugey et Gex ; Dijon était le centre des grands intérêts de toutes ces contrées. Le Parlement y amenait toutes les affaires judiciaires importantes ; la Chambre des comptes et le bureau général des finances y traitaient toutes les questions d'impôts et de dépenses publiques ; les Etats, dont les privilèges avaient résisté en partie aux empiètements de la royauté, et l'intendance, créée en 1629, y attiraient les affaires de haute administration; l'évêché, créé en 1731, y concentrait les affaires ecclésiastiques d'une partie de la province; les écoles, et surtout l'Université, établie en 1772, y amenaient l'élite de la jeunesse; enfin le gouvernement militaire y entretenait un riche état-major et une garnison nombreuse.

Tant de circonstances heureuses développèrent rapidement la prospérité et l'embellissement de la ville. En 1686, la place d'Armes avait été construite; en 1666, trois grandes foires furent établies; en 1701, la bibliothèque de la ville fut fondée par Fèvret; en 1710, les Etats, qui s'étaient réunis jusque là à Saint-Etienne et ensuite aux Cordeliers, tinrent leurs séances dans leur nouveau palais; en 1720, la rue Condé fut percée; en 1725, la statue de Louis XIV fut érigée sur la place d'Armes; en 1733, l'aile occidentale du palais fut achevée; la même année, la ville fonda un dispensaire pour le pansement gratuit des pauvres; en 1740, l'Académie des sciences et belles-lettres se forma, et bientôt autour d'elle, par le zèle de ses membres, les libéralités particulières et la munificence des Etats, s'ouvrirent des cours de toutes espèces et des collections de tous genres; en 1742, la flèche de l'église Saint-Bénigne fut élevée; en 1743, une salle permanente de spectacle fut établie dans l'emplacement du Jeu-de-Paume, dit *Tripot-des-Barres*, à l'angle des rues Buffon et Legouz-Gerland; en 1757, le Cours-Fleury fut planté (le parc l'avait été par le prince de Condé dès 1610); en 1765, l'Ecole de dessin, fondée par Devosge, fut adoptée par les Etats; en 1784, l'aile orientale du palais fut construite, et les Etats firent commencer les travaux du canal de Bourgogne qui devait unir l'Océan à la Méditerranée.

Ainsi grandissait Dijon sous l'influence bienfaisante des Etats, le seul corps qui eût gardé en Bourgogne quelques restes des libertés provinciales, car les libertés municipales étaient bien déchues. Le maire Jean Joly avait fait réduire les vingt échevins à six en 1668. Les lettres-patentes portent que cette magistrature serait restreinte à un maire, six échevins, un procureur-syndic, un secrétaire, un receveur, un contrôleur et deux prud'hommes. Le syndic devait être élu tous les deux ans; les échevins ne pouvaient être réélus avant quatre ans, et le maire devait, le 10 juin de chaque année, remettre les insignes de sa magistrature entre les mains du plus ancien échevin, appelé *Garde des Evangiles*, devant le portail de Saint-Philibert. Mais, par édit de 1692, les maires étaient devenus perpétuels, et des actes postérieurs avaient modifié leurs fonctions et restreint leurs droits et leurs priviléges.

Les États de la province de Bourgogne étaient un reflet, une imitation bien faible des anciennes assemblées que les Germains et les Gaulois avaient coutume de tenir au printemps, et dans lesquelles tous les guerriers réunis décidaient les grandes questions qui intéressaient la nation. C'était une tradition, un usage consacré par le temps, plutôt qu'une institution légalement établie : la première reconnaissance formelle qui en fut faite en Bourgogne fut le serment solennel prêté par le roi Robert en 1015, lorsqu'il prit possession du duché. Le roi Jean, après la mort de Philippe de Rouvres, en réunissant la Bourgogne à la France, reconnut formellement les États, leurs franchises et libertés, par lettres-patentes du 25 octobre 1361.

Les États avaient des pouvoirs très étendus et des attributions fort importantes. Ils votaient l'impôt, en réglaient la répartition et l'emploi en ce qui concernait les sommes qui devaient être dépensées pour l'utilité de la province; ils réglaient la levée et la dépense des milices; décidaient la construction des chemins, des ponts, des chaussées, des édifices provinciaux; enfin, ils avaient l'administration de la province, soit par eux-mêmes, soit par des mandataires de leur choix.

Toutefois, ils n'avaient pas le droit de se réunir sans convocation : le roi les convoquait et fixait l'époque de l'ouverture des séances. Ils se tenaient d'abord tous les ans; mais, depuis Louis XI, tous les trois ans seulement. Le lieu de leur réunion était ordinairement Dijon; cependant ils se rassemblèrent quelquefois dans d'autres villes de la province. A Dijon, les assemblées se tenaient anciennement soit à Saint-Bénigne, soit à Saint-Étienne, soit aux Jacobins ou aux Cordeliers; mais depuis 1702, elles eurent lieu dans le palais construit par les États. Elles se composaient de 400 à 450 membres.

Les États se partageaient en trois classes bien distinctes : l'ordre du clergé, l'ordre de la noblesse et l'ordre du tiers-état ou de la bourgeoisie; ce dernier n'y fut admis, toutefois, qu'au XIII° ou XIV° siècle, lorsque les villes furent affranchies et qu'elles eurent obtenu le droit de commune.

La chambre du clergé se composait de l'évêque d'Autun, qui en était le président; des évêques de Dijon, Chalon, Auxerre et Mâcon; des dix-neuf abbés commandataires et réguliers, parmi lesquels celui de Cîteaux tenait le premier rang, et celui de Saint-Bénigne le second; des doyens et députés des chapitres, au nombre de vingt-deux, précédés par le doyen de la Sainte-Chapelle de Dijon; enfin, des prieurs, au nombre de soixante-douze : en tout cent dix-neuf personnes.

La chambre de la noblesse se composait de tous les gentilshommes de la province : il suffisait, pour être porté sur le tableau, d'en faire la demande et de justifier de quatre générations de noblesse; cependant le noble, *quoiqu'il fût* inscrit, n'avait voix délibérative qu'autant qu'il possédait un fief dans l'étendue de la province. Cette chambre était présidée par son *élu* de la triennalité précédente.

La chambre du tiers-état était composée des maires et des députés des villes de la province : celle de Dijon y était représentée par son vicomte-maïeur, président né de la chambre et élu perpétuel comme résidant au chef-lieu, et par deux échevins ; chacune des villes dont le maire avait droit à l'élection y avait deux députés ; les autres n'en avaient qu'un seul, et même quelques-unes d'entre elles ne députaient qu'alternativement et dans un ordre déterminé. Les élections des députés aux États se faisaient, comme celle des maires de Dijon, au moyen du suffrage universel des bourgeois de la localité : il résultait de là que les communes rurales, les bourgs, et certaines petites villes, ne prenaient pas de part au choix des mandataires.

Les trois ordres ne délibéraient pas en commun, comme les assemblées législatives de notre temps ; mais ils avaient chacun leur chambre et y examinaient séparément les propositions sur lesquelles on devait voter. La première opération de chacune des trois chambres était la nomination des nouveaux élus. Ces élus étaient les mandataires que les États chargeaient d'exécuter les décisions votées, et d'administrer la province pendant trois années, c'est-à-dire d'une session à l'autre : chaque ordre avait le sien.

Celui du clergé n'était pas choisi à volonté et à la majorité des suffrages dans l'ordre entier ; mais il devait être alternativement nommé, tantôt parmi les évêques, tantôt parmi les abbés, tantôt parmi les doyens de la province, et toujours dans le même ordre, de manière qu'un abbé succédât à un évêque, un doyen à un abbé et un évêque à un doyen, d'une session à une autre.

Dans la noblesse, le choix s'exerçait librement dans les membres portés sur le tableau : ainsi, l'élu pouvait être nommé une seconde fois et pour deux triennalités successives.

L'élu du tiers-état ne se nommait pas à l'élection, mais il était désigné d'avance d'une manière assez étrange. Nous avons vu que le maire de Dijon était élu perpétuel, et qu'il siégeait de droit et toujours à la réunion des élus. Mais le tiers-état était représenté par un second élu qui siégeait concurremment avec le premier. Quatorze villes avaient le privilége de fournir le second élu : leurs noms étaient inscrits dans un cercle qu'on appelait la *Grand'-Roue*; ils y figuraient dans l'ordre suivant : Autun, Beaune, Nuits, Saint-Jean-de-Losne, Chalon, Semur-en-Auxois, Montbard, Avallon, Châtillon-s.-S., Auxonne, Seurre, Auxerre, Bar-sur-Seine et Charolles. Les maires de ces quatorze villes avaient le droit d'exercer les fonctions d'élus, quels qu'ils fussent, les uns après les autres, à leur tour d'inscription sur la roue : ainsi, le maire d'Autun était élu pour une triennalité, celui de Beaune devait l'être pour la suivante, celui de Nuits pendant la troisième, et ainsi de suite jusqu'à celui de Charolles.

Un autre cercle, appelé la *Petite-Roue*, comprenait les noms de treize villes : Arnay-le-Duc, Noyers, Saulieu, Flavigny, Talant, Montréal, Mirebeau, Marcigny-sur-Loire, Bourbon-Lancy, Semur-en-Brionnais, Vitteaux et Montcenis. Cette seconde série de petites villes ne fournissait jamais l'élu, mais seulement le fonctionnaire qu'on nommait alors l'*alcade*, et cela dans l'ordre de leur inscription sur la roue.

Les alcades composaient une commission chargée de surveiller l'administration des élus pendant leur existence triennale; ils en étaient les censeurs, rédigeaient des observations sur les actes des élus, la direction qu'ils avaient imprimée aux affaires de la province; de plus, ils préparaient les propositions qu'ils jugeaient utile de présenter aux États dans la session prochaine, et à cet effet ils avaient deux réunions particulières avant l'ouverture de cette session.

Les alcades étaient au nombre de sept. Deux étaient fournis par le clergé, et pris dans les chapitres des cathédrales et collégiales, et parmi les prieurs; deux par la noblesse, et pris alternativement dans les neuf grands bailliages; trois enfin par le tiers-état, l'un pris dans l'une des quatorze villes de la *Grand'Roue*, l'autre dans l'une des treize villes de la *Petite-Roue*, le troisième enfin dans l'un des trois comtés du Charolais, Mâconnais et Bar-sur-Seine. Le comté de Mâcon avait, au surplus, des États particuliers, dont l'évêque de Mâcon était le président : ce comté fournissait un onzième des dépenses de la province.

Lorsque les affaires avaient été discutées et votées dans chaque chambre, les trois chambres se réunissaient dans la salle des États; c'était ce qu'on appelait alors *la conférence*. Chaque ordre exposait alors sur chaque affaire le vote pris dans son sein : lorsque les trois avis étaient conformes, le président de l'assemblée, qui était presque toujours le gouverneur de la province, déclarait simplement qu'il y avait *décret*; si le vote du clergé s'accordait avec celui du tiers-état contre la noblesse, ou avec celui de la noblesse contre le tiers-état, il déclarait qu'il y avait *décret au clergé*; si enfin la noblesse et le tiers-état étaient unis par le vote contre le clergé, il déclarait qu'il y avait *décret à la noblesse*. Ainsi, il n'y avait jamais *décret au tiers-état*. Du reste, les commissaires du roi n'assistaient jamais à la conférence.

Aussitôt après la clôture des États, la chambre des élus entrait en fonctions. Elle se composait de l'élu du clergé, de celui de la noblesse, de deux députés de la Chambre des comptes, d'un commissaire du roi pris dans le bureau des finances, du maire de Dijon et de l'élu du tiers-état, enfin du trésorier général de la province et des secrétaires en chef. Les délibérations se prenaient à la pluralité des suffrages : l'élu du clergé, celui de la noblesse avaient chacun leur voix ; les deux membres de la Chambre des comptes n'en avaient qu'une, ainsi que le bureau des finances. Le maire de Dijon et l'élu du tiers n'avaient qu'une voix : en cas de dissentiment, leurs suffrages s'annulaient et n'étaient pas comptés.

Les élus des trois ordres, dans la première année de leur triennalité, se rendaient ordinairement à Paris pour être présentés au roi, après avoir obtenu son agrément. C'était ce qu'on nommait alors le *voyage d'honneur*.

La dernière tenue triennale des États généraux de Bourgogne eut lieu le 12 novembre 1787. Les circonstances étaient grandes et solennelles : la lutte de la bourgeoisie contre la royauté devenait chaque jour plus vive et plus passionnée ; on demandait de toutes parts la réunion des États généraux de France, et l'esprit public en fermentation signalait et discutait chaque jour les réformes que réclamait alors un ordre social ébranlé par d'énormes abus.

Voici le cérémonial adopté pour cette séance d'ouverture, dont nous puisons les détails dans un manuscrit rédigé par ordre des États eux-mêmes :

« Avant la séance, les États assistèrent à une grand'messe du Saint-Esprit, célébrée à la Sainte-Chapelle.

« Le clergé s'y rendit le premier et en corps, depuis sa chambre, où il s'était réuni : il occupait les hautes stalles à droite du chœur. Les premiers rangs étaient réservés pour les évêques d'Autun, de Chalon, de Dijon, de Mâcon et pour l'abbé de Cîteaux ; venaient ensuite les abbés de Saint-Seine, de Flavigny, d'Ogny et de Saint-Pierre, de

Chalon; les doyens de la Sainte-Chapelle du roi, de l'église cathédrale de Dijon, des collégiales d'Avallon, Semur, Saulieu, Saint-Georges de Chalon, Saint-Jean de Dijon, le prévôt de Notre-Dame d'Autun, le primicier de la collégiale de Charolles, les quinze députés des chapitres, les quinze prieurs réguliers, les dix prieurs séculiers et le prieur de Cluny, élu du clergé des États particuliers du Mâconnais, tous en soutane, longs manteaux et bonnets carrés.

« Le tiers-état arriva aussi en corps, depuis l'hôtel de M. Moussier, maire de Dijon : il portait la robe violette, et prit place sur des bancs à dossier, recouverts de tapis fleurdelisés, disposés dans le fond du chœur à droite et à gauche. Plus en avant, à gauche du chœur et au même niveau que celles occupées par le clergé, étaient les stalles destinées à la noblesse. Des bancs adossés aux murailles étaient préparés pour les officiers qui accompagnaient le prince.

« La Sainte-Chapelle était décorée avec magnificence : le sieur Prudhon, sacristain, avait reçu 200 livres pour la décoration du chœur et du sanctuaire, et le sieur Collin, maître de musique, 500 livres pour *la symphonie de la messe.*

« A dix heures, M. le premier président au Parlement, en robe et soutane noire, M. l'intendant de la province, en robe de maître des requêtes, se rendirent au Logis du roi; ils étaient suivis de deux trésoriers du bureau des finances en robes et chapeaux de velours noir. Le lieutenant-général pour le roi au comté de Charolais les accompagnait.

« Sur l'ordre de M. le prince de Condé, le cortége se mit en marche. La maréchaussée de Dijon, les gardes du gouvernement, ceux de S. A. S., les valets de pieds, le premier contrôleur des écuries, les pages de M. le prince, tous tête nue, ayant devant eux leur gouverneur, s'avançaient les premiers.

« La noblesse suivait immédiatement, en habit ordinaire plus ou moins somptueux; l'ordre de préséance était celui des grands bailliages : Dijon, Autun, Chalon, Auxois, la Montagne, Charolais, Mâcon, Auxerre et Bar-sur-Seine; les gentilshommes qui composaient l'ordre de la noblesse étaient ceux d'ancienne extraction, qui possédaient fief ou arrière-fief dans les limites des États : ils étaient au nombre de 54.

« Après elle marchait S. A. S. monseigneur le prince de Condé, prince du sang, pair et grand-maître de France, lieutenant-général des armées du roi, chevalier de ses ordres, gouverneur et lieutenant-général des provinces de Bourgogne, Bresse et Dombes, et des pays de Bugey, Valromey et Gex; colonel-général de l'infanterie française et étrangère. Le prince était précédé des lieutenants-généraux, et suivi du premier président, de l'intendant et des deux trésoriers; quatre de ses gardes marchaient à ses côtés; venaient en dernier lieu les officiers de la Maison du prince.

« Le cortége défila entre une double haie formée par la compagnie franche du château de Dijon et celle des invalides en garnison dans ce château.

« Le prince fut reçu et harangué à l'entrée de la Sainte-Chapelle par le chapitre précédé de la croix; puis il prit place à son prie-dieu, placé sur un grand tapis au milieu du chœur : le premier président et l'intendant avaient des carreaux sur le même tapis, mais point de siéges; la noblesse prit place ainsi que les officiers des Etats; les huissiers debout, derrière eux. La musique se fit entendre depuis l'arrivée du prince jusqu'au moment où la messe basse du Saint-Esprit commença, et elle continua pendant tout le saint sacrifice.

« Après la messe, le cortége sortit de l'église : les quatre huissiers en habit noir, une baguette à la main, marchaient en avant; ils étaient suivis des syndics, des conseils, du trésorier et des secrétaires des Etats; puis venait le tiers-état, composé des députés nommés par les quatorze villes de la *Grand'-Roue* : Dijon, Autun, Beaune, Chalon, Nuits, Saint-Jean-de-Losne, Semur, Avallon, Montbard, Châtillon-sur-Seine, Auxonne, Seurre, Auxerre et Bar-sur-Seine; et des villes et comtés de la *Petite-Roue*; ils étaient au nombre de 54, presque tous de la magistrature : le maire de Dijon était le président né de la chambre du tiers.

« Le clergé et la noblesse, l'un à droite, l'autre à gauche, marchaient après le tiers sur deux rangs parallèles. Le prince était resté à la Sainte-Chapelle jusqu'à ce que les trois ordres fussent arrivés et placés dans la grande salle du palais des Etats (1).

« Là le clergé se plaça sur l'estrade à droite du fauteuil du prince, dans le fond de la salle en face de la tribune; les évêques sur des fauteuils pareils à ceux des lieutenants-généraux de la province, du premier président et de l'intendant; le reste du clergé sur des bancs rembourés et recouverts d'étoffes fleurdelisées aux armes de la province.

« Les bancs de l'estrade de gauche reçurent la noblesse : l'élu de l'ordre prit place dans un fauteuil, ainsi que le vicomte maïeur de Dijon. Le tiers-état occupa deux amphithéâtres en face de l'estrade de M. le gouverneur.

« Au milieu de la salle prirent place les officiers de la province, les secrétaires et les commis au greffe des Etats. Enfin, le reste du parquet et la tribune se remplirent de curieux privilégiés.

« Le tambour annonça l'arrivée du prince : il vint s'as-

---

(1) C'est la salle occupée dans ces derniers temps par la Société philharmonique.

seoir dans un fauteuil, sous un dais magnifique de velours bleu semé de fleurs de lis d'or : le portrait du roi était suspendu à la pente du dais.

« Le plus ancien des deux trésoriers de France donna lecture des lettres-patentes du roi, ordonnant la convocation des Etats de Bourgogne; puis M. le prince de Condé, debout, prit la parole.

« Dans un discours plein d'éloquence, et qui a été conservé, il rappela les vertus du roi et ses intentions paternelles, déjà manifestées par la réunion de l'assemblée des notables pour chercher avec eux le remède à tous les maux qui affligeaient la France. Il parla des plaies de l'Etat si profondes, et des travaux qui se préparaient pour les fermer. Si le mal était grand, la crise dangereuse, il espérait que les Français sauraient la dominer par leur dévoûment et leur courage, et que la Bourgogne en particulier, où l'amour et la fidélité envers le roi avaient toujours été héréditaires, serait la première à déposer au pied du trône les marques de son attachement et les secours nécessaires à l'Etat.

« Après le prince, M. le premier président, M. l'intendant et Mgr d'Autun prirent successivement la parole. Les discours terminés, la séance fut levée.

« Alors le prince se retira dans ses appartements, où bientôt les Etats vinrent le complimenter. Ils descendirent par le grand escalier, précédés des quatre huissiers : Genaudet, Béchon, Capel et Gouveau, ayant à leur tête Mgr d'Autun, président du clergé : à sa droite était M. le président de la noblesse, à sa gauche, *mais un peu en arrière*, M. Moussier, maire de Dijon, président du tiers.

« Tout le corps des Etats marchait ensuite confusément : ils arrivèrent par la grille qui se trouve sur la place, où ils furent reçus par un gentilhomme de S. A. S., traversèrent la cour et montèrent l'escalier qui conduit aujourd'hui au Musée, pénétrèrent dans la salle des gardes, furent reçus par un second gentilhomme, et arrivèrent à la porte de la première antichambre, où ils furent reçus par le premier gentilhomme de la chambre.

« S. A. S. fit quelques pas pour les recevoir, puis Mgr d'Autun, *ayant des gants à la main*, prononça un discours auquel le prince répondit gracieusement. Le corps des États se retira ensuite, reconduit de la même manière qu'il avait été reçu, trouvant sur son passage les gardes du gouvernement, ceux du prince, *appuyés* sur leurs armes, le capitaine des gardes de S. A. S., et les officiers à la tête de leurs compagnies.

« A quatre heures, les États rentrèrent en séance, chaque ordre dans sa chambre séparée, pour procéder au choix des élus chargés de l'administration de la province pendant la triennalité qui séparait chaque session; ils nommèrent leurs alcades, commissaires chargés d'examiner la gestion des élus de la triennalité écoulée, et les jours suivants ils se livrèrent à l'examen des affaires de la province. »

Le séjour du prince à Dijon fut, comme toujours, l'occasion d'un grand nombre de fêtes publiques et privées.

La ville de Dijon était alors divisée en sept paroisses: Saint-Étienne, qui était l'église métropolitaine; Saint-Michel, Saint-Nicolas, Notre-Dame, Saint-Philibert, Saint-Jean et Saint-Pierre. Celle de Saint-Étienne, à laquelle l'ancienne paroisse de Saint-Médard avait été réunie en 1571, avait exactement pour limites les murs de l'ancien *castrum*.

Indépendamment des sept anciennes églises paroissiales, on comptait à cette époque à Dijon vingt-six églises et chapelles de couvents et communautés: Saint-Bénigne, la Sainte-Chapelle, les Visitandines, la Chapelotte, la Madeleine, les Jacobins, les Cordeliers, les Minimes, les Carmes, les Oratoriens, les dames de Saint-Julien, le Bon-Pasteur, Sainte-Marthe, les Capucins, les Lazaristes, la Belle-Croix, les Chartreux, les Carmélites, les Ursulines, le Refuge, le Collége, l'hospice Sainte-Anne, l'Hospice général, les Bernardines, Saint-Fiacre et le Séminaire.

Le premier dénombrement officiel fait à Dijon avait eu lieu en 1762, et avait accusé une population d'environ 21,000 habitants. En 1784, le maire Gauthier en fit exécuter un nouveau, qui donna pour résultat, 22,786 habitants; au mois de juin 1786, l'intendant Amelot en avait fait faire un second, qui donna à peu près le même chiffre, puisqu'il portait la population à 22,890 individus, dont 10,129 du sexe masculin, et 12,761 du sexe féminin.

La révolution de 1789 enleva à Dijon la plus grande partie de ses avantages. En voulant remédier aux abus d'une centralisation trop grande, les assemblées législatives de cette époque tombèrent peut-être dans un excès contraire; mais on ne tarda pas à revenir à une organisation plus convenable, qui, sans rendre à Dijon son ancienne grandeur, lui laissait cependant l'importance qui s'attache nécessairement au chef-lieu d'un département riche, industrieux et éclairé. Cette époque, qui, en échange de tant de sacrifices, avait donné du moins à Dijon des libertés tôt ou tard fécondes, fut trop agitée pour produire autre chose qu'un grand nombre d'actes de patriotisme et de courage. Cependant, c'est à elle que se rattache la création du Musée, bienfait que l'on doit à François Devosges, artiste d'une haute distinction et d'un infatigable dévoûment. L'Ecole de dessin avait été fondée par lui et patronée par M. Legoux de Gerland d'abord, puis par les Etats de la province de Bourgogne en 1766.

La révolution de 93, qui fit couler tant de sang dans

certaines parties de la France, ne fît heureusement pas de nombreuses victimes à Dijon : grâce à la modération des hommes qui furent investis des fonctions municipales, peu de personnes eurent à subir les terribles conséquences des passions de cette malheureuse époque, et il fallut l'arrivée dans nos murs du représentant Bernard, qui prenait les prénoms de *Pioche-Fer*, pour qu'on envoyât à Paris quelques infortunés royalistes qui portèrent leur tête sur l'échafaud. Une de ces victimes à Dijon fut M. Richard de Ruffey, président du Parlement, et frère de cette Sophie de Ruffey, célèbre par l'amour qu'elle inspira à Mirabeau; il fut défendu par M. Legoux père. C'est à cette époque que partirent du département de la Côte-d'Or sept bataillons de volontaires qui se distinguèrent dans cette lutte, où la France était engagée contre l'Europe entière, et dont elle sortit triomphante, grâce au génie du premier consul Napoléon Bonaparte : ils fournirent aux armées françaises les généraux Junot, Marmont, Heudelet, Veaux, Brulez, Jacquemard, Bony, Blondeau, Carnot, frère du célèbre conventionnel, et beaucoup d'autres officiers éminents.

Mais si le sang des habitants de la ville de Dijon fut épargné dans ce temps de fanatisme aveugle et furieux, il n'en fut pas de même de ses monuments, qui furent ravagés presque sans exception par l'ignorance et la brutalité du peuple, et bien souvent aussi par la cupidité privée. Des quarante-trois édifices consacrés au culte dans la ville, treize furent complétement détruits ; ce sont : les églises Saint-Pierre, Saint-Nicolas, la Sainte-Chapelle; les monastères des Visitandines, des Cordeliers, des Minimes, des Carmes, du Bon-Pasteur, des Lazaristes, des Oratoriens, de Saint-Fiacre, des Chartreux, etc. D'autres monuments, protégés sans doute par leur aspect imposant, furent seulement dégradés et mutilés, tels que : Notre-Dame et Saint-

Michel dont on brisa toutes les sculptures du portail, Saint-Bénigne dont on détruisit le portail et la rotonde ; ou consacrés à des usages profanes, tels que : Saint-Etienne, Saint-Philibert, Saint-Jean, les Jacobins, les Capucins, les Carmélites, les Ursulines, etc.

Ces beaux édifices, dont l'extérieur était ainsi ravagé, n'étaient pas épargnés à l'intérieur : dans toutes les églises et les couvents, les tableaux furent déchirés, les statues et les riches boiseries brisées, les trésors pillés, les tombeaux violés. Les Chartreux, la Sainte-Chapelle et Saint-Bénigne renfermaient surtout des richesses considérables. Dans la seconde de ces églises, la châsse de la Sainte-Hostie et la couronne royale qui la surmontait étaient revêtues de 150 diamants ou pierres précieuses, et d'un nombre prodigieux de perles fines. Le trésor des Chartreux, enrichi par les ducs et les duchesses de Bourgogne, était plus magnifique encore : aux reliquaires, aux lampes, aux châsses d'or et d'argent, aux dyptiques, aux chasubles enrichies de pierreries et de perles fines, se joignaient les livres, les manuscrits rares, les tableaux, les statues, les boiseries admirables ; de tout cela il fut dressé des inventaires, mais on eut soin de n'y joindre aucune estimation, et les objets qui y furent portés disparurent pour la plupart, sans qu'on en pût dans la suite justifier l'emploi.

Cependant, au milieu de cette déplorable rage de destruction, un bien petit nombre d'hommes courageux s'efforçaient de conserver à la ville quelques-uns des monuments qui l'embellissaient.

Un arrêté de la municipalité de Dijon, rendu sur le motif que Pierre Odebert et Odette Maillard, son épouse, ont, pendant leur vie, employé leur fortune au soulagement de leurs concitoyens, ordonne que leur tombeau, qui se trouve à Saint-Etienne, sera transporté aux frais de la commune dans la chapelle du Collége. Cet arrêté, pris le 29 septembre 1792, est signé : Champagne, maire; Leroux, Vaillant, Tartelin, Bruet, Trullard-Bernard, Mathieu, Dagallier, Marchand, Sauvageot, Chauchot, Chambellan, officiers municipaux; Delachère, procureur de la commune; Rénon, substitut; Mauguin, secrétaire.

Un autre arrêté, du 14 pluviôse, an II, pris par les mêmes magistrats, nomme les citoyens : Devosges, professeur de l'Ecole de dessin; Attiret, sculpteur, et Auvert, peintre, commissaires pour veiller à la conservation des monuments des arts dépendant des propriétés nationales.

En effet, M. Devosges, qui avec ses seules ressources avait fondé l'Ecole de dessin adoptée par les Etats de la province en 1766, et qui avait obtenu de ces mêmes Etats la création d'un Musée de peinture et de sculpture le 30 novembre 1787, s'efforçait, dans ces temps malheureux, d'enrichir cet établissement encore naissant de tous les objets d'art qu'il pouvait arracher à la fièvre de destruction qui animait la province. La collection formée par son zèle infatigable fut ouverte au public le 20 août 1799.

La Terreur avait alors disparu pour faire place au gouvernement Consulaire : dans le mois de mai de l'année 1800, le premier consul, Napoléon Bonaparte, vint à Dijon pour y passer en revue une partie de l'armée avec laquelle il allait entreprendre sa seconde campagne d'Italie.

La création d'une armée de réserve de 60,000 hommes avait été ordonnée et elle devait être cantonnée dans les environs de Dijon : en effet, il arriva bientôt dans cette ville quelques troupes et des recrues; un camp fut même formé entre Arc-sur-Tille et Remilly, sur les bords de la Tille; mais ces dispositions n'avaient pour but que de cacher le véritable mouvement des troupes qui se rendaient sur la frontière de l'est pour entrer en Italie.

Le commandement de l'armée avait été donné au général Berthier, qui prit son logement à Dijon, rue de la Préfecture, hôtel Dampierre. Bientôt arrivèrent Bernadotte, Macdonald, Lefebvre, Lannes, Marmont, Dumas, Dupont, Rey, Carnot, Hullin; Bonaparte lui-même était annoncé, et on lui préparait à la hâte l'hôtel de l'Intendance, inhabité depuis plusieurs années. En attendant son arrivée, les généraux donnèrent dans cet hôtel au général Berthier une fête brillante, à laquelle furent invitées toutes les dames de la ville.

Le premier Consul arriva le 7 mai, à sept heures du matin, au moment où on l'attendait le moins, accompagné de son secrétaire Bourienne, et du conseiller d'Etat Defermont. Au bruit du canon qui annonçait son entrée à Dijon, toute la population se précipita sur son passage et le salua de ses acclamations. De ce moment il ne put faire un pas sans être entouré de la foule, et sans être l'objet de ses transports. A peine installé au palais consulaire, il reçut le préfet, le maire, les différentes autorités, s'informa des besoins du département. A trois heures, il se rendit à pied, et au milieu d'un immense concours de population, à l'hôtel Anthony, aujourd'hui de Bretenières, rue Vannerie, où résidait le général Meunier, commandant la 18e division militaire, qui lui offrit un banquet où il prit place entre le maire, M. Lejéas, et M. Virely, président du tribunal civil. Après le dîner, il se rendit au Parc où l'attendaient la 17e demi-brigade et plusieurs détachements de conscrits. Après les avoir passés en revue, il rentra au palais et partit le lendemain à quatre heures du matin.

Au moment de monter en voiture, Bonaparte témoigna aux fonctionnaires qui l'entouraient combien il était satisfait des marques d'attachement qu'il avait reçues des Dijonnais, et avec quel plaisir il était venu dans un département qui avait été témoin de son début dans la carrière militaire, et dans une ville qu'il avait habitée quelques mois, dix ans auparavant.

Après la magnifique campagne de Marengo, Bonaparte traversa une seconde fois Dijon, mais il ne s'y arrêta que quelques heures. Descendu chez le général Brune, hôtel Dampierre, et après avoir pris quelque repos, il monta à cheval, passa en revue un corps de 10,000 hommes rangés en bataille dans les prés du moulin de Chèvre-Morte, le long de la route de Paris, monta en voiture à midi, et continua sa route.

La préfecture de la Côte-d'Or avait été créée par un arrêt du 8 mars précédent; Dijon en était le chef-lieu, et les fonctions de préfet avaient été confiées à M. Guiraudet. Le 14 juillet suivant, ce magistrat, en exécution d'un décret du 20 mars de la même année, posa sur la place d'Armes la première pierre de la colonne départementale sur laquelle devaient être inscrits les noms des militaires morts pour la patrie. Les fondations de ce monument, qui n'a jamais été exécuté, renferment dans une boîte une inscription et une série des monnaies du temps. La fête donnée à l'occasion de cette cérémonie fut terminée par un feu d'artifice tiré sur la plate-forme de la tour du Logis du Roi : le feu prit dans la salle de l'Observatoire par l'imprudence des artificiers, et le plomb, dont les élus avaient fait revêtir la terrasse en 1775, fut entièrement fondu : il était du poids de 7,500 kilogrammes.

Sous ce nouveau gouvernement, qui relevait rapidement la prospérité de la France, Dijon vit établir dans son sein un octroi municipal, par une loi du 2 septembre 1799; un tribunal d'appel le 4 juillet 1800; la 18e conservation forestière le 20 février 1801; une bourse de commerce créée le 6 juillet 1801, et malheureusement supprimée depuis;

un mont-de-piété, au mois d'octobre 1801; un lycée le 6 mai 1803.

Ce fut au mois de mai 1801 que la vaccine fut pour la première fois pratiquée à Dijon : le 20 juin suivant, 52 individus avaient déjà été vaccinés.

L'empire vint ensuite, qui, en rendant à Dijon quelques-uns des avantages de la centralisation, lui enleva les libertés que la Révolution lui avait prodiguées. C'est à cette époque que se rattachent l'établissement à Dijon de la *Cour impériale*, qui fut installée le 22 avril 1811 par le sénateur Monge; de l'Ecole de droit, dont les cours ont commencé le 21 novembre 1806; d'une Ecole secondaire de médecine, créée par décret du 28 août 1808; enfin de la Faculté des lettres et des sciences, créée par décrets des 17 mars 1808 et 25 juillet 1809. Mais la guerre était la seule idée de ce temps; toutes les ressources et les forces de la nation s'épuisaient dans cette lutte gigantesque que la France soutint pendant vingt-cinq ans contre l'Europe entière, et qui vint se terminer à Waterloo.

Les campagnes désastreuses de 1812 en Russie et de 1813 en Saxe mirent la France dans la nécessité de continuer la guerre sur son territoire. Vers la fin de 1813, les armées alliées y pénétrèrent, et les troupes autrichiennes entrèrent à Dijon le 19 janvier de l'année 1814. On connaît les détails de cette admirable campagne où Napoléon battait tour à tour les armées russes, prussiennes et autrichiennes, sans pouvoir écraser un ennemi que chaque défaite trouvait encore debout. Après la déroute de Montereau, les habitants de Dijon virent arriver jusque dans leurs murs les équipages de l'armée autrichienne, dont les divisions se reformaient près de Montbard. L'empereur d'Autriche, traîné par des chevaux de poste dans une mauvaise charrette, presque sans escorte, y fut reçu le même jour, et y prit à l'hôtel Dampierre, vis-à-vis la Préfecture, un logement qu'il conserva pendant le reste de la campagne.

Après l'abdication de Fontainebleau, le 4 avril 1814, l'impératrice Marie-Louise se retira en Allemagne avec le roi de Rome. Elle passa par Dijon et coucha à la Préfecture.

Dans le cours du mois de septembre suivant, le comte d'Artois fit son entrée à Dijon, où il fut reçu avec beaucoup d'enthousiasme et une grande magnificence : il logea chez le gouverneur du département, M. le comte de Damas, qui occupait l'aile occidentale du palais des Etats; un bal lui fut donné dans la grande salle des Etats. Ce même jour, le duc Louis-Philippe d'Orléans passait à Dijon avec toute sa famille qu'il ramenait d'Italie; et ces deux princes, dont l'un devait plus tard détrôner l'autre, se trouvèrent réunis au même banquet par l'hospitalité que leur offrirent les Dijonnais.

Les populations, lasses de la guerre, avaient d'abord reçu avec transport les nouveaux souverains ramenés par les alliés; mais bientôt les fautes des Bourbons dissipèrent les illusions, et les acclamations de la France saluèrent Napoléon, lorsqu'il débarqua, le 1er mars 1815, sur les côtes de Provence.

Le 16 mars, le maréchal Ney passa à Dijon avec son corps d'armée, qu'il dirigeait sur Auxerre pour y joindre Napoléon et marcher avec lui sur Paris : c'est dans cette première ville qu'il fit prendre à ses troupes les aigles et la cocarde tricolore. Il suspendit de ses fonctions M. Durande, maire de Dijon, et le remplaça par M. Hernoux, son adjoint.

Mais bientôt le désastre de Waterloo fut suivi d'une nouvelle invasion : l'armée autrichienne se concentra une seconde fois autour de Dijon; un camp de 132,000 hommes fut formé près de la ville, sur les mêmes emplacements où quinze ans auparavant Napoléon avait fait camper les troupes destinées à vaincre à Marengo. De grandes manœuvres eurent lieu, et se terminèrent par un défilé de toutes les troupes, en présence de l'empereur d'Autriche, placé au pied du village de Saint-Apollinaire, et entouré de l'empereur de Russie, des grands-ducs Nicolas et Constantin, du duc de Wellington, des princes de Bavière, de Saxe et de Wurtemberg, et d'une foule de princes et de généraux étrangers. Dès le mois de juillet, M. le comte de Choiseul s'était hâté de venir à Dijon pour y rétablir l'autorité du roi. Le jour même de son arrivée, une princesse de la famille impériale, la reine Hortense, femme du roi de Hollande, traversait la ville, accompagnée de ses enfants, dont l'aîné était le prince Louis-Napoléon, pour se rendre en Suisse sous l'escorte d'un aide de camp du général autrichien prince de Schwartzemberg. Le 19 octobre, le duc d'Angoulême arriva à Dijon, en se rendant à Lyon. L'année suivante, au mois de juillet, il s'y rendit encore pour remettre leurs drapeaux aux nouveaux régiments formés dans le département; dans ces deux circonstances il fut l'objet d'ovations et de fêtes brillantes.

Moins d'un mois après, le 7 août 1816, la duchesse d'Angoulême, fille du malheureux Louis XVI, faisait son entrée à Dijon où l'attendait une réception vraiment triomphale. La rue Condé tout entière était tendue de blanc et parée de fleurs, de guirlandes de verdure, auxquelles étaient suspendus des inscriptions et autres emblèmes. Il y eut le soir une illumination splendide; le lendemain, la princesse visita les hospices, et assista à un bal magnifique qui lui fut donné.

La Restauration aurait pu, à la faveur de la paix qu'elle avait ramenée avec elle, introduire à Dijon des améliorations importantes, et le doter des établissements et des monuments qui lui manquaient encore. Mais ses premières années furent livrées aux passions politiques et aux vengeances de parti. Quatre personnes entourées de l'estime et de l'affection générales : MM. Hernoux, Veaux, Lejéas et Royer, furent mises en accusation, et, après une détention de dix-huit mois, traduites devant la Cour d'assises de la Côte-d'Or. Pendant les Cent-Jours, M. Hernoux avait été maire de Dijon, le général Veaux avait commandé le département, M. Lejéas avait été receveur général, et M. Royer sous-préfet à Beaune. Leur autorité n'avait été employée qu'à protéger les personnes et faire respecter les propriétés; mais le fanatisme de parti leur reprochait d'avoir trempé dans la prétendue conspiration qui avait ramené Napoléon de l'île d'Elbe aux Tuileries. Le jury fit justice de cette accusation, et évita au gouvernement de Louis XVIII une exécution qui eût été pour lui une honte ineffaçable. Quand les passions politiques furent calmées, il fallut songer à effacer les traces qu'avaient laissées dans le pays les deux invasions, et, lorsque les finances de la ville de Dijon furent enfin rétablies par la sage administration de M. Morelet, il se trouva que les assemblées départementales et municipales, tout entières dans la main du roi, n'avaient pas la vitalité et le zèle nécessaires pour effectuer des choses grandes et utiles. Cependant, c'est à cette époque qu'il faut reporter la construction de la salle de Spectacle, dont la première pierre avait été posée dès 1810 par M. le maire Durande et M. Lecoulteux, préfet du département. Ce ne fut qu'en 1823 que les travaux en furent repris, sous l'administration de M. le marquis de Courtivron, qui eut à lutter d'une part contre l'indifférence de son conseil municipal, et de l'autre contre les obstacles qu'apportait le clergé à l'érection de ce monument.

Pendant cette période de quinze années que remplirent les règnes de Louis XVIII et de Charles X, le duc d'Angoulême était venu à Dijon au retour de son expédition d'Espagne ; il y avait été reçu avec un vif enthousiasme. Il traversa de nouveau cette ville en 1830 ; mais alors, malgré les honneurs officiels, il était facile de voir que, parmi la bourgeoisie et le peuple, les sentiments d'affection pour la branche aînée avaient grandement diminué, et quand éclata la révolution de 1830, l'ancienne dynastie tomba presque sans être défendue. Au moment où la nouvelle des ordonnances parvint à Dijon, la duchesse d'Angoulême y passait pour la deuxième fois, le 29 juillet, et sa présence ne fit qu'exciter l'émotion populaire. Cette princesse fit preuve dans cette circonstance de beaucoup de prudence et de fermeté ; elle quitta Dijon le lendemain en fugitive, et se hâta de regagner Paris. Mais en arrivant à Joigny, elle fut obligée d'accepter la protection du jeune duc d'Orléans qui commandait dans cette ville un régiment de hussards. Dans le mois de novembre suivant, ce même duc d'Orléans, devenu héritier présomptif de la couronne de France, passait en revue, dans le cours du Parc, les gardes nationales de l'arrondissement, au milieu des acclamations universelles d'une immense population, et assistait à un bal magnifique qui lui était offert dans la salle de spectacle.

La révolution de 1830 apporta aux conseils des départements et aux conseils municipaux ce qui leur manquait sous la Restauration et sous l'Empire : elle les retrempa dans les élections populaires, et leur donna une énergie et une activité qui se révélèrent bientôt par une foule d'institutions et de créations nouvelles.

Aucune ville, autant que Dijon, n'a peut-être fourni une preuve aussi éclatante de cet heureux résultat. Depuis cette époque, l'administration municipale a dépensé des sommes considérables en embellissements et en institutions utiles. Nous sommes vraiment fier d'en présenter ici le tableau.

Ce sont : une caisse d'épargnes, source d'économie et d'aisance pour les ouvriers ; des salles d'asile pour les enfants des classes pauvres ; des écoles primaires, qui peuvent servir de modèle en ce genre ; l'organisation complète de l'Ecole de médecine, et la construction des amphithéâtres nécessaires au cours d'anatomie ; un vaste jardin des Plantes ; un magnifique cabinet d'histoire naturelle ; l'acquisition de plus de 20,000 volumes pour la bibliothèque publique ; un palais destiné à recevoir l'Académie universitaire et les cours qu'elle ouvre aux jeunes gens.

Ce sont encore : la confection du plan général de la ville ; la translation de l'administration municipale au palais des Etats ; l'arrangement des archives du département dans l'ancien hôtel de Ville ; l'établissement des fontaines, bienfait inestimable et qui suffirait seul à la gloire d'une administration ; la canalisation de Suzon ; l'embellissement de la porte Saint-Pierre ; la coopération à l'ouverture de la porte des Godrans et à la création du nouveau quartier élevé par M. Lacordaire, l'établissement de l'éclairage au gaz ; l'agrandissement du cimetière ; l'acquisition des terrains nécessaires pour le percement de la porte Fermerot ; le percement de plusieurs rues sur l'emplacement du bastion Saint-Nicolas et dans l'intérieur de la ville ; l'établissement d'un second réservoir pour les fontaines ; l'amélioration du pavé ; enfin, de nombreuses plantations.

Presque toutes ces améliorations, dont quelques-unes sont d'une haute importance, sont dues à M. Victor Dumay, jurisconsulte profond, savant modeste et distingué, administrateur plein de zèle, que la mort a enlevé trop tôt à ses nombreux amis et à ses concitoyens.

Dans le cours de cette période, et en dehors de l'administration municipale, s'étaient élevés deux monuments religieux fort remarquables : la charmante église du couvent de la Visitation, construite par les dons des fidèles sur les plans de M. Sirodot, architecte, et la belle statue de saint Bernard, érigée, le 5 novembre 1847, au moyen de fonds recueillis par une souscription particulière, sous la direction de M. Léon Lacordaire, architecte, frère du célèbre prédicateur, et au milieu du beau quartier fondé par lui.

La révolution de 1848, qui avait inspiré de si grandes terreurs à toutes les industries, avait d'abord arrêté cet élan; mais il se releva bientôt, et depuis 1850, les nouveaux administrateurs ont rivalisé avec les anciens de zèle et d'activité. Ainsi, par les soins éclairés de M. Louis André, maire, des trottoirs en asphalte ont été établis dans les principales rues de la ville ; le pavé a été amélioré dans presque tous les quartiers; la promenade du Château-d'Eau a été achevée et ornée d'une fontaine monumentale ; une porte nouvelle a été percée à l'extrémité de la rue Chancelier-Lhospital, au moyen de fonds réunis par une souscription particulière ; de nouveaux lavoirs ont été établis à la porte Neuve, à la porte Saint-Nicolas et à la porte Guillaume; la promenade de l'Arquebuse a été réunie au jardin des Plantes.

Depuis la révolution de 1848, de grands et importants travaux ont aussi été exécutés à Dijon par le gouvernement. Ainsi, le télégraphe électrique fait aujourd'hui, en quelques secondes, communiquer Paris avec les villes de France; et le chemin de fer de Paris à Marseille a été mis en activité dans toute son étendue.

C'est le 1er juin 1851, que ce chemin de fer important a été inauguré pour la partie située entre Dijon et Tonnerre.

Le prince Louis-Napoléon, président de la République,

qui était déjà passé à Dijon l'année précédente en allant à Lyon, avait consenti à honorer de sa présence cette solennité, pour laquelle le conseil municipal avait voté une somme de 25,000 fr. Arrivé à deux heures à la gare dans un wagon d'honneur, au bruit des salves d'artillerie, le prince a été reçu par les autorités civiles et militaires et par le clergé de la ville. Un autel monumental avait été élevé, de vastes tentes avaient été préparées pour les autorités, et plusieurs tribunes avaient été construites pour recevoir les nombreuses personnes invitées. L'évêque, après avoir adressé un discours au prince, bénit solennellement les rails et les machines. Après cette cérémonie, le prince fit son entrée à cheval, salué par les acclamations des habitants et de soixante mille étrangers accourus de tous les points de la Côte-d'Or et des départements voisins. Un banquet de 250 couverts lui fut offert dans la salle de la Société philharmonique; M. Dupin, président de l'Assemblée législative; M. Boulay (de la Meurthe), vice-président de la République; les ministres de l'intérieur, des travaux publics, de la guerre, des finances; deux vice-présidents et trois secrétaires de l'Assemblée; beaucoup de représentants, de notabilités parisiennes; les ingénieurs et les principaux fonctionnaires du département y avaient été conviés, et avaient trouvé, dans les principales maisons de la ville, une hospitalité empressée. La salle, ornée de drapeaux et d'écussons portant les noms des Bourguignons illustres, éclairée par des lustres dorés chargés de bougies, contenait une immense table en fer à cheval, portant un magnifique service fourni par Chevet, le célèbre restaurateur de Paris. C'est à la fin de ce repas, et en répondant à une allocution de M. André, maire, que le Président prononça un discours où il laissa entrevoir ses pensées d'avenir, et qui excita une vive émotion parmi les ministres et l'Assemblée législative.

« Messieurs, dit-il d'une voix ferme et accentuée,

« Je voudrais que ceux qui doutent de l'avenir m'eussent accompagné au milieu des populations de l'Yonne et de la Côte-d'Or ; ils se seraient rassurés en jugeant par eux-mêmes de la véritable disposition des esprits ; ils eussent vu que ni les intrigues, ni les attaques, ni les discussions passionnées des partis, ne sont en harmonie avec l'état et les sentiments du pays. La France ne veut ni le retour à l'ancien régime, quelle que soit la forme qui le déguise, ni l'essai d'utopies funestes et impraticables. C'est parce que je suis l'adversaire le plus naturel de l'un et de l'autre, qu'elle a placé sa confiance en moi. S'il n'en était pas ainsi, comment expliquer cette touchante sympathie du peuple à mon égard, qui résiste à la polémique la plus dissolvante, et m'absout de ses suffrages ?

« En effet, si mon gouvernement n'a pas pu réaliser toutes les améliorations qu'il avait en vue, il faut s'en prendre aux manœuvres des factions, qui paralysent la bonne volonté des assemblées, comme celle des gouvernements les plus dévoués au bien public. C'est parce que vous l'avez compris ainsi, que j'ai trouvé dans la patriotique Bourgogne un accueil qui est pour moi une approbation et un encouragement.

« Je profite de ce banquet comme d'une tribune pour ouvrir à mes concitoyens le fond de mon cœur. Une nouvelle phase de notre ère politique commence. D'un bout de la France à l'autre, des pétitions se signent pour demander la révision de la constitution. J'attends avec confiance les manifestations du pays et les décisions de l'Assemblée, qui ne seront inspirées que par la seule pensée du bien public.

« Depuis que je suis au pouvoir, j'ai prouvé combien, en présence des grands intérêts de la société, je faisais abstraction de ce qui me touche; les attaques les plus injustes et les plus violentes n'ont pû me faire sortir de mon calme. Quels que soient les devoirs que le pays m'impose, il me trouvera décidé à suivre sa volonté; et, croyez-le bien, Messieurs, la France ne périra pas dans mes mains. »

Ce discours fut vivement applaudi, et fit sur l'assemblée une impression profonde.

La soirée se termina par un bal offert au prince dans la salle de spectacle décorée et illuminée d'une manière splendide. La commission chargée de la décoration de la salle avait eu l'heureuse idée de la réunir au palais de l'Hôtel de ville par une galerie traversant la place du Théâtre, et embellie par deux jets d'eau et une quantité prodigieuse de fleurs et d'arbustes; de sorte que les cinq mille personnes invitées pouvaient circuler depuis la salle du bal jusqu'à celle du banquet, en traversant les vastes salles du Musée et les salons de l'Hôtel de ville magnifiquement éclairés et décorés par les tapisseries et les riches tentures du garde-meuble national. Dans la même soirée, un bal public avait lieu sur la place du Jet d'Eau, illuminée d'une manière vraiment ravissante. Le lendemain, le prince passa en revue les troupes de la garnison et celles qui étaient venues pour la fête, d'Auxonne, de Gray et de Chalon, et visita les principaux établissements de la ville; à deux heures, il partit pour Paris. Dans l'après-midi, une ascension eut lieu au parc par l'aéronaute Godard, et un feu d'artifice fut tiré le soir au rond-point de cette promenade.

Quelques mois après ces fêtes qui avaient attiré à Dijon une affluence considérable venue de tous les points du département et même des départements voisins, une nouvelle révolution éclatait, et, le 2 décembre 1851, les suffrages de six millions d'électeurs changeaient le gouvernement de la

France, et prolongeaient de dix années les pouvoirs du Président de la république. Un an plus tard, cette révolution se complétait, et huit millions de suffrages donnaient au prince Louis-Napoléon le titre d'Empereur des Français. Le 5 décembre 1852, le sénatus-consulte, qui rétablissait l'empire et nommait empereur Louis-Napoléon Bonaparte, fut proclamé sur la place d'Armes richement pavoisée, en présence des tribunaux, de toutes les autorités, et des troupes de la garnison : un *Te Deum* solennel fut ensuite chanté dans l'église Saint-Bénigne, au bruit de 101 coups de canon ; le soir l'Hôtel de ville, la place d'Armes, la Préfecture et tous les édifices publics furent illuminés.

Ces deux événements si graves et si facilement consommés, devaient, en donnant plus de stabilité au pouvoir, imprimer un plus grand élan à toutes les industries, et par conséquent donner une impulsion plus puissante au commerce et aux travaux des villes et des départements. D'un autre côté, la situation de Dijon venait d'éprouver une amélioration immense ; autrefois elle partageait avec beaucoup d'autres villes l'avantage d'être placée au point d'intersection de plusieurs routes importantes ; mais depuis 1851 elle se trouvait placée sur le chemin de fer de Marseille à Paris et au Hâvre, de telle sorte qu'elle devenait l'entrepôt du commerce de plusieurs départements. De plus, les chemins en projet d'exécution, tels que celui de Besançon, avec embranchements sur Gray et Salins, celui de Mâcon à la Suisse, celui de Langres, dont le tracé est à l'étude, qui, dans un avenir prochain, devaient rayonner autour d'elle, allaient en faire un centre de commerce important, appelé à prendre bientôt un développement considérable.

En effet, de ce moment, un mouvement inusité et de plus en plus énergique se fit sentir à Dijon : il n'a fait que s'accroître après l'ouverture du chemin de fer de Dijon à Besançon, inauguré en 1856.

Aujourd'hui Dijon, dont la population augmente chaque jour, voit s'élever sur ses limites, et surtout dans les environs de la gare, de nombreuses constructions. Il y existe aujourd'hui onze hôtels, des fabriques de chocolat, de fleurs, de bougies, de vinaigres, de tapis, de meubles, de moutarde, de produits chimiques, d'instruments agricoles, de reliures de luxe; des commerçants en gros pour les sels, les vins, les étoffes; des distilleries, des brasseries, de nombreux moulins montés en grand, et qui exportent au loin leurs produits. Enfin, le commerce des grains s'y fait sur une échelle extrêmement étendue, non seulement avec le reste de la France, mais avec l'étranger.

Le marché de Dijon, qui se tient le samedi, est donc devenu extrêmement important : on porte à soixante environ le nombre des négociants qui habitent la banlieue, et à cent les paires de meules qui y fonctionnent; enfin, on évalue à près de quarante millions les affaires qui se font à Dijon chaque année sur les grains et les farines.

Ce nouvel état de choses a eu pour conséquences : 1° l'établissement d'une Chambre de commerce instituée par décret du 31 décembre 1852 : ses bureaux sont situés à l'Hôtel de ville, cour occidentale, à l'extrémité de la salle de Flore; 2° la création d'une Bourse pour les grains : la réunion des négociants se tient dans la cour de l'aile occidentale de l'Hôtel de ville ; une salle au rez-de-chaussée est préparée pour recevoir ceux qui veulent consigner par écrit leurs marchés.

Mais la mesure la plus utile, et qui pouvait donner au commerce et à l'industrie bourguignonne l'encouragement le plus énergique, a été l'établissement à Dijon d'une succursale de la Banque de France. Elle a été créée par décret du 13 juin 1855, et elle a commencé à fonctionner le 1er septembre 1856. Les résultats obtenus par cette institution importante n'ont pas tardé à en justifier la création : pendant l'année 1857 ses opérations se sont élevées à 24,706,000 fr.; en 1860, elles ont atteint le chiffre de 31,237,000 fr.; et d'après le compte-rendu à l'assemblée générale des actionnaires le 31 janvier 1861, la succursale de Dijon était classée au 23e rang, en raison de l'importance de ses opérations.

A cette époque, les grandes et magnifiques expositions de Londres d'abord, et de Paris ensuite, avaient imprimé dans tous les centres de production une émulation extraordinaire. Tous les industriels ne rêvaient que produits perfectionnés, et médailles d'or ou d'argent : ceux qui en avaient obtenues les faisaient placer sur leurs produits, leurs enseignes, leurs prospectus ; ceux qui n'en avaient pas brûlaient d'en mériter.

Dijon fut une des premières villes qui osa concevoir et exécuter le projet de marcher sur les traces des deux grandes capitales de l'univers industriel. A la fin de 1857, le conseil municipal de Dijon ayant voté 2,500 fr. à titre de subvention à la Société des amis des arts, qui se proposait d'organiser dans le courant de 1858 une exposition des beaux-arts, quelques membres de cette société eurent l'heureuse pensée d'y joindre une exposition industrielle. Cette idée fut accueillie par M. Vernier, maire de Dijon, avec une grande faveur : ce magistrat réunit en commission les membres du bureau de la Société des amis des arts, de la Société d'agriculture, et de la Chambre de commerce ; il fut décidé qu'une exposition universelle des beaux-arts, de l'industrie et de l'agriculture aurait lieu à Dijon du 20 juin au 5 août. Le ministre de l'agriculture et du commerce autorisa cette noble et utile entreprise, et mit à la disposition de la commission un certain nombre de médailles. Toutefois, malgré l'activité apportée aux préparatifs, l'exposition ne put être ouverte que le 8 juillet, et la durée fut restreinte à deux mois : le prix d'entrée par personne avait été fixé à 50 cent., et le prix d'abonnement pour toute la durée, à 5 fr.

Le jeudi 8 juillet, M. Vernier, maire, et M. de Bry, préfet, firent l'ouverture de l'exposition à midi précis. La séance d'inauguration eut lieu dans la grande cour de l'Hôtel de ville, où une vaste rotonde avait été élevée à cet effet : M. le maire d'abord, puis M. le préfet, prononcèrent chacun un discours, puis l'assemblée, composée des principales autorités de la ville, ainsi que des personnes qui avaient pris des abonnements, entra à leur suite dans les salles de l'exposition, qui ne furent ouvertes au public qu'à deux heures précises.

Le local choisi pour l'exposition était l'Hôtel de ville : dans ce vaste palais on avait pris toutes les salles qui n'étaient pas nécessaires aux services publics et on y avait rattaché la place d'Armes, la place des Ducs-de-Bourgogne et la place comprise entre le Théâtre et l'aile orientale, de sorte que la totalité de l'exhibition s'étendait entre la rue Porte-aux-Lions, à l'ouest; la rue de ceinture de la place d'Armes et la rue Rameau, au midi; le Théâtre, à l'est, et la rue Desforges, au nord. Les objets exposés étaient rangés dans trente salles ou espaces découverts.

L'entrée principale de cette longue suite de locaux était par la place d'Armes, en face de la grande porte de la grille du palais. La place avait été entourée d'une cloison qui s'appuyait sur les candélabres du gaz, et un vaste hangar couvert en garnissait tout le cintre : au centre était un charmant château d'eau entouré de fleurs, et lançant des gerbes de diamants qui venaient retomber dans un large bassin de zinc; quatre ou cinq autres vasques en ciment, d'où coulait constamment l'eau de nos fontaines, étaient destinées à faire ressortir le mérite des produits de diverses entreprises de ce genre; le hangar demi-circulaire était occupé par la carrosserie, la corroierie, les tôles, la fonte d'ornement, la corderie, la poterie commune, la verrerie, la literie, la ferblanterie, les meubles de jardin; aux deux extrémités de la courbe, deux escaliers avaient été pratiqués; ils conduisaient, au moyen de deux ponts couverts et jetés sur la rue, aux deux balcons du palais, devenus les deux portes d'entrée de chaque partie de l'exposition. Ces escaliers étaient eux-mêmes garnis de bas en haut d'objets exposés.

En prenant l'escalier occidental, on trouvait 1° dans le vestibule de la salle Philharmonique, de magnifique appareils de chauffage, des outils, des armes, des horloges électriques, des lampes, de la quincaillerie, de la ferblanterie, des tapis; 2° dans le grand escalier, des tapis, une superbe voiture, des parquets, des vitrines de limes; 3° dans la salle Philharmonique, des tapis, des objets filés, la draperie, la bonneterie, les étoffes de laine, les chanvres, les vêtements, la chapellerie, les machines à coudre, une admirable vitrine remplie de dentelles de toutes espèces et du plus grand prix; 4° dans la salle du Conseil, l'orfèvrerie et les bijoux; 5° dans la salle de Flore et dans les trois salles qui la précédent, auxquelles on arrivait par un pont jeté d'une fenêtre à l'autre, à l'angle des deux corps de l'édifice, les appareils de chirurgie, la parfumerie, la ganterie, les toiles cirées, les dentelles, modes, lingerie, fourrures, broderies, les instruments de musique de toutes sortes, les meubles, les sculptures d'ameublement, papiers peints, cuirs ornés, lustres et appareils d'éclairage; 9° dans la salle à la suite, les vins, les bières, les liqueurs; 10° les pains d'épices, anis, biscuits, confiserie, conserves; 11° les produits chimiques, tels que vinaigres, moutarde, conserves, huiles, chocolats, colle forte, phosphore, potasse, savons, bougies, vernis, couleurs, etc.; 11° la charcuterie; 12° l'histoire naturelle; 13° les fleurs artificielles qui occupaient, à l'extrémité de l'aile occidentale, la salle donnant sur la rue Condé.

En revenant sur ses pas, en traversant de nouveau la place et en montant l'escalier oriental, on entrait dans la salle des statues du Musée, puis on trouvait à droite : 14° deux salles contenant des dessins, lithographies, aquarelles, sculptures et tableaux, faisant partie de l'exposition ; en poursuivant, et au-delà de l'escalier du Musée ; 16° une salle garnie de tableaux ; 17° après la salle des Tombeaux, une galerie remplie de tableaux ; 18° deux salles garnies de tableaux et de bronzes artistiques ; 19° une immense galerie remplie de tissus de luxe, de châles, d'horlogerie de luxe, d'objets d'art en bronze, argent et aluminium, de poteries artistiques ; 20° une salle consacrée à la librairie, la lithographie, la reliure et tout ce qui s'y rattache ; 21° une salle consacrée à l'optique, la calligraphie, le cartonnage ; 22° enfin, un salon garni de meubles antiques de haute valeur, sortis des magasins de M. Tagini. En gagnant l'escalier d'honneur qui descend à la place du Théâtre, on visitait : 23° le cabinet curieux de M. Sangnier, chef des ateliers de la gare, où se trouvaient réunis des modèles de machines à vapeur ; 24° puis un vestibule et l'escalier lui-même, où se trouvaient des photographies, des marbres, des stucs, des vases artistiques, des statuettes ; 25° au rez-de-chaussée, dans le musée lapidaire de la Société d'antiquité, des machines agricoles ; en suivant un couloir pris sur la rue Longepierre, on arrivait sur la place des Ducs-de-Bourgogne entièrement close, et entièrement remplie, soit en plein air, soit sous des hangars, d'une multitude d'outils et d'instruments d'agriculture, depuis les plus simples jusqu'aux plus grands et aux plus compliqués, tels que les machines à battre, les pressoirs, les machines à moissonner, etc.; 26° enfin, en revenant et en entrant place du Théâtre, on se trouvait au milieu d'une collection de machines fonctionnant au moyen d'une machine à vapeur qui les mettait en mouvement, et d'une foule de produits métallurgiques venus des points les plus éloignés.

Cette revue sommaire des salles peut donner une faible idée du tableau que présentait l'exposition : pour la compléter, nous devons ajouter que le nombre des exposants était de 2,404; le département de la Côte-d'Or en avait fourni 680; la ville de Dijon seule, 415. Tous les grands centres de production de France y avaient envoyé des échantillons de leurs produits; le livret présentait les noms de Paris, Marseille, Lyon, Reims, Strasbourg, Rouen, Mulhouse, Aubusson, Beauvais, Troyes, Saint-Etienne, Saint-Gobain, le Creusot, etc.; soixante-dix départements y étaient représentés; l'Algérie, l'Angleterre, la Belgique, le Piémont, la Prusse, la Suisse, y avaient envoyé des produits; la Suède même y avait exposé des porcelaines, des poteries, des échantillons de houille, des bougies, des chaussures, de la coutellerie, des laines et des céréales.

Les objets exposés étaient divisés en 14 classes : la première comprenait les beaux-arts, peinture, dessin et sculpture, 872 exposants; la 2° les beaux-arts industriels, 53 exposants; la 3° les instruments de musique, 50 exposants; la 4° le dessin appliqué à l'industrie, imprimerie, reliure, lithographie, 57 exposants; la 5° les ameublements, objets de décoration, 155 exposants; la 6° les tissus et articles de vêtements, 175 exposants; la 7° l'horlogerie et les instruments de précision, 73 exposants; la 8° l'industrie des métaux, 127 exposants; la 9° la médecine, l'histoire naturelle, 61 exposants ; la 10ᵉ les arts chimiques, et industries qui en dépendent, 154 exposants ; la 11ᵉ les substances alimentaires, 166 exposants ; la 12ᵉ l'agriculture, ses produits, ses instruments, 258 exposants ; la 13ᵉ la construction, 67 exposants ; la 14ᵉ la mécanique, 135 exposants.

L'administration de la ville de Dijon et celle du département avaient senti l'importance de cette solennité industrielle : la ville avait voté comme subvention une somme de 2,000 francs ; le conseil général, une somme de 5,000 fr. ; d'autres souscriptions étaient venues se joindre à celle-là ; la Société des amis des arts avait voté 1,500 fr. ; la Chambre de commerce, 2,000 fr. ; la Société d'agriculture 1,000 fr. ; le maréchal Vaillant, 1,000 fr., l'Académie des sciences et belles-lettres, 200 fr. ; ces deux dernières souscriptions avaient été données pour être employées en médailles.

De leur côté, les commissions d'exécution, chargées d'organiser l'exposition, et qui se composaient d'hommes actifs, intelligents et éclairés, comprirent qu'il fallait par tous les moyens attirer à Dijon les populations d'un rayon aussi étendu que possible, afin de faire produire à une entreprise si nouvelle les plus beaux résultats. En conséquence ils apportèrent tous leurs soins à donner, pendant le cours de l'exposition, une série de fêtes qui devaient nécessairement amener dans la ville une affluence considérable.

Ils organisèrent d'abord pour le 25 juillet 1858 un grand concours d'orphéons. Sous ce nom, il s'était créé, depuis quelques années à Paris et dans les provinces, des sociétés musicales dont le but était de former, soit des chœurs de chant, soit des musiques militaires, soit des fanfares composées uniquement d'instruments de cuivre. Dijon possédait trois sociétés de ce genre : une chorale, une fanfare, une musique militaire attachée à la compagnie de pompiers ; de plus le lycée avait organisé une fanfare composée des élèves les plus âgés, et la ville entretenait deux écoles communales. Déjà en 1857, un concours d'orphéons avait eu lieu à Dijon ; la ville y avait convié toutes les sociétés de l'est, du nord et du midi de la France : cinquante-deux sociétés, composées de 1769 exécutants, avaient répondu à l'appel et s'étaient rendues à Dijon. Les départements compris entre Paris à l'ouest, Lyon et Saint-Etienne au midi, Besançon à l'est, Strasbourg au nord, les avaient fournies. Le concours avait eu lieu dans des locaux différents, la salle de spectacle, la halle au Blé, la cour de l'Ecole de droit, la salle Philharmonique ; il était présidé par des professeurs distingués de Paris ; mais cette fête fut contrariée par le mauvais temps, et la distribution des prix dut se faire à la salle de la société Philharmonique, où vingt-une médailles, dont sept en or, huit en vermeil, et six en argent, furent décernées. La chorale, les deux écoles communales, et la fanfare de Dijon, remportèrent des médailles.

Le concours de 1858 fut plus heureux, il fut favorisé par un temps magnifique. Un appel avait été adressé à de nombreuses sociétés ; soixante-deux y répondirent, et, dès le 24 juillet, 1,920 exécutants arrivèrent à Dijon par les différents convois du soir ou de la nuit. Depuis Paris à Besançon, d'Arras et de la Belgique à Marseille, Avignon et Nîmes, les sociétés débarquèrent, bannière en tête ; le département du Rhône en fournissait dix, celui du Doubs quatre, le Jura sept, Saône-et-Loire quatre, la Côte-d'Or dix-neuf.

Les sociétés, dont trente-trois orphéons et vingt-neuf musiques ou fanfares, étaient classées en quatre sections : la 1re section d'orphéons concourait au Théâtre, président du jury, M. Delsarte, de Paris ; la 2e section, salle des Pas-

Perdus, au Palais de justice, président du jury, M. Elwart, professeur au Conservatoire de Paris. La 1re section des fanfares et musiques concourait au jardin de l'Arquebuse, président M. Dauverné, professeur au Conservatoire ; la 2e dans la cour du Château, président M. Cokken, professeur au Conservatoire de Paris.

Le 25 juillet, à onze heures et demie du matin, toutes les sociétés se réunirent sur l'esplanade du Château-d'Eau, porte Guillaume; de là elles entrèrent en ville, ayant en tête leurs bannières richement brodées d'emblèmes et ornées des médailles conquises dans d'autres concours. Elles parcoururent, au bruit des fanfares, les rues Guillaume, Condé, Rameau, Chabot-Charny, et arrivèrent sur la place Saint-Pierre, où elles se rangèrent autour du bassin du jet d'eau. Là, elles furent passées en revue par M. le préfet, M. le maire et les membres du jury. Puis elles se rendirent en suivant le même ordre, chacune dans les salles de concours qui leur avaient été indiquées.

Le lendemain, à une heure, les sociétés se réunirent dans l'intérieur du parc ; au milieu du rond, avait été élevée une haute estrade couverte d'une tente, et pavoisée de drapeaux : en face on avait établi de vastes banquettes réservées au public; là, après des morceaux d'harmonie et des chœurs d'ensemble, M. le préfet décerna les médailles aux sociétés désignées par le jury. Trente-six médailles, dont dix-sept en or, dix-neuf en argent, furent remises aux vainqueurs de ce grand tournoi musical.

Le 14 août, la commission donna dans la salle de spectacle un magnifique concert, en présence d'un public qui remplissait entièrement la salle richement restaurée. On y entendit le célèbre chanteur Roger, et notre compatriote l'excellent violoniste Mercier.

Le 16 août, ce fut une cavalcade historique représentant

l'entrée à Dijon du duc Philippe le Bon, et la duchesse Isabelle de Portugal, sa femme. Le cortége se composait des sonneurs de trompe, du maître de la maison du duc, d'arbalétriers, d'hommes d'armes, porte-bannières, varlets et pages, des officiers de la maison du duc, des veneurs et fauconniers, d'une fanfare, d'écuyers et pages, du fou, du porte-bannière du duc, du premier écuyer, du duc, des seigneurs de la cour, de la duchesse, de ses dames d'honneur, de ses écuyers, des porte-flammes et hommes d'armes de la maison ducale.

Ce cortége, remarquable par la beauté et l'exactitude des costumes, par l'ordre qui y régnait, partit de la place Darcy à une heure, traversa les rues Guillaume, Condé, Rameau, Chabot-Charny, place Saint-Pierre, et se rendit à un vaste hyppodrome pouvant contenir dix mille spectateurs ; une foule immense l'accompagnait, et ne tarda pas à remplir le cirque où fut donnée une fête équestre exécutée par tout le personnel du cortége, composé en grande partie d'écuyers attachés à une troupe se trouvant alors à Dijon.

Enfin, le 5 septembre, un second concert eut lieu au Théâtre, et attira une foule plus grande encore que le premier. On y entendit trois célèbres cantatrices placées au premier rang parmi les artistes de Paris, Mme Ugalde, Mme Dupré et Mme Miolan. Cette magnifique réunion a laissé à Dijon des souvenirs impérissables; la recette fut énorme, et les trois cantatrices rendirent la soirée plus productive encore, en faisant elles-mêmes une quête dont le produit fut versé dans la caisse des pauvres.

C'est ainsi que la commission de l'exposition trouva moyen d'augmenter, par une suite de fêtes admirablement ordonnées, l'intérêt déjà très grand de l'exposition, si belle par elle-même qu'elle surprenait ceux-là mêmes, qui, deux ans auparavant, avaient vu celle de Paris.

Aussi, quand le moment de régler les comptes fut venu, son budget se présenta d'une façon brillante. Les entrées à l'exposition s'étaient élevées à 114,081, et avaient produit 57,793 fr. 45 c.: à cette somme il fallait joindre : 1° 2,520 abonnements à 5 fr., soit un total de 12,600 fr.; 2° une somme de 12,700 fr. montant des subventions diverses : le produit total des recettes s'élevait donc à 139,253 fr. 20 c.; les dépenses s'étaient élevées à 130,527 fr. 75 c. Il restait donc un boni de 8,727 fr. 45 c., dont il fut fait l'usage suivant : 3,000 fr. furent versés au bureau de bienfaisance; 1,727 fr. 45 c. à l'établissement des Petites-Sœurs des pauvres, et 4,000 fr. employés à ouvrir des livrets de caisse d'épargne au profit de plusieurs ouvriers.

L'exposition si nombreuse, si brillante et si habilement dirigée fut close le 8 septembre : ce jour-là même, dans le vaste hippodrome qui avait été construit au rond-point de l'avenue du parc pour la fête équestre donnée quelques jours auparavant, la distribution des médailles fut faite aux exposants jugés les plus dignes. Elles leur furent remises par M. le maréchal Vaillant, alors ministre de la guerre, entouré de M. Vernier, maire, de M. de Bry, préfet, et des principaux fonctionnaires de la ville. M. le maréchal Vaillant, que la ville de Dijon est fière de compter au nombre de ses enfants, ouvrit cette séance solennelle par un discours remarquable tout à la fois par la fermeté et l'élégance du style, et par la noblesse et l'élévation des pensées. M. Vernier adressa ensuite une allocution touchante aux exposants; puis l'appel des lauréats commença. Sept cent soixante-dix-neuf médailles leur furent distribuées, savoir : trois médailles d'or au nom de l'Empereur, trente-huit médailles d'honneur en or également, cent cinquante-quatre de 1re classe en argent, deux cent dix-neuf de 2° classe aussi en argent, deux cent cinquante-trois de 3ᵉ classe, cent douze de 4ᵉ classe; ces dernières médailles en bronze. Il fut accordé, en outre, quinze médailles en argent et cent huit médailles en bronze aux ouvriers collaborateurs des exposants récompensés.

Cette longue et brillante fête industrielle avait jeté un grand éclat sur la ville de Dijon, et sur l'administration de son maire M. Vernier. En effet, elle avait eu pour résultat d'attirer dans cette ville une foule considérable d'étrangers qui avaient appris à la connaître comme cité et comme point commercial, de donner à ses habitants de nouvelles notions et de leur créer de nouvelles relations d'affaires, de faire dépenser dans la ville des sommes considérables, et d'augmenter de beaucoup le produit de l'octroi municipal; et cette vaste entreprise, que plusieurs pensaient être au-dessus des forces de la cité, non seulement avait réussi au-delà de toute espérance, mais encore avait laissé derrière elle des bénéfices recueillis par la classe ouvrière, et des conséquences que l'avenir devait féconder.

L'exposition de 1858 n'était pas le seul bienfait dont la ville de Dijon fût redevable à M. Vernier; cet administrateur éclairé, actif, influent auprès du pouvoir par sa position de député au Corps législatif, avait rendu d'autres services à la ville. En prenant en 1856 les rênes de l'administration, il avait trouvé achevées l'aile orientale de l'Hôtel de ville, ainsi que l'enceinte nouvelle de Dijon. La salle de spectacle avait été richement restaurée; le cimetière communal avait été agrandi. Non moins zélé que son prédécesseur, M. André, il fit allouer une subvention de 10,000 fr. pour l'achèvement de l'église Saint-Pierre; un magnifique abattoir fut terminé sous sa direction au pied du bastion de Tivoli, monument remarquable qui est à lui seul une petite ville, et où se trouvent concentrés le marché au bétail, la boucherie, et tout ce qui concerne la préparation des viandes et de leurs résidus; une porte nouvelle fut pratiquée sous le rempart de Tivoli pour mettre en rapport immédiat la ville et l'abattoir; un asile fut donné aux Petites-Sœurs des pauvres, dans les bâtiments de l'ancien couvent du Bon-Pasteur, et ces religieuses si utiles se trouvèrent ainsi constituées en Hospice des pauvres vieillards; l'église Saint-Jean qui tombait en ruines fut complétement restaurée pour recevoir l'approvisionnement de réserve de la boulangerie; enfin par son crédit, il contribua à l'établissement à Dijon de la succursale de la Banque de France, et il fit de nombreuses démarches pour obtenir du gouvernement l'établissement d'un chemin de fer de Dijon à Langres, continuation directe de la grande ligne traversant la France du midi au nord.

A la même époque, le département faisait terminer et mettait en activité la nouvelle prison construite à l'extrémité du faubourg Saint-Pierre, sur la route d'Auxonne; il agrandissait l'hôtel de la Préfecture en y rattachant la maison voisine et son vaste jardin, dont il avait fait l'acquisition pour y transporter les bureaux de l'administration et le télégraphe électrique; enfin, il faisait exécuter des fouilles derrière le chœur de l'église Saint-Bénigne, et, en déblayant les fondations de l'ancienne crypte pour y construire une sacristie, on découvrait le tombeau où étaient renfermés les restes de saint Bénigne, apôtre du Dijonnais, et qui avaient été enfouis sous les ruines de l'ancienne rotonde à l'époque où la révolution la fit détruire.

Pendant que ces conquêtes pacifiques s'obtenaient dans notre département, les chemins de fer, qui avaient amené dans les murs de Dijon un immense concours de visiteurs, lui avaient offert quelque temps auparavant un spectacle bien différent, mais qui excitait l'intérêt au plus haut degré. La gare était le passage de l'armée qui allait s'embarquer à

Toulon et à Marseille, pour protéger la Turquie contre les projets ambitieux des Russes. Pendant longtemps, à chaque instant du jour et de la nuit, des convois entiers chargés de soldats, de chevaux, de canons, de matériel de guerre, traversèrent la gare ; et la population, qui bordait la voie, saluait ces braves soldats de ses acclamations.

Les mêmes émotions se reproduisirent en 1859, lorsque l'armée française se rendit en Italie pour défendre le Piémont contre les attaques de l'Autriche. L'empereur Napoléon traversa la gare de Dijon le 11 mai, pour aller se mettre à la tête de ses troupes, et bientôt les bulletins de Montebello, de Palestro, de Magenta, de Solferino, apprirent aux Français que les vieilles armées de la République et leurs illustres chefs avaient laissé des descendants dignes de leurs pères.

On sait comment se termina cette brillante et glorieuse campagne : le Piémont vit se réunir à lui le Milanais, les duchés de Toscane et de Modène, les Romagnes, le royaume de Sicile ; et, par suite de traité librement consentis et du vote universel des populations, il céda à la France la Savoie et le comté de Nice.

Après cette cession qui rattachait à l'empire deux contrées vraiment françaises, il fut résolu que Leurs Majestés l'Empereur et l'Impératrice iraient visiter les provinces nouvellement réunies à notre territoire. La route la plus directe pour s'y rendre était de traverser Dijon : aussi fut-il décidé qu'elles y passeraient et s'y arrêteraient quelques heures. Le jour fixé pour cette visite tant désirée était le 23 août, et dès qu'il fut connu tout le département se mit en mouvement pour fêter les augustes voyageurs. Dès le 21 et le 22, un nombre immense d'étrangers encombraient la ville. M. le maréchal Canrobert, M. le préfet, M. le général Faucheux commandant la division, s'étaient rendus à

Montbard pour y recevoir Leurs Majestés; à quatre heures précises, elles descendaient de wagon à la gare de Dijon.

Elles y furent reçues, dans un salon richement décoré, par M. Vernier, maire, à la tête du conseil municipal; il présenta à l'Empereur les clés de la ville et lui adressa un discours auquel S. M. répondit par quelques gracieuses paroles; l'Empereur, l'Impératrice et leur suite montèrent dans les voitures de la cour qui les attendaient à Dijon depuis plusieurs jours, et le cortége se mit en marche au son des cloches et au milieu des acclamations mille fois répétées des populations qui se pressaient sur son passage, et qui ne cessèrent de se faire entendre pendant tout le parcours.

Toutes les compagnies de pompiers du département avaient été convoquées et formaient la haie sur son passage, depuis la gare jusqu'à la rue de la Préfecture. Cette rue était bordée par les médaillés de Sainte-Hélène de tout l'arrondissement; aux abords de la préfecture la haie était formée de cent gardes-forestiers, et de deux compagnies du 53e régiment venues de Besançon; dans la cour de l'hôtel étaient les élèves du Lycée de Dijon.

Le cortége, composé d'abord d'un détachement de gendarmerie, d'un escadron de lanciers, d'un détachement du corps magnifique des cent-gardes, puis des voitures de la cour, et enfin d'un second escadron de lanciers, trouva en sortant de la gare un arc de triomphe élevé par les ouvriers de Dijon, puis un second à quelque distance élevé par le commerce de la ville.

Il se dirigea d'abord sur Saint-Bénigne, où Leurs Majestés furent reçues à la porte de l'église par Mgr l'évêque et son clergé. Ce prélat leur adressa un discours remarquable, le *Te Deum* fut chanté et la bénédiction donnée. Le cortège reprit sa marche, passa sous la porte Guillaume magnifiquement décorée, et entra dans la ville dont toutes les rues étaient ornées de mâts vénitiens avec de longues banderolles, et dont toutes les maisons pavoisées de drapeaux étaient garnies de spectateurs jusqu'aux derniers étages.

Au détour de la rue Rameau, entre l'Hôtel de ville et le théâtre, la place était ornée de grands mâts garnis de pampres et d'un arc de triomphe tapissé de branches de vignes et de raisins, au-dessus duquel se développait un aigle d'une taille gigantesque.

L'entrée disgracieuse de la rue de la Préfecture avait été dissimulée par une décoration représentant la porte d'une forteresse gothique.

En arrivant à la préfecture, Leurs Majestés trouvèrent dans la cour et dans les salons tous les corps constitués qui devaient leur être présentés : dans le jardin étaient groupés les maires du département.

Sous le vestibule, seize jeunes filles offrirent à l'Impératrice un magnifique bouquet, et lui adressèrent un compliment; ensuite, après quelques minutes de repos, les présentations officielles commencèrent : elles étaient au nombre de 64; puis vinrent les dames, à la suite desquelles furent présentées les Sœurs de charité des quatre paroisses, et les Petites-Sœurs des pauvres. Enfin, l'Association viticole de la ville de Beaune fut admise à offrir à Leurs Majestés les vins d'honneur, dans un coffre en cèdre à poignées et à plaque en or, et revêtu des armes impériales. Ce coffre contenait cinquante bouteilles des premiers crûs de la Côte-d'Or : Corton, Beaune, clos Vougeot, Volnay, Vosne, Romanée, Montrachet, Richebourg, Musigny, Saint-Georges, Tache, Chambertin; les moins vieux de ces excellents vins étaient de 1846. Mais ce qui était une véritable merveille, c'étaient trois bouteilles de Corton de 1825, 1822 et 1784!

Après cette longue cérémonie, un dîner de 35 couverts

fut offert par l'Empereur lui-même aux principales autorités. Pendant ce temps, une représentation gratuite était donnée aux habitants dans la salle de spectacle, et deux bals publics s'apprêtaient sur la place Saint-Pierre, qui allait être splendidement illuminée.

Cependant un bal magnifique se préparait à l'Hôtel de ville; deux mille cinq cents personnes y avaient été invitées, et Leurs Majestés devaient s'y rendre à dix heures. Le grand escalier de l'hôtel, le vestibule auquel il conduit, la grande salle, la salle de Flore, formaient le local destiné aux invités; la salle du Conseil avait été convertie en salon réservé pour Leurs Majestés : l'ameublement magnifique qui le garnissait sortait tout entier des magasins de M. Tagini. Une profusion incroyable d'arbustes et de fleurs décorait l'escalier et les salles; toutes les portes et les fenêtres étaient richement drapées en velours; des glaces, de magnifiques porcelaines et des jardinières ornaient les espaces pleins. Des milliers de bougies, une grande quantité de lampes, de lustres et de torchères éclairaient les vastes appartements; un trône magnifique s'élevait au fond de la grande salle. Des buffets chargés de comestibles et de rafraîchissements de toute espèce offraient à profusion aux invités tout ce qu'ils pouvaient désirer.

Dans le vestibule au-dessus de l'escalier, sur le balcon, on avait construit un rocher en pierres rustiques, du haut duquel s'échappait une cascade bouillonnante qui retombait en belles nappes d'eau dans un bassin entouré d'hortensias et de plantes aquatiques. Dans la grande salle, sous la tribune et de chaque côté de la porte, étaient deux bassins surmontés d'une vasque au milieu de laquelle une statue d'enfant tenait un poisson qui vomissait des eaux abondantes : ces deux charmantes fontaines étaient entourées de glaces et de fleurs.

Enfin, deux orchestres étaient établis, l'un dans la tribune de la grande salle, l'autre dans la salle de Flore.

Au dehors, toutes les maisons, tous les édifices publics étaient illuminés, et, à neuf heures, un superbe feu d'artifice avait été tiré au rond-point du Parc; en sortant de la préfecture, dont la façade était éclairée d'une manière brillante, **Leurs Majestés**, dans une voiture de gala fermée de glaces, et escortée par un simple piquet de cent-gardes, traversèrent une foule considérable pressée sur leur passage, et les saluant de leurs vives acclamations; dans ce trajet, la façade de l'église Notre-Dame, éclairée par 10,000 godets, produisait un admirable effet. Quant à la place d'Armes, dans tout son cintre, et à l'Hôtel de ville, dans toute sa grille et sa façade, 63,000 godets et des appareils de gaz jetaient une lumière éblouissante. La place était couverte d'une foule immense.

Après le quadrille d'honneur dansé par l'Empereur avec Mme Vernier, l'Impératrice avec le maréchal Canrobert, M. Vernier avec Mme de Rayneval, le général Fleury avec Mme de Sainte-Suzanne, le général Faucheux avec Mme de Sancy, M. le baron de Bry avec Mme de la Poëze, Leurs Majestés parcoururent les salons et le Musée. L'Impératrice demanda ensuite à se montrer au balcon. Ce désir, qui n'avait pas été prévu, obligea de déplacer à la hâte les ornements d'une des fenêtres, et Sa Majesté s'avançant salua avec une grâce charmante l'immense concours de curieux qui garnissait la place, et qui la remercia avec enthousiasme.

Leurs Majestés rentrèrent ensuite dans leurs appartements de la Préfecture, qui avaient été meublés exprès pour cette circonstance : une partie des meubles avaient été prêtés par M. Tagini; le reste de l'ameublement, acheté aux frais du département, avait coûté 53,000 francs.

Le lendemain, dans la matinée, Leurs Majestés, accompagnées de M. le Préfet, de Mme de Bry et de M. le Maire, sans escorte, visitèrent en voiture découverte la belle promenade du parc, l'hospice des Orphelines de Sainte-Anne et la salle d'Asile du nord. Dans ces deux dernières visites, où l'Impératrice montra une bonté gracieuse et touchante, les plus jeunes enfants lui offrirent des fleurs.

A une heure, le bruit du canon et des cloches de toutes les églises annonça le départ de l'Empereur. Leurs Majestés se rendant à la gare, où elles furent reconduites par M. le Préfet et M. le Maire, trouvèrent sur leur passage une foule tout aussi grande et aussi empressée que la veille; dans l'enceinte de la gare étaient réunis les corps constitués, le général Sancier, la compagnie des pompiers de Dijon.

Après avoir vivement remercié M. le Maire de l'accueil qu'il avait reçu, l'Empereur lui annonça qu'il pouvait regarder comme une chose décidée la construction du chemin de fer de Dijon à Langres, depuis longtemps sollicitée. Il annonça ensuite au Préfet qu'il lui ferait remettre une somme de 10,000 francs destinée aux médaillés de Sainte-Hélène les plus nécessiteux. Enfin, l'Impératrice dit à M. le Maire qu'elle se ferait son avocat auprès du Ministre des finances, et qu'elle obtiendrait une allocation importante pour aider aux réparations si nécessaires de l'église Notre-Dame.

A une heure et demie le train impérial avait quitté la gare.

Telle est, jusqu'à ce jour, l'esquisse rapide de l'histoire d'une ville que les révolutions politiques du moyen-âge avaient faite riche et glorieuse et à qui les révolutions industrielles et pacifiques des temps modernes réservent peut-être encore plus de richesses et de gloire.

Dijon est le siége de la Préfecture du département de la Côte-d'Or; d'une Cour impériale dont le ressort comprend les départements de la Côte-d'Or, de Saône-et-Loire et de la Haute-Marne; d'une Cour d'assises; d'un Tribunal de première instance et d'un Tribunal de commerce; d'un Evêché qui comprend tout le département; d'une Académie universitaire comprenant des Facultés de droit, de sciences et de lettres, et à laquelle est attachée une Ecole préparatoire de médecine et de pharmacie; c'est aussi le chef-lieu de l'administration financière du département et d'une conservation des eaux-et-forêts.

Il faut joindre à ces sources nombreuses de prospérité les grandes lignes de chemins de fer, terminées ou en voie d'exécution, qui, se rencontrant à Dijon, doivent nécessairement y développer le commerce et la richesse en même temps qu'elles en augmenteront la population (1).

———

Avant 1789, les armes de Dijon étaient : « De gueules porté en chef; au 1er, d'azur semé de fleurs de lys d'or, à la bordure componée d'argent et de gueules pour Bourgogne moderne; et au 2° bandé d'or et d'azur de six pièces à la bordure de gueules pour Bourgogne ancien. »

En 1811, lors du baptême du roi de Rome, des lettres-patentes de l'Empereur modifièrent ces armoiries ainsi qu'il suit :

« Parti au 1er d'azur, au cep de vigne d'or, à la bordure componée d'argent et de gueules. Au 2°, bandé d'or et

(1) Il est presque certain que, d'après le recensement quinquennal qui s'achève en ce moment, la population fixe de Dijon s'élèvera à plus de 33,000 habitants.

d'azur de six pièces, à la bordure de gueules; au chef, des bonnes villes de l'Empire, qui est de gueules à trois abeilles en fasce d'or. — Pour livrée, bleu, jaune, rouge et blanc.

« Pour ornement extérieur, une couronne murale à sept créneaux, sommée d'une aigle naissante; le tout d'or. Pour cimier, soutenu d'un caducée de même pose, en fasce, au-dessus du chef auquel sont suspendus deux festons servant de lambrequins, l'un à dextre de chêne, l'autre à senestre d'olivier aussi d'or, noués et rattachés par des bandelettes de gueules. »

GUIDE DIJONNAIS

CHAPITRE Ier.

Itinéraire de l'Etranger à Dijon.

Nous avons divisé ce Guide en plusieurs chapitres, et groupé les monuments et les établissements d'après le rapport qu'ils ont entre eux. Nous croyons, toutefois, devoir en présenter ici le tableau dans un ordre de proximité, et tracer aux étrangers un itinéraire qui puisse les diriger dans l'examen de la ville avec moins de fatigue et sans perte de temps.

Cet Itinéraire est divisé en deux parties : l'une comprend les monuments et les établissements qui se trouvent dans l'intérieur de la ville, l'autre ceux qui sont situés à l'extérieur. Les étrangers pourront facilement, à chaque numéro de l'itinéraire, recourir aux chapitres ou paragraphes correspondants du Guide.

Voici donc l'ordre que nous conseillons de suivre en visitant la ville :

Intérieur de la Ville.

1. La Place d'Armes.
2. L'Hôtel de ville, comprenant dans le corps de logis principal :
   1° Les Salles de la Mairie,
   2° La Tour ducale et l'Observatoire,
   3° Le Musée et le Cabinet des Gravures,
   4° La Salle de la Justice de Paix, la Police, les Bureaux militaires;
   5° Dans l'aile occidentale : la Salle philharmonique et l'Escalier d'Honneur,
   6° La Salle de Flore et la Chambre de Commerce,
   7° Les Salles de l'Académie des Sciences et Lettres,
   8° L'Oratoire des protestants,
   9° Le Tribunal de commerce ;
   10° Dans l'aile orientale : la Tour de Bar, les Cuisines des Ducs de Bourgogne,
   11° Le Musée lapidaire de la Société d'Antiquités,
   12° L'École de Peinture et de Dessin.
3. La Maison Cromback, rue du Bourg, n° 8.
4. La Maison Auger, rue des Forges, n° 56.
5. La Maison Regnaudot, rue des Forges, n° 52.
6. La Maison Milsand, rue des Forges, n° 38.
7. La Maison Richard, rue Desforges, n° 34 et 36, et place Notre-Dame.
8. L'Église Notre-Dame.
9. L'Hôtel de Vogué, derrière Notre-Dame.

10. L'Hôtel de la Préfecture.
11. Le Couvent des Dames de Sainte-Marthe, rue de la Préfecture.
12. La Maison des Cariatides, rue Chaudronnerie, n° 28.
13. L'Hôtel des Archives, rue Jeannin.
14. L'Hospice des Petites-Sœurs, rue Jeannin.
15. L'Église Saint-Michel.
16. La Fontaine du Puits artésien.
17. Le Théâtre, place Saint-Étienne.
18. La Halle au Blé.
19. La Maison de Vesvrotte, rue Chabot-Charny, n° 18 et rue du Palais.
20. Le Palais de Justice et la Prison qui en dépend.
21. L'École de Droit.
22. La Bibliothèque, située à l'étage supérieur dans le même édifice.
23. L'École normale et l'École primaire, situées dans un édifice adjacent, rue du Petit-Potet.
24. La Maison de Lachapelle, et la Tour St-Bénigne, rue Amiral-Roussin, n° 23.
25. La Façade de l'Hôtel de Mimeure, même rue et rue de la Conciergerie.
26. Le Couvent des Dominicains, rue Turgot.
27. Les Carmélites, rue Victor-Dumay.
28. L'Église Sainte-Anne et le Couvent, rue Sainte-Anne.
29. Le Couvent des Visitandines et son Église, en suivant les rues Sainte-Anne, du Chaignot et Crébillon.

33. Le Lycée, rue Saint-Philibert.
34. L'Évêché.
35. L'Église Saint-Bénigne et la Crypte.
36. Le Séminaire, rue Docteur-Maret.
37. Le Château, en suivant la rue Docteur-Maret.
38. La Statue de saint Bernard, en suivant le rempart du Château.

Extérieur.

1. Le Cours-Fleury, à l'est de la place Saint-Bernard.
2. Le nouveau Réservoir des Fontaines et l'Hygromètre, en suivant les chemins couverts à l'est.
3. Nazareth, Maison pour les Orphelines, à Champmaillot.
4. La Fontaine-des-Suisses, le Creux-d'Enfer, l'Allée-de-la-Retraite, au sud-est de cette maison.
5. Les Ateliers de reliure de M. Maître, route de Mirande, près de la ville.
6. La nouvelle Prison, à l'extrémité de l'Allée-de-la-Retraite.
7. Le Cours et la Promenade du Parc.
8. La Place Saint-Pierre, l'Église.
9. Le Couvent des Filles repenties, rue Saint-Lazare.
10. L'Usine du Gaz, en suivant le chemin de ceinture à l'ouest.
11. Le Bassin du Canal, en suivant le même chemin.
12. L'Hospice général.
13. La Promenade de l'Arquebuse, le Jardin des Plantes, le Cabinet d'Histoire naturelle,

30. Le Palais universitaire et ses Collections, même rue.
31. L'Église Saint-Jean, en remontant la rue Bassano.
32. L'Église Saint-Philibert, en suivant la rue des Novices.
14. L'Asile des Aliénés, son Église, le Puits de Moïse (route de Paris).
15. La Station du Chemin de fer.
16. Le Réservoir des Fontaines et le Château-d'Eau.
17. Le Cimetière.

CHAPITRE II.

Edifices remarquables.

§ Ier.

Hôtel-de-Ville.

Situé au centre de la cité, en face de la place d'Armes tracée en hémicycle, le vaste édifice qui sert aujourd'hui d'Hôtel de ville à Dijon a eu successivement diverses destinations. Construit par les anciens ducs de Bourgogne, il leur servit longtemps de résidence; plus tard, il fut la demeure des gouverneurs de la province et le lieu de réunion des États; puis il devint, sous l'empire, palais sénatorial et chef-lieu d'une cohorte de la Légion-d'Honneur. Enfin, l'administration municipale y a été transférée le 11 juillet 1831. La grande Tour qui le domine, et qui a 463 mètres de haut, renferme un Observatoire; l'aile occidentale contient les Archives particulières de la ville, le Bureau des Poids et Mesures, la Bourse des Grains, le Tribunal de commerce, l'Oratoire des Protestants, la Salle de Flore et la Salle de la Société philharmonique; le corps de logis du milieu renferme, au rez-de-chaussée, le Bureau de Police, le Bureau des Logements Militaires et celui du Commandant de place, la Justice de Paix ; au premier étage, les belles et vastes salles consacrées à l'administration municipale. L'aile orientale est consacrée au Musée de peinture et au Cabinet de gravures. Dans le corps de logis dont la façade regarde le théâtre, se trouvent le Musée lapidaire de la Société d'Antiquités, l'École des beaux-arts ; le Cabinet d'histoire naturelle de la ville, situé en ce moment dans les vieux bâtiments de l'Arquebuse, doit y être transporté.

La construction de l'ancien palais des ducs de Bourgogne remonte à une époque qui n'est pas bien connue : on sait seulement qu'il existait dès le Xe siècle, et qu'il se trouvait placé sur les ruines d'un édifice romain dont on a trouvé les vestiges en 1808, en creusant les fondations du théâtre. C'est au XIIe siècle que Hugues III y ajouta la Sainte-Chapelle, dont on voyait, il y a quelque années, à l'est, les dernières ruines suspendues aux murs du palais actuel, et où Philippe le Bon établit plus tard le chef-lieu de l'ordre de la Toison-d'Or. Elle fut détruite au commencement de ce siècle, et l'on pouvait encore, dans les derniers temps, y remarquer les écussons des chevaliers, sculptés au-dessus des stalles du chœur.

Cette église, construite en 1172, en pierres de Norges et d'Asnières, villages à quelques kilomètres de Dijon, avait 60 mètres 75 centimètres de longueur, 19 mètres 50 centimètres de largeur pour les trois nefs, et 20 mètres 79 centimètres de hauteur ; la démolition en fut adjugée pour 28,000 francs, le 23 août

1802, par la ville qui l'avait acquise de l'État l'année précédente. Elle était surmontée d'une flèche de 33 mètres, ornée aux deux tiers de sa hauteur d'une couronne royale en plomb. De chaque côté du portail étaient deux tours; celle à l'ouest, de 32 mètres 50 centimètres de haut, était surmontée d'une flèche de 11 mètres; celle à l'est était moins élevée. Une statue de saint Jean, de 2 mètres 60 centimètres, était placée au sommet du portail.

Philippe le Hardi reconstruisit presque en entier l'ancien palais en 1366; Philippe le Bon, qui prit le gouvernement du duché en 1419, fit achever la grande Tour, dite la Terrasse. Il ne reste plus aujourd'hui de cet ancien édifice que la grande Tour; la Salle des Gardes, dont la façade est au nord du palais; la Tour Brancion ou de Bar, ainsi nommée depuis la captivité de René d'Anjou, duc de Bar, qui y fut enfermé avec ses enfants; les salles voûtées qui sont au rez-de-chaussée et les cuisines des ducs occupées par un locataire de la ville.

Pendant les guerres civiles de la Fronde, l'autorité militaire et les citoyens embrassèrent des partis opposés, et les boulets du château renversèrent en plusieurs endroits les murs du palais du côté du couchant. Gravement endommagé par les incendies de 1473 et 1502, les gouverneurs devaient s'y trouver mal à l'aise. En 1636, les États votèrent sa reconstruction, ainsi que l'établissement de la place d'Armes. Les travaux de la place furent commencés en 1686, sur les dessins de Noinville, élève de Mansard; mais ceux du palais furent conduits avec plus de lenteur, car la rue Condé, naguère rue de la Liberté, ne fut percée qu'en 1720; l'aile occidentale fut achevée en 1733; le corps de logis, l'aile orientale et la grille ne furent achevés qu'en 1784.

L'administration municipale a fait élever en 1853 une vaste construction destinée à compléter l'Hôtel de ville au levant, et à remplir en partie la place ouverte par la destruction de la Sainte-Chapelle des ducs de Bourgogne.

Les plans de cet édifice sont dus à M. Belin, architecte dijonnais, chargé de diriger les travaux; les délibérations du conseil, qui ont décidé l'exécution de cet important édifice, sont des 14 et 19 novembre 1850, et 7 mai 1851 : la dépense totale de la construction s'est élevée à 305,000 fr.

Ce corps de bâtiment, qui se raccorde au midi avec la façade du palais sur la rue Rameau, et qui fait retour au nord sur la place des Ducs-de-Bourgogne, doit recevoir au rez-de-chaussée des magasins; la partie nord est consacrée à l'agrandissement du Musée; la galerie du premier étage, au Cabinet d'Histoire naturelle, et le deuxième étage, à l'Ecole des beaux-arts.

La façade parallèle à la Salle de spectacle a 62 mètres 15 centimètres de longueur, et le bâtiment 15 mètres 64 centimètres de profondeur; un porche, placé au centre, communique de la place à la tour de Bar.

Un escalier monumental conduit aux galeries du premier étage; il se compose de deux rampes droites ayant chacune 2 mètres 40 centimètres de largeur ; construit entièrement en pierres de taille passées au grès, il est remarquable par la richesse de sa décoration et par l'élégance de son architecture.

La façade orientale se compose d'un vaste corps de logis avec deux ailes, l'une au nord, l'autre au midi. L'édifice qui, aux deux ailes, n'a qu'un premier étage et un comble mansardé, devient plus important au centre, qui se compose de trois étages. Le rez-de-chaussée a treize arcades ; le premier étage est décoré de pilastres d'ordre ionique ; le deuxième, formant attique, est orné de pilastres couronnés par un entablement architravé. Les frises de l'entablement du premier étage sont disposées de manière à recevoir les noms des grands hommes qui ont illustré la Bourgogne. L'entrée de cette façade se distingue par une décoration architectonique qui consiste en deux colonnes supportant les génies des sciences et des beaux-arts, et de médaillons destinés à recevoir les bustes de Buffon pour les sciences, et de Prud'hon pour les arts.

L'ancien palais des ducs de Bourgogne, appelé par les habitants de Dijon le *Logis du roi*, a été acheté par la ville en deux parties : celle au levant, qui dépendait de la dotation de la sixième cohorte de la Légion-d'Honneur, ainsi que la Tour ducale, suivant un décret du 28 février 1809, moyennant une rente perpétuelle de 5,000 fr., au capital de 100,000 fr.; et celle au couchant, affectée à la sénatorerie, par acte notarié du 19 avril 1831, moyennant un capital de 120,000 fr.

La Mairie, qui depuis le 3 avril 1501, avait été établie dans l'hôtel du chancelier Rollin, situé rue Jeannin, et aujourd'hui occupé par les Archives du département, a été transférée, le 11 juillet 1831, dans l'aile occidentale du palais, et le 1er mai 1841 dans le corps de logis central, où elle est actuellement.

Les étrangers doivent visiter : l'Oratoire des protestants, la Salle de la Société philarmonique, et le magnifique escalier qui y conduit, construit sur les dessins de l'architecte Gabriel ; les appartements de l'Hôtel de ville, richement restaurés, où l'on remarque plusieurs bons tableaux et deux statues en bronze reproduisant le *Pêcheur napolitain*, et le *Mercure* de Rude ; la Salle des délibérations du conseil municipal, ornée des bustes de Carnot, de Buffon, de l'amiral Roussin, et de tableaux représentant la prise de Lisbonne par cet intrépide marin ; et surtout la grande Tour, élevée de 46 mètres 50 centimètres, où se trouve un Observatoire. Depuis la terrasse qui la termine, on découvre un panorama immense. Au nord on aperçoit Notre-Dame, l'hôtel de la Préfecture, le Cours-Fleury, le quartier Saint-Bernard, et dans le lointain la vallée de Suzon et les deux routes de Langres ; à l'est la salle de Spectacle, la Halle-au-Blé, Saint-Michel ; au dehors de la ville, Montmusard, le Réservoir supplémentaire des fontaines, Champ-Maillot, la Fontaine-des-Suisses, le Creux-d'Enfer, les Argentières, et, sur les derniers plans, le bassin de la Saône, borné par les montagnes du Jura et des Alpes ; au midi, la place d'Armes, l'École normale,

Sainte-Anne, et, au-delà des murs, le Parc, le Chemin de fer, le Canal, et la route de Lyon, qui borde la Côte-d'Or couverte de villages ; enfin, à l'ouest, Saint-Bénigne, les Chartreux, les coteaux de Larrey, la vallée de l'Ouche, la station du Chemin de fer, Talant et Fontaine, séparés par la route de Paris par Troyes. Il faut avoir joui de ce magnifique point de vue pour avoir une idée complète de la ville de Dijon.

On peut s'adresser, pour visiter l'hôtel de Ville au concierge, dont le logement est au pied de l'escalier qui conduit à l'administration.

§ II.

Hôtel de la Préfecture.

La construction de l'Hôtel de la Préfecture date de l'an 1750. M. Bouhier de Lantenay le fit élever sur les dessins de Lenoir ; l'architecture en est élégante et gracieuse.

Quelques années avant la révolution, en 1781, l'administration de la province de Bourgogne acheta l'hôtel de Lantenay au prix de 150,000 fr. et on y transféra l'Intendance, créée en 1629, et qui jusque là avait été placée dans un hôtel assez mesquin, situé à l'extrémité méridionale de la rue Docteur-Maret, vis-à-vis le portail de l'église Saint-Bénigne. L'hôtel de Lantenay ne fut pas le siége de l'administration départementale pendant les premières années de la république ; elle siégea d'abord au Logis-du-roi, puis à l'ancienne intendance. Mais, lorsque le premier consul Bonaparte se rendit à Dijon pour y passer en revue l'armée de réserve et aller de là en Italie, on fit restaurer à la hâte l'hôtel de Lantenay pour le recevoir.

Un arrêté des consuls du 17 mai 1800, décida qu'il serait désormais la résidence des préfets et de leur administration, ce qui fut exécuté, et l'hôtel Lantenay devenu l'Intendance avant la révolution, et depuis la Préfecture, vit passer successivement dans ses riches appartements MM. Guiraudet, Riouffe, Molé, Lecouteulx, de Cossé-Brissac, sous l'empire ; Terray sous la première restauration, Maurice Duval et de Bercagny pendant les cent-jours, de Choiseul, de Tocqueville, de Lachadenède, Séguier, d'Arbaud-Jouques, de Wisme pendant la seconde restauration, Devievfille, Trémont, Chapert, Nau de Champlouis pendant la monarchie de juillet, Pététin et Pagès sous la seconde république, et M. le baron de Bry sous le deuxième empire.

Le nombre toujours croissant des affaires ayant rendu indispensable l'agrandissement des bureaux, le département acheta en 1843, moyennant la somme de 36,000 fr. l'ancienne maison Poncet, qui joignait au nord l'hôtel de la Préfecture ; mais cette mesure étant insuffisante, il fit en 1856 l'acquisition de la maison Mairot, située au nord de la première, et tous les bureaux se trouvèrent alors logés dans les nouveaux édifices annexés, tandis que les jardins de l'hôtel se trouvaient doublés. Cette adjonction importante a permis d'installer dans l'Hôtel de la Préfecture les bureaux de l'inspecteur d'Académie, et la Direction télégraphique qui occupe le deuxième étage de la maison Mairot.

§ III.

Palais de Justice.

Le Palais de Justice, où sont aujourd'hui installés la Cour impériale et le Tribunal de première instance, était le siége de l'ancien Parlement de Bourgogne. C'est sous le règne de Louis XI que sa construction a été commencée, et lorsque le Parlement, qui, dans les premiers temps de son établissement, allait siéger tour à tour dans les principales villes de la province, fut devenu sédentaire. Les travaux furent poussés avec plus d'activité et se prolongèrent pendant les règnes de Henri II, Charles IX et Henri III.

On remarque à l'intérieur le plafond de la salle d'assises, composé de caissons sculptés et dorés, exécutés par les soins de Tabourot, maire de Dijon; les vitraux en grisaille de cette salle, qui malheureusement ne sont pas entiers; la boiserie, dont les peintures représentent les vertus que doit avoir le magistrat; la porte sculptée qui ferme l'ancienne chapelle du Parlement, et qui se trouve au fond de la grande salle des Pas-Perdus.

Les prisons touchent au Palais de Justice et y communiquent par un passage. L'une d'elles renferme une salle dont le plafond est également fort remarquable; c'était la salle des séances de la Chambre des Comptes. La partie du palais occupée par cette chambre avait un portail particulier placé en face de la Petite rue du Palais. Ce portail, bâti en 1645 sur les dessins du sculpteur Dubois, était d'une grande richesse et d'une belle exécution. Malheureusement il a été détruit en 1821 et remplacé par le bâtiment occupé aujourd'hui par la Chambre correctionnelle du tribunal.

En 1852 l'administration départementale a fait exécuter au Palais de Justice des travaux de restauration et d'amélioration d'une grande importance. La salle des Pas-Perdus, dont la voûte tombait en ruines, est complétement restaurée et mise en rapport avec le style de la façade. Quatre grandes portes ogivales conduisent de cet immense vestibule au Tribunal civil et aux diverses chambres de la Cour impériale. La première chambre de la Cour sera transférée dans la belle salle concacrée aujourd'hui aux assises criminelles, et la salle des assises sera reportée en face, dans un édifice de construction nouvelle, pour la décoration duquel M. Suisse, architecte du département, emploiera le magnifique plafond qui se trouve caché dans la maison d'arrêt actuelle. La création de la prison départementale située à l'extrémité de l'Allée-de-la-Retraite permet, en effet, de disposer d'une grande partie de l'emplacement et des bâtiments occupés par les anciennes prisons, qui se trouvent réduites à une simple maison d'arrêt où ne seront plus détenus que les accusés non encore jugés.

§ IV.

Château.

L'ancien Château de Dijon a été élévé par Louis XI, après la réunion de la Bourgogne à la France. Ce prince, inquiet des témoignages d'attachement qu'avaient fait éclater les habitants de Dijon en faveur de la princesse Marie, fille de Charles le Téméraire, ordonna la construction du Château, qu'il destinait à maintenir la ville. Il n'était pas entièrement terminé en 1512, lorsque Louis XII passa par Dijon et donna des ordres pour son achèvement. On voit encore, sculpté sur les murs extérieurs, le porc-épic, que ce roi avait pris pour emblème. Il était à peine achevé, lorsque les Suisses assiégèrent Dijon, en 1513.

Après avoir longtemps servi à maîtriser la ville, il devint une prison d'Etat. C'est là que, sous la Ligue, furent enfermés les calvinistes que les ligueurs voulaient égorger, et qu'on se contenta d'exiler. La duchesse du Maine y fut plus tard emprisonnée, comme l'âme de la conspiration qui avait pour but d'enlever au duc d'Orléans la régence du royaume. C'est pour elle qu'on construisit au fond de la cour un nouveau pavillon. Le célèbre Mirabeau, qui s'était évadé du fort de Joux pour suivre à Dijon Sophie de Ruffey, marquise de Monnier, y fut détenu en 1776, et y fut remplacé, en 1779, par la chevalière d'Eon, dont le sexe est encore problématique, et qui, successivement avocat, officier de dragons, diplomate, écrivain, et déclarée femme par ordonnance, mourut libre enfin, dans un âge très avancé, et sans laisser le secret de son sexe. Pendant la révolution, quelques malheureuses victimes y furent enfermées. Les deux derniers prisonniers ont été le général autrichien Mack, devenu tristement célèbre par la reddition d'Ulm, et l'infortuné Toussaint-Louverture, qui fut depuis transféré au fort de Joux, où il mourut en 1803.

Le Château n'est plus aujourd'hui qu'une caserne de gendarmerie, et ses fortifications tombent en ruine; c'est pour ce motif, et aussi pour en faciliter les abords, que la tour qui s'élevait du côté de la rue Guillaume a été détruite il y a déjà plusieurs années. En 1861 la ville de Dijon a acheté de l'Etat la partie des fossés située à l'extérieur des anciens remparts, dans l'intention de les combler et d'ouvrir sur leur emplacement une voie directe de communication de la place Saint-Nicolas à la porte Guillaume. Ce projet une fois exécuté, la démolition des restes du château deviendra une nécessité.

§ V.

Salle de Spectacle.

Ce bel édifice est de construction toute récente. Il occupe une partie de l'emplacement où s'élevaient jadis la Sainte-Chapelle et le cloître des chanoines qui desservaient cette église, détruite en septembre

1802. Les plans en ont été fournis par M. Cellerier, architecte né à Dijon ; mais ils ont été modifiés par l'architecte Vallot, aussi de Dijon, qui en a dirigé la construction ; il a 61 mètres de longueur sur 22 de largeur. L'adjudication en a été tranchée le 10 août 1810, sur le prix de 324,000 fr.; mais l'exécution a plus que doublé cette somme. La première pierre a été posée le 2 décembre 1810, jour anniversaire de la bataille d'Austerlitz et du couronnement de l'empereur Napoléon, par M. Lecoulteux, préfet du département, et M. Durande, maire de la ville; mais les travaux furent suspendus en 1814, et ne furent repris qu'en 1823, sous les auspices de M. de Courtivron, maire de Dijon. Grâce au zèle persévérant de cet administrateur, la Salle fut inaugurée le 4 novembre 1828, par la représentation d'une pièce précédée d'un prologue, que M. Briffaut, membre de l'Académie française, avait composée pour cette circonstance. Elle est remarquable par l'élégance de sa façade et la beauté de son foyer; mais la distribution intérieure est défectueuse sous quelques rapports. L'autorité municipale a pris, sous l'administration de M. Victor Dumay, des dispositions qui permettent de maîtriser promptement les incendies qui pourraient éclater dans l'édifice.

Sous l'administration de M. André, la Salle a été entièrement restaurée, et ses décors ont été complétés par les premiers artistes de Paris. Ce travail, exécuté sous la direction de M. Suisse, architecte du département, et de M. Scheffer, architecte de la ville, a coûté 78,000 francs.

CHAPITRE III.

Eglises, Monuments religieux, anciens Monastères, Séminaire, Couvents, Temple, Synagogue.

§ Ier.

Saint-Bénigne.

Métropole du diocèse de Dijon, dont la circonscription embrasse le département de la Côte-d'Or, l'église Saint-Bénigne est placée, dit-on, sur le tombeau même du saint, qui, après avoir prêché l'Evangile à Dijon, y souffrit le martyre le 1er novembre 178, suivant ce que disent les pieuses légendes. — Elle donnait son nom à cette partie de la ville située à l'ouest de l'ancienne enceinte, et qui s'appelait le bourg Saint-Bénigne ; c'était là que la commune avait pris naissance et que les magistrats municipaux recevaient le serment des ducs et des princes.

La primitive église, existait à l'époque de l'irruption des Bourguignons dans les Gaules. Dans le commencement du VIe siècle, saint Grégoire, évêque de Langres, éleva sur le même emplacement une nouvelle église, qui fut achevée en 535 ; peu après des religieux y furent établis.

Enrichie par Gontran, réparée plus tard par Charles le Chauve, l'abbé Guillaume fut obligé de la reconstruire en entier au commencement du XIe siècle ; les travaux ne durèrent que quinze années, et furent achevés en 1016. La partie de l'église, élevée sur le tombeau de saint Bénigne, avait la forme d'une rotonde, et se composait de trois galeries placées l'une au-dessus de l'autre, toutes trois ornées d'une multitude de colonnes, de marbres précieux, qui provenaient, dit-on, pour la plupart, des anciens temples des faux dieux. L'église des moines était construite en avant, à l'ouest, et surmontée d'une tour très élevée, qui s'écroula en 1271, écrasa l'église et endommagea la rotonde. L'abbé Hugues d'Arc entreprit, avec le secours du duc, de la reconstruire. En 1280, il fit élever l'église actuelle, dont la première pierre est, dit-on, le bassin de pierre dans lequel saint Bénigne avait eu les pieds brûlés avec du plomb fondu, et qui opérait des miracles.

La flèche de cette église, remarquable par sa hardiesse et sa légèreté, a été plusieurs fois frappée et détruite par le feu du ciel :

1° Le 25 juin 1606, à six heures du soir, la foudre tomba sur la lanterne de la flèche, y mit le feu et en brûla une partie.

2° Les registres de l'hôtel de Ville de Dijon contiennent ce qui suit :

« **Le dimanche 23 février 1625**, environ sept heures trois quarts du soir, veille de S. Mathias, le tonnerre et feu du ciel étant tombés sur le clocher de l'église

Saint-Bénigne, un peu au-dessous de la croix, paraissant ledit feu comme un flambeau, et continuant à s'aggrandir en raison qu'il descendoit, auroit entièrement brûlé et consumé ledit clocher, qui estoit couvert *de plomb de très riche et noble fabrication, des plus beaux que se soit jamais veu*. Et se seroit ledit feu pris aussi à la couverture de l'église, qui auroit pareillement été brûlée environ les deux tiers, et les cloches fondues, au grand étonnement d'un chacun.

« Considéré la saison et le grand froid qui se faisoit lors, ledit feu ayant duré depuis ladite heure jusqu'approchant les trois heures après midi du lendemain; que, pour conserver le reste de ladite couverture de ladite église, l'on auroit été contraint de couper les bois et chevrons qui la supportoient, pour faire tomber le feu et les bois allumés, non sans beaucoup de peine et de péril, parce que le plomb fondu qui ruisseloit incommodoit les ouvriers.

« Plusieurs personnes estoient d'avis que l'on fît tirer le canon du château, au commencement, pour abattre ledit clocher; mais cela ne fut point exécuté, pour ne point emdommager les maisons voisines, qui eussent couru fortune d'estre brûlées, outre la ruine et le dégât que ledit canon eust fait, et d'ailleurs que lesdits religieux de Saint-Bénigne auroient refusé de donner les sûretés nécessaires, en l'absence de l'abbé, pour dédommager les particuliers.

« Chacun tient que lesdites ruines ne peuvent pas être réparées pour 30,000 écus. M. le vicomte maïeur, MM. les échevins et procureur-syndic, s'étant employés vigilamment et avec une très grande conduite, toute la nuit et le jour du lendemain à pourvoir à tout ce qui étoit nécessaire et empêcher que le feu n'endommageât le reste de la ville, à cause que le vent, qui estoit grand, portoit les charbons allumés et les étincelles jusque vers la rue du Grand-Bourg et plus loin, tellement qu'il y avoit en ladite rue et autres de l'eau puisée dans des tines et rondeaux pour y remédier. — Dieu veuille apaiser son ire, et nous préserver de plus grand mal ! »

3° Le jour de saint Jean 1659, le tonnerre tomba sur le clocher, et l'endommagea beaucoup. Le désastre fut réparé par l'abbé Jeannin de Castille, qui y employa une somme de 18,000 livres.

4° On lit dans les Mémoires de l'abbaye : « Le 17 août 1738, qui estoit un dimanche, à sept heures du soir, il s'éleva un grand vent qui jeta bas le grand clocher de Saint-Bénigne : il tomba du côté du cloistre, en enfonça les voûtes de plusieurs arcades, écrasa le grand degré de pierre qui va de l'église au dortoir, et la pointe de ce clocher tomba dans la chambre commune, après avoir percé les couverts et les planchers de la chambre. Les religieux estoient pour lors à l'église, où on allait donner la bénédiction, après les prières que l'on faisoit depuis plusieurs jours pour avoir de la pluie, parce que les vignes souffroient beaucoup de la grande chaleur. De cette chute, il ne resta que la charpente qui portoit les petites cloches. »

La flèche fut construite à neuf, et achevée en entier pour la Saint-Jean de l'année 1742 : elle fut exécutée par Sauvestre et Linacier, charpentiers à Dijon, et coûta 80,000 livres. Elle a 91 mètres 45 centimètres de hauteur; la croix a 2 mètres de largeur; la boule a 1 mètre de large; le coq, doré par Duperrier, fondeur, a 70 centimètres de long.

5° Le 17 juin 1836, à sept heures du soir, la foudre éclata sur la flèche, à un peu plus de moitié de sa hauteur, enflamma l'une des poutres, perça la voûte de l'église, sillonna le mur latéral sud-est de la croisée, et vint se perdre près des degrés du maître-autel. On ne s'aperçut que le soir des effets de son passage, mais, toutefois, assez à temps pour que les pompiers pussent se rendre maîtres du feu, qui commençait à se développer.

Depuis cette époque, un système complet de conducteurs électriques a été placé sur les points culminants de l'église, afin de les préserver des effets désastreux de la foudre.

La rotonde était en assez mauvais état et menaçait ruine en 1791; un arrêté du département ordonna sa destruction. Cet arrêté reçut son exécution, malgré les réclamations énergiques du clergé et de l'Académie : les étages supérieurs furent détruits et la partie souterraine fut comblée et entièrement recouverte de terre et de déblais.

On peut voir le dessin de cet ancien édifice dans le tome I*er* de l'*Histoire générale du Duché de Bourgogne*, et dans l'ouvrage sur *Dijon ancien et moderne*, publié par MM. Maillard de Chambure et Sagot en 1840. Sur l'emplacement qu'elle occupait on construisit plus tard les écuries du palais épiscopal. En 1851, des fouilles furent faites en cet endroit sous la direction de M. Léon Lacordaire, alors architecte à Dijon ; on parvint à déblayer deux des chapelles de la crypte souterraine, et l'on arriva au-dessus du lieu où l'on croyait que se trouvait placé le tombeau de saint Bénigne. Malheureusement ces travaux ne furent pas poussés plus loin.

Mais le 6 novembre 1858, après la destruction des écuries de l'évêché, et en construisant à la place qu'elles occupaient les fondations d'une sacristie, on découvrit les arceaux et les voûtes de l'ancienne crypte de Saint-Bénigne. On ne s'attendait pas à les trouver, après soixante-dix ans d'ensevelissement, dans un si parfait état de conservation. Les autels, les tombeaux étaient à leur place ; on voyait encore la trace de la fumée des cierges sur les murs ; les vieilles peintures apparaissaient çà et là, sous la triple couche de badigeon dont la crypte avait été revêtue en 1709. Quant au tombeau de saint Bénigne, il fut trouvé le 30 novembre suivant, reconnu le même jour par Mgr l'évêque, qui fut averti immédiatement, et enfin cette découverte fut annoncée et constatée officiellement le 2 décembre en présence des magistrats, des fonctionnaires publics, du clergé et des personnes notables de la ville. Des travaux de restauration furent aussitôt décidés ; ils sont aujourd'hui en voie d'exécution. La crypte sera certainement rendue au culte ; et comme lieu de pèlerinage, ce sera sans aucun doute un édifice précieux, surtout si le nouveau sanctuaire a seulement une partie de la magnificence de l'ancien.

Pendant longtemps l'abbaye de Saint-Bénigne se soutint puissante par ses richesses et ses priviléges : 24 prieurés et 39 cures en relevaient; ses terres étaient situées dans plus de trois cents villages. Au XV° siècle, elle avait plus de trois cent mille livres de rente. Son trésor renfermait des richesses inestimables en reliques, pierreries, vases précieux, livres, manuscrits et tableaux. Elle avait le droit de battre monnaie et de recevoir le serment des ducs. Après avoir prêté serment de maintenir les franchises de la ville et du duché, le duc recevait de l'abbé l'anneau, la couronne et le manteau; puis, après la cérémonie, il rendait l'anneau, dont l'abbé était dépositaire, et remettait entre ses mains ses éperons, qu'il rachetait ensuite par un riche présent. Cette coutume se maintint même après la réunion du duché de Bourgogne au royaume de France; Louis XI et Charles VIII s'y soumirent lors de leur première entrée à Dijon. A la fin du XVIII° siècle, tous ces trésors avaient disparu, et, en 1792, on ne trouva dans les bâtiments de l'abbaye rien de ce qui avait fait sa richesse et sa gloire.

L'église Saint-Bénigne, aujourd'hui la cathédrale de Dijon, a 70 mètres de longueur, 29 de largeur et 28 d'élévation. La flèche qui la surmonte est d'une grande légèreté et d'une grande hardiesse de construction. Elle a été un peu courbée par le fameux orage de 1805. C'est sous les deux tours qu'ont été transférées, à l'époque de la révolution, les restes des ducs de Bourgogne, lorsque les tombeaux qu'ils avaient à la Chartreuse furent brisés : des fouilles récentes ont constaté ce fait, et des inscriptions placées dans chacune des tours en fixent la date.

Le portail de l'église est du Xe siècle ; le bas-relief qui se trouve au-dessus de la grand'-porte est de Bouchardon père ; il représente le martyre de saint Étienne.

Dans la grande nef sont quatre statues : saint Joseph portant l'enfant Jésus ; saint Augustin, saint Jean-Baptiste, par Bouchardon ; et saint Thomas, par Dubois ; au-dessus sont les bustes des douze apôtres, sculptés par Dubois.

Quatre statues colossales sont placées aux quatre angles du sanctuaire ; elles représentent saint Médard et saint Étienne, par Dubois ; saint André et saint Jean l'Évangéliste, par Attiret.

Sous le buffet d'orgues sont les mausolées de J.-B. Legoux de la Berchère, premier président au Parlement de Bourgogne, mort en 1631, et de Marguerite Brulart, sa femme.

Dans le milieu de la grande nef est la tombe d'Uladislas, roi de Pologne, mort en 1388 ; un peu plus loin, vis-à-vis de la porte latérale du sud, et dans la même nef, celle d'Étienne Tabourot des Accords, le Rabelais de la Bourgogne, mort en 1590. Dans la nef collatérale du sud est le mausolée du président Berbisey. En face, et dans le collatéral du nord, est le tombeau en marbre blanc du président Frémyot, mort en 1670 : il était neveu de Mme de Chantal. Dans le collatéral sud on voit un beau tableau de la Transfiguration, par Despêches, et un Christ sur la croix, par le Guerchin. On distingue au fond du sanctuaire six grands tableaux exécutés par M. Lécurieux, élève de l'Ecole de Dijon ; ils représentent différents traits de la vie de saint Bernard et de l'abbé Guillaume.

L'orgue de la cathédrale de Dijon est un des plus beaux et plus considérables instruments de ce genre qui existent en France ; c'est ce que, en terme de facture, on appelle un *grand trente-deux pieds*. Il a trois claviers de quatre octaves et demie et un clavier de pédales séparées de vingt-sept touches d'*ut* à *ré*. Il a en tout cinquante-deux jeux et trois mille six cent quarante-neuf tuyaux parlants. Les grands tuyaux de la montre du grand orgue sont assurément les plus gros qui existent. — L'orgue est très bon et en très bon état. Il a été réparé en 1848 pour la somme de 28,000 francs, par M. Ducroquet, successeur de la maison Daublaine-Callinet, de Paris, à qui l'on devait le bel orgue de Saint-Eustache, incendié le 16 décembre 1844.

Cet orgue renferme tous les perfectionnements de la facture moderne ; on y a adapté le *clavier pneumatique*, ou mécanisme Barker, invention admirable, qui augmente à l'infini les ressources et la puissance de l'instrument. Il y a encore peu d'instruments qui soient pourvus de ce mécanisme, car on ne peut en faire l'application que sur des orgues très considérables.

L'orgue de Saint-Bénigne avait été construit il y a un peu plus d'un siècle ; on a trouvé sur le biseau du plus gros tuyau de montre cette inscription :

« *Fait par Charles Robert Riepp, le 13 août 1743.*
« *Réparé par Jean Noël Tonne, et toute l'ouvrage* (sic),
« *commé sommiers, claviers, soufflets, faite à neuve le*
« *13 aoust 1787.* »

Riepp est aussi l'auteur de l'orgue de la cathédrale de Besançon.

Enfin, une dernière réparation, confiée à la maison Merklin-Schutz, vient d'être faite à ce magnifique instrument, dans les premiers mois de 1861. On a changé de place la soufflerie, en la reportant dans l'intérieur de l'église et tout près des sommiers du grand orgue, tandis qu'autrefois elle était dans une pièce éloignée donnant sur la place et au-dessus du portail de l'église. On n'a pas augmenté la capacité des soufflets, mais on y a ajouté des pompes d'alimentation, qui se meuvent au moyen de pédales sur lesquelles montent les deux souffleurs. De plus, on a enlevé du grand orgue un trente-deux pieds à la main pour le reporter à la pédale ; on a remplacé au récit un petit cornet par une voix céleste d'un très bel effet ; on a substitué à l'ancien jeu de voix humaines un jeu nouveau de même nature, mais d'une grande perfection. Enfin, pour les gambes, ainsi que pour quelques autres jeux, on a adopté le système dit *à entailles*, qui donne aux tuyaux une qualité de son, sinon plus religieuse, du moins plus brillante et plus flatteuse. De plus, le mécanisme a été entièrement retenu : cette dernière réparation a coûté 10,000 francs. La réception de ce beau travail a été faite par les organistes de Saint-Bénigne de Dijon, ceux de Langres et de Besançon, auxquels on avait adjoint le célèbre Baptiste, organiste de l'église Saint-Eustache de Paris.

L'église Saint-Bénigne, comme cathédrale du diocèse, a un Chapitre composé de chanoines titulaires et honoraires. Elle avait autrefois une maîtrise, qui a produit quelques bons élèves, entre autres, M. Dietsch, maître de chapelle de l'église de la Madeleine à Paris, aujourd'hui chef d'orchestre du grand Opéra de Paris, et compositeur distingué de musique sacrée ; mais cette institution a été négligée depuis quelques années. L'ancien Chapitre entendait mieux les pompes de l'église : à l'époque de la révolution, le célèbre Lesueur, qui depuis a été surintendant de la chapelle du roi, était maître de chapelle de la cathédrale de Dijon.

§ II.

Notre-Dame.

L'époque de l'établissement de l'église Notre-Dame est inconnue. Dès l'année 1178 elle prenait le titre de première paroisse de la ville ; on croit qu'elle avait remplacé l'ancienne chapelle de Notre-Dame-du-Marché, qui, elle-même, avait succédé à la chapelle de Saint-Jacques-de-Trimolois, village situé presque sous les murs du vieux Dijon. La construction de l'église actuelle a commencé dans les premières années du XIII⁰ siècle, et l'édifice fut consacré le 8 mai 1334; cependant il n'était pas encore entièrement terminé en 1445. C'est en 1383 que l'horloge, enlevée par Philippe le Hardi à la ville de Courtrai, et donnée par ce prince à la ville de Dijon, fut placée à l'angle méridional de la façade. Cette horloge est attribuée au mécanicien flamand Jacques Marc ; de là vient que le peuple de Dijon a donné le nom de Jacquemar aux personnages qui frappent la cloche.

De temps immémorial, l'église Notre-Dame a possédé une antique statue de la Vierge, sculptée en bois noir ; elle était connue dans les premiers temps sous le nom de Notre-Dame-du-Marché, Notre-Dame-de-l'Apport, et elle attirait le concours de nombreux pèlerins. Après la levée du siége de Dijon par les Suisses, on lui donna le nom de Notre-Dame-de-bon-Espoir. La tradition rapporte qu'au moment où elle fut portée en procession sur les remparts de la ville assiégée, les boulets lancés par les Suisses étaient renvoyés par une force divine sur les assiégeants, et le peuple attribuait sa couleur noire à la fumée des canons qui en ce moment avaient tiré contre elle. On la désigne à Dijon sous le nom de la Vierge-Noire. Cette statue a 1 mètre 30 centimètres de haut. Assise autrefois sur un trône, une couronne sur la tête, elle tenait sur ses genoux l'enfant Jésus aussi couronné. La couleur du bois de cette statue miraculeuse était le résultat naturel de la vétusté ; mais la couleur noir foncé qu'elle a aujourd'hui provient d'une couche de peinture appliquée par les soins malencontreux d'une vieille sacristine trop zélée, à l'époque où l'église a été rendue au culte. Les savants réunis à Dijon pour le congrès archéologique de 1852 ont beaucoup disserté sur cette teinte noire, et, faute d'avoir consulté la tradition, ils se sont livrés à des suppositions assez singulières. La forme et les traits de ces deux figures, dont le dessin était semblable aux sceaux des plus anciennes chartes, avaient quelque chose de si bizarre et de si contraire aux règles de l'art, qu'il faut croire qu'elles étaient l'œuvre des temps les plus barbares. A l'époque de la révolution le trône fut brisé, ainsi que les couronnes des deux figures ; l'enfant Jésus fut séparé de la statue de sa mère, ce qui ne put se faire qu'en brisant les mains de la Vierge, et fut brûlé. La statue de la Vierge elle-même allait être jetée dans un lieu infect, lorsqu'elle fut achetée par une pieuse demoiselle au malheureux chargé de cette triste exécution ; elle la rendit plus tard à l'église lors du rétablissement du culte.

A la même époque, l'église Notre-Dame éprouva, comme tant d'autres monuments, des dégradations déplorables. L'intérieur du portail était entièrement peint, doré et orné d'un grand nombre de statues, de bas-reliefs et d'inscriptions. Ces figures représentaient les patriarches, les prophètes, les pontifes et les rois de l'Ancien et du Nouveau-Testament, les mystères de l'histoire de la sainte Vierge : on y voyait aussi la statue d'Eudes IV, avant dernier duc de Bourgogne de la première race, et celle de Jeanne de France, sa femme, fille de Philippe le Long, roi de France. C'était pendant leur règne, et sans doute par leurs libéralités, que l'église avait été achevée. Tous ces ornements ont été complétement détruits, ainsi que les inscriptions qui les accompagnaient, moyennant une somme de 40 fr. payés à un maître-maçon qui accomplit trop consciencieusement sa besogne.

Les bouchers de Dijon avaient fait construire à leurs frais une chapelle qu'on voyait à droite en entrant, sous le péristyle ; ils l'avaient consacrée à saint Antoine, et avaient placé à la voûte les armes des ducs de Bourgogne. Le conseil de la ville s'assemblait souvent dans cette chapelle, et on trouve, surtout dans le XVIe siècle, plusieurs délibérations datées de ce lieu.

La chapelle de la Vierge n'était pas dans l'origine ce qu'elle est aujourd'hui : elle était recouverte d'une voûte de 20 pieds d'élévation et couronnée d'une galerie qui régnait autour de la chapelle ; sur cette galerie se plaçaient les flambeaux consacrés par la piété des fidèles ; le dedans et le dehors étaient ornés d'une multitude de tableaux représentant les grâces que la Vierge avait accordées aux prières de ceux qui l'avaient invoquée ; on y voyait des jambes, des bras, des pieds de cire, d'argent, de bois, des béquilles sans nombre, monuments des guérisons opérées. Aux colonnes qui soutenaient la voûte pendaient des boucliers, des écus, des épées, des étendarts consacrés à la Vierge par les ducs de Bourgogne et d'autres chevaliers, en reconnaissance de leurs succès. Deux lampes brûlaient jour et nuit dans cette chapelle, qui ne recevait de jour que par la porte. Sur la fin du XVIIe siècle, on trouva que la voûte produisait un mauvais effet dans l'église ; on la détruisit, et on disposa la chapelle comme elle est à présent.

L'église Notre-Dame est remarquable par la délicatesse et l'élégance de sa façade et de son portail, et surtout par la légèreté et la hardiesse des voûtes intérieures et des colonnes qui les soutiennent. Elle a 48 mètres de longueur, 14 de largeur et 15 de hauteur. Au fond du sanctuaire s'élève un magnifique groupe en pierre, sculpté par Dubois, et représentant l'Assomption de la Vierge. Le chœur était orné de quatre grands tableaux peints par Revel, d'après plusieurs grands maîtres : ils ont été transportés dans la chapelle de l'Hospice général lors des réparations qui ont été faites dans l'intérieur de l'église en 1855. A cette époque on a dégagé les colonnettes du chœur des boiseries et des tableaux qui les recouvraient, et on a rendu à cette partie de l'église toute son élégance et sa légèreté. Depuis, l'église Notre-Dame a été classée au nombre des monuments historiques de France, et de nouvelles réparations, destinées surtout à la consolider, ont été projetées. Il ne s'agit rien moins que de dégager extérieurement ce charmant édifice des maisons qui l'étreignent et le déshonorent, et de consolider toute la façade qui menace ruine sur certains points. Les premières réparations ont été payées par la fabrique ; celles qui restent à faire ont été estimées à 280,000 fr. Pour couvrir cette énorme dépense, la fabrique a voté une première somme de 30,000 fr. et la ville de Dijon une somme égale : sans doute l'Etat accordera une subvention importante, et s'associera à un travail qui a pour but de conserver une des plus gracieuses et des plus élégantes conceptions du moyen-âge. On assure que S. M. l'Impératrice, à son passage à Dijon au mois de septembre 1860, a promis à M. le maire d'être son avocat auprès du ministre, et de faire attribuer à cette œuvre d'art et de piété tout à la fois, une somme considérable. Près de la chapelle du côté gauche sont des vitraux assez beaux et bien conservés. La chapelle du côté droit renferme la statue de la Vierge-Noire.

C'est dans l'église Notre-Dame que les maires de Dijon, à leur installation, prêtaient serment de maintenir les franchises et privilèges de la ville, dont elle renfermait les titres et les archives placés dans la tour à gauche du portail.

§ III.

Saint-Michel.

Dès le IXe siècle, Saint-Michel s'élevait déjà en dehors des murs de Dijon, non loin de Saint-Etienne, qu'elle reconnaissait pour son église-mère. En 898 elle prenait dans ses actes le titre de basilique. Au commencement du IXe siècle, Garnier de Mailly, abbé de Saint-Etienne, la fit rebâtir entièrement. Cependant elle menaçait ruine en 1497, lorsque les paroissiens, assemblés dans le cimetière de la paroisse, en votèrent la reconstruction. Il existe une délibération à la date du 15 juin 1499, dans laquelle la ville, pour aider à cette œuvre, abandonne une de ses *perrières* des Chartreux. Henri Chambellan et Alix de Berbisey, sa femme, firent élever presque à eux seuls le chœur et une des ailes; les quêtes pourvurent au reste. En 1529, l'église fut consacrée; cependant les tours ne furent achevées qu'en 1661.

Cet édifice imposant, remarquable par la richesse de son portail et l'élégance un peu lourde de ses tours, a 61 mètres de longueur, 19 de largeur et 20 de hauteur. Il a été construit par Hugues Sambin, célèbre architecte et sculpteur, né à Dijon, élève et ami de Michel-Ange. Le magnifique bas-relief qui orne la porte principale, et qui représente le jugement dernier, est aussi de lui. On voit au-dessous de ce bas-relief une colonne dont le chapiteau, du style de la Renaissance, est d'une rare perfection.

Dans l'intérieur, les beaux vitraux du chœur, et les ornements de la chapelle des Rois sont dignes d'attention. Vis-à-vis de cette chapelle se trouve un tableau fort estimé, représentant saint Jacques le Majeur conduit au martyre : dans la chapelle qui touche au chœur, un assez beau mausolée élevé à M. de Lamarche, ancien premier président au Parlement de Bourgogne; au bas de la nef, du même côté, dans la première chapelle près du Calvaire, une belle statue de saint Yves, par Dubois.

En avançant le long de la nef collatérale, à gauche, on voit, dans une chapelle, une fresque attribuée à Fréminet, élève du Primatice, et qui représente la sainte Vierge à son lit de mort ; un beau tableau de Quentin, dont le sujet est l'Annonciation. Dans la chapelle de la Vierge on remarque une sainte Famille, et de beaux vitraux nouvellement posés. Entre la chapelle de la Vierge et la porte de l'église au nord, la piété des fidèles a fait élever une chapelle nouvelle consacrée à saint Pierre.

§ IV.

Saint-Pierre.

Un prêtre eut le premier la pensée de fonder cette église destinée à former une quatrième paroisse pour la ville de Dijon. Ce projet reçut l'approbation générale, et M. Lassus, architecte à Paris, fut chargé de la construction de l'édifice, qui eut lieu sous sa direction, et sous la surveillance désintéressée d'abord de M. Goujon, puis de M. Degré, tous deux architectes à Dijon. Située à l'extrémité de la ville, et à l'entrée du cours qui conduit à l'ancien parc des Condé, cette église a été dédiée à saint Pierre, pour conserver la mémoire de l'ancienne église qui existait, il y a plus d'un siècle, à l'angle formé par le rempart de Tivoli et la rue Saint-Pierre, près de la porte du même nom. Édifiée dans le style de la première moitié du XIIIe siècle, son plan a la forme d'une croix latine.

L'église **Saint-Pierre** a été élevée principalement au moyen de souscriptions et quêtes, auxquelles ont pris part la presque totalité des habitants de la ville, et qui ont été administrées par un syndicat composé de Mgr Rivet, évêque de Dijon ; M. le marquis de Saint-Seine ; M. de Bretenière ; M. Grasset, conseiller à la Cour impériale ; M. Moreau, curé de Saint-Bénigne ; M. de Chalonge, curé de Notre-Dame ; M. Comparot, curé de Saint-Michel ; M. Dugied, médecin, secrétaire ; M. Mazeau, ancien notaire, trésorier. Quelques-uns des membres du syndicat ont contribué à la souscription pour des sommes considérables ; le Conseil municipal y a concouru par un don de terrain et une allocation en argent, le tout d'une valeur d'environ 20,000 francs. Une maison bâtie dans l'enclos de l'église sert de presbytère à la paroisse.

La première pierre a été posée le 3 juillet 1853 par Mgr l'évêque de Dijon, en présence des principales autorités et d'un grand concours de population. Les travaux ont commencé peu de temps après, et l'église fut à peu près terminée en 1858 ; son inauguration eut lieu le 31 octobre de cette même année.

Les parements intérieurs et extérieurs des murs et contreforts sont en moellons piqués ; les arcs-doubleaux, arêtes et nervures des voûtes, les corniches et recouvrements des contreforts ont été exécutés en pierre de taille provenant des carrières de Dijon ; le maître-autel, donné par Mgr l'évêque de Dijon, ainsi que les autels de la Vierge et de saint Pierre, adossés au bas du transsept, ont été exécutés en pierre de

Tonnerre. Les bénitiers, la cuve baptismale, la chaire à prêcher, les bahuts, piles, et recouvrements de la grille extérieure sont en pierre de l'Abbaye d'Amparis, près Dole.

Les vitraux de l'abside représentent le crucifiement, les apôtres saint Pierre, saint Paul, saint Jacques, et l'abbé de Saint-Seine; celui du bras gauche du transsept est consacré à saint Nicolas. Ces vitraux proviennent des fabriques de Metz.

La flèche a été construite au moyen d'une loterie qui a produit 10,000 fr. et dont les lots étaient dus à la générosité d'artistes et d'amateurs éminents, anciens élèves de l'Ecole des beaux-arts de Dijon.

La dépense totale s'est élevée à la somme de 215,000 fr.; dans cette somme ne sont pas compris: un terrain d'une valeur d'environ 10,000 fr., donné par la ville, et joignant celui acheté 11,909 fr. par la société; les vitraux du chœur, provenant de dons particuliers; le vitrail du bras gauche du transsept, donné par Mgr le cardinal Morlot, archevêque de Paris; des statues représentant la Vierge et saint Pierre placées au-dessus des autels latéraux, également données; des ornements et autres objets mobiliers donnés par diverses personnes.

L'église Saint-Pierre possède une cloche du poids de 78 kilogrammes, rapportée de la prise de Sébastopol par nos soldats, et donnée à cette église par l'Empereur, sur la demande du maréchal Vaillant. L'inscription suivante est gravée sur le bord inférieur de la cloche :

ME GALLIA VICTRIX SEBASTOPOLI RAPUIT,
NAPOLEO IMP. III
EXPOSTULANTE PRÆCLARISSIMO MARESCALCO VAILLANT
NOVÆ ECCLESIÆ SANCTI PETRI DIVION. DONAVIT
ILL. AC RR. IN CHRISTO PATER
FRANCISCUS VICTOR RIVET EPISC. DIVION.
AUSPICIIS ILL. EXERCITUUM DUCIS STANISLAI MAREY-MONGE
NECNON ET HENRICÆ ANISSON
NOBILIS VIRI ALBERTI DE LOISY UXORIS
DEO DICAVIT ET CONSECRAVIT,
SUB NOMINE STANISLAS HENRICA
ANNO DOMINI MDCCCLVIII DIE VERO XXI OCTO.

Sur la partie supérieure de la cloche, on lit ces mots : 77TH REG'. Deux autres cloches plus fortes vont être très prochainement inaugurées.

V.

Saint-Philibert.

L'église Saint-Philibert a été érigée dans l'origine par l'abbaye de Saint-Bénigne et sur son territoire. Ce n'était sans doute alors qu'une chapelle consacrée aux nombreux serviteurs de l'abbaye. Au commencement du XIe siècle, elle fut élevée au rang de paroisse de la ville. Le mélange des styles qu'on remarque dans cet édifice prouve qu'il a été détruit et reconstruit plusieurs fois. La date seule du clocher est certaine : il a été élevé, aux frais des paroissiens, l'année même du siége de Dijon par les Suisses (1513).

C'est sur le cimetière de cette église que se tenaient, dans les premiers temps, les assemblées populaires ; c'est là que prit naissance la commune de Dijon et que se faisait l'élection des magistrats municipaux. Ce n'est plus aujourd'hui qu'un vaste magasin, qui n'a de curieux que le clocher en pierre dont il est surmonté, et une porte latérale située au sud, remarquable par le goût et la richesse de ses ornements en partie brisés : elle est dans le style roman. Il y a quelques années, l'administration municipale a fait couper l'extrémité du chœur, afin d'élargir le passage situé derrière l'église.

§ VI.

Saint-Jean.

Saint-Jean est une des plus anciennes églises de Dijon ; du temps de Grégoire de Tours, on lui donnait déjà le nom de *Basilique-hors-des-murs*. Ce n'était d'abord qu'une chapelle servant de baptistère : plus tard elle fut agrandie par saint Urbain, évêque de Langres, qui y fut enterré en 375 ; sa tombe, recouverte d'une dalle noire, existait encore dans l'église il y a quelques années. Dans le VIe siècle, saint Grégoire, évêque de Langres, y reçut la sépulture à côté de saint Urbain. En 555, Chramne, fils naturel de Clotaire, contre lequel il s'était révolté, vint y consulter les Livres saints sur le succès de ses armes.

Saint-Jean fut érigé en paroisse dès les premières

années du Xe siècle. En 1445, les paroissiens, assemblés dans les lices qui servaient près de l'église aux jeux des chevaliers, votèrent la reconstruction de l'église qui menaçait ruine. Philippe le Bon et plusieurs autres bienfaiteurs aidèrent puissamment à cette œuvre. La nouvelle basilique, commencée en 1447 et achevée en 1455, fut consacrée en 1468. Elle a la forme d'une croix grecque sans collatéraux ; la voûte est en lambris de chêne noir. Elle était surmontée d'une flèche qui ne le cédait guère à celle de Saint-Bénigne pour la hauteur et pour l'élégance ; elle avait 57 mètres 17 centimètres ; élevée en 1664, après la chute de l'ancien clocher, elle a été détruite au printemps de l'année 1810 ; depuis, le chœur de l'église a été démoli pour élargir la place Saint-Jean. Elle avait 52 mètres 65 centimètres de longueur, 30 mètres 22 centimètres de largeur, et 22 mètres 42 centimètres de hauteur. Ce bel édifice, où Bossuet a été baptisé, où se trouvaient les tombeaux de deux saints que révère l'église catholique, et celui de la famille du poète tragique Longepierre, a été acquis de l'Etat par la ville, le 8 mars 1801, pour y établir une boucherie ; plus tard on y avait établi le marché du midi ; mais depuis, l'administration municipale a donné à ce vaste édifice une autre destination. Un décret impérial du 16 novembre 1858 a fixé au quart de la consommation annuelle l'approvisionnement obligatoire de la boulangerie dans toutes les villes réglementées par des décrets spéciaux. La consommation annuelle de la ville de Dijon, qui se trouvait dans cette catégorie, étant évaluée à 37,776 sacs de farine du poids de 125 kil., l'approvisionnement de réserve a été fixé par arrêté du préfet du 31 janvier 1859 à 9,444 sacs de farine. L'église Saint-Jean a été choisie pour recevoir l'entrepôt de cet approvisionnement. Cette décision a amené comme conséquence la réparation complète de ce vaste et bel édifice qu'il a fallu approprier à sa nouvelle destination. La belle voûte en chêne, les vitraux, les toits qui étaient dans un état de délabrement complet ont été entièrement restaurés. Ces réparations ont coûté la somme considérable de 46,000 fr. Les corps de saint Urbain et de saint Grégoire n'étaient plus dans cette église depuis des siècles ; on les avait enfouis dans la crypte de Saint-Bénigne ; plus tard ils avaient été mis dans des reliquaires et placés sur les autels : ils furent profanés à la révolution. Les deux tombes seules restaient dans l'église Saint-Jean : ces deux tombes en marbre avec leurs inscriptions ont été transportées à l'évêché lors des dernières réparations ; elles seront placées dans la crypte de Saint-Bénigne quand elle aura été restaurée. Cet édifice n'a d'intéressant, au point de vue architectural, que la beauté de sa voûte, et les charmantes sculptures dont sont ornées ses fenêtres.

§ VII.

Saint-Etienne.

Cette église passe pour la plus ancienne de toutes celles qui ont été construites à Dijon. Elle aurait été élevée en 343, sur une de ces chapelles souterraines où les premiers chrétiens se réunissaient pour célébrer en secret les mystères de leur religion. Placée sous l'invocation de saint Etienne, elle devint une abbaye dans le XIIIe siècle, et vit s'élever autour d'elle plusieurs églises qui reconnaissaient sa suprématie : Saint-Michel, Saint-Vincent, Saint-Médard ; ces deux dernières paroisses ont été détruites avant la révolution. Saint-Médard était situé parallèlement à Saint-Etienne, au côté nord de la même rue ; une inscription rédigée par Lamonnoye, et placée dans le mur de la maison qui fait l'angle de la rue Lamonnoye, rappelait encore son existence il y a quelques années. Saint-Vincent se trouvait entre Saint-Médard et l'église Saint-Michel.

L'abbaye de Saint-Etienne possédait de grandes richesses, et jouissait de priviléges importants, qu'elle devait à la munificence des ducs de Bourgogne. Elle fut sécularisée en 1613. C'est à cette même époque que fut construit l'édifice actuel ; le portail, exécuté sur les dessins de Bouchardon père, ne fut même achevé qu'en 1721. On voit encore à l'entrée de la rue

Chabot-Charny le portail gothique qui encadrait la porte principale de l'ancienne abbaye. Lorsqu'en 1731 Dijon fut érigé en évêché et séparé du diocèse de Langres, Saint-Etienne en fut la cathédrale, et le palais de l'abbé, dont les jardins s'étendaient jusque sur les rues Buffon et Legouz-Gerland, devint celui du nouvel évêque : l'emplacement qui le sépare de la rue Chabot-Charny est encore appelé aujourd'hui *Cour de l'Ancien-Evêché*. L'ancienne église épiscopale est devenue la halle au Blé. Elle a été acquise par la ville, moyennant 9,000 fr., le 9 mai 1807.

§ VIII.

Les Carmélites.

Le couvent des Carmélites est le premier monastère de femmes qui ait été établi à Dijon. La vénérable mère Anne de Jésus de La Lobère, compagne et amie de sainte Thérèse, en fut la fondatrice en 1605. Le couvent, d'une superficie de plus d'un hectare, fut établi sur l'emplacement de l'hôtel du président Jeannin, formé lui-même en partie de celui de l'abbé d'Ogny : l'acquisition en fut faite par les religieuses assistées du président Nicolas Brulart, devant Gélyot, notaire à Dijon, le 11 mai 1608, pour la somme de 9,700 livres. L'église fut commencée en 1609; le portail construit en 1630, et l'édifice consacré le 4 mai 1643.

D'après les prescriptions d'un concile tenu à Agde

en 506, et qui prohibait le voisinage immédiat des couvents d'hommes et de femmes, un espace situé entre le couvent des Carmélites et celui des Cordeliers, placé à l'est, fut vendu à un sieur Pourcelet, par acte du 14 septembre 1619, avec la condition que les bâtiments qui pourraient y être construits n'excéderaient pas une hauteur de 16 mètres.

Le couvent des Carmélites, dont la nue-propriété a été cédée à la ville par l'Etat en 1810, est devenu une caserne, et l'église a été convertie en prison militaire. Le génie militaire, qui en a l'administration, a fait démolir, il y a environ vingt ans, un joli clocher en pierres de taille, percé de deux fenêtres sur chaque faces, et surmonté d'une gracieuse flèche en ardoises à huit pans.

Le charmant portail de l'église est l'œuvre d'un Dijonnais, Nicolas Tassin, architecte et auteur de divers ouvrages et cartes de géographie. Sa hauteur totale, qui est de 18 mètres 26 centimètres, depuis le pavé de la cour jusqu'au sommet du fronton triangulaire qui le couronne, sur une largeur de 8 mètres 23 centimètres, est divisé en trois étages d'ordres différents : celui du bas est d'ordre ionique, le second d'ordre corinthien, et le plus élevé d'ordre composite en forme d'attique. Il est orné de cinq statues placées dans des niches : celles du bas représentent le prophète Elie, que les Carmes regardent comme leur fondateur, et sainte Thérèse, l'amie et la compagne d'Anne de Jésus de La Lobère, fondatrice du couvent; celles du premier étage, la sainte Vierge tenant l'enfant Jésus et saint Joseph ; enfin, celle de l'attique, Jésus-Christ, la tête nimbée de rayons.

§ IX.

Les Bernardines ou Eglise Sainte-Anne.

L'abbaye des religieuses de Tart existait dès l'année 1131, au village de ce nom, entre Auxonne et Dijon : elle fut pillée plusieurs fois pendant les guerres qui dévastèrent la Bourgogne. Les religieuses en demandèrent la translation à Dijon, et cette faveur leur fut accordée en 1623.

L'église du nouveau couvent, achevée en 1708, fut construite sur les dessins du frère Louis de l'Oratoire ; le dôme a 16 mètres 57 centimètres de diamètre intérieur ; sa hauteur sous clé, depuis le pavé, est de 30 mètres 86 centimètres : en 1848, une couverture en cuivre rouge a été substituée à celle en ardoises qui existait. Le portail est d'un bon style. La première pierre fut posée en 1699, par M. le président de Berbisey et Anne-Jésus-Amée de La Michaudière, de la famille de saint Bernard. L'entrepreneur fut le même Pierre Lambert qui, treize ans auparavant, avait construit la place royale.

Le couvent des Bernardines servit, au début de la révolution, de lieu de dépôt pour les tableaux et sculptures enlevés aux autres églises : les théophilanthropes le choisirent ensuite pour leur temple, et en firent l'inauguration le 18 février 1798. Enfin, la ville l'acheta de l'Etat le 3 mai 1803, pour le prix de 22,000 fr., afin d'y transférer l'hospice Sainte-Anne, dont la maison, rue Saint-Philibert, devait être occupée par le lycée nouvellement créé à Dijon. C'est en 1804 qu'on plaça dans l'église les monuments qui l'ornent aujourd'hui.

Dans l'intérieur, à droite et à gauche en entrant, sont deux statues en marbre blanc, exécutées par Dubois; elles représentent le président Joly de Blaisy et l'intendant Bouchu; les inscriptions ont été rétablies en 1844, par les soins de la commission administrative de l'hospice. Le baldaquin qui surmonte le maître-autel, soutenu par six colonnes en marbre noir d'une seule pièce, et couronné par divers groupes d'anges, est d'un bel effet; dans le fonds est un groupe de Dubois, représentant la Visitation de la Vierge à sainte Elisabeth. Dans la chapelle latérale on voit un très beau tableau de Quentin, peintre dijonnais, dont le sujet est la communion de sainte Catherine de Sienne. Au fond du cloître sont placés le mausolée et les statues de Pierre Odebert et d'Odette Maillard, sa femme, fondateurs de l'hospice Sainte-Anne : ce monument a été exécuté par Nicolas Bornier, de Dijon, qui a été longtemps professeur à l'Ecole des beaux-arts de notre ville. Cette église sert de chapelle à l'hospice Sainte-Anne, dont les bâtiments et les jardins s'étendent à l'ouest et au sud de l'édifice. (Voyez *Hospice Sainte-Anne*.)

§ X.

Chartreux.

L'ancien couvent des Chartreux a été fondé par Philippe le Hardi, le premier des ducs de Bourgogne de la seconde race royale; il voulait y établir sa sépulture et celle de ses descendants, comme les rois de France avaient la leur à Saint-Denis. Il acheta pour cela, le 24 juillet 1379, un vaste terrain appelé Champ-Mol, qui appartenait à Marie Aubriot, femme de Jean de Saulx, et à Hugues Aubriot, prévôt de Paris. La première pierre du cloître fut posée le 12 juin 1383 par la duchesse Marguerite de Flandre, et ce vaste édifice, achevé en cinq ans, fut consacré le 24 mai 1388. Le duc Philippe avait fait venir pour sa construction les ouvriers et les artistes les plus célèbres de cette époque. Le statuaire Claux Sluter, le verrier Henri Clumorack, le fondeur Joseph Colart, le charpentier Jean Duliège, travaillèrent à l'élever et à l'embellir, sous la conduite de Drouchet de Dammartin, maître général des œuvres de la maçonnerie, qui dirigeait les travaux.

La chapelle destinée aux ducs, et qui ne fut achevée qu'en 1391, était entièrement revêtue d'une boiserie merveilleusement sculptée. L'église et le couvent lui-même, si l'on en juge par les débris que nous avons aujourd'hui sous les yeux, étaient d'une grande magnificence. Trois caveaux étaient destinés à la sépulture des ducs. Dans le premier avaient été placés : Philippe le Hardi ; Catherine de Bourgogne, sa deuxième fille ; Catherine et Isabelle de Bavière, filles du duc Jean ; dans le deuxième, Jean sans Peur et Marguerite de Bavière, son épouse ; dans le troisième, Philippe le Bon et ses deux femmes, Bonne d'Artois et Isabelle de Portugal. Le corps de Charles le Téméraire, apporté de Nancy, y resta jusqu'en 1550, époque à laquelle l'empereur Charles-Quint, son arrière petit-fils, le fit transporter à Bruges. Le tombeau de Philippe le Hardi et celui de Jean sans Peur sont des chefs-d'œuvre de sculpture.

Les ducs n'avaient rien épargné pour doter richement cette communauté : ils lui avaient prodigué les trésors, les terres, les priviléges ; à l'ombre de cette pieuse vénération, les Chartreux étaient devenus un monastère opulent et une magnifique résidence. De tout cela il ne restait, il y a quelques années, qu'une aile de l'ancien cloître, une partie de l'ancien réfectoire, le portail de l'église, le Puits-de-Moïse, les tombeaux mutilés pendant la révolution, et dont les précieux débris avaient été détournés et dispersés, mais qu'on est parvenu à restaurer complétement ; le couronnement d'un siége en bois, sculpté par Jean Duliège, et deux retables en bois doré, dus à Jacques de Baërz, habile sculpteur flamand. Les tombeaux, les restes du siége et les deux retables sont aujourd'hui au Musée (voy. *Musée*), et on peut voir par ces admirables ouvrages ce que devait être le monastère au temps de sa prospérité. Le monument appelé Puits-de-Moïse était placé au centre du grand cloître ; il fut élevé en 1399. C'est un puits de 7 mètres 15 centimètres de diamètre, au milieu duquel s'élève un immense piédestal hexagone qu'entourent les statues de Moïse, David, Jérémie, Zacharie, Daniel et Isaïe. Il était surmonté d'une croix de pierre de 7 mètres 47 centimètres de hauteur, au pied de laquelle était un groupe de figures ; la croix et le groupe n'existent plus. Cet admirable monument, unique dans son genre, avait été sculpté par Claux Sluter, peint et doré par Jehan Maluel. Il a été restauré avec un talent remarquable par M. Jouffroy, l'un de nos meilleurs statuaires, et élève de l'école de Dijon.

Le portail de l'ancienne église, orné de sculptures charmantes, offre encore aujourd'hui un grand intérêt. Le pilastre qui sépare les deux portes est surmonté par une statue de la Vierge portant l'enfant Jésus : à droite et à gauche sont les statues de Philippe le Hardi et de Marguerite de Flandre, agenouillés et assistés de leurs saints patrons, qui semblent implorer pour eux la divine mère du Sauveur. Ces statues sont très belles. et vraisemblablement du même ciseau que le Puits-de-Moïse : malheureusement elles ont été mutilées ; mais on espère que l'administration du département prendra des mesures pour leur restauration.

Le couvent des Chartreux est aujourd'hui un asile ouvert aux aliénés. Cet hospice immense a été construit aux frais du département de la Côte-d'Or, sur les dessins de M. Petit : il a coûté près de 600,000 francs.

En architecte intelligent et en artiste éclairé, M. Petit a rattaché le portail de l'ancienne église à l'église nouvelle dont il a dirigé la construction. Dans ce monument, modèle d'élégance et de bon goût, se trouve la chaire en pierre sculptée qui servait au lecteur dans le réfectoire des anciens moines. On y remarque aussi d'anciennes armoiries qui se trouvaient dans l'une des salles de la Chambre des comptes de Bourgogne, et les vitraux du chœur exécutés et placés tout nouvellement : ils représentent les figures du duc Philippe le Hardi et de Marguerite de Flandre, sa femme, de Charles le Téméraire, de Philippe le Bon, de Jean sans Peur, et de Marguerite de Bavière, sa femme (Voyez *Asile des aliénés*).

§ XI.

Evêché, Séminaire.

C'est en 1731 qu'une bulle du pape Clément XII établit un évêché à Dijon, et érigea en cathédrale l'église Saint-Etienne. Jusque là, Dijon avait été compris dans le diocèse de Langres. L'ancien palais de l'abbé fut alors attribué au nouvel évêque ; on voit encore à l'entrée de la rue Chabot-Charny la porte qui y conduisait.

Lorsque le culte catholique se releva en France, après la révolution, Saint-Etienne cessa d'être la métropole du diocèse, et cet honneur fut transféré à l'église Saint-Bénigne. La demeure de l'évêque dut nécessairement subir les conséquences de cette décision ; elle fut transportée dans l'ancienne résidence des abbés de Saint-Bénigne, et c'est là qu'elle est encore aujourd'hui : la porte d'honneur fait face à la petite rue percée sur l'emplacement du chœur de l'église Saint-Philibert.

Derrière le palais épiscopal est le grand séminaire, dont l'entrée se trouve dans la rue Docteur-Maret. C'est là que cent vingt élèves environ se livrent aux études qui doivent les préparer à leur ministère, et qui se composent de cours de théologie, de philosophie, d'histoire ecclésiastique et d'archéologie religieuse.

§ XII.

Couvents, Etablissements religieux.

1° LA VISITATION. La principale congrégation religieuse de femmes qui existe à Dijon est celle de la Visitation, établie dans l'ancien couvent des Carmes, rue Crébillon. Les Carmes, placés d'abord à la porte Fermerot, avaient transféré leur monastère, dès l'année 1371, dans la rue qui porte aujourd'hui le nom de Crébillon. Les religieuses de la Visitation avaient, au contraire, le leur dans la rue de la Préfecture ; il avait été fondé par sainte Françoise de Chantal. Supprimé à l'époque de la révolution, cet ordre religieux a été rétabli à Dijon par M. de Boisville, sacré évêque du département de la Côte-d'Or le 11 août 1822. Les religieuses de cet établissement ont fondé chez elles une institution de jeunes demoiselles. Les Visitandines ont aujourd'hui une charmante église, dont l'entrée est dans un passage situé à l'extrémité méridionale de la rue Crébillon. Ce gracieux édifice, élevé sur les dessins et sous la direction de M. Sirodot aîné, architecte à Dijon, fait honneur à cet artiste. Les fonds avaient été fournis par la piété des fidèles ; la consécration de l'église, qui n'a coûté que 30,000 fr., a eu lieu dans l'été de 1846.

2° Les Jésuites. Cet ordre avait acheté pour son établissement à Dijon une maison appartenant à la demoiselle Mairot et situé rue de la Préfecture, n° 53, en face du couvent des dames Sainte-Marthe : mais le 28 août 1856, ce vaste et bel édifice leur fut racheté par le département, moyennant 48,000 fr., pour l'agrandissement de la préfecture qui y plaça ses bureaux. Les Jésuites ont alors acquis une grande partie de ce qu'on appelait autrefois le petit Cîteaux, situé rue Saint-Philibert ; ils y ont fait élever une chapelle et établi leur couvent.

3° Les Dominicains. Leur établissement à Dijon date seulement du mois d'octobre 1860. Ils ont fait l'acquisition, en 1859, de vastes bâtiments situés rue Turgot, appartenant à un sieur Bresson et à une dame Collot, et qui faisaient autrefois partie du couvent des Cordeliers ; ils formaient le cloître de l'ancien monastère.

4° L'HOSPICE DE NAZARETH. Cette maison, fondée par des religieuses hospitalières de l'hôpital général de Dijon, est située à Champ-Maillot, près de la Fontaine-des-Suisses : elle a pour but de recueillir des orphelines ou enfants assistés, et de les élever aux travaux de la campagne pour en faire de bonnes domestiques.

5° LES DAMES DU BON-PASTEUR, dont la résidence est rue Saint-Lazare, faubourg Saint-Pierre : le but qu'elles se proposent est la moralisation des filles de mauvaise vie et l'éducation des enfants illégitimes.

6° LES SŒURS SAINTE-MARTHE, qui se vouent au pansement des malades et à l'éducation des jeunes filles ; elles ont été fondées le 8 mai 1628 par Mgr Zamet, évêque de Langres, avec le concours de Louise Morel et de Marguerite Esmonin, qui devinrent les premières sœurs ; leur maison est située rue de la Préfecture, dans un vaste bâtiment qui dépendait autrefois du couvent de la Visitation fondé par sainte Françoise de Chantal. La jolie chapelle de cet établissement a un autel dans le style espagnol, et qui provient des Chartreux.

7° LES SŒURS DE CHARITÉ, qui avaient autrefois à Dijon sept maisons, sous les noms de Saint-Jean, Saint-Philibert, Saint-Médard, Saint-Nicolas, Notre-Dame, Saint-Michel et Saint-Pierre. Leur établissement a eu lieu en 1682 par les soins de Bénigne Joly, chanoine de Saint-Etienne. Les différentes maisons ont été fondées, savoir : Notre-Dame, en 1696; Saint-

Pierre, en 1702 ; Saint-Jean, le 12 avril 1719 ; Saint-Michel, en 1743 ; Saint-Philibert et Saint-Médard, en 1751, et Saint-Nicolas, en 1753. Elles ont été d'abord réduites à cinq par la suppression de la maison Saint-Médard et la réunion des maisons Saint-Nicolas et Notre-Dame ; puis à quatre par celle des deux maisons Saint-Jean et Saint-Philibert, qui ont été transférées dans une vaste maison acquise par le bureau de bienfaisance, à l'angle des rues du Tillot et des Novices, au midi de l'église Saint-Philibert. Elles distribuent des aumônes et donnent des soins aux pauvres malades ; elles dirigent, en outre, des écoles pour les jeunes filles indigentes ; elles ont, de plus, des ouvroirs destinés à apprendre des états aux filles pauvres.

8· LES PETITES-SŒURS DES PAUVRES se sont établies à Dijon dans le cours de l'année 1852. Soutenues par la charité des fidèles, elles se consacrent à soigner les pauvres vieillards des deux sexes qu'elles reçoivent dans leur maison, et pour lesquels elles recueillent chaque jour des aumônes. Elles habitaient d'abord une maison située à l'angle des rues Berbisey et du Refuge, du côté du rempart ; mais l'administration municipale leur a cédé depuis un vaste local dans les bâtiments de l'ancienne communauté du Bon-Pasteur. Elles ne reçoivent pas de la ville de subvention fixe et régulière ; mais elles ont une part dans le produit de toutes les fêtes de bienfaisance, et la charité ne leur fait pas défaut ; elles logent, nourrissent et entretiennent aujourd'hui plus de cent vieillards des deux sexes. Depuis 1860, leur situation a été régularisée, et elles ont été approuvées comme succursale de la maison-mère de Rennes.

9° LA SOCIÉTÉ DE SAINT-VINCENT-DE-PAUL a pour objet la visite et la consolation des pauvres, le patronage des apprentis et des jeunes ouvriers, la réhabilitation des unions illicites, la légitimation des enfants naturels, etc. Elle possède une bibliothèque à l'usage des pauvres; elle a une conférence pour chacune des paroisses de la ville. Ces conférences se tenaient d'abord dans la maison située rue Buffon, n° 8, sur l'emplacement de l'ancienne salle de spectacle, établie elle-même dans un ancien jeu de paumes appelé le *Tripot-des-Barres* : elles ont lieu aujourd'hui dans une maison de la rue Berbisey, portant le n° 8.

§ XIII.

Temple protestant.

L'autorité municipale a accordé aux protestants l'ancienne chapelle des Élus, située au rez-de-chaussée de l'hôtel de Ville, derrière la salle de la Société philharmonique; l'entrée est dans la cour, à l'ouest de cette salle. Cette chapelle est d'assez bon goût. On y célèbre l'office divin tous les dimanches, à onze heures du matin.

Le culte protestant a été autorisé à Dijon par ordonnance royale du 2 septembre 1829.

§ XIV.

Temple israélite.

Le temple israélite de Dijon est compris dans la circonscription de la synagogue consistoriale de Paris : il est placé dans une salle de l'hôtel de Ville située à l'angle des rues des Forges et Porte-aux-Lions, au rez-de-chaussée.

CHAPITRE IV.

Places, Portes, Remparts, Fontaines, Promenades
et Alentours de Dijon.

§ Ier.

Places.

Dijon renferme un assez grand nombre de places, qui ne sont pas toutes dignes de l'attention des voyageurs : en voici l'énumération :

1° LA PLACE D'ARMES. — Elle portait anciennement le nom de place Saint-Barthélemy, et elle n'avait pas une forme régulière. Lorsque, en 1686, les Etats de Bourgogne eurent effectué son embellissement, ainsi que la reconstruction du palais, elle reçut le nom de place Royale. Elle a été construite sur les plans de M. de Noinville, architecte de la province ; l'adjudication des travaux fut tranchée, le 2 septembre 1681, au sieur Pierre Lambert, moyennant la somme de 22,000 livres. En 1725, elle était entièrement achevée.

Au milieu s'élevait une belle statue en bronze, de près de 9 mètres de hauteur, représentant Louis XIV à cheval et habillé à la romaine. Le piédestal était en marbre blanc, entouré d'une grille dorée. Cette statue, exécutée par Lehongre, pesait 52 milliers, et avait coûté 150,000 livres. Fondue en 1690 et amenée par eau jusqu'à Auxerre, elle y resta jusqu'en 1725, faute de moyens de transport. On parvint à cette époque à la placer sur un char attelé de trente paires de bœufs, et à l'amener à Dijon, après avoir applani les routes où elle devait passer ; elle arriva à Dijon le 21 septembre 1718, par la porte Guillaume, et on lui fit traverser la rue Condé, qui était alors beaucoup plus étroite qu'aujourd'hui, et dont les maisons étaient pour la plupart construites en bois. Pour faciliter son passage, on fut obligé de démolir plusieurs maisons situées près le Coin-du-Miroir.

Ce ne fut que quelque temps après que l'on plaça les ornements en marbre du piédestal : cette décoration fut exécutée par le marbrier Spingola, sur les dessins du célèbre Boffrand, ingénieur de Paris.

Le bronze de la statue avait coûté 20 sous la livre ; le travail de l'artiste, 30,000 livres ; le transport d'Auxerre à Dijon, 15,000 livres ; son élévation sur son piédestal, 11,000 livres. On employa pour la décoration de ce piédestal 1,294 pieds de marbre blanc, coûtant brut 32 livres le pied carré rendu à Dijon.

La destruction de cette statue équestre fut résolue en 1792. Le mardi 14 août de cette année, la municipalité fit publier à son de trompe que les citoyens ne fussent pas surpris du bruit que pourrait occasionner sa chute : le lendemain, elle fut précipitée sur des fagots, et brisée le 23 du même mois.

Cette place a porté successivement, et selon les

temps, les noms de place Royale, place Impériale, et enfin celui de place d'Armes, qu'on lui donne aujourd'hui.

2° PLACE DES DUCS-DE-BOURGOGNE. — Elle n'a de remarquable que la façade de la partie nord de l'ancien palais des Ducs, qui se termine à l'est par la tour de Bar et la nouvelle construction qui complète l'hôtel de Ville, et à l'ouest par la grande Tour. C'est sur cet emplacement qu'était autrefois le jardin du palais, au milieu duquel était un vaste bassin d'eau vive : Marguerite de Flandre y avait fait construire, en 1387, de magnifiques étuves.

Cette place était garnie, il y a plusieurs années, de quelques rangs d'arbres, qui ont été arrachés.

3° PLACE SAINT-ETIENNE, OU DU MARCHÉ. — Elle est remarquable par la réunion des monuments qui l'entourent : au nord la salle de spectacle, à l'est Saint-Michel et Saint-Etienne, au midi la rue Chabot-Charny, qui se termine par la place Saint-Pierre et la promenade du Cours. C'est sur cette place, à l'angle des rues Lamonnoye et Saint-Michel, qu'était autrefois l'église Saint-Médard, et un peu plus loin, du même côté, la chapelle Saint-Vincent.

4° PLACE SAINT-MICHEL. — En 1534, on y amena les eaux de la Fontaine-des-Suisses, située à l'est de la ville : au milieu d'un bassin en pierre de 2 mètres 92 centimètres de diamètre s'élevait une colonne de 2 mètres 60 centimètres de hauteur, surmontée d'une statue qui versait les eaux dans le bassin.

D'après un marché passé, le 27 février 1534, avec Jehan Brouhée, il s'engagea à faire « ung bassin de pierre d'Ix-sur-Thille, pour recevoir l'eauue de la fontaine de Champmaillot, que l'on a faict venir en la place et marchief de Saint-Michiel, prés la croix, devant l'hostel de Pierre de Lusy; lequel bassin sera faict en rondeur, qui aura de dyamètre dans œuvre 8 piedz 8 polces; au milieu ung pillier de 14 polces carrés, qui aura 5 piedz de haulteur, et rétressira ledict pillier trois polces audessoubs de l'eauue, sur lequel se mettra le signe de *Aquarius*, qui aura 2 piedz et demi de hault, qui tiendra à chacune main un bocal dont vuydera l'eauue audict bassin, et aura la cherche d'icelui bassin d'un pied à 10 polces de gros, et seront toutes les pierres d'Ix-sur-Thille, bien et dehuement taillées et cimentées; le tout, excepté ledict *Aquarius* (payé à part), au prix de 50 livres tournois. »

Il paraît qu'on avait sculpté sur ce monument les armes de la ville, et qu'il y avait aussi un lion, qui fut vendu, le 21 juillet 1598, moyennant six écus.

Cette fontaine, rétablie en 1618, fut supprimée en 1636.

On remarque aujourd'hui sur cette place une fontaine due à la tentative faite pour établir un puits artésien. Les travaux de forage avaient commencé en mars 1829 : la sonde a été conduite à une profondeur de 15 mètres. L'eau s'est élevée à 2 mètres en contrebas du pavé de la place, tandis que celle des puits voisins est à près de 10 mètres. Les frais ont atteint le chiffre de 31,000 francs. Pour utiliser ce puits, dont l'eau est intarissable et d'une excellente qualité, la ville l'a fait recouvrir, en 1835, d'une voûte sur laquelle s'élève un piédestal supportant un vase, et renfermant une pompe qui amène l'eau dans un petit bassin.

5° PLACE SAINT-PIERRE. — Elle a été établie dans le cours de l'année 1836, sur l'emplacement qui se trouvait autrefois en avant du bastion et de la tour de l'ancienne porte Saint-Pierre. Elle a un diamètre de 110 mètres, et elle est ornée de plantations d'arbres et d'un magnifique jet d'eau, dont l'essai a été fait au milieu d'une fête publique, le 28 juillet 1841. La gerbe est formée de 17 jets ; celui du milieu s'élève à plus de 13 mètres. Le bassin a 28 mètres de diamètre intérieur sur 70 centimètres de profondeur.

Les eaux du bassin, conduites par un tuyau souterrain, vont alimenter un lavoir public situé au pied du rempart.

Des candélabres, supportant des lanternes à gaz, ont été placés autour du bassin, et, dans le cours de l'automne 1852, quatre parterres entourés de grilles ont été disposés dans le même emplacement : l'administration a le projet de faire placer une statue au centre de chacun d'eux.

C'est sur cette place, à l'entrée de la rue des Moulins, qu'a été édifiée la nouvelle église Saint-Pierre : les premiers travaux ont commencé le 3 juillet 1853, et l'inauguration a eu lieu le 31 octobre 1858.

6° PLACE DES CORDELIERS. — Elle a reçu son nom du couvent des Cordeliers, qui y avait son entrée : elle était ornée autrefois d'une fontaine publique, détruite en 1628. En 1791, elle fut appelée place Mirabeau, et plus tard place de la Réunion, parce que ce fut dans les salles du couvent que s'opéra, en 1789, la réunion des trois ordres de la province. Sous la Restauration, on l'appela place Bourbon ; elle a repris aujourd'hui son ancien nom. On voit encore à l'angle nord-ouest de la place une vieille tour qui faisait partie de l'hôtel de Guillaume Hugonnet, chancelier de Bourgogne, qui périt à Gand, victime de sa fidélité à la fille de Charles le Téméraire.

7° PLACE MORIMOND. — Elle n'a rien d'intéressant : c'était là que se faisaient, il y a quelques années, les exécutions publiques. Elle doit son nom à l'hôtel des abbés de Morimond, qui s'y trouvait situé.

8° PLACE SAINT-JEAN. — L'église Saint-Jean, aujourd'hui consacrée à la réserve de la boulangerie, lui a donné son nom. C'était sur cette place que se faisaient autrefois les feux de joie, la veille de la Saint-Jean. Henri IV mit le feu à celui qu'on alluma le 23 juin 1595, à huit heures, *après souper*. L'hôtel situé en face de la rue Piron est celui des princes d'Orange, démoli par ordre de Louis XI lorsque le prince d'Orange soutenait contre lui les droits de Marie de Bourgogne, rétabli depuis par Charles Févret, et habité plus tard par le célèbre président de Brosses. La seconde maison après cet hôtel, du côté du midi, est celle où est né le grand Bossuet, en 1621. En face de cette maison on voit celle où est né le célèbre chimiste Guyton de Morveau. Du même côté, à l'entrée de la rue Bossuet, et dans les bâtiments occupés par l'ancienne imprimerie de M. Loireau-Feuchot, appartenant aujourd'hui à M. Rabutôt, était autrefois le séminaire du diocèse, dirigé par les pères de l'Oratoire.

9° Place Saint-Bénigne. — Elle n'a d'intéressant que les deux églises qui la décorent. — C'était autrefois l'ancien cimetière de la ville, sur lequel se tenaient les assemblées populaires.

10° Place Darcy. — Cette place est située entre la porte Guillaume et le réservoir des fontaines. Il était bien juste qu'elle portât le nom de celui dont le talent désintéressé a doté sa ville natale d'eaux abondantes et délicieuses. Cette place sert de débouché à la gare du chemin de fer, ainsi qu'aux deux routes de Paris par Troyes et Sens. L'administration municipale a fait placer, en 1860, le buste en bronze de M. Darcy sur le réservoir des fontaines. C'est en 1851 que la ville a fait établir en avant du Château-d'Eau une fontaine entourée de parterres.

11° Place Saint-Bernard. — Elle est de construction toute récente : elle a été édifiée de 1836 à 1844 par M. Adrien-Léon Lacordaire, ingénieur civil à Dijon, et depuis directeur de la manufacture des Gobelins, à Paris. Elle a la forme d'un demi-cercle s'appuyant sur une large avenue plantée d'arbres dans la direction de l'est à l'ouest; de son centre rayonnent trois rues : la rue Sambin, à droite ; la rue Saint-Bernard, au milieu ; et la rue Montigny, à gauche, aboutissant toutes trois à la rue Devosges, parallèle au boulevard. A l'extrémité nord de la rue Saint-Bernard, et sur une petite place qui s'appuie sur la rue Devosges, avait été érigée une magnifique statue de saint Bernard, due au ciseau de notre compatriote Jouffroy. C'est le 5 novembre 1847 qu'elle a été placée sur son piédestal, et l'inauguration solennelle en a été faite le dimanche 7 novembre, en présence de toutes les autorités de la ville et d'un concours immense d'habitants et d'étrangers. Des discours ont été prononcés par Mgr l'évêque de Dijon, et par M. Frantin, président de l'Académie. Les événements politiques de 1848 avaient forcé l'autorité, dans un but de conservation, de l'enlever et de la transporter dans l'église Saint-Bénigne, où elle avait été placée sous la tour du clocher. Dans le courant du mois d'octobre 1852, elle a été rapportée aux lieux de son érection et placée, cette fois, où elle aurait dû être dès l'origine, au centre de la place qui porte le nom du grand saint qu'elle représente.

La hauteur totale du monument est de 10 mètres 72 centimètres ; la statue a 3 mètres 15 centimètres ; la plinthe qui la supporte est épaisse de 25 centimètres.

Le piédestal, de forme hexagone et de 6 mètres 72 centimètres de hauteur, se compose de trois parties :

le socle, de 2 mètres 63 centimètres de haut sur 1 mètre 43 centimètres de côté; le dé ou fût, de 3 mètres 29 centimètres de haut sur 1 mètre 18 centimètres de côté; l'acrotère de 0,80 centimètres de haut sur 0,75 centimètres de côté. Ce piédestal repose sur une plate-forme circulaire de 10 mètres 60 centimètres de diamètre, autour de laquelle règne un trottoir de 1 mètre 50 centimètres de largeur. La plate-forme est entourée d'une grille en fer de 1 mètres 85 centimètres de hauteur.

Sur le panneau du socle regardant la ville on lit : *A saint Bernard, né à Fontaine-lez-Dijon en MXCI;* sur le panneau opposé : *Erigé par souscription, VII nov. MDCCCXLVII.*

Le dé est évidé par six niches peu profondes, contenant autant de figures en bas-relief, presque rondebosse, de 1 mètre 95 centimètres de hauteur, taillées dans la masse, et un peu en saillie sur les faux dés. Elles représentent : le pape Eugène III; Louis VII, roi de France; Hugues le Pacifique, duc de Bourgogne; Suger; Pierre le Vénérable; et Hugues de Payens, grand-maître des Templiers.

La disposition architecturale est due à M. Lacordaire; la statue de saint Bernard et les six autres sont de M. Jouffroy. La première a été fondue à Paris par Soyer; M. Forey jeune, sculpteur dijonnais, a exécuté l'ornementation.

La dépense s'est élevée en totalité à 41,075 fr. 15 c., dont 16,000 fr. pour la sculpture des sept figures, et 8,000 fr. pour la fonte en bronze de celle de saint

Bernard. Le nouveau quartier fondé par M. Lacordaire a reçu de cet embellissement une impulsion puissante. A l'époque de l'érection de la statue, la place seule était construite, mais depuis, la seconde place s'est formée et avec elle les rues Sambin, Montigny, Devosges, d'Ahuy, et des Roses, qui sont aujourd'hui presque entièrement garnies de belles et vastes constructions, et qui s'agrandissent tous les jours.

12° PLACE DE LA BANQUE. — Elle n'offre rien qui soit digne d'intérêt. C'est sur cette place que s'est établie la succursale de la Banque de France.

13° PLACE CHARBONNERIE. — Sous l'empire, elle avait reçu le nom de place Napoléon. C'est sur cette place qu'étaient autrefois les hôtels de la famille de Vergy et de Philippe Pot, gouverneur du duché de Bourgogne sous Philippe le Bon.

14° PLACE SAINT-NICOLAS. — La destruction de l'ancienne porte Saint-Nicolas, en 1810, et l'enlèvement de l'ancien bastion pendant les années 1841-1847, ont laissé libre, à l'extrémité de la rue Saint-Nicolas, un vaste emplacement qui n'est pas encore aménagé, et sur lequel débouchent les routes de Langres et de Gray, les rues Sainte-Marguerite et Sainte-Catherine. M. l'architecte Degré avait présenté à la ville un plan destiné à régulariser cette place, et une entreprise avait été formée par actions dans le but d'en procurer l'exécution ; mais cette tentative n'a pas eu de résultats.

§ II.

Portes, Remparts, Enceinte nouvelle.

L'ancienne enceinte de Dijon, décrite par Grégoire de Tours au IIIe livre de son histoire, était percée de quatre portes correspondant aux quatre points cardinaux, et garnie de trente-trois tours. La porte d'orient était près de l'église Saint-Michel, celle du midi près du point où se réunissent les rues Chabot-Charny et de l'Ecole de droit, celle du couchant près de la petite place Saint-Georges; enfin, celle du nord à l'extrémité de la rue Porte-aux-Lions donnant sur la rue des Forges.

La seconde enceinte, commencée après le grand incendie de 1137, et finie en 1357, par Jeanne de Boulogne, mère et tutrice de Philippe de Rouvres, dernier duc de Bourgogne de la première race, avait huit portes : la porte Guillaume, la porte d'Ouche, la porte Fondoire ou Nanxion, au bout de la rue des Crais ou du Chaignot; la porte Saint-Pierre, la porte des Chanoines ou porte Neuve, la porte au Comte-de-Saulx ou Saint-Nicolas, la porte Bouchefol, Fourmerot ou Fermerot, et la porte aux Anes, qui conduisait aux moulins de Suzon, et sur l'emplacement de laquelle de La Trémouille fit élever en 1513 la tour qui depuis a porté son nom. Les portes Fondoire, aux Anes et

Fermerot ont été condamnées lors du siége des Suisses en 1513, et n'ont pas été rétablies depuis (1).

En 1850, la ville qui avait acheté la tour, dans laquelle la porte Fermerot était autrefois établie, fit détruire cette tour et la portion de rempart sur laquelle elle s'appuyait : ce rempart fut alors remplacé par une rue partant de la rue Saint-Nicolas à l'est, et allant en ligne droite à la rue des Godrans : c'est aujourd'hui la rue du Nord. Son établissement a été l'un des premiers coups portés aux anciens remparts de la ville.

Nous allons passer en revue les portes qui existaient à Dijon, il y a peu d'années ; mais depuis l'établissement de la nouvelle enceinte, plusieurs ont été supprimées ou n'existent plus que comme ornement ou comme passage.

1° La porte Guillaume, ou de la Liberté, conduit aux deux routes de Paris par la Champagne et par la Bourgogne, ainsi qu'à la station du chemin de fer. Elle doit son nom à Guillaume, abbé de Saint-Bénigne, qui la fit construire au XIIe siècle sur les terres de l'abbaye, et sans doute pour la défense du quartier. Elle était surmontée d'une tour ronde qui fut démolie en 1783, et remplacée par un arc de triomphe érigé en

---

(1) Il paraît qu'il a existé anciennement une neuvième porte située à l'extrémité de la rue Chancelier-Lhôpital, et dont on a trouvé les maçonneries et les ferrures lors du percement récent de cette dernière rue. Cette porte avait dû être murée au moment du siége des Suisses, comme les trois qu'on vient de nommer.

l'honneur du prince de Condé, gouverneur de Bourgogne. La porte prit ainsi le nom de porte Condé ; les travaux en avaient été dirigés par M. Maret, alors ingénieur-voyer de la ville, père du duc de Bassano. Elle portait à cette époque une inscription latine à la louange du prince de Condé : on y substitua, quelques années plus tard, la déclaration des droits de l'homme, qui fut à son tour effacée sous l'empire.

En 1815, on avait placé au sommet de cette porte un char de triomphe attelé de quatre chevaux, et dans lequel était un génie tenant à la main des branches de lis et d'olivier ; cet emblème, imaginé en l'honneur du comte d'Artois, qui vint à Dijon à cette époque, fut enlevé au bout de quelques années, parce qu'il menaçait ruine.

Cette porte n'est plus aujourd'hui qu'une décoration qui sert de limite entre la ville et la place Darcy.

2° LA PORTE D'OUCHE conduisait à la route de Lyon et du Midi, et se trouvait en face du portail de l'hospice général. Elle était autrefois défendue par deux tourelles et par la tour de Guise, élevée à l'époque de la ligue ; plus tard, lorsqu'on détruisit les vieilles fortifications, elle fut reconstruite, et on la forma de deux pilastres ornés de faisceaux d'armes et réunis par une grille en fer. Elle a été remplacée par le viaduc du chemin de fer de Paris à Lyon. La première pierre de cette construction a été posée par M. le duc de Nemours, le 17 septembre 1843. Il a été placé dans les fondations une inscription ainsi conçue : « Sous le règne de S. M. Louis-Philippe Ier, roi des Français, le XVII septembre MDCCCXLIII. S. A. R. Mgr le duc de Nemours a posé la première pierre de ce viaduc du chemin de fer de Paris à Lyon. — M. Teste, ministre ; M. Legrand, sous-secrétaire d'Etat des travaux publics ; M. Nau de Champlouis, pair de France, préfet de la Côte-d'Or ; M. Victor Dumay, maire de la ville de Dijon ; M. Parandier, ingénieur en chef chargé de la direction des travaux. »

M. Parandier avait fait lithographier à cette époque un charmant dessin du viaduc qui devait être élevé sur cette première pierre, et dont les proportions étaient d'une grande élégance ; mais ce projet n'a pu être mis à exécution. Le viaduc actuel, incommode et disgracieux, a été élevé malgré l'opposition et les instances de l'administration municipale.

3° La porte du Refuge est un passage destiné à mettre la ville en communication avec le nouvel abattoir en passant sous le rempart du Tivoli. Elle a été établie en 1859.

4° La porte Saint-Pierre était autrefois flanquée de deux tours et d'un bastion qui se trouvaient placés dans l'axe de la rue Chabot-Charny (Saint-Etienne), au pied des deux remparts ; la rue, tournant ensuite à droite, passait sous une autre tour et traversait un pont jeté sur le lit de Suzon : les tours et le bastion, acquis par la ville en 1825, moyennant 32,000 fr., ont été démolis en 1826, et remplacés par une porte se composant d'une grille élégante, fixée dans deux corps de bâtiments dont le fronton est orné de bas-reliefs dus au ciseau de M. Moreau, sculpteur dijonnais; au-devant s'élance un beau jet d'eau, au milieu d'un vaste bassin entouré d'arbres et de verdure ; plus loin est le cours du parc. Les deux bâtiments ont été construits en 1838 et 1839, sur les plans dressés par M. Papinot, architecte-voyer de la ville. Cette porte conduit à la route de la Suisse par Auxonne et Besançon, et à celle de Saint-Jean-de-Losne, Seurre et Lons-le-Saulnier. Les grilles, devenues inutiles lors de l'établissement de l'enceinte extérieure, ont été enlevées pour les fêtes données, en 1860, à l'Empereur et à l'Impératrice.

5° En 1852, une société de propriétaires a fait ouvrir une porte à l'extrémité orientale de la rue Chancelier-Lhospital. Elle a été pratiquée à la place même d'une ancienne porte dont on a retrouvé la maçonnerie et les gonds, et dont les anciens écrivains ne font pas mention. Elle passe sous le rempart et dessert la route de Mirande, Chevigny et autres villages. Elle a été construite au moyen de souscriptions particulières, et a pris le nom de porte Chancelier-Lhospital.

6° LA PORTE NEUVE, autrefois porte des Chanoines, fut murée à l'époque du siége de Dijon par les Suisses; en 1741, elle fut rétablie telle qu'on la voit aujourd'hui, et prit le nom de porte Bourbon ou porte Neuve. C'est la route de Gray et de Pontailler.

7° La porte Saint-Nicolas conduisait à la route de Langres et du Nord. Bâtie en 1137, elle était défendue par une tour ronde d'une élévation considérable ; elle fut reconstruite en 1443, et reçut alors le nom de porte au Comte-de-Saulx. Abaissée en 1630, après la sédition de Lanturlu, cette tour fut démolie en 1811 ; elle était placée à l'extrémité de la rue actuelle, qui passait sous ses voûtes, tournait à gauche et allait gagner la porte aujourd'hui détruite, et qui se trouvait à l'entrée du pont qui existe encore sur Suzon. Le bastion s'étendait depuis le passage sous la tour jusqu'à l'extrémité du pont, qu'il dominait entièrement. Il avait été concédé à la ville en 1753 par l'Etat, et elle l'avait vendu en 1810 ; elle le racheta en 1841, de MM. Audiffred et de Kolly, pour le prix de 54,000 fr., et il a été rasé de 1841 à 1847. A l'époque de la révolution, cette porte avait reçu le nom de porte Jean-Jacques ; elle avait repris depuis son ancien nom. C'est là que viennent aboutir les routes de Langres, de Gray et de Pontailler. Elle n'existe plus.

8° La porte Saint-Bernard et la place qui la touche ont reçu ce nom parce que l'emplacement sur lequel on les avait établies est en quelque sorte dominé par le village de Fontaine, où saint Bernard a pris naissance. Elle était de construction toute nouvelle, et avait été percée dans le rempart au pied duquel se terminait autrefois la rue des Champs ou des Godrans, et avec lequel on communiquait par un escalier. Ce fut la première atteinte portée aux remparts de la ville, qui ont cédé depuis sur un autre point au besoin d'agrandir l'enceinte de la cité. La porte Saint-Bernard n'existe plus : elle se composait d'une grille et de deux petits pavillons.

La statue de saint Bernard, exécutée en bronze par notre compatriote Jouffroy, était placée en face de la grille, qui a été portée à l'entrée de la promenade du Parc.

REMPARTS. — Ces portes étaient reliées entre elles par une ceinture de remparts qui, avant l'ouverture de la porte Saint-Bernard et l'enlèvement du rempart entre cette porte et la porte Saint-Nicolas, entouraient complétement la ville. Ces remparts, tous plantés d'arbres, formaient sur quelques points de charmantes promenades. On voit, en parcourant ceux qui existent encore, quelques-unes des tours qui s'élevaient autrefois le long de leurs courtines, et on domine les bastions qui les protégeaient et qui ne sont plus aujourd'hui que de vastes jardins couverts d'arbres à fruits. Elevés, ainsi que les bastions, après le siége des Suisses, ils complétaient, avec le château, le système de défense de la ville. Les plus agréables sont celui de Tivoli ou de Guise, entre la porte d'Ouche et la porte Saint-Pierre, et celui de la porte Saint-Pierre à la porte Neuve.

Depuis l'établissement du chemin de fer, le besoin de multiplier les communications entre la ville et la gare a décidé l'administration municipale à faire détruire le rempart de la Miséricorde entre la porte

Guillaume et la rue de la Prévôté : aujourd'hui le parcours entre cette dernière rue, la place Saint-Bénigne, la place ouverte nouvellement en face de la cathédrale et la gare, se fait de plein pied et sans obstacles, et la ville n'a plus rien qui la sépare de la promenade du roi de Rome.

ENCEINTE NOUVELLE. — Par délibération du 15 février 1848, l'administration municipale a décidé l'établissement d'une ligne unique d'octroi et la construction d'une nouvelle enceinte de la ville de Dijon : elle a voté une somme de 35,000 fr. pour les murs qui doivent être élevés à cet effet.

Cette enceinte, qui comprend tous les faubourgs de la ville, part de l'angle sud-ouest du cimetière, contourne les clos au nord, gagne par une ligne oblique le climat des Roses, suit le derrière des jardins au nord jusqu'au pont des Capucins sur la route d'Ahuy, puis le cours du vieux Suzon jusqu'au Pont-aux-Chaînes, le mur du parc de Montmusard du côté de la ville, le fossé oriental de l'Allée-de-la-Retraite, le mur d'enceinte de la nouvelle prison du côté du faubourg, le mur au midi des clos jusqu'au cours du parc, le fossé au levant du cours, et le mur occidental de cette promenade jusqu'au pont de la Colombière ; elle se dirige de là par une ligne en biais, en suivant l'Ouche et le canal, jusqu'au midi des maisons situées sur la route de Beaune, de là au pont de Larrey, en suivant le bassin du canal ; de ce pont, par une ligne oblique, jusqu'à l'asile des Aliénés, qui fait limite, et enfin de ce dernier point à l'angle du cimetière, en embrassant le vaste emplacement de la gare du chemin de fer et la rue qui la borne au nord.

§ III.

Fontaines.

Rien n'exerce plus d'influence sur la salubrité publique que des eaux saines et abondantes ; et, sous ce rapport, la ville de Dijon, il n'y a pas beaucoup d'années, avait encore tout à désirer. Les habitants n'avaient à leur disposition que de l'eau de puits de mauvaise qualité, et le plus souvent gâtée par le voisinage des fosses d'aisances et des égouts ; cette pénurie se faisait surtout sentir pendant les grandes chaleurs de l'été, lorsque les puits sont presque à sec et qu'une odeur infecte s'exhalait du lit de Suzon, qui traverse la ville sur une longueur de 1,304 mètres, et qui servait autrefois de réceptacle aux immondices des quartiers qu'il supporte sur ses voûtes.

A plusieurs époques les princes et les magistrats de la cité s'étaient inquiétés de ce déplorable état de la ville, et avaient fait des efforts pour y remédier. En 1321, des bains publics existaient à l'angle des rues Vannerie et Jeannin ; les hommes s'y rendaient le mardi et le jeudi, les femmes les lundi et mercredi. En 1387, il y avait deux autres établissements de ce genre, l'un rue Cazotte, l'autre rue Verrerie. En

1446, la ville acheta d'Ode Douhay, moyennant 400 livres, un bâtiment situé au-dessus de la rue des Petits-Champs, pour y établir des étuves, ainsi que la maison dite *Maison de la ville pour les fillettes communes*. Il y avait encore, au XVIe siècle, des fontaines publiques sur les places Saint-Michel, Saint-Etienne et des Cordeliers, et de nombreuses délibérations prises par les magistrats municipaux relativement à l'entretien et à la police de ces établissements témoignent du prix qu'on y attachait. Mais les maladies qui ravagèrent le pays vers ce temps, les guerres civiles qui ne lui furent guère moins funestes, et surtout la diminution des sources qui avaient été conduites dans la ville, amenèrent bientôt la destruction de ces précieux monuments élevés à la santé publique.

Depuis ce temps, plusieurs projets avaient été mis en avant pour amener à Dijon des eaux saines et abondantes, dont le besoin se faisait plus vivement sentir chaque jour. Les uns proposaient d'élever, par des machines, les eaux de la rivière d'Ouche à la hauteur de la tour de Guise, qui se trouvait à quelques mètres de la porte d'Ouche, dans la rue qui y conduit, ou même du bastion de Tivoli, pour les distribuer ensuite dans la ville; les autres voulaient qu'on amenât jusqu'à Dijon les eaux de la fontaine de Neuvon, située à l'ouest, au-delà du village de Plombières; le célèbre architecte Sambin, le géomètre Chapus et Courtépée voulaient, au contraire, qu'on choisît pour cet usage la source du Rosoir, située dans le vallon de Suzon, au-dessus du moulin de Messigny; et M. de

Montfeu, ingénieur en chef des ponts-et-chaussées, employé à Dijon sous l'empire, avait fait, sur cette dernière donnée, un travail assez complet.

Ces projets n'étaient encore pour tout le monde que des vœux qu'on espérait à peine voir se réaliser un jour, lorsqu'un vénérable prêtre, M. Etienne Audra, mort le 9 janvier 1823, chanoine honoraire à la cathédrale, légua à la ville une somme de 100,000 fr. pour l'établissement de fontaines publiques. Quelques années plus tard, en 1831, une société se forma pour tenter sur la place Saint-Michel le forage d'un puits artésien, qui ne réussit pas complétement. Enfin, M. Darcy, alors ingénieur des ponts-et-chaussées, et qui depuis a été nommé successivement ingénieur en chef et inspecteur général, présenta, le 15 décembre 1833, au Conseil municipal un mémoire remarquable dans lequel il démontrait la possibilité d'amener à Dijon la fontaine du Rosoir. Ce projet, approuvé par l'administration, par le conseil royal des ponts-et-chaussées et par le Conseil d'Etat, fut bientôt mis à exécution. La direction en fut donnée à l'ingénieur lui-même, et il a montré, par son zèle et son habileté autant que par son noble désintéressement, qu'il était vraiment digne d'une confiance si honorable.

C'est le 31 décembre 1838 qu'a été rendue l'ordonnance royale qui approuve le projet de M. Darcy. Les travaux furent adjugés le 19 juillet 1839 ; ils commencèrent le 21 mars suivant, et, le 6 septembre 1840, à trois heures et demie, les eaux de la fontaine du Rosoir se précipitèrent à grands flots d'une bouche de l'aqueduc, à quelques mètres en arrière du château d'eau, aux acclamations d'une population immense. M. Chaper, alors préfet du département; M. Victor Dumay, maire; M. Darcy; les membres du conseil municipal et les principales autorités de la ville et du département, avaient, à midi précis, pris possession de la fontaine dans le vallon de Messigny où elle prend sa source, et introduit ses eaux dans l'aqueduc.

La distance entre la source et le centre du bassin de la porte Saint-Pierre est de 14,224 mètres : la différence de niveau est de 63 mètres 32 centimètres. Le bassin de la source a été creusé dans le roc, ce qui en augmente le débit de plus d'un quart : il est renfermé sous une voûte qui préserve l'eau du contact de l'air extérieur et la maintient constamment à une température de dix degrés centigrades au-dessus de zéro. La quantité d'eau fournie par la source est de 5,040 mètres cubes en 24 heures au moins, et 17,280 mètres cubes au plus, ce qui donne 3,500 litres au moins par minute et 12,000 litres au plus. Ainsi, de toutes les villes d'Europe où il existe des fontaines publiques, Dijon est, après Rome, celle où l'eau est distribuée avec le plus d'abondance, même lorsque le débit de la source se trouve réduit à son minimum de 3,500 litres par minute, ce qui n'arrive que très rarement. On calculait que la quantité d'eau était de 168 litres 88 centilitres par 24 heures au moins pour chacun des 27,543 habitants qui, d'après le dernier recensement officiel, composait alors la population agglomérée de la ville.

L'aqueduc de dérivation des eaux, voûté à plein cintre, a 90 centimètres d'élévation et 60 centimètres de largeur ; il se déploie sur une ligne de 12,695 mètres, et se trouve constamment recouvert d'une couche de terrain d'un mètre, sauf dans trois ponts-aqueducs traversant la rivière de Suzon, et dans un intervalle de 160 mètres, où il est supporté par 59 arcades apparentes, en arrivant au grand réservoir de la porte Guillaume.

Ce réservoir, qui se trouve à 6 mètres en contre-haut du point le plus élevé de la ville, est composé de deux berceaux de voûtes concentriques s'appuyant contre les parois d'un puits circulaire central, et communiquant entre eux par 24 arcades ; il offre un diamètre extérieur de 53 mètres 70 centimètres, et peut contenir 22,000 hectolitres d'eau. Il est situé au centre de la petite promenade appelée la Plate-Forme, et qui fait face à la porte Guillaume. Il est surmonté d'un petit monument exécuté d'après les dessins de **M. Sagot**, architecte ; au-dessus de chacun des huit pilastres qui l'entourent sont sculptées des lettres gothiques qui forment ces mots : *le Rosoir* ; le millésime 1839 est placé au-dessus de la porte. L'administration a fait placer sur le soubassement des inscriptions destinées à rappeler l'époque de l'établissement des fontaines, le legs de **M. Audra**, le nom de l'ingénieur, la longueur des aqueducs, etc.

L'eau tombe de l'aqueduc dans le réservoir par un puits disposé en cascade. L'excédant de cette eau s'écoule ou par un déversoir placé à l'extrémité de l'aqueduc et sous le premier pavillon, ou par un aqueduc qui part du fond du réservoir, et qui, traversant la route de Paris par Auxerre, jette les eaux soit au jardin des Plantes, soit dans un lavoir situé près de là.

Quant aux eaux destinées à l'usage des habitants, elles entrent en ville par un premier aqueduc qui passe sous la porte Guillaume, descend la rue de la Liberté, passe sous la rue Condé, la place d'Armes, la rue Rameau, et arrive à la place Saint-Etienne, suit la rue Chabot-Charny, et se termine à un caveau placé sous le centre du bassin de la place Saint-Pierre.

Cet aqueduc principal a plusieurs embranchements, qui se dirigent : 1° par la rue Bossuet jusqu'à la porte d'Ouche ; 2° par la rue des Godrans jusqu'à la place Saint-Bernard ; 3° par les rues du Bourg et Berbisey jusqu'à la rue du Chaignot ; 4° par la cour de Bar, dans le Logis-du-Roi, la rue Verrerie, jusqu'à la rue du Champ-de-Mars et à la place Suzon ; 5° à l'angle de la salle de spectacle, par la rue de La Monnoie et la rue Jeannin, jusqu'à la porte Neuve ; 6° depuis l'hôtel des Archives, par la rue Saint-Nicolas, jusqu'au lit de Suzon ; 7° depuis la porte Saint-Pierre à la place des Cordeliers. Ces aqueducs, pavés en cuvettes et garnis sur un de leurs côtés de consoles de pierre pour supporter les corps de distribution, ont un mètre 75 centimètres de hauteur sous clé et 90 centimètres de largeur ; ils offrent une étendue de 5,543 mètres. Les conduites les moins importantes ont été faites en tranchées qui contiennent des tuyaux en fonte. Ces tuyaux, d'un diamètre qui varie de 35 à 6 centimètres, présentaient, tant sous galeries qu'en tranchées, lors du premier travail, une longueur de 11,611 mètres. Ils alimentaient alors 110 bornes-fontaines, disposées de manière à servir soit à l'arrosage des rues, soit au service des incendies. Il existait de plus neuf bornes-fontaines dans les bâtiments militaires, et sept à l'hospice général, sans compter huit ou dix robinets.

Il résulte d'un état général dressé le 31 décembre 1841, que la totalité de la dépense des fontaines, pour indemnité d'expropriation de la source, acquisition des terrains, transport de déblais, ouvrages de maçonnerie, tuyaux et appareils, monument du réservoir et pavillon sur l'aqueduc, lavoir, rétablissement du pavé de la ville, frais et traitements d'employés, s'était élevée jusqu'alors à la somme de 1,027,619 fr. 31 cent.

Pour compléter ce beau travail, l'administration a établi un second réservoir à l'est de la ville ; ce réservoir, situé au même niveau que celui de la porte Guillaume, peut contenir 30,000 hectolitres d'eau ; il permettra de le réparer, et d'alimenter momentanément la ville en cas de fracture des tuyaux : il a coûté 49,000 fr. Il entrait encore dans le plan adopté dans l'origine, de construire plusieurs lavoirs publics, d'augmenter le nombre des bornes-fontaines, et d'ériger des fontaines monumentales sur quelques-unes des places de la ville, au jardin des Plantes, au Cours et dans la promenade du parc. Ce plan a été largement développé par l'administration de M. André, à qui la ville doit deux nouveaux lavoirs, qui a augmenté le nombre des bornes-fontaines, et qui a fait établir la fontaine en bronze située au pied du grand réservoir. Les administrateurs qui lui ont succédé ont marché dans cette voie, et le nombre des bornes-fontaines est aujourd'hui de 147, consacrées au service du public.

Grâce à ces admirables dispositions, Dijon l'emporte pour la beauté et l'abondance de ses eaux sur les autres villes de France, et elle devra une reconnaissance éternelle à l'homme bienfaisant qui a légué les premiers fonds pour ce grand travail, à l'ingénieur qui l'a si bien conçu et dirigé, et à l'administrateur distingué qui en a fait voter l'exécution et surveiller l'accomplissement.

Pour exprimer à M. Darcy cette reconnaissance si bien méritée, le Conseil municipal de Dijon a pris à l'unanimité, le 4 mai 1846, une délibération dont voici les principaux articles :

« ART. 1er. En témoignage de reconnaissance du zèle, du talent et du noble désintéressement que M. HENRI-PHILIBERT-GASPARD DARCY, chevalier de l'ordre royal de la Légion-d'Honneur, ingénieur en chef des ponts-et-chaussées du département de la Côte-d'Or, et membre du conseil municipal de Dijon, a apportés dans l'établissement des fontaines publiques de cette ville, le conseil municipal lui offre, au nom des habitants, une médaille d'or destinée à en consacrer le souvenir.

« La remise lui en sera faite par le maire, accompagné de ses adjoints, et d'une commission spécialement déléguée à cet effet.

« Art. 2. Deux exemplaires en argent de cette médaille, ayant le même revers que la médaille d'or, seront offerts, l'un à Mme Darcy, mère de M. l'ingénieur Darcy, et l'autre à M. Hugues-léna Darcy, préfet du Gard, présentement à Dijon, son frère.

« Art. 6. La ville fournira gratuitement à M. Darcy, pendant sa vie, la quantité d'eau des fontaines publiques nécessaire à tous les besoins de sa famille et de sa maison.

« Art. 7. Ampliation transcrite sur parchemin de la présente délibération sera adressée à M. Darcy. »

Une magnifique médaille avait, en effet, été frappée aux frais de la ville pour consacrer le souvenir de l'établissement des fontaines à Dijon. L'une des faces représente avec une rare perfection le monument d'architecture qui couronne le réservoir de la porte Guillaume, et, sur des plans plus reculés, les principaux édifices de la ville; autour se lit cette exergue :

LA SOURCE DU ROSOIR AMENÉE A DIJON
L'AN M. DCCC. XL.

Les inscriptions sont de deux sortes :

Celle sur la médaille d'or, du poids de 242 grammes 80 centigrammes, destinée à être offerte à M. Darcy, et sur deux médailles en argent, destinées à sa mère et à son frère, est ainsi conçue :

A H.-P.-G. DARCY,
INGÉNIEUR EN CHEF
DU DÉPARTEMENT DE LA COTE-D'OR.
IL CONÇUT LE PROJET,

FIT TOUTES LES ÉTUDES,
POURSUIVIT JUSQU'A LA FIN L'EXÉCUTION
DES TRAVAUX AUXQUELS DIJON
DOIT LA CRÉATION ET L'ABONDANCE DE SES FONTAINES.
IL NE VOULUT ACCEPTER NI RÉMUNÉRATION PÉCUNIAIRE
NI MÊME L'INDEMNITÉ DE SES PROPRES DÉPENSES.
LE CONSEIL MUNICIPAL OFFRE UN TÉMOIGNAGE
DE LA RECONNAISSANCE PUBLIQUE
A H.-P.-G. DARCY,
DOUBLEMENT BIENFAITEUR
DE SA VILLE NATALE,
PAR SON TALENT
ET PAR SON
DÉSINTÉRESSEMENT.

La seconde inscription, gravée sur deux autres médailles en argent, et sur 600 en bronze, destinées au Musée, à la Bibliothèque et aux notabilités de la ville, présente en ces termes l'historique abrégé de cette importante entreprise :

LE CONSEIL
MUNICIPAL DE DIJON,
PAR DÉLIBÉRATION
DU V MARS M.DCCC.XXXIV,
RÉALISANT LES PROJETS
TENTÉS VAINEMENT
DEPUIS TROIS SIÈCLES
POUR PROCURER A LA VILLE DES EAUX SALUBRES,
UN LEGS DE L'ABBÉ AUDRA
CONTRIBUANT A LA DÉPENSE,

LES CONSTRUCTIONS DU RÉSERVOIR CIRCULAIRE,
QUI CONTIENT 22,000 HECTOLITRES,
ET DE L'AQUEDUC SOUTERRAIN
LONG DE 12,695 M., DÉBITANT 8,000 LIT. PAR MINUTE,
FURENT COMMENCÉES LE XXI MARS M.DCCC.XXXIX,
ACHEVÉES LE VI SEPTEMBRE M.DCCC.XL,
D'APRÈS LES PLANS
ET SOUS LA DIRECTION HABILE
AUTANT QUE DÉSINTÉRESSÉE
DE H.-P.-G. DARCY,
INGÉNIEUR EN CHEF DU DÉP^t
DE LA COTE-D'OR.

De plus, l'inscription suivante a été gravée en latin et en français sur le monument qui recouvre le réservoir des fontaines :

CES EAUX SALUBRES
ONT ÉTÉ AMENÉES ET DISTRIBUÉES
DANS TOUS LES QUARTIERS DE LA VILLE,
PAR DÉLIBÉRATION DU CONSEIL MUNICIPAL
DU V MARS M.DCCC.XXXIX.

LA PENSÉE PREMIÈRE DU PROJET AVAIT ÉTÉ INDIQUÉE
PAR HUGUES SAMBIN
ARCHITECTE DU XVIe SIÈCLE.

EN M.DCCC.XXXIX
HENRI DARCY DE DIJON
INGÉNIEUR EN CHEF DU DÉP^t A CONÇU ET EXÉCUTÉ
L'ŒUVRE AVEC HABILETÉ ET DÉSINTÉRESSEMENT.

UN LEGS GÉNÉREUX DE L'ABBÉ AUDRA
CONCOURUT A L'ENTREPRISE.

VICTOR DUMAY, MAIRE DE DIJON, L'A SECONDÉ
DE SON ZÈLE, SOUS L'ADMINISTRATION ÉCLAIRÉE
D'ACHILLE CHAPER, PRÉFET
DE LA COTE-D'OR.

Outre ces témoignages publics de gratitude, la ville de Dijon a offert à M. Darcy un don d'argenterie d'une valeur considérable. Depuis et en 1859, la ville a fait placer le buste en bronze de M. Darcy sur le monument qui recouvre le réservoir des fontaines.

Après l'établissement de l'enceinte nouvelle, les conduites des eaux et du gaz ont été poussées jusqu'aux extrémités des faubourgs aujourd'hui réunis à la ville. Cette mesure si utile a fait porter le nombre des bornes fontaines à 147, ainsi que nous l'avons dit plus haut.

D'un autre côté, l'accroissement assez notable de la population, qui, d'après le nouveau recensement, porte à 34,000 les habitants de Dijon, non compris la population flottante, qui est d'environ 4,000, a fait craindre que dans un temps donné, la quantité d'eau fournie par la fontaine du Rosoir ne se trouvât plus suffisante : dans cette prévision, l'administration municipale s'est occupée de la possibilité de joindre à cette première source, le magnifique réservoir de Sainte-Foi, ce qui permettrait de doubler la consommation actuelle.

§ IV.

Aqueduc de Suzon.

L'établissement des fontaines n'est pas le seul travail monumental que la ville de Dijon doive à l'administration de M. Victor Dumay. Depuis des siècles le torrent de Suzon traversait la ville depuis la tour de La Trémouille au nord, jusqu'à la porte d'Ouche au midi, sur une longueur de plus de 1,300 mètres. Son lit, découvert dans l'origine, avait été successivement envahi par des voûtes sur lesquelles s'étaient élevées des maisons qui, jetant dans ce canal leurs immondices de toute espèce, en faisaient un cloaque infect qui ne se nettoyait que pendant l'hiver, à l'époque où les eaux du torrent étaient enflées par les pluies ou la fonte des neiges.

M. Dumay résolut d'utiliser cet immense égout, et d'en faire disparaître les inconvénients, devenus plus graves surtout depuis que la brasserie de la rue Saint-Nicolas avait obtenu l'autorisation d'y jeter ses eaux. Il s'entendit à cet effet avec M. Darcy, qui prépara les études nécessaires, et qui fit, le 8 mai 1840, au conseil municipal, la proposition de canaliser le lit de Suzon. Ce projet fut pris en considération, mais les travaux immenses des fontaines en firent ajourner l'exécution. Enfin, le 15 juin 1846, le maire fut autorisé à négocier avec les propriétaires riverains, qui se trouvaient au nombre d'environ cent vingt ; les travaux ont commencé dans l'hiver de 1846 à 1847 ; ils ont été terminés dans celui de 1847 à 1848. L'aqueduc a 1,310 mètres de longueur : la dépense s'est élevée à 80,000 fr.

Ainsi, la ville de Dijon a été, dans l'espace de quelques années, dotée par M. Dumay de deux grandes constructions, les plus importantes sous le rapport de la salubrité publique, les fontaines et l'aqueduc de Suzon ; et, telle était la modestie de cet administrateur distingué, qu'il n'a placé son nom ni dans la médaille destinée à en perpétuer le souvenir, ni dans les actes publics qui s'y rapportent. Rejetant toute la gloire sur l'ingénieur qui a exécuté les travaux, il a constamment laissé sur le dernier plan le maire qui en a préparé l'exécution et les a rendus possibles. On appréciera les veilles et les peines sans nombre que lui ont causées ces deux monuments, quand on saura que pour l'établissement soit de l'aqueduc qui amène à Dijon les eaux du Rosoir, soit de celui qui remplace le vieux lit de Suzon, il a fallu négocier et traiter avec près de 200 propriétaires, et que toutes ces négociations multipliées, longues, difficiles, n'ont occasionné que deux ou trois procès gagnés par la ville.

Les inscriptions placées sur le monument qui décore le réservoir des fontaines réparent cet injuste oubli, et dans ces derniers temps on a donné le nom de Victor-Dumay à l'ancienne rue des Carmélites, où il est né, dans la maison qui fait face à la rue Sainte-Anne.

§ V.

Promenades et Alentours de Dijon.

Il existe à Dijon un assez grand nombre de promenades, dont plusieurs méritent d'être visitées : nous allons en donner la description.

1° LES CHEMINS COUVERTS. — Ils ont été établis de 1515 à 1558, à la même époque que les bastions, dont on sentit le besoin après le siége des Suisses. — Ils formaient autrefois une ceinture complète aux remparts de la ville ; depuis très longtemps, ceux du midi et de l'ouest ont été détruits ; il n'en existe plus aujourd'hui qu'au nord-est et à l'est. — C'est à M. Lucan, adjoint du maire en 1815, qu'on doit la plantation du Chemin couvert qui s'étend entre les portes Neuve et Saint-Pierre ; les autres avaient été plantés plus tard et formaient une promenade agréable autour de la ville ; mais elle disparaîtra devant le besoin qui se fait chaque jour sentir davantage de construire en dehors des murs.

2° PROMENADE DES MARRONNIERS ; PLATE-FORME. — A gauche de la Porte Guillaume était autrefois un immense fossé dépendant des anciennes fortifications. On y fit d'abord jeter les décombres enlevés de l'intérieur de la ville, et ceux provenant du déblaiement de la Plate-Forme ; puis, en 1801, on commença d'y planter les arbres qui existent aujourd'hui. En 1811, on donna à cette plantation le nom de *Promenade du roi de Rome*. Elle devait s'étendre jusqu'à l'Arquebuse à mesure que le vide du fossé aurait été comblé ; mais les travaux du Chemin de fer de Paris à Lyon sont venus s'opposer à son agrandissement. Elle a été coupée en deux parties par la route de Paris, qu'on a reportée au midi et par laquelle on descend au jardin des Plantes, et se trouve arrêtée par la rue établie dans le prolongement de la rue de la Prévôté, et par celle qui a été récemmennt ouverte en face du portail de Saint-Bénigne. Cette dernière voie était devenue nécessaire par le besoin d'établir des communications entre la gare du chemin de fer et les divers quartiers de la ville.

La Plate-Forme est un monticule qui faisait jadis partie d'un ouvrage avancé, élevé pour défendre la porte Guillaume. Elle fut presque entièrement détruite par l'ordre des élus de Bourgogne, qui en ordonnèrent le déblaiement afin de donner du travail aux indigents à la suite d'une émeute qui éclata à Dijon le 18 avril 1775, à cause de la cherté des grains : elle recouvre aujourd'hui le réservoir général des fontaines ; elle est décorée d'un monument entouré d'une grille, et élevé sur les dessins de l'architecte Sagot, de Dijon : on l'a couverte de jeunes plantations. Pour la compléter, on a élevé au midi, en 1852, un mur formant terrasse, et au nord on a pratiqué un trottoir tout le long de la route de Paris par Troyes.

Enfin, on a élevé, en 1851, au bas de la pente du

côté de la ville, une charmante fontaine en bronze entourée de parterres.

3° ARQUEBUSE ; JARDIN DES PLANTES. — Il existait jadis à Dijon trois compagnies, dont le but était d'exercer les citoyens au service des armes. La compagnie de l'Arc, qui s'était formée au XIV⁰ siècle, avait son jardin rue Sainte-Anne, n° 5 ; la compagnie de l'Arbalète, formée à peu près vers la même époque, avait le sien dans la rue Maison-Rouge, à l'extrémité de la rue Berbisey ; la compagnie de l'Arquebuse, fondée en 1525, avait choisi un emplacement appelé d'abord la *Colombière*, et qui prit depuis le nom d'Arquebuse. Il n'était pas alors distribué comme il l'est aujourd'hui : en 1558, il était simplement planté d'une saussaie. En 1608, la ville donna 100 livres pour y élever un pavillon, de chaque côté duquel s'étendaient deux grandes allées d'arbres ; au milieu était une pièce d'eau. Henri IV y tira le coup d'honneur en 1595. Pour juger de l'importance qu'on attachait alors à ce genre d'exercice, il faut savoir qu'il y avait en Bourgogne seize compagnies de l'Arquebuse, qui disputaient entre elles le prix de l'adresse. La compagnie de Dijon donna un grand prix en 1647, et un en 1658 : il s'y trouva 200 chevaliers. Evrard, boulanger à Dijon, remporta le prix, qui consistait en vaisselle d'argent de la valeur de 8,300 liv.

Lorque le goût des jardins anglais fit invasion en France, M. de Montigny, qui était alors capitaine de la compagnie (en 1782), fit construire la galerie qui existe aujourd'hui, faire les plantations qui conduisaient de la grille du jardin à la route de Paris, qui était alors dans l'axe de la rue de la Gare, et disposer le jardin sur les dessins qui subsistent encore. Un décret de 1807 a cédé le jardin de l'Arquebuse à la ville, pour y établir un jardin botanique. C'est une charmante promenade, à l'extrémité de laquelle on remarque un peuplier de Bourgogne d'une taille extraordinaire et d'une grande ancienneté. Il existait déjà dans l'enclos des Chartreux lorsqu'ils cédèrent, le 30 septembre 1660, à la compagnie de l'Arquebuse la partie de terrain qui joignait son jardin d'exercice établi en 1525. Il a plus de 15 mètres de circonférence au niveau du sol, 12 mètres de circonférence mesuré à 30 centimètres hors de terre, 7 mètres 25 centimètres à deux mètres plus haut, et 6 mètres 55 centimètres à 6 mètres de hauteur. Arrivé à une hauteur de 8 mètres, il se divise en deux branches, dont l'une a 4 mètres et l'autre 5 mètres 90 centimètres de circonférence. Son volume a été évalué, par un négociant en bois très expérimenté, à 55 mètres cubes.

Il résulte d'une courte et intéressante Notice publiée sur cet arbre en 1852, dans la *Revue horticole* de la Côte-d'Or, par M. le docteur Lavalle, alors professeur de botanique au jardin des Plantes, que le peuplier de l'Arquebuse appartient à l'espèce du peuplier noir (*populus nigra*, L.), indigène de la Côte-d'Or, et que ce géant végétal, qui peut lutter de hauteur et de développement avec les plus grands arbres des régions tropicales, doit être âgé de quatre cents ans au moins. Cette évaluation ne paraîtra pas exagérée, si l'on réfléchit qu'en 1595, époque à laquelle Henri IV vint disputer le prix de l'Arquebuse, cet arbre était déjà de beaucoup le plus fort et le plus élevé de l'enclos, et qu'il devait avoir dès lors environ deux siècles de végétation.

Le jardin des Plantes, qui n'est plus séparé de cette promenade que par une haie vive et un petit ruisseau, en forme le complément : il est orné de serres élégantes. Des eaux vives et abondantes le parcourent, et ses jeunes plantations commencent à donner de l'ombrage.

C'est en 1849 qu'on a fait disparaître le mur qui le séparait de l'Arquebuse ; de sorte que ces deux promenades n'en font réellement plus qu'une seule. Les ombrages du jardin anglais, les eaux vives des fontaines, dont une partie vient des Chartreux et l'autre du Château-d'Eau, la vue magnifique qui se prolonge jusque sur les cimes du Mont-Afrique, font de ces deux jardins réunis la promenade la plus gracieuse de la ville.

Le jardin des Plantes est ouvert le dimanche, de 2 à 5 heures, pendant les mois de mai, juin, juillet, août et septembre, et de midi à 2 heures pendant le reste de l'année ; et le jeudi, de 5 heures à 8 heures. On peut y entrer à toute heure pendant les autres jours de la semaine.

4° Le Parc. — Cette promenade, commencée en 1610 par le grand Condé, gouverneur de Bourgogne, fut achevée par le duc d'Enghien, son fils. On y arrive par une triple allée d'arbres, de 1,315 mètres 50 centimètres de longueur, partagée par une place circulaire, et plantée par la ville au milieu du XVIIe siècle ; on l'appelait, avant la révolution, le *Cours-la-Reine*. Le parc, où l'on admire le génie du célèbre architecte Lenôtre qui en a fourni les dessins, se compose de massifs de grands arbres très habilement disposés, et se termine à la rivière d'Ouche, qui le borde au midi dans toute sa largeur. En face de l'allée principale est la *Colombière*, ancien fief qui appartenait, comme la promenade, aux princes de Condé. Le parc a été acheté par la ville le 25 ventôse an IX, sous l'administration de M. Ranfer, moyennant la somme de 12,000 fr.: il a 33 hectares 23 ares de superficie. Sous l'empire, on eut la malheureuse idée de convertir cette belle promenade en jardin anglais ; déjà une route circulaire avait été tracée, des massifs arrachés, et la magnifique plantation d'ifs qui touchait à la rivière complétement détruite. Cette plantation, taillée au ciseau, représentait les pièces d'un jeu d'échecs gigantesque : l'opinion unanime des habitants se prononça avec tant d'énergie, qu'il fallut renoncer à ce projet. La porte du Cours était autrefois fermée par une très belle grille, qui fut enlevée en 1792, lors de la fête de la Fédération. Le parc est assurément la plus belle promenade de la ville : aussi est-ce là que se réunit le dimanche toute la population.

5° L'ALLÉE-DE-LA-RETRAITE. — C'est une triple allée

d'arbres, de 1,003 mètres de long, qui s'étend à l'est de la ville depuis la route d'Auxonne à la route de Gray. Elle a été plantée par la ville vers 1754, sur une ancienne voie romaine de Chalon à Langres, et elle a reçu son nom de la maison de retraite des Jésuites, à laquelle elle servait comme d'avenue, et qui était située sur la route d'Auxonne, dans l'enclos même où l'on a construit la nouvelle prison. C'est dans les vignes situées au sud-est de cette promenades que fut découverte, dit-on, en 1592, une urne cinéraire qui renfermait, suivant quelques savants de l'époque, les cendres d'un grand-prêtre du collége des Druides. Elle portait en caractères grecs l'inscription suivante :

Dans le bocage de Mithra, ce tombeau couvre les restes du grand pontife CHYNDONAX. Arrière, impie ! les dieux veillent sur sa cendre.

Ce monument, dont on a depuis nié la réalité, fut envoyé, assure-t-on, au musée du cardinal de Richelieu ; mais il a fini par servir d'auge dans la cour d'une hôtellerie de Versailles : on ignore ce qu'il est devenu.

C'est à l'extrémité nord-est de l'Allée-de-la-Retraite qu'a été établi le nouveau réservoir des fontaines, sur un tertre élevé qui supporte une petite tourelle destinée à des expériences météorologiques.

6° LA FONTAINE-DES-SUISSES ; LE CREUX-D'ENFER. — Sur le petit coteau qui domine à l'est l'Allée-de-la-Retraite, se trouve une fontaine revêtue d'une construction en pierres, et entourée de quelques arbres : elle a reçu le nom de Fontaine-des-Suisses, parce que c'est sur le plateau qui la recouvre que les Suisses avaient établi leur camp et leurs batteries, lorsqu'ils attaquèrent Dijon, en 1513.

Le Creux-d'Enfer est à quelques pas de là, au midi : c'est un lac en miniature, dont on avait essayé autrefois de conduire les eaux dans la ville, ainsi que celles de la Fontaine-des-Suisses ; il est aujourd'hui entouré de jeunes arbres, et, depuis cet endroit, on jouit d'une charmante vue de la ville de Dijon, qui se déroule au premier plan, tandis que le fond du paysage est formé par le Mont-Afrique et les coteaux de Larrey, Talant et Fontaine.

Près de là est une maison de plaisance appelée les *Argentières* ; elle touche à un chemin qui descend sur une pente rocailleuse, et qu'on appelait autrefois les *Roches-aux-Fées* ou les *Petites-Roches*. Ces lieux ont beaucoup exercé l'imagination de certains savants dijonnais. S'il faut les croire, c'était là qu'était, dans l'antiquité la plus reculée, le temple de Mithra, dont on a découvert une statue entourée de bandelettes ; c'était là aussi qu'étaient le bois sacré des Druides (ainsi que l'attesterait l'urne problématique de Chyndonax), le lac, objet de leur respect, dont le Creux-d'Enfer ne serait que le dernier vestige, et leur résidence, si le nom donné aux Argentières vient, comme ils le disent, des mots celtiques *Arjan-tora*, qui signifieraient sans doute que les Druides habitaient cet asile.

7° Cours-Fleury. — Cette belle allée d'arbres qui borde le cours de Suzon a été plantée, en 1757, par

M. Joly de Fleury, intendant de Bourgogne, et a reçu le nom de son fondateur, qu'elle perdit un instant pendant la révolution, pour recevoir celui de Jean-Jacques. Elle domine tout le nord de la ville, et la vue s'étend depuis le vieux château et la flèche de Saint-Bénigne, qu'on aperçoit à gauche, jusqu'au vallon de Messigny, qu'on découvre au nord, dans le lointain. Sur le premier plan s'élèvent chaque jour de nouvelles maisons, qui viennent accroître le quartier Saint-Bernard, fondé par M. Lacordaire.

CHAPITRE V.

Archives, Bibliothèque, Musée, Cabinet de Gravures.

§ 1ᵉʳ.

Archives du Département et de la Ville.

Archives du département. — Elles sont placées dans l'ancien hôtel de Ville, rue Jeannin. Sur l'emplacement de cet édifice était autrefois l'hôtel de Nicolas Rollin, chancelier de Bourgogne en 1422, sous Philippe le Bon, le même dont l'avidité était passée en proverbe, et à qui son maître fut obligé de dire un jour : « Rollin, c'est trop ! » C'est sans doute pour expier ses exactions qu'il fonda, avant de mourir, l'hôpital de Beaune et l'église Notre-Dame d'Autun, sa patrie.

En 1504, l'administration municipale acheta cet hôtel, qu'elle paya la somme de 1,500 livres, et s'y installa. Jusqu'à cette époque, les réunions du peuple ou de ses magistrats s'étaient tenues d'abord sous le portail de l'église Saint-Philibert, et plus tard dans le cloître des Jacobins. Une inscription latine, gravée sur la façade, rappelle que l'hôtel fut reconstruit en 1707, aux frais de la ville. On y ajouta plus tard l'hôtel Bernardon qui le touchait au levant. Il n'a de remarquable que la grande salle qui servait autrefois aux séances solennelles du conseil. La cheminée, en marbre, est soutenue par deux cariatides : au-dessus sont deux statues représentant la Force et la Justice. Le plafond, entièrement sculpté en bois, est fort beau. On attribue ces divers ouvrages à Dubois.

Cet hôtel fut vendu par la ville le 18 avril 1833, moyennant 170,000 fr., au département, pour y placer ses archives, qui étaient auparavant entassées dans les combles de l'ancien palais des Etats, où elles avaient été l'objet de regrettables dilapidations.

Ce vaste établissement renferme, en douze salles, une précieuse collection de titres historiques et privés qui se rattachent soit à l'ancienne Bourgogne, soit au département de la Côte-d'Or. Ces salles sont classées sous les désignations suivantes :

1° Inventaires, bibliothèque, bureaux ;

2° Terriers, cartulaires, chroniques ;

3° Chambre des comptes, archives ducales ;

4° Clergé régulier ;

5° Clergé séculier ;

6° Monuments religieux de la ville de Dijon ;

7° Intendance, Féodalité ;

8° Etats généraux ;

9° Anciennes Impositions, plans ;

10° Ancienne Comptabilité de Bourgogne et de Bresse ;

11° Administration communale et cantonnale ;

12° Administration départementale.

Les archives sont confiées à la surveillance d'un conservateur, qui demeure dans l'hôtel même.

Elles sont ouvertes au public de deux à quatre heures du soir.

Les Archives de la Ville sont situées à l'hôtel de Ville actuel. Presque entièrement détruites par les incendies de 1137 et 1227, elles avaient été transportées dans l'une des tours de l'église Notre-Dame. Elles en ont été retirées en 1765, et elles ont suivi l'administration dans son nouveau palais. On y voit la charte d'affranchissement de la commune de Dijon, rédigée sur le plan de celle de Soissons. L'archiviste particulier chargé de leur conservation est M. Garnier.

§ II.

Bibliothèque.

La fondation de la Bibliothèque de la ville de Dijon remonte au commencement du XVIII® siècle. Bernard Martin, avocat célèbre au Parlement de Bourgogne, né à Dijon en 1574, et mort en 1639, avait bien fondé une rente de 150 livres tournois pour achat de livres ; mais ce don était fait au collège des Jésuites exclusivement. En 1701, Pierre Fèvret, premier conseiller clerc au Parlement, légua sa bibliothèque au collège fondé par Odinet Godran, et alors dirigé par les Jésuites ; elle se composait d'environ 6,000 volumes bien reliés et d'un excellent choix. Il ajouta à ce bienfait le don d'une rente annuelle destinée à entretenir les livres et à en augmenter le nombre. En 1708, la Bibliothèque fut ouverte au public qui y avait entrée deux fois par semaine.

Après l'expulsion des Jésuites, la ville confia la direction de la Bibliothèque à un conservateur nommé par elle. Cette fonction fut déférée à M. l'abbé Boullemier, qui la remplit avec zèle pendant plus de quarante ans ; la collection, qui s'élevait déjà à 12 ou 13,000 volumes, était placée dans l'étage supérieur d'un pavillon qui domine le jardin de l'ancien collége des Godrans, où elle est située.

A l'époque de la révolution, les livres qui appartenaient aux communautés religieuses et aux établissements supprimés de la ville et de l'arrondissement de Dijon furent apportés dans les salles de l'ancien palais des Etats, et l'administration fit disposer pour les recevoir les belles galeries qui composent tout le premier étage du corps de logis où se tenaient au rez-de-chaussée les classes du collége. M. Vaillant, qui avait succédé à M. Boullemier, fut chargé, conjointement avec M. Baillot, professeur de rhétorique à l'Ecole centrale, de faire le classement de cet immense dépôt. Il travailla ensuite au Catalogue de la Bibliothèque, qui fut continué depuis sous la direction de MM. Toussaint père et fils, anciens bibliothécaires, et terminé le 31 décembre 1840 ; il remplit quarante-trois volumes in-folio.

La Bibliothèque, qui ne contenait en 1830 que

24,000 volumes, se compose aujourd'hui de 900 manuscrits et de 60,000 volumes environ ; l'accroissement des manuscrits, dont le nombre n'était que de 600, est due à la générosité de Mme veuve Baudot, qui a donné à la ville les manuscrits qu'a laissés en mourant M. Adrien Baudot son mari. La Bibliothèque s'augmente tous les jours par les dons généreux du gouvernement et par les soins de la ville, qui, chaque année, vote une somme pour l'acquisition de nouveaux ouvrages.

On conserve, parmi les manuscrits anciens :

Une *Bible* grand in-folio (n° 2) qui date du XIII° siècle ; elle est écrite sur vélin en lettres de forme sur deux colonnes ; de grandes lettres tourneuses en couleur et plusieurs en or chargées de figures ornent le commencement de chaque livre. Les canons d'Eusèbe, dans ce manuscrit, sont très remarquables par leurs enjolivements.

Une autre *Bible* in-12 (n° 7) ; c'est un magnifique manuscrit du XIII° siècle, dont la conservation est parfaite ; elle est écrite sur vélin provenant de veau mortné, en très petites lettres de forme. Les lettres ornées et peintes en or et en couleur sont d'une délicatesse prodigieuse.

Un très beau *Virgile*, avec les commentaires de Servius, de la fin du XVI° siècle, in-folio, sur vélin, avec vignettes et fleurons ; un *Roman de la Table-Ronde*, du XV° siècle, avec vignettes, in-folio ; la *Chronique de Saint-Bénigne* ; un cahier du *Bréviaire cistercien*, du XV° siècle, curiosité bibliographique d'un grand intérêt, et qui était faussement désigné sous le nom de *Bréviaire de saint Bernard* ; au nombre des manuscrits plus modernes, une *Histoire de l'Hôpital du Saint-Esprit de Dijon,* par dom Calmelet, in-folio, orné d'une grande quantité de dessins au lavis ; et l'*Enéide de Vorgille virée en vers patois borguignons,* digne pendant des *Noëls* de La Monnoye.

Parmi quelques autographes réunis par M. Toussaint, on remarque ceux de Bossuet, Bernardin de Saint-Pierre, Piron, La Monnoye, Cuvier, etc. ; les signatures de la reine Elisabeth d'Angleterre, de Louis XVI, de Marie-Antoinette, etc., etc.

Parmi les ouvrages imprimés on signale une collection d'incunables, où figure le *Recueil des priviléges de l'ordre de Citeaux,* premier livre imprimé à Dijon, en 1491 ; les *Grandes Polyglottes, les Bollandistes* avec les continuations ; les *Grands Recueils historiques* de Dom Bouquet, de Muratori et de Pertz ; les *Transactions philosophiques de Londres;* la collection complète du *Moniteur,* avec les tables, etc.

La Bibliothèque de Dijon doit à la munificence du gouvernement quelques-unes de ces belles publications qui font l'ornement des établissements publics.

Nous citerons entre autres :

L'*Histoire de la peinture sur verre;*

La *Collection orientale;*

Les *Catacombes à Rome ;*

Les *Voyages en Scandinavie et en Islande.*

Le *Monument de Ninive ;*

La *Paléographie universelle* de Sylvestre;

Les *Peintures des manuscrits* ; etc., etc.

Les bustes de Bossuet, Crébillon, Piron, Rameau, Buffon, Fèvret, Jehannin, Bouton de Chamilly, Vauban, Bouhier, de Brosses sont placés sur des piédestaux entre les fenêtres qui éclairent les vastes salles de la Bibliothèque. Dans la deuxième salle se trouve un beau globe terrestre, exécuté en 1720 par le père Legrand : ce globe qui a plus de 2 mètres de diamètre se trouvait, avant la révolution, au couvent des Capucins de Dijon.

Un médailler, établi depuis 1829, contient une bonne collection de médailles et de monnaies.

La Bibliothèque est ouverte au public tous les jours de 11 heures à 3 heures, excepté les dimanches et fêtes, la quinzaine de Pâques, les mois de septembre et octobre.

A partir du 16 novembre jusqu'aux vacances de Pâques exclusivement, la Bibliothèque est ouverte au public depuis 7 heures du soir jusqu'à 9 heures.

Les étrangers sont admis à la visiter pendant toute l'année.

§ III.

Musée.

Le Musée de Dijon est une des plus riches collections de ce genre qui existent dans les départements. On doit sa création à François Devosge, artiste et professeur du plus haut mérite et du plus noble dévoûment, qui avait fondé quelques années auparavant l'Ecole de dessin et de peinture. Il ne se composait d'abord que des ouvrages envoyés par les élèves de l'École des beaux-arts de Dijon, qui avaient obtenu le grand prix, et que les États généraux pensionnaient à Rome ; mais, à l'époque de la révolution, M. Devosge obtint d'y faire entrer une foule de beaux ouvrages recueillis dans les églises et les communautés qui se trouvaient alors supprimées. Son zèle infatigable et sa courageuse énergie s'employèrent à arracher à la destruction ce qu'il put sauver des chefs-d'œuvre que le fanatisme de cette époque menaçait aveuglément. Il les recueillit, les classa, les restaura, et en forma la superbe collection qui existe aujourd'hui.

Le Musée a été ouvert pour la première fois le 26 août 1799. Il s'est beaucoup augmenté par les soins des conservateurs qui se sont succédé depuis cette époque, et surtout de M. de Saint-Mesmin, mort en 1852, et dont les lumières, le zèle, le désintéressement sont au-dessus de tout éloge. Cette belle collection remplit six vastes salles, dont l'entrée est dans la grande cour de l'hôtel de Ville, et qui se trouvent trop étroites pour les productions qui y sont renfermées.

Les bornes de ce volume ne nous permettent pas d'entrer dans le détail des ouvrages mentionnés par le livret du Musée, qu'on peut se procurer chez le concierge logé au pied du grand escalier ; nous nous contenterons d'indiquer les plus curieux.

École française.

Jésus lavant les pieds à ses Apôtres, par Boulongne (n° 15 du livret).

Le *Sacrifice de Jephté*, par Coypel (31).

L'*Adoration des Bergers*, par Coypel Charles (33).

L'*Assomption de la Vierge*, par Devosge père (43), et trois très beaux dessins du même, sous les n°° 45, 46 et 47.

Le *Dévoûment de Cimon*, par Devosge fils (48).

La *Mort de Soranus et de Servilie* (59), la *Bataille de Senef* (60), le *Passage du Rhin* (61), et une *Bacchanale* (62), par Gagneraux.

Un *Christ sur la Croix*, par Jouvenet (87).

Neuf *Paysages*, par Lallemant, sous les n°° 97 et suivants.

Un *Christ*, par Lesueur (126).

Le *Martyre de saint Denis* et un *Saint-Georges*, par Vanloo (205, 206).

La *Présentation de la Vierge* et le *Christ sur le Linceul* par Vouet (208, 209).

Une *Jeune fille endormie*, par Colson (24).

Portrait de Marie Leczinska, par Nattier (147).

Portrait du Dauphin fils de Louis XV, par le même (148).

Une *Bataille*, par Parrocel père (151).

Une *Tête de la Vierge*, le *portrait de Bornier*, par P. Prud'hon (159, 160).

Deux *Tableaux* de Ziégler (211, 212).
Portrait de Rameau, par Chardin (20).
Portrait de Corneille, par Poussin (155).

Écoles flamande, allemande et hollandaise.

La *Présentation de Jésus au Temple*, par Philippe de Champagne (265).

L'*Assomption de la Vierge*, et les *Apprêts de la Sépulture*, par Gaspard de Crayer (268, 269).

Le *Martyre de sainte Marie de Cordoue*, par Van-Dick (220).

Tomyris, l'*Adoration des Mages*, *Jésus devant Pilate*, par Franck (279 et suivants).

L'*Adoration des Bergers*, par Hemmelinck (291).

Le *Siége de Besançon*, le *Siége de Lille*, le *Passage du Rhin*, le *Siége de Givet*, et un *Portrait de Louis XIV*, par Van der Meulen (306 et suivants).

Deux Têtes, par Rambrand (314, 315).

La *Vierge présentant l'enfant Jésus à saint François d'Assises*, la *Cène*, l'*Entrée de Jésus-Christ à Jérusalem*, par Rubens (317 et suivants).

Plusieurs *Tableaux* de Téniers, sous les n°ˢ 322 et suivants.

La *Forêt de Soignies*, par Van-Artis (253).

Un *Violon*, une *Tête de mort*, un *Calice*, par Bol (258).

Portraits par Van-Eick (273 et suivants).

Intérieur d'une église, par Peters Neefs (311).

École italienne.

Une *Sainte famille*, par l'Albane (361).
L'*Entrée de Noé dans l'Arche*, la *Flagellation*, les *Disciples d'Emmaüs*, par Le Bassan (365 et suivants).
La *Cananéenne*, par Annibal Carrache (370).
Une *Sainte famille*, par Carlo Dolci (372).
Un *Saint Jérome*, par Le Dominiquain (373).
Adam et Ève, par Le Guide (387).
Moïse sauvé des eaux, la *Vierge entourée de gloire céleste*, par Paul Véronèse (399, 400).
Deux *Saintes familles*, par Le Pérugin (404, 405).
Une belle copie de l'*Ecole d'Athènes*, par Raphaël (410).
Une *Assomption de la Vierge*, par Le Tintoret (428).
Les *Apprêts de la Sépulture*, d'après Ribera, par Lethière (374).
Sainte famille, par Le Parmesan (395).
La *Femme à la Colombe*, le *Printemps*, par La Rosalba (425, 426).
Un *Portrait de Charles le Téméraire*, 218.

Une salle particulière a été consacrée aux ouvrages de sculpture. On y a réuni des copies très remarquables des plus belles statues de l'antiquité. Ainsi, on y voit l'*Apollon du Belvédère*, le *Mercure* dit l'*Antinoüs du Belvédère*, la *Junon du Capitole*, la *Vénus de Médicis*, le *Gladiateur combattant*, la *Vénus Falconieri*, le *Groupe de Laocoon*, l'*Antinoüs égyptien*, l'*Antinoüs du Capitole*, *l'Adonis*, etc. Toutes ces figures sont en marbre ou en plâtre moulé sur l'antique ; celles en marbre ont été exécutées à Rome par des élèves de Dijon : MM. Renaud, Bornier, Bertrand, Petitot, Ramey. Le plafond de cette salle est un chef-d'œuvre : il a été peint par le célèbre Prud'hon, qui a imité avec un admirable talent un des plafonds du palais Barberini, à Rome ; il représente la Bourgogne dominant la Mort et le Temps, et entourée des Vertus et des Beaux-Arts. A gauche du spectateur est l'Immortalité planant sur la France, que soutiennent la Renommée, la Guerre et d'autres figures allégoriques ; à droite est la Victoire entourée des attributs de la Sagesse et de la Paix ; plus loin un Génie répand des fleurs sur les Parques.

Dans cette même salle, ont été placées une admirable statue représentant *Hébé jouant avec l'aigle de Jupiter*, dernier ouvrage du sculpteur Rude exécuté pour la ville de Dijon ; deux statues de Jouffroy, élève de l'Ecole de Dijon, et représentant la *Désillusion* et la *Rêverie* ; ainsi qu'un *Buste de M. Devosge*, exécuté par M. Rude, l'un de ses élèves les plus distingués. — Sur le socle qui le supporte on lit l'inscription suivante :

A LA MÉMOIRE
DE F^{çois} DEVOSGE,
FONDATEUR ET PROFESSEUR
DE L'ÉCOLE DE DESSIN,
PEINTURE ET SCULPTURE
DE DIJON.

LA CRÉATION DE CET ÉTABLISSEMENT,
LA FORMATION DU MUSÉE,
DUES A SON ZÈLE,
CONSERVERONT A JAMAIS SON SOUVENIR
DANS LE CŒUR
DE TOUS LES AMIS DES ARTS.

La collection des sculptures que possède le Musée s'est augmentée, en 1852, de deux statues fort belles dont il a été gratifié par le gouvernement : la première est une *Erigone*, par M. Jouffroy; la seconde, une *Ariane abandonnée*, due au ciseau de M. Lécorné. Le Musée possède aussi une statue de *Bossuet*, par Bridau, une *Sapho*, par Diébolt, élève de l'Ecole de Dijon, un *Mausolée de Crébillon*, par Lemoine ; enfin, des bustes de plusieurs hommes célèbres nés à Dijon ou dans le département, par divers artistes. Ces bustes sont placés, pour la plupart, dans la salle des gardes.

Mais les monuments les plus curieux qui existent au Musée de Dijon sont assurément les tombeaux des ducs de Bourgogne, Philippe le Hardi et Jean sans Peur, placés dans l'ancienne salle des gardes du palais des ducs, dont la belle cheminée a été restaurée par les soins de M. de Saint-Mesmin ; ils offrent à l'admiration des curieux tout ce que les arts du moyen-âge ont pu créer de plus splendide et de plus parfait. Ils avaient été détruits en 1793 ; mais les débris en avaient heureusement été conservés. Soixante-dix statuettes avaient été déposées dans le local du Musée ; les tables et les bases en marbre noir avaient été transportées à Saint-Bénigne, et les ornements d'architecture en marbre blanc et en albâtre, ainsi que les fragments des figures principales, avaient été dispersés dans différents édifices publics.

Dans la crainte que ces débris précieux ne se perdissent entièrement, l'autorité remit plus tard à M. Saintpère, professeur d'architecture à l'Ecole de Dijon, tous les fragments qui existaient encore, et cet artiste eut l'heureuse idée de les réunir, après avoir racheté ceux qui se trouvaient en la possession de quelques particuliers; sur sa demande, et sous l'administration de M. de Girardin, préfet de la Côte-d'Or, la restauration des tombeaux fut votée, en 1818, par le conseil général du département, et une somme d'environ 25,000 fr. y fut consacrée.

La restauration de ces admirables monuments a été faite sous la direction éclairée et pleine de goût de M. de Saint-Mesmin. Il a été parfaitement secondé par M. Moreau, de Dijon, chargé de la partie des figures, et par M. Marion, de Semur, chargé de la partie de l'architecture et des ornements.

Le *Tombeau de Philippe le Hardi* s'élève sur un socle et une base en marbre noir. Autour du dé qui les surmonte règne une suite d'arcades en ogives, couronnées par une galerie découpée à jour, et soutenues par des pilastres ornés de colonnettes, de chapiteaux, de cinquante-deux figurines d'anges, de pinacles et de clochetons dans le beau style gothique du XIIIe siècle. Cette architecture, exécutée en marbre blanc, en avant d'un massif plaqué de marbre noir, figure un cloître sous les voûtes duquel sont placées quarante statuettes représentant les personnages des maisons civiles et religieuses des ducs, et de différents ordres monastiques. On admire l'expression naïve des religieux pleureurs, et la vérité avec laquelle leurs vêtements sont drapés.

Sur la table est couchée la statue du duc Philippe le Hardi. Ses pieds, chaussés de souliers de fer, reposent sur le dos d'un lion. Il est habillé d'une longue robe blanche à manches, parsemée de mouches d'or, et revêtu du manteau ducal bleu d'azur, doublé d'hermine. Le duc a les mains jointes et élevées ; un simple anneau d'or est à sa main gauche. Il porte une couronne formée d'un simple bandeau à rebords, dont le champ est orné de pierreries enchâssées dans des chatons très saillants. Sa tête repose sur un coussin mi-parti d'étoffes bleue et rouge, bordé d'un galon et de quatre glands d'or. Deux anges aux ailes déployées et dorées, placés en arrière de la tête, soutiennent un casque à visière conique, qui a la fleur de lis pour cimier. Sur le côté, et sous le bras droit, est placé le bâton ducal.

Voici les dimensions de ce tombeau :

Socle : long. 3^m62^c ; larg. 2^m54^c ; haut. 0^m30^c
Base :   3 09   2 03   0 30
Dé :   2 60   1 49   0 65
Table :   3 20   2 06   0 25
Elévation de la table au-dessus du pavé : 1 50

L'artiste dont le ciseau a exécuté ce magnifique

ouvrage est Claux Sluter, originaire de Hollande, nommé en 1390 *ymaigier* du duc de Bourgogne. On lui avait adjoint Claux de Vousonne, son neveu, et Jacques de Baërze, pour l'architecture et les ornements. Il résulte des documents anciens que le tombeau du duc Philippe a coûté 3,612 livres, ce qui représente aujourd'hui environ 26,000 francs.

Le *Tombeau de Jean sans Peur et de Marguerite de Bavière* offre une grande analogie avec celui qui vient d'être décrit. Il est également formé d'un socle et d'une table en marbre noir, sur laquelle sont placées les deux figures; mais, terminé vers le milieu du XV⁰ siècle, il est plus richement ouvragé que le premier, et les sculptures d'albâtre qui tapissent ce massif sont surchargées de fleurons, de feuillages et de filets si finement découpés, que ces ornements tiennent plus du genre de la décoration d'un reliquaire que de celui de l'architecture proprement dite.

Comme dans l'autre tombeau, le cloître est garni d'*angelots* et de personnages pleurant. Deux lions sont couchés aux pieds de Jean et de Marguerite. Le duc a un manteau bleu, semé du rabot qu'il avait pris pour devise, et qu'on voit répété sur plusieurs autres parties du monument; il est revêtu d'une robe blanche sans manches; ses mains sont jointes et élevées; plusieurs bagues à joyaux ornent ses doigts.

La robe de la duchesse est blanche et parsemée de marguerites; son manteau est bleu d'azur doublé d'hermine, ses mains jointes et ornées de bagues à joyaux. Les deux personnages sont parés de la couronne ducale ; derrière leur tête sont quatre anges qui soutiennent, les uns le casque du duc, les deux autres les armes de la duchesse. Voici les dimensions de ce tombeau :

Socle : long. 3^{m}76^c ; larg. 2^{m}62^c ; haut. 0^{m}27^c
Base :   3 16   2 08   0 32
Dé :   2 76   1 62   0 65
Table :   3 41   2 27   0 25
Elévation de la table au-dessus du pavé : 1 49

Un ancien titre de la Chambre des comptes porte que ce beau travail fut commandé, en 1444, à Jehan de la Uerta, dit d'Aroca, du pays d'Aragon, tailleur d'*ymaiges*, demeurant à Dijon. On lui avait adjoint Jean de Droguès et Antoine Le Mouturier. Le marché était fait *moyennant les prix et somme de 4,000 livres, qui seront payés en quatre ans,* dit le titre. Cette somme représente aujourd'hui 28,500 fr.

Outre ces deux magnifiques tombeaux, le Musée possède trois retables d'autel, monuments rares et précieux de la sculpture en bois et de la dorure au XIVe siècle. Les deux premiers, connus sous le nom de *Chapelles portatives des ducs de Bourgogne*, sont l'ouvrage de Jacques de Baërze, et ont été commandés par Philippe le Hardi, pour l'ornement de l'église de la Chartreuse.

Longtemps abandonnés dans un coin retiré de l'église Saint-Bénigne, ils ont été transportés dans les magasins du Musée, où M. de Saint-Mesmin s'est occupé pendant plusieurs années de leur restauration :

17.

il a été aidé dans ce travail long et difficile par M. Buffet, sculpteur en bois à Dijon.

Ces retables portatifs ont la forme d'armoires à deux battants ; leur hauteur est de 1 mètre 62 centimètres, et leur largeur de 2 mètres 60 centimètres. Ouverts, ils offrent chacun 5 mètres 20 centimètres de développement. La face extérieure de l'un de ces retables est ornée de peintures attribuées à Melchior Brœderlam, peintre de Philippe le Hardi, et qui représentent quatre sujets : l'*Annonciation,* la *Présentation au Temple,* la *Visitation,* et la *Fuite en Egypte.* Les tableaux extérieurs du second retable n'existent plus. L'intérieur de chaque battant des retables est orné de cinq figures de saints, de 41 centimètres de hauteur, dont les vêtements sont enjolivés de feuillage d'or bruni, sur un fond rechampi de diverses couleurs.

Les sujets suivants, en sculpture de ronde-bosse, et décorés d'une manière aussi brillante, sont placés sous des baldaquins, soutenus et décorés par des membres de l'architecture gothique la plus riche et la plus délicate. Ce sont, pour le premier retable, l'*Adoration des Mages* (9 figures), le *Calvaire* (20 figures), l'*Ensevelissement* (8 figures) ; pour le second retable, la *Décollation de saint Jean-Baptiste* (6 figures), *Scènes des Martyrs* (7 figures), la *Tentation de saint Antoine* (4 figures).

Le troisième retable est du XVe siècle, et provient de l'église de l'abbaye de Clairvaux. Les volets n'existent plus, et il ne reste que la pièce principale, formée de cinq tableaux peints à l'huile, encadrés par une bordure de feuillage et séparés par quatre pilastres. Le premier tableau représente *saint Bernard tenant dans ses mains l'église du monastère;* le second, le *Baptême de Jésus;* le troisième, la *Sainte-Trinité;* le quatrième, la *Transfiguration;* et le cinquième l'*Abbé de Clairvaux,* sans doute dans le temps de la confection du retable.

La restauration de ces beaux monuments est encore due à M. de Saint-Mesmin, conservateur du Musée pendant de longues années, et dont la mort a laissé dans l'administration un vide qu'il sera bien difficile de combler. Savant érudit, distingué par le talent autant que par le goût, dévoué aux arts, et d'un désintéressement sans bornes, il a constamment employé ses soins à enrichir le Musée, auquel il semblait avoir consacré son existence.

La salle des tombeaux renferme les bustes et les statues de quelques hommes remarquables, auxquels la ville de Dijon doit de l'admiration et de la reconnaissance. On y voit le mausolée de Crébillon, la statue de Bossuet, les bustes de Monge, Chartraire de Montigny, Denon, Buffon, Piron, Legouz de Gerland, Rameau, de Brosses, Berbisey, de Courtivron, etc.

Le Musée renferme aussi une réunion d'objets curieux ayant appartenu aux ducs et aux duchesses de Bourgogne, des collections d'antiquités égyptiennes, étrusques, romaines, et de curiosités chinoises, ainsi qu'une collection de 3,150 empreintes de pierres antiques gravées.

Le Musée s'est enrichi, en 1852, d'une nouvelle salle. M. Devosge fils, après avoir été longtemps directeur de l'Ecole de peinture et sculpture de Dijon, a voulu, en mourant, compléter un établissement fondé par son père : il a fait don à la ville de son cabinet particulier contenant un assez grand nombre de tableaux et de dessins précieux.

Ce cabinet renferme :

1° Un tableau de chevalet, dernier ouvrage de M. Devosge ;

2° Le portrait de Devosge père, par Prud'hon ;

3° Plusieurs esquisses à l'estampe du même peintre, dont la principale représente *le monde sortant du chaos.*

4° Trente-six études dessinées par le même, pendant son séjour à l'Ecole de Dijon ; elles lui étaient achetées par Devosge père, qui le soutenait ainsi dans les premiers pas de sa carrière d'artiste ;

5° Plusieurs esquisses à la plume et au lavis, par Devosge père ;

6° Diverses études par Gagneraux aîné ;

7° Un magnifique portrait attribué à Mirevelt ;

8° Un paysage de l'Ecole vénitienne ;

9° Plusieurs dessins de maîtres anciens, tels que Jules Romain, Andréa del Sarte, etc.

10° Une nombreuse collection de gravures en cartons ;

11° Enfin sa bibliothèque.

Il a de plus légué à M. Rude, élève de son père et son ami, une somme de 12,000 fr., à la condition de faire une statue en marbre pour le Musée de Dijon ; et laissé une somme de 15,000 fr., dont les intérêts sont destinés à soutenir à Paris l'élève de l'Ecole qui aura le mieux réussi dans le dessin du modèle vivant. Ainsi, MM. Devosge père et fils, après avoir tous deux consacré leur vie à développer à Dijon le goût et le culte des beaux-arts, se survivront en quelque sorte, et continueront à soutenir par leurs œuvres et leurs bienfaits l'Ecole qu'ils ont fondée et dirigée avec tant de dévoûment.

On doit signaler à l'attention des étrangers la tapisserie curieuse qui représente le *Siége de Dijon par les Suisses en* 1513 ; elle est au fond du grand escalier qui conduit au Musée. Placée d'abord dans l'église Notre-Dame, elle était tombée pendant la révolution dans les mains d'un brocanteur, de qui M. Ranfer de Bretenières la racheta pendant l'exercice de ses fonctions de maire, de 1802 à 1806. Elle était exposée dans une des salles de l'ancien hôtel de Ville, d'où elle a été transférée au Musée en 1832.

Le style du dessin de cette tapisserie atteste qu'elle a été fabriquée peu de temps après l'événement qu'elle représente. Elle est divisée en trois tableaux séparés par des colonnes ornées de guirlandes. Le premier, à gauche, représente le camp de l'armée suisse et impériale ; sur le premier plan, on voit les chefs des assiégeants ; plus loin, les remparts où flotte l'étendard de La Trémouille, ayant pour devise une roue avec cette légende : *Sans sortir de l'ornière.* Dans le fond, on aperçoit les clochers de Saint-Bénigne, Saint-Philibert, de la Sainte-Chapelle et de Saint-Jean. Le second tableau représente la statue de la Vierge-Noire, portée en procession sur les remparts ; on voit dans le fond l'église des Jacobins et celle de Notre-Dame couronnée de *Jacquemart*. Dans le troisième tableau, on voit l'intérieur de l'église Notre-Dame, et le gouverneur La Trémouille agenouillé devant l'image de la Vierge. En dehors des murs sont les chefs ennemis recevant les otages, Réné de Maizières, Jean de Rochefort et Humbert de Villeneuve ; dans le fond, les troupes suisses et allemandes opèrent leur retraite.

Dans le bas du grand escalier, on a réuni un grand nombre de fragments de sculptures gallo-romaines et du moyen-âge, provenant de fouilles faites à diverses époques dans l'enceinte de la ville.

§ IV.

Cabinet de Gravures.

Le cabinet de gravures n'a point encore de notice descriptive, et les richesses qu'il renferme ne sont malheureusement pas classées de manière à en rendre l'étude facile : il n'offre aux regards des curieux que quelques gravures de choix qui décorent la salle qui lui est destinée, et dont quelques-unes sont très intéressantes. Mais il renferme dans ses armoires un grand nombre de portefeuilles remplis des œuvres des meilleurs graveurs de toutes les écoles. On porte à

50,000 le nombre des pièces contenues dans cette collection, ouverte pour la première fois en 1805, sous la conservation de M. Marlet.

Parmi les gravure encadrées, on remarque : 1° une belle suite des *Sacrements* du Poussin, par Pesne ; 2° le *Portrait du duc d'Harcourt*, dit le *Cadet à la Perle*, par Masson ; 3° Plusieurs belles épreuves de Rambrand ; 4° quelques exemplaires des anciens maîtres allemands, tels qu'Albert Durer, Martin Schongauer, etc. ; un assez grand nombre de Prud'hon, un Marc-Antoine représentant *la Bénédiction d'Abraham*, par Raphaël.

Les portefeuilles et les ouvrages reliés renferment les recueils les plus intéressants, entre autres la collection dite *de Crazat*, celle des plus belles gravures d'après les grands maîtres, tels que Raphaël, Michel-Ange, Titien, Véronèse, Poussin, Rubens, etc. Dans le nombre se trouvent plusieurs pièces de Marc-Antoine, Rembrand, Albert Durer ; tous les genres et toutes les écoles y sont représentés.

L'antiquité peut y être étudiée dans Montfaucon, le Musée de Florence, les Descriptions des pierres gravées, les Ruines d'Herculanum, etc.

Le cabinet est ouvert pour l'étude les jeudis de midi à deux heures.

CHAPITRE VI.

Sociétés Savantes et Artistiques.

§ 1er.

Académie des Sciences, Arts et Belles-Lettres.

L'Académie des sciences, arts et belles-lettres a été fondée par Hector-Bernard Pouffier, doyen du Parlement de Bourgogne : par son testament du 1ᵉʳ octobre 1725, il légua à perpétuité au doyen du Parlement son hôtel situé dans la rue du Champ-de-Mars en face de la rue Verrerie, avec le mobilier qui le garnissait, ses terres d'Aiserey, de Sennecey et de Magny-sur-Tille, et une somme de 40,000 fr. Il instituait par le même acte une Académie composée de six membres honoraires, douze pensionnaires et six associés ; il chargeait le doyen du Parlement de fournir dans son hôtel un logement convenable pour les séances ordinaires de l'Académie, de subvenir à toutes ses dépenses de payer les gages du secrétaire, l'achat des livres nouveaux, et il assignait une somme de 2,000 fr. pour six prix qui devaient être distribués chaque année ; sa bibliothèque était destinée à l'usage des conférences académiques.

Cette société fut autorisée par lettres-patentes du mois de juin 1740 ; la première séance publique fut tenue le 13 janvier 1741 ; le premier prix fut décerné dans la séance du mois d'août 1743. — Jean-Jacques Rousseau y fut couronné en 1750, pour un Mémoire sur cette question : *Si le progrès des sciences et des arts a contribué à corrompre ou à épurer les mœurs?* Elle était originairement partagée en trois sections : morale, physique, médecine. Une société littéraire, qui tenait ses séances chez M. le président Richard de Ruffey, se réunit à elle en 1759. Il y eut alors une section de belles-lettres. Les règlements de la société furent imprimés et approuvés en 1767.

Les réunions de l'Académie dans l'hôtel du doyen du Parlement parurent bientôt à ce dernier une charge trop lourde. Les premières séances publiques seulement eurent lieu dans l'hôtel Pouffier ; plus tard, elles avaient été tenues dans une des salles de l'ancien hôtel de Ville ; puis, de 1763 à 1773, dans la grande salle de l'Université. Enfin, MM. les doyens, pour s'affranchir de la servitude que leur imposait le testament de Bernard Pouffier, donnèrent à l'Académie une somme de 23,100 livres, par suite d'une transaction faite en 1771 et approuvée par lettres-patentes de 1773 ; avec cette somme, MM. Maret et Guyton de Morveau, mandataires de l'Académie, achetèrent de M. de Marivet, par acte du 13 décembre 1773, l'hôtel Depringles, situé dans la rue des Carmes, aujourd'hui rue Crébillon. Cette même année, l'Académie prit possession de cet hôtel dans une séance publique où

Buffon lut un chapitre de ses *Epoques de la nature*.

Plusieurs bienfaiteurs enrichirent de leurs dons le nouvel hôtel de l'Académie. En 1764, Legoux de Gerland lui donna son cabinet d'histoire naturelle ; en 1765, le président de Ruffey et Mme de Rochechouart leurs médailliers ; en 1766, M. du Terrail institua un nouveau prix annuel de 400 fr. ; enfin, en 1770, Legoux de Gerland donna un vaste jardin botanique où se trouvaient un pavillon et des serres.

L'Académie justifiait par son zèle ces nombreuses libéralités ; elle avait établi dans la tour du logis du Roi un observatoire, auquel Herschell fit présent d'un télescope. M. Durande avait inauguré un cours de botanique dans le salon du jardin donné par M. Legoux ; avec l'aide des Etats généraux, qui avaient voté à cet effet une subvention annuelle de 1,800 fr., le célèbre Guyton de Morveau avait ouvert un cours gratuit de chimie, auquel était joint un cours de matière médicale professé par MM. Maret et Durande ; enfin, le célèbre docteur Chaussier, qui fut plus tard l'honneur de l'école de Paris, faisait un cours d'anatomie, et M. le docteur Enaux un cours gratuit d'accouchement.

L'Académie publiait des Mémoires, dont le premier volume a paru en 1769. Elle était alors dans toute sa gloire : quelques années auparavant, en 1750, elle avait couronné le fameux mémoire de J.-J. Rousseau sur l'influence morale des lettres, et elle comptait les hommes les plus éminents au nombre de ses membres et de ses correspondants.

Abolie par le décret du 8 août 1793, qui supprima toutes les compagnies savantes en France, elle fut reconstituée par arrêté de l'administration centrale de la Côte-d'Or, du 2 juin 1798. Depuis lors, elle n'a pas cessé ses utiles travaux. Mais, dépouillée en 1809 de son hôtel par l'Université, et privée plus tard par ce même corps de son mobilier et de ses collections, elle occupe aujourd'hui au palais de l'hôtel de Ville un appartement situé dans l'aile occidentale, et dont l'entrée est par l'escalier qui conduit à la salle de Flore : c'est là qu'ont lieu ses réunions et ses séances publiques annuelles.

L'Académie a été reconnue par une ordonnance du roi du 22 octobre 1833 : elle a un président, un vice-président, un secrétaire, un bibliothécaire, un garde des médailles et des antiquités, un conservateur des collections d'histoire naturelle et un trésorier. Elle se compose de membres honoraires, d'académiciens résidants au nombre de 35, d'académiciens non résidants et d'associés correspondants.

§ II.

Commission d'Antiquités.

La Commission d'antiquités a été établie en 1831. Son but est de préserver de la destruction et de l'oubli les monuments anciens que renferme le département. — Elle dirige les fouilles, recueille les objets antiques et en forme des collections qui composent un musée très intéressant : il occupe aujourd'hui la partie nord du rez-de-chaussée de l'aile orientale de l'hôtel de Ville. — La Société se compose de membres honoraires, de membres titulaires, dont le nombre est fixé à 36, de membres associés résidants au nombre de 20, et de membres correspondants ; des fonds lui sont alloués par le conseil général. Ses séances se tiennent dans une des salles de l'hôtel des Archives, rue Jeannin. Elle publie chaque année un volume de Mémoires. Son président est M. Henri Baudot, rue Bossuet.

§ III.

Société d'Agriculture.

La Société d'agriculture a été fondée par arrêté du préfet le 20 août 1831, et approuvée par le ministre le 2 septembre suivant. Ses réunions ont lieu à l'hôtel des Archives, rue Jeannin.

Son but est de donner une impulsion active et une bonne direction à toutes les branches de l'agriculture. Ainsi elle décerne des récompenses aux meilleurs cultivateurs et aux fabricants qui perfectionnent les instruments d'agriculture. Elle provoque des expositions des produits de l'agriculture et de l'horticulture et leur accorde des primes. Elle cherche à obtenir l'amélioration des animaux domestiques, en introduisant des races nouvelles et plus appropriées aux localités ;

enfin, elle publie chaque mois un compte-rendu de ses travaux et des résultats obtenus par une culture éclairée.

Son président est M. Détourbet, au château de Vantoux ; son vice-président est M. Gaulin, rue Saint-Pierre, 11.

§ IV.

Société d'Horticulture.

La Société d'Horticulture, fondée en 1851, et bientôt tombée en dissolution, s'est reformée le 1er mars 1858, sur des bases plus solides. Placée sous le patronage de S. M. l'Impératrice, elle est agrégée à la Société d'acclimatation de Paris. Son but est le perfectionnement de la culture des jardins de toute espèce, ainsi que des instruments qui y sont propres, la propagation des bonnes méthodes, l'encouragement de l'horticulture par tous les moyens possibles, notamment par des expositions et des récompenses. Depuis sa fondation nouvelle, elle a fait deux grandes expositions, une de printemps, une d'automne et plusieurs autres moins importantes. Ces expositions ont été suivies de distributions de médailles et autres récompenses.

Les séances de la Société ont lieu le deuxième dimanche de chaque mois dans la salle de la Bourse, à l'hôtel de Ville. Elle est subventionnée par la ville, le département et le ministre de l'agriculture et du commerce.

Son président est M. Ouvrard, député ; son vice-président est M. Liégeard, propriétaire, rue Vauban.

§ V.

Société de Lecture.

Cette Société particulière, fondée en 1828 par quelques hommes éclairés et studieux, possède déjà une bibliothèque nombreuse et choisie.

Les avantages qu'elle présente sont de mettre à la disposition des sociétaires une foule d'ouvrages qu'on trouve difficilement dans les cabinets littéraires, et d'en permettre la lecture à domicile pendant tout le temps nécessaire. En cas de dissolution, la bibliothèque doit appartenir à la ville ; le nombre des volumes est aujourd'hui de plus de 6,000. L'administration municipale lui a concédé gratuitement deux salles situées au second étage de l'hôtel de Ville. Pour être sociétaire, il suffit de contracter un abonnement annuel, dont le prix est de 20 fr., payable entre les mains du concierge bibliothécaire.

§ VI.

Société permanente des Amis des Arts.

Cette Société a été fondée, en 1857, dans le but de développer et perfectionner le goût des arts, en réunissant dans des séances hebdomadaires les artistes et les amateurs, et en organisant des expositions publiques et des concours.

M. le préfet de la Côte-d'Or et M. le maire de Dijon ont bien voulu accepter la présidence d'honneur de cette Société : son règlement a été approuvé par le ministre.

Le nombre des membres est illimité ; la cotisation annuelle est de 25 fr. Les réunions ont lieu le lundi de chaque semaine dans un local accordé par la ville, et dont l'entrée est dans la cour occidentale de l'hôtel de Ville.

§ VII.

Société Philharmonique.

Cette Société, créée en 1832, tenait ses séances dans l'ancienne salle des Etats généraux, à l'hôtel de Ville. Cette salle, restaurée aux frais de la Société, a 28^m,50 de long, 12^m,90 de large et 10^m,30 de haut ; elle offrait un vaste amphithéâtre circulaire où mille personnes environ pouvaient se placer en face d'une estrade destinée à l'orchestre, composé de 70 musiciens, artistes et amateurs. Le but de la Société était de développer et de former le goût musical, en donnant des concerts dans lesquels on entendait les artistes de la ville et les artistes étrangers. Les talents les plus distingués ont pris part à ces réunions, qui avaient en France une réputation méritée ; cependant elles n'ont pu se relever complétement après la révolution de 1848. Les gradins établis par la Société ont été détruits en 1851 par la ville, pour donner dans cette salle un magnifique banquet à Louis-Napoléon, alors président de la République. Il est à désirer, dans l'intérêt de l'art musical et dans celui de la ville, que cette belle et utile institution puisse bientôt se rétablir. M. Jules Mercier, ancien chef d'orchestre de la Société, a déjà tenté plusieurs efforts pour arriver à ce résultat : il a organisé une Société symphonique qui a déjà donné des concerts très remarquables. Il faut espérer qu'en réunissant tous les éléments que peut fournir la ville, notamment l'orchestre du théâtre, la Société chorale, et la Fanfare, il parviendra à relever cette belle et regrettable institution.

CHAPITRE VII.

Instruction publique et Établissements scientifiques.

§ Ier.

Académie impériale.

On voit, par les registres de l'hôtel de Ville, que dès le XIVe siècle, Dijon avait ses écoles : elles étaient alors rue du Châtel, nommée depuis rue Saint-Fiacre, et aujourd'hui rue Vauban ; vis-à-vis était le logis des *fillettes communes*, qu'on força en 1425 de quitter ce quartier parce que les *escoliers s'y affolli ient*.

Ce ne fut néanmoins qu'au commencement du XVIe siècle que la ville eut un collége en règle. En 1550, il avait pour principal le fameux Turrel, un des plus grands mathématiciens de son temps, et à qui sa prétention de lire dans l'avenir faillit coûter la vie. En 1531, Julien Martin le dota richement, et il fut transféré par la ville dans la rue qui porte encore aujourd'hui le nom du Vieux-Collége. On le nommait alors Collége des Martins ; on y enseignait le grec, les belles-lettres, les mathématiques, et il avait produit une foule d'élèves distingués.

Mais lorsque, en 1581, les Jésuites vinrent s'établir à Dijon, l'influence de cette compagnie célèbre ne tarda pas à le faire déchoir. Le président Odinet Godran les avait, cette année là même, institués ses héritiers, conjointement avec la ville de Dijon, à la condition d'ouvrir un collége nouveau ; on devait y enseigner l'écriture, l'agriculture, l'arithmétique, les belles-lettres françaises et italiennes et la philosophie. La ville se conforma au vœu du testateur, et, en 1587, le collége dirigé par les Jésuites fut ouvert à la jeunesse. Le bâtiment qu'il occupait était situé entre les rues de l'Ecole-de-Droit, Chabot-Charny et du Petit-Potet, sur l'emplacement de l'ancien hôtel La Trémouille. L'administration municipale et les Etats généraux firent, quelques années après, les fonds nécessaires pour compléter l'enseignement ; l'entrée des classes était dans la rue de l'Ecole-de-Droit.

Bientôt le collége eut d'autres bienfaiteurs : le président Odebert fit une riche dotation pour l'établissement d'un cours de langue allemande ; en 1737, le président Berbisey fonda des prix qui devaient être distribués tous les trois ans, mais que l'administration rendit plus tard annuels.

L'expulsion des Jésuites, qui eut lieu en 1763, plaça le collége sous la tutelle plus directe de la ville ; il se composait d'un principal, d'un sous-principal, de deux professeurs de philosophie, un de mathématiques, deux de rhétorique, cinq professeurs d'humanités et de grammaire, et d'un suppléant.

L'année 1722 avait vu s'élever l'Université ; son établissement avait été sollicité par les Etats généraux ; mais les universités de Paris, Besançon et autres villes s'étaient opposées à son institution ; aussi n'avait-elle été accordée, le 6 juillet 1722, que pour la Faculté de droit seulement.

Les officiers de cette Université si restreinte et les professeurs de l'école ne furent nommés qu'en 1723. Les chaires des quatre professeurs en droit civil et en droit canonique, et les places des quatre docteurs agrégés se donnaient au concours. L'Université présentait trois des concurrents au roi, qui nommait l'un d'entre eux et lui faisait expédier des provisions que le Parlement enregistrait ensuite. Le professeur de droit français était également nommé par le roi, mais sur la présentation des professeurs et avocats généraux du Parlement.

Tel était à Dijon l'état de l'enseignement lorsque la révolution de 1791 éclata ; les cours libres que faisait alors l'Académie des sciences et belles-lettres en formaient le complément.

Les études, un instant interrompues par nos troubles politiques, ne tardèrent pas à reprendre leur cours, grâce au zèle de MM. Pierre Baillot, Pierre Jacotot et Bénigne Poncet, qui faisaient à l'Ecole centrale des cours de belles-lettres, de sciences physiques et de législation. Lorsque l'ordre fut entièrement rétabli, une école centrale fut créée à Dijon ; elle était située dans la partie de l'ancien couvent des Jésuites occupé aujourd'hui par l'Ecole normale. Un arrêté du gouvernement, du 6 mai 1803, la transforma en lycée, et bientôt elle fut transférée rue Saint-Philibert, dans les bâtiments de l'hospice Saint-Anne. L'Ecole de droit fut fondée le 21 novembre 1806 ; enfin, la loi de 1808 qui a rétabli en France l'Université, et les décrets des 17 mars 1808 et 25 juillet 1809 ont fait de notre ville le centre d'une Académie qui réunit autour d'elle un enseignement complet. Elle se compose d'une Faculté de droit, d'une Faculté des sciences et d'une Faculté des lettres.

La Faculté des sciences fait des cours de mathématiques, de physique, de chimie, de géologie et de minéralogie, de zoologie et d'histoire naturelle.

La Faculté des lettres fait des cours de littérature grecque, de littérature latine, de littérature française, de littérature étrangère, de philosophie et d'histoire.

Les cours se font dans les salles de l'hôtel de l'Académie, rue Porte-d'Ouche. — Cet hôtel, que la ville a acheté de l'Université par acte du 24 novembre 1841, et qu'elle vient de reconstruire presque entièrement en y dépensant une somme de 125,000 fr. appartenait jadis à l'Académie des sciences et belles-lettres de Dijon, à qui il a été enlevé par les lois des 8 août 1793, 11 décembre 1808 et 11 juin 1809 ; c'était cet hôtel Depringles qu'elle avait acheté par suite de la transaction faite avec les doyens du Parlement, en échange du logement qu'ils étaient obligés de lui fournir dans l'hôtel que Bernard Pouffier leur avait légué. Le grand salon, exécuté sur les dessins de Mansard selon les uns, du chevalier Bernin selon d'autres, est d'une beauté remarquable. Il est décoré de trois grands bas-reliefs qui représentent la Nature, la Vérité et Minerve distribuant des couronnes aux arts et aux sciences. Les pilastres qui soutiennent la corniche sont ornés des bustes des grands hommes de la Bourgogne.

L'Académie possède un beau cabinet de physique et un magnifique cabinet d'histoire naturelle, placé dans une galerie de 47^{m}19 de longueur; depuis quelques années il s'est enrichi d'une foule d'objets précieux dont la classification, faite au point de vue de l'enseignement, a été dirigée par MM. Brullé, professeur de zoologie et de physiologie, et de Christol, professeur de minéralogie et de géologie.

§ II.

École de Droit.

L'Ecole de droit, fondée en 1722, ainsi que nous l'avons dit dans le paragraphe précédent, a été rétablie en 1806. Elle occupe la partie de l'ancien collége des Jésuite où se faisaient les classes : l'entrée est dans la rue de l'Ecole-de-Droit. La salle des exercices publics est ornée de plusieurs tableaux qui ne sont pas sans mérite ; ce sont : l'*Annonciation*, de Revel ; le *Martyre de saint Etienne*, de Tacel ; l'*Assomption de la Vierge*, l'*Ombre de Samuel* et le *Serpent d'Airain*, par Corneille.

L'Ecole de droit, où enseignèrent Davot, Bannelier et Delusseux, se rappelle avec orgueil que le célèbre Proudhon a été longtemps à la tête de ses professeurs. Elle se compose d'un doyen, de six professeurs, de deux suppléants et d'un secrétaire. Les cours ouverts aux élèves ont pour objet :

Pour la première année : introduction à l'étude du droit et Code Napoléon, droit romain ;

Pour la deuxième année, Code Napoléon, droit romain, procédure civile et législation criminelle, cours complémentaire sur la procédure civile ;

Pour la troisième année, Code Napoléon, droit public et administratif, droit commercial ;

Pour la quatrième année, deux cours de Code Napoléon, un cours de droit romain, un cours de Droit public et administratif, des conférences sur les Pandectes.

§ III.

Lycée impérial.

Le Lycée impérial, dont nous avons tracé l'origine dans le paragraphe premier de ce chapitre, fut établi après la révolution, sous le nom d'*Ecole centrale* : l'instruction s'y donnait alors gratuitement. Il était placé dans le local occupé aujourd'hui par l'Ecole de droit et l'Ecole normale primaire. En 1803, il fut érigé en Lycée, et bientôt après transféré dans les bâtiments que le président Odebert et sa femme Odette Maillard avaient fait construire pour y établir l'hospice Sainte-Anne : cet hospice fut lui-même transporté dans l'ancien couvent des Bernardines, situé dans la rue qui depuis a pris son nom. Il a repris aujourd'hui le titre de Lycée impérial.

Le Lycée est situé rue Saint-Philibert : il est dirigé par un proviseur et un censeur ; l'administration est confiée à un économe ; ces trois fonctionnaires logent dans l'établissement. Seize professeurs y font des cours de logique, physique et sciences naturelles, mathématiques spéciales, mathématiques élémentaires, rhétorique, langues grecque et latine, histoire, langue allemande, langue anglaise et dessin.

Les bâtiments du Lycée sont vastes et bien distribués ; les cours sont spacieuses, les dortoirs d'une propreté et d'une commodité recherchées. Une infirmerie, située dans la partie la plus paisible de l'établissement, est destinée aux élèves dont la santé réclame un traitement particulier.

La ville de Dijon est en négociation pour l'achat de l'hôtel Nault, qui touche au Lycée, et qui a été autrefois habité par notre excellent sculpteur Dubois ; elle a l'intention d'y ouvrir, comme annexe aux cours du Lycée, un enseignement industriel et commercial.

§ IV.

École préparatoire de Médecine et de Pharmacie ; Cours d'Accouchement.

Dès le 14 décembre 1775, le célèbre professeur Chaussier avait ouvert un cours public et gratuit d'anatomie à l'usage des jeunes gens qui se destinaient à la médecine.

Un décret impérial du 28 août 1808 établit à Dijon des cours d'instruction médicale : ils étaient faits par cinq professeurs. Une ordonnance du 18 mai 1820 érigea ces cours en Ecole secondaire de médecine, et la plaça sous l'autorité universitaire.

Cette Ecole a été reconstituée le 12 septembre 1837, sous le nom d'Ecole préparatoire de médecine et de pharmacie, et elle a reçu en 1841 son organisation définitive. Quatorze professeurs titulaires ou suppléants y sont attachés ; elle comprend des cours de chimie, de pharmacie, d'anatomie, de physiologie, de clinique interne, de clinique externe, d'accouchement, d'histoire naturelle médicale, de matière médicale, et de pathologie interne.

Une grande partie de ces cours se fait à l'hôtel de l'Académie : le cours d'anatomie se fait dans l'amphithéâtre que la ville a fait construire à l'hospice général en 1839, en vertu d'un traité arrêté entre le préfet, le maire et la commission de l'hospice. Cet établissement a coûté 14,000 fr. : les cours de clinique se font dans les salles mêmes de l'hospice.

Cet enseignement médical est complété par un cours d'accouchement qui a lieu en dehors de l'Ecole de médecine, et aux frais de l'administration départementale. Ce cours, qui se fait dans la maison appelée la Miséricorde, située dans la rue extérieure qui réunit la porte Guillaume à la nouvelle rue Saint-Bénigne, est spécialement destiné à l'instruction des sages-femmes du département. Il est sous la surveillance de la commission administrative des hospices :

il a été réorganisé en 1844 par un arrêté du préfet et un règlement fait par la commission de l'hospice. M. le docteur Moyne en est le professeur.

§ V.

Jardin des Plantes; Cours de Botanique appliquée.

L'établissement du premier jardin des Plantes à Dijon date de l'année 1760 : il fut créé par M. Varennes de Béost ; il était placé aux Argentières.

En 1772, M. Legouz de Gerland en établit un second, dont il fit don à l'Académie des sciences et belles-lettres : un pavillon et des serres y existaient ; il était situé à l'est de la ville, entre le cours de Suzon et l'Allée-de-la-Retraite. M. Legouz de Gerland, depuis longtemps valétudinaire, voulut qu'on gravât sur la porte d'entrée ce vers de Virgile

NON IGNARA MALI MISERIS SUCCURRERE DISCO.

La création de ce jardin entraînait nécessairement celle d'un cours de botanique : l'Académie le sentit ; elle en offrit la direction à deux hommes qui avaient acquis dans cette science une juste célébrité : l'un était M. Gouan, de Montpellier ; l'autre J.-J. Rousseau, qui avait remporté quelques années auparavant un des prix décernés par cette compagnie. Ni l'un ni l'autre n'acceptèrent, et M. Durande, médecin distingué et membre de l'Académie, se chargea de la direction de cet enseignement. Le premier cours eut lieu le 20 juin 1773, et les discours qui furent prononcés indiquent la direction toute spéciale qu'on voulait alors imprimer au jardin de Dijon : réunir les végétaux utiles à l'art de guérir, pour en faciliter l'étude aux jeunes gens qui se destinaient à la médecine ou à la pharmacie.

Les plantes y furent disposées d'après la classification de Tournefort, modifiée par M. Durande lui-même, qui se rapprochait déjà du système adopté généralement de nos jours. Les études, que le savant professeur fit pour son cours, l'amenèrent à publier deux ouvrages d'un grand mérite, et que les botanistes estiment encore aujourd'hui : la *Flore de Bourgogne*, et une *Carte botanique* qui en était comme le tableau synoptique. Il fut puissamment secondé dans ce beau travail par M. Tartelin, pharmacien à Dijon, alors conservateur du jardin et collaborateur de Guyton de Morveau. L'arrangement du jardin subsista jusqu'en 1823, époque à laquelle le conservateur, M. Morland introduisit, parallèlement à celle de M. Durande, la méthode des familles naturelles de M. de Jussieu.

Le seul catalogue des plantes cultivées au jardin qui ait été autrefois imprimé et qui porte la date de 1808, donne la mesure de l'importance de l'établissement à cette époque : le nombre de plantes qui y sont désignées s'élève à 1,941 espèces, rangées dans dix-sept classes. On n'y fait aucune mention du petit nombre d'arbres qui y existaient.

Dès la création du jardin, on avait laissé entrevoir le projet de le transporter plus tard dans un emplacement plus convenable, lorsqu'une occasion propice se présenterait. Dès le 28 août 1808, la ville acheta dans ce but les bâtiments et le jardin de l'Arquebuse, moyennant 16,000 fr. qu'elle versa à l'Etat. Mais elle ne put se décider à détruire cette jolie promenade ; ce ne fut que plus tard, et le 17 avril 1832, qu'elle fit l'acquisition de deux hectares six ares de terrain situé à l'ouest de la promenade, et faisant partie du clos de l'ancienne Chartreuse de Champmol ; ce terrain fut payé par elle 12,731 fr.; elle le fit clore de murs, y fit construire une serre qui coûta 12,000 fr., et y transporta les plantes de l'ancien jardin, dont l'emplacement fut vendu avec les bâtiments 16,100 fr. C'est en 1833 que cette translation s'opéra.

Le nouveau jardin a une étendue triple de celle de l'ancien : situé dans une position plus chaude, le terrain en est excellent, et, ce qui est d'un prix inestimable, les fontaines des Chartreux et l'excédant de la fontaine du Rosoir y entretiennent toute l'année un cours d'eau qui est pour la culture d'un avantage inappréciable, et d'un grand agrément pour les promeneurs.

Dans les quatre grands carrés qui sont au-devant des serres, on a établi une école de botanique où les plantes sont rangées d'après la classification adoptée par le célèbre professeur Decandolle, de Genève, dans son *Prodromus systemalis naturalis regni vegetabilis*, comme résumant mieux les connaissances actuelles de botanique. A l'extrémité de ces quatre carrés, dans un emplacement disposé en forme de parterre, on cultive différentes collections de plantes d'agrément. En face de la grande allée qui partage cette première partie du jardin est un monument élevé à la mémoire de M. Legouz de Gerland, son premier fondateur : au-dessus du buste de cet homme bienfaisant est gravée cette inscription :

PRISTINI DIVIONENSIS HORTI
CONDITORI.

A l'ouest de l'école, une portion de terrain assez étendue est réservée à des essais de culture pour les plantes d'une utilité reconnue dans l'agriculture, les arts ou l'économie domestique. Au bord méridional de la pièce d'eau est un saule pleureur provenant d'une bouture cueillie à Sainte-Hélène sur le tombeau de Napoléon, rapportée par M. de Montholon, et donnée par lui à M. de Cléry, qui l'a offerte à la ville : il a été planté le 6 avril 1836, par M. Dumay, maire, en présence de MM. Morland et Fleurot, alors conservateurs. Le terrain au-delà du cours d'eau est affecté à l'arboriculture : les arbres et les arbustes y sont disposés par groupes et par genres. Cette partie du jardin forme dès aujourd'hui une école forestière et d'acclimatation qui, dans peu d'années, comprendra tout ce qu'il est possible de réunir sous notre climat de ces utiles végétaux, tant exotiques qu'indigènes. Le projet formé par l'administration de supprimer le mur qui séparait le jardin de la promenade de l'Arquebuse a été réalisé en 1850 ; ce mur a été remplacé par une haie vive et un ruisseau d'eau limpide, et aujourd'hui les deux établissements, qui paraissent n'en faire qu'un seul, ont doublé d'étendue et d'agrément.

Des plates-bandes de terre de bruyère, placées dans diverses expositions, reçoivent les arbres et les plantes qui exigent cette culture.

Les deux serres, l'une chaude, l'autre tempérée, construites en 1833 sur le plan de celles de Genève, ont chacune 13 mètres 10 centimètres de longueur sur 4 mètres 50 centimètres de largeur ; elles sont échauffées par l'eau, au moyen d'un appareil introduit en France depuis quelques années, et nommé *thermosyphon*.

Le pavillon qui les sépare est destiné au musée ou galerie de botanique, et notamment à un herbier des plantes du département. C'est là que se fait, pendant la belle saison, le cours de botanique, qui est professé par M. le docteur Fleurot fils, conservateur actuel.

Enfin, on a construit en 1835 une serre froide ou chinoise, pour la culture de quelques plantes bulbeuses et d'arbustes de la Nouvelle-Hollande, de la Chine et du Japon : elle est aux expositions du levant, du couchant et du midi ; sa longueur est de 19 mètres 53 centimètres, sur 2 mètres 65 centimètres de largeur.

C'est sous la direction de M. le docteur Morland, et surtout par le zèle infatigable de M. Fleurot père, qui lui a succédé comme conservateur, que le Jardin des Plantes a acquis l'importance qu'il a aujourd'hui. Excellent botaniste, et passionné pour l'amélioration de l'établissement utile qui lui était confié, M. Fleurot était parvenu à lier des correspondances et à ménager des échanges avec tous les grands jardins botaniques de France et d'Europe, lorsqu'une mort prématurée est venue l'enlever à sa famille et à la science qu'il chérissait.

Le jardin des Plantes, qui ne comptait en 1829 que 1,600 végétaux au plus, contient aujourd'hui près de 5,000 espèces ou variétés de plantes dans la partie consacrée à l'école de botanique, et près de 500 arbres et arbrisseaux dans les autres parties.

Une école d'arbres fruitiers y a été plantée en 1850, et donne de bons résultats.

Le jardin possède une fort belle collection de vignes, cultivée sur une butte située au nord-ouest de l'enclos : le nombre de ces variétés n'est pas moindre de 300. Une partie, placée contre un mur exposé au midi, est destinée à former une treille qui contiendra près de 100 variétés de raisins de table.

On trouve dans le jardin quelques beaux arbres, parmi lesquels on distingue un châtaignier greffé sur chêne, dont la végétation est très vigoureuse.

Pour rendre plus active et plus prompte l'influence que doit exercer le jardin des Plantes sur l'agriculture et les arts industriels qui s'y rattachent, des plantes, des graines, des greffes, etc., sont distribués gratuitement, toutes les fois que cela est possible, aux personnes qui en font la demande au conservateur.

De plus, le conseil municipal a décidé, par délibération du 20 novembre 1835, qu'un cours de *botanique appliquée* serait fait chaque année par M. le directeur-conservateur du jardin. Ce cours, ouvert le 15 mai 1836, a lieu de mai à septembre, dans le pavillon situé entre les deux serres : il est complété par des herborisations faites dans la campagne.

Le musée de botanique, qui doit se placer dans le même local, a déjà reçu un grand nombre d'objets curieux ; mais ce qui lui donne un grand intérêt, c'est le magnifique herbier qui lui a été donné par la famille d'Antoine Guillemin, botaniste distingué.

Antoine Guillemin, né à Pouilly-sur-Saône (Côte-d'Or), le 20 janvier 1796, venait d'être nommé membre de la Légion-d'Honneur et professeur agrégé à l'école de pharmacie de Paris, quand la mort l'enleva à la science, le 15 janvier 1842. Il avait été un des élèves les plus distingués de l'illustre Decandolle, et avait publié une foule d'ouvrages, de mémoires et d'articles de journaux sur la botanique. Sa famille a cru se conformer à ses désirs en léguant son herbier à la ville de Dijon. Il n'en a été distrait que quelques pièces rares, que Guillemin destinait lui-même au muséum de Paris.

Cet herbier se compose d'environ 200 gros volumes ou cartons *in-folio*, renfermant de 10 à 12,000 espèces classées en 205 groupes ou familles, c'est-à-dire la totalité des divisions naturelles adoptées par Decandolle pour tout le règne végétal ; il contient ainsi des représentants en nombre plus ou moins considérable de toutes les familles de plantes observées jusqu'ici à la surface du globe. Ces échantillons, tous de choix et parfaitement préparés et conservés, proviennent soit des recherches personnelles de Guillemin, soit des dons qui lui ont été faits, ainsi qu'il l'a inscrit sur son herbier, par tous les grands voyageurs et naturalistes qui ont fait faire dans ces derniers temps de si grands progrès aux sciences naturelles.

§ VI.

Musée d'Histoire naturelle.

Le Musée d'histoire naturelle est placé dans la vaste galerie qui occupe tout le premier étage des bâtiments de la promenade de l'Arquebuse. Il a été ouvert pour la première fois au public le 1er mai 1836. La faible collection de minéraux que la ville possédait déjà en a formé la base. M. Nodot nommé directeur à cette époque, en reconnaissance des belles et nombreuses collections qui composaient son cabinet particulier et qu'il avait généreusement données à la ville, n'a pas cessé jusqu'à sa mort de les enrichir de nouveaux objets, fruits de ses recherches personnelles ou des relations qu'il avait su établir sur tous les points de la France et de l'étranger, soit avec de savants correspondants, soit avec les musées de Paris et des départements.

On monte au musée par l'escalier qui est à l'est de la galerie qui le renferme, et qui se compose d'une suite de compartiments formés par des arcades à jour.

La première division renferme toute la minéralogie et la géologie. Une place spéciale y est réservée aux productions du département. Le nombre de tous ces divers échantillons peut s'élever de 9 à 10,000 parmi lesquels on remarque de très beaux fossiles ; ce sont l'enveloppe supérieure d'un *schistopleurum typus*, animal gigantesque, voisin des Tatous, et recouvert comme ces derniers d'une immense carapace osseuse. Cette pièce, du plus haut intérêt scientifique, reconstruite et décrite dans les mémoires de l'Académie de Dijon par M. Nodot, sous le nom de *Glyptodon*, est unique dans les collections d'Europe, et donne parfaitement l'idée des bizarres créations qui peuplaient le monde qui nous a précédé. Ce magnifique objet a été trouvé dans des terrains tertiaires d'eau douce aux environs de Montévideo, et a été légué à la ville par M. le vice-amiral Dupotet; les pièces les plus importantes du squelette de *l'ursus spœleus*, animal carnassier plus gros qu'un cheval ; des dents de *tetracaulodon*, quadrupède gigantesque pourvu, comme l'éléphant, d'une trompe et de défenses ; un fémur et une défense de *mastodonte* d'un énorme volume ; des dents de deux espèces de rhinocéros ; des molaires et des défenses de mammouth ; des têtes et des fragments de reptiles gigantesques ; ces derniers fossiles ont été recueillis sur le sol du département. La collection de minéraux est fort belle et renferme des échantillons précieux. Au milieu de cette première salle, le directeur a réuni une collection considérable de cristaux, classés méthodiquement pour aider à l'étude de cette partie difficile de la science.

Le deuxième compartiment contient les *polypiers*, au nombre de 300 à peu près, dont plusieurs sont remarquables par leur volume et leur rareté ; les *reptiles*, au nombre de 400, dont la suite présente tous ceux de la France, la plupart des espèces propres à l'Algérie, et les plus remarquables de ceux d'Amérique et de presque toutes les contrées du globe : il en est plusieurs uniques dans les collections ; ils ont presque tous été donnés par M. Morelet, notre compatriote, qui les a recueillis dans ses voyages scientifiques ; des *poissons* nombreux et rares, parmi lesquels se trouve un magnifique esturgeon acheté sur notre marché, une raie du poids de 124 livres et un grand requin du Nord ; des objets d'*anatomie comparée* et de *tératologie* ; enfin plusieurs *oiseaux* de l'ordre des gallinacées et des palmipèdes.

Au centre de cette même division se trouvent encore deux armoires vitrées renfermant une charmante suite d'oiseaux mouches, de colibris, de gros becs et de becs fins d'Europe et d'Amérique. Puis, dans la partie horizontale de ces mêmes meubles, presque tous les œufs des oiseaux de France. Une collection de 500 oursins vivants et fossiles de diverses contrées, et enfin un *genera* considérable des mollusques vivants et fossiles de tous les pays ; cette collection est l'une des plus utiles aujourd'hui pour l'étude de la géologie.

La troisième division, destinée aux *mammifères* et aux *oiseaux*, est entièrement remplie. La série des espèces propres à l'Europe est presque complète; le nombre des oiseaux s'élève à plus de 2,000, dont 600 environ sont exotiques; ils sont présentés dans tous les états de plumage et d'une parfaite conservation. Les mammifères sont moins nombreux : la collection s'élève à 200 individus à peu près, presque tous européens; mais il en est de fort rares, surtout parmi les exotiques, parmi lesquels nous citerons des makis de Madagascar, des fourmiliers, des ornithorhynques, et une magnifique panthère d'Afrique, tuée et offerte au Musée par M. Bonbonnel. Une armoire de cette division renferme deux momies égyptiennes données par la famille Bartholomey.

La quatrième division enfin, située dans le pavillon de l'ouest, renferme une très belle suite de *coquilles* fossiles et vivantes, marines, fluviatiles et terrestres, propres à toutes les contrées et provenant de tous les terrains; une belle collection de *papillons;* une suite magnifique d'*insectes* de tous les ordres et de tous les pays, qui se compose de près de 15,000 espèces; enfin un assez grand nombre de *crustacés*. Au centre de cette même salle se trouvent encore des mammifères de grande taille, parmi lesquels on voit un éléphant et son squelette, préparés avec le même sujet; un cerf magnifique, parfaitement monté; un lama des Andes, des pachydermes et des ruminants à bois et à cornes.

Un registre tenu par le directeur consacre le souvenir des dons faits au Musée : on y lit les noms de MM. Chaper, ancien préfet; Saintpère, médecin; Nodot, de Semur; Dubois, de Gray; Gaudelet, de Dijon; Bonnetat, ingénieur en chef; Perrot, préparateur au Musée de Paris; Guichon de Grandpont; Joanne, de Dijon; Gallimard, de Châtillon; Alcide d'Orbigny, de Paris; d'Archiac fils; Jacquin, officier de marine; Vesco, médecin; Angelot, négociant à Paris; Naudin, officier de marine; Cousturier fils, d'Ampilly; Morelet, de Dijon; M. le vice-amiral Dupotet; M. de Charrey fils, etc. Ce dernier a fait don au cabinet de la collection d'insectes formée par son père; enfin, M. le docteur Marchant, aujourd'hui directeur de ce bel établissement, l'a enrichi à son entrée en fonctions de sa collection particulière.

M. Belin a été attaché depuis quelque temps au Cabinet en qualité de préparateur.

Le Musée est ouvert au public tous les dimanches, de une heure à trois heures de l'après-midi, pendant les mois de mai, juin, juillet, août et septembre, et seulement de une à deux heures pendant les sept autres mois. Les étudiants sont admis le jeudi de chaque semaine, de onze à trois heures, sur la présentation d'une carte délivrée par M. le Maire. Les étrangers peuvent être admis tous les jours, sur l'exhibition de leurs passeports, en s'adressant soit au Directeur, soit au Concierge de l'établissement.

§ VII.

Observatoire, Laboratoire de Chimie.

Le projet d'établir un Observatoire dans la Tour de l'ancien palais des ducs de Bourgogne remonte au règne de Louis XIV ; le prince Henri de Bourbon, gouverneur de la province, eut alors la pensée de consacrer à un établissement de ce genre les trois étages supérieurs de la Tour, où l'on monte par un escalier de 316 marches. Ce ne fut toutefois qu'en 1778 que cette idée fut réalisée, sur la demande de MM. de Buffon et de Lalande. L'Observatoire dont ils venaient d'obtenir l'établissement devait recevoir, dans les projets du gouvernement, de grands développements ; mais les troubles politiques ne tardèrent pas à faire perdre de vue cette pensée toute de science et de paix. L'Observatoire avait cependant été doté de plusieurs instruments de prix, qui y étaient restés à peu près inutiles pendant la révolution. En 1800, à la suite d'un feu d'artifice tiré sur la plate-forme de la Tour pour célébrer une fête nationale, le feu se communiqua à l'édifice et consuma les loges qui contenaient les instruments, qu'on parvint à sauver. L'administration municipale fit rétablir à ses frais l'Observatoire dès l'année suivante : il renferme aujourd'hui plusieurs instruments d'une assez grande valeur, un télescope newtonien donné par Herschell le père, un magnifique cercle astronomique de Gambey, plusieurs lunettes achromatiques et des chronomètres excellents. Il occupe la salle supérieure de la grande tour de l'hôtel de Ville : la direction en est confiée à M. Perrey, professeur de mathématiques spéciales à la Faculté des Sciences, auquel est adjoint M. Delarue, pharmacien, en qualité de conservateur.

Le *Laboratoire de chimie*, établi par le Conseil général en 1842, est destiné à faire l'analyse des mines du département, ainsi que toutes les opérations chimiques qui intéressent la sûreté publique. La direction en est confiée à M. Peschard d'Ambly, ingénieur des mines. Il est aujourd'hui placé dans une salle isolée du palais des Archives.

§ VIII.

Ecole des Beaux-Arts.

L'École des beaux-arts doit son établissement, sa prospérité et sa gloire à François Devosge. C'était un de ces hommes trop rares chez lesquels le génie se trouve réuni à un ardent amour de l'art et à un noble dévoûment. Né à Gray, le 25 janvier 1732, de parents artistes, il se livra avec passion à l'art que cultivait son père. Sculpteur d'abord, puis ensuite peintre, les vicissitudes qui traversèrent sa jeunesse ne purent ébranler ni sa constance, ni son ardeur. A l'âge de trente-deux ans et doué d'un beau talent, qui chez tout autre aurait éveillé l'ambition, il ouvrit à Dijon une école gratuite, dans laquelle il faisait à lui seul des cours de dessin, de peinture et de sculpture. Aucun sacrifice ne lui coûta pour la soutenir, et bientôt elle donna des résultats si remarquables, que M. Legouz de Gerland vint généreusement à l'aide du fondateur, et que les États généraux l'adoptèrent et votèrent des fonds pour son entretien.

C'est en 1766 que les États prirent l'École des beaux-arts sous leur patronage, à la même époque où s'établissait celle de Paris : il n'existait alors en France que ces deux écoles. M. Devosge suffisait seul aux classes qui avaient été ouvertes, et Courtépée nous apprend que, pendant la classe de dessin d'après le modèle vivant, le professeur faisait aux élèves la lecture des ouvrages qui pouvaient les instruire dans les principes de leur art. En 1769, des prix annuels furent fondés par les États; mais ils ne tardèrent pas à en augmenter le nombre, et ils créèrent de plus deux grands prix auxquels était attachée une pension de 600 livres destinée à entretenir à Rome pendant quatre ans ceux des peintres et des sculpteurs qui étaient couronnés dans un concours spécial ouvert à cet effet. Ces pensionnaires devaient envoyer chaque année leurs meilleures études, et faire dans le cours de la troisième un tableau ou une statue dont les États leur indiquaient le sujet en leur payant la matière. La distribution de ces grands prix se fit pour la première fois le 15 septembre 1766 : Gagneraux remporta celui de peinture, et Claude Renaud celui de sculpture. Ce sont les ouvrages envoyés de Rome par les élèves pensionnaires qui ont formé le noyau du Musée.

La révolution de 1789 enleva à l'école de Dijon ses principaux moyens d'existence et d'encouragement; mais le zèle du respectable fondateur, l'ascendant de son talent, le respect qu'il inspirait lui donnèrent les moyens de conserver l'école et les monuments qui la décoraient, ainsi que le musée et le cabinet d'estampes qu'il avait réussi à former. Elle fut bientôt dans un état si florissant, que le gouvernement n'hésita pas à la comprendre au nombre des écoles spéciales auxquelles il accorda sa protection.

A l'époque de sa fondation, l'École des beaux-arts avait été placée dans les salles de l'hôtel de Ville qu'occupe aujourd'ui une partie du Musée. Depuis, on la transféra dans la chapelle de l'ancien collége des Jésuites, puis ensuite dans la partie supérieure de l'hôtel de Ville, que remplissaient il y a quelques années les archives départementales, au-dessus des salles du Musée; elle est maintenant dans l'étage supérieur de l'aile orientale de l'hôtel de Ville : on y arrive par la place des ducs de Bourgne. Des cours de dessin, de peinture, de sculpture et d'architecture y sont ouverts gratuitement, et dirigés par cinq professeurs. Le Conseil général du département accorde aux élèves qui se sont distingués des pensions destinées à leur donner les moyens de continuer leurs études aux écoles de Paris.

L'École des beaux-arts s'enorgueillit d'avoir formé une foule d'artistes distingués, au nombre desquels on peut citer :

Parmi les peintres : Prudhon, Gagneraux aîné, Devosge fils, Lécurieux, Ziem, B. Masson, Michaut, Jeanniot, Frilley, Dauphin, Cornu, etc.;

Parmi les sculpteurs : Ramey père, Petitot, Rude, Jouffroy, Garraud, Diébold, Guillaume, Cabet, Moreau.

L'émulation des élèves trouvera un nouvel aliment dans les modèles que lui a envoyés le gouvernement, et surtout dans les libéralités de M. Devosge fils, qui, en mourant, a fondé une pension de 750 fr. destinée à soutenir à Paris l'élève qui se sera le plus distingué en copiant le modèle vivant.

Le directeur actuel est M. Boulanger.

§ IX.

Ecole Normale primaire.

Le Lycée impérial, l'Ecole de droit, les cours de la Faculté des sciences et des lettres, l'Ecole de médecine et de pharmacie ont doté la ville de Dijon d'un enseignement supérieur complet : elle n'a rien à désirer non plus sous le rapport de l'instruction primaire. Au premier rang des écoles destinées à propager cet enseignement il faut placer l'Ecole normale primaire. Elle est destinée à former des instituteurs pour les communes du département et à imprimer une bonne direction à l'instruction donnée aux enfants des campagnes. On n'y reçoit que des élèves internes : leur nombre est de trente-six. Chaque année, dix-huit élèves sortent de l'école, après deux ans d'études, et sont mis à la disposition des communes du département : ils sont remplacés par dix-huit élèves nouveaux.

Elle est placée dans l'ancienne maison des Jésuites, et son entrée est rue du Petit-Potet. Le directeur, M. Thevenot, demeure à l'école, et remplit ses utiles fonctions avec un talent et un dévoûment au-dessus de tout éloge.

§ X.

Ecoles primaires.

La ville de Dijon entretient trois grandes écoles primaires : la direction en est confiée au supérieur de l'Ecole normale ; les différentes classes sont professées par les élèves de cette école, qui font ainsi l'essai de leurs fonctions d'instituteurs. De nombreux élèves sont admis dans ces établissements, dont le premier est ouvert dans l'église de l'ancienne maison des Jésuites, rue du Petit-Potet ; le second dans une vaste salle située sur le rempart de Tivoli, et le troisième dans un édifice municipal situé rue du Nord, près la place Saint-Nicolas. Ces écoles, soit sous le rapport de l'enseignement, soit sous celui de l'ordre qui y règne, sont des modèles d'institutions de ce genre.

§ XI.

Cours d'Arithmétique et de Géométrie appliquée aux Arts.

Ce Cours a été fondé par l'administration municipale en 1836 : il a pour objet de mettre les sciences mathématiques à la portée des classes ouvrières et de leur apprendre les différentes applications qu'on peut faire de l'arithmétique, de la géométrie et de la mécanique aux arts et métiers. Il se fait à huit heures et demie du soir, tous les les jours, samedi et dimanche exceptés, dans la Tour-de-Bar, à l'hôtel de Ville.

§ XII.

Salles d'Asile.

Pour faire descendre l'instruction jusqu'aux premières années de l'enfance, l'administration municipale a établi deux salles d'asile ; elles ont été créées par arrêté du 4 avril 1835. Elles ont pour but de décharger les ouvriers pauvres de la surveillance de leurs enfants et de donner à ceux-ci les premiers éléments de la lecture, de l'écriture et du calcul.

La première de ces deux salles, dite du Sud, est située à l'extrémité de la rue Turgot ; la deuxième, dite du Nord, à l'extrémité de la rue de la Préfecture.

On y admet gratuitement les enfants de l'un et de l'autre sexes, âgés de 2 à 7 ans, pourvu qu'ils aient été vaccinés ou qu'ils aient eu la petite vérole, et qu'ils ne soient atteints d'aucune maladie contagieuse.

Elles sont sous la surveillance de dames patronnesses choisies parmi les personnes les plus recommandables de la ville.

§ XIII.

Frères des Ecoles chrétiennes.

Il existe à Dijon une maison de Frères des écoles chrétiennes : elle est située rue Berbisey, n° 83. Le nombre des frères est de seize ; ils dirigent douze classes. Cet établissement a été fondé par des cotisations particulières : il comprend deux écoles, où l'on donne aux enfants l'instruction primaire : la première est située dans la maison même des Frères, la seconde sur le chemin couvert entre la porte Neuve et la porte Saint-Pierre ; elles renferment de nombreux élèves et sont parfaitement dirigées sous tous les rapports.

§ XIV.

Ecoles de jeunes Filles.

Jusqu'à présent, l'instruction des jeunes filles pauvres a été laissée par la ville de Dijon aux sœurs de la Charité, à qui l'administration municipale accorde une rétribution comme institutrices. — Les écoles te-

nues par les sœurs sont au nombre de quatre : 1°
maisons Notre-Dame et Saint-Nicolas, réunies en 1845,
impasse de la place Charbonnerie, n° 6 ; 2° maison
Saint-Pierre, rue d'Auxonne, n° 35, faubourg Saint-
Pierre ; 3° maison Saint-Jean et maison Saint-Phili-
bert réunies, rue du Tillot, n° 2 ; 4° maison Saint-
Michel, impasse de la rue Saumaise, dite ruelle du
Bon-Pasteur.

Toutes ces maisons ont des ouvroirs où les jeunes
filles sont instruites aux travaux de leur sexe. Quelques-unes même ont des salles d'asile pour les petites
filles.

§ XV.

Ecole gratuite de Musique.

L'administration municipale et le conseil général
du département ont voulu compléter l'enseignement
primaire à Dijon en créant une école gratuite de Musique ; cette école est située dans la tour de Bar à l'hôtel
de Ville ; l'entrée est par la cour de l'est. Elle comprend deux cours : l'un de chant, qui est professé
par M. Pâris ; l'autre pour les Instruments à vent,
professé par M. Pierrot.

CHAPITRE VIII.

Institutions de Charité et de Prévoyance.

§ Ier.

Hôpital général.

Vis-à-vis la porte d'Ouche, à l'entrée du faubourg de ce nom, est situé l'Hôpital général; le portail de sa chapelle est orné d'un beau groupe de figures représentant la Charité, et qui est dû au ciseau du célèbre Dubois. On lit au-dessous cette inscription :

PATER MEUS ET MATER MEA DERELIQUERUNT ME ; DOMINUS AUTEM ASSUMPSIT ME. — Ps. 26

Il en existe une autre dans la cour latérale du midi; en voici les termes :

NULLOS FUNDATORES OSTENTO, QUIA PLURES, QUIA HUMILES ; QUORUM NOMINA TABELLA NON CAPERET, COELUM RECEPIT. POTES ET ILLIS INSERI, SI MENSAM PRÆBES.

Cet Hospice doit son origine à la libéralité d'Eudes III, septième duc de Bourgogne de la première race royale, qui l'institua sous le nom d'Hôpital du Saint-Esprit; il était destiné à recevoir les pélerins, les pauvres malades et les enfants exposés. Sa fondation, en l'année 1204, a suivi de près l'établissement de l'hôpital du même nom créé à Rome en 1198, sous le pontificat d'Innocent III : des actes de donation qui datent des années 1215 et suivantes ne laissent aucun doute sur son ancienneté.

L'administration en fut d'abord confiée à des religieux hospitaliers de l'ordre du Saint-Esprit, auxquels on adjoignit plus tard des sœurs du même institut. Mais le zèle des religieux s'étant relâché, François Ier, d'après l'avis du Parlement, chargea, par lettres-patentes du 14 mai 1522, le maire et les échevins de commettre quelques personnes notables de la ville, pour, avec le Procureur général, surveiller l'administration de l'hôpital qui bientôt après, par arrêt du 8 mars 1528, fut directement confié aux officiers municipaux, auxquels on adjoignit dans la suite quelques membres du Parlement et de la Chambre des comptes.

La famine et la peste qui régnèrent à Dijon pendant les années 1629, 1630 et 1631 ayant augmenté considérablement le nombre des pauvres, l'administration ajouta aux anciens bâtiments de l'hospice quatre grands corps de logis, élevés sur un terrain donné par la ville. Cet accroissement permit de réunir dans le même emplacement tous les hospices établis à Dijon sous les noms d'hospices de Notre-Dame, de la Chapelotte, de la Madeleine, de la Maladrerie, de Saint-Fiacre et de Saint-Jacques, et ceux des villages de Brochon, Val-de-Suzon, Buffon, Arceau, Orville, etc. L'Hospice prit alors le nom d'Hôpital général.

Par arrêt du Conseil d'Etat du 19 juillet 1675, les religieux hospitaliers du Saint-Esprit furent remplacés par des prêtres séculiers, et en 1684 une communauté de filles instituées par Bénigne Joly, chanoine de Saint-Etienne, et érigée en corps par lettres-patentes du roi, de 1688, succéda aux religieux. Elles ont été organisées de nouveau par un décret du 2 novembre 1810.

La destination de l'hôpital est :

1° Le soulagement des malades indigents de la ville: 87 lits leur sont destinés, dont 46 pour les hommes et 41 pour les femmes ; on ne reçoit point les femmes enceintes et les personnes atteintes de maladies cutanées ou contagieuses;

2° Le traitement des blessures et des plaies : 39 lits leur sont attribués, dont 25 pour hommes et 14 pour femmes ;

3° Le traitement des militaires de la garnison : 113 lits sont affectés aux sous-officiers et soldats, et 5 aux officiers ;

4° De servir d'asile aux vieillards des deux sexes qui ne peuvent vivre de leur travail : 120 lits leur sont destinés, dont 61 pour les hommes et 59 pour les femmes ; on n'admet que ceux qui ont accompli leur soixantième année ;

5° De recueillir les enfants trouvés et abandonnés.

Dès le commencement du XVII° siècle, sous le pontificat d'Innocent III, qui, avec saint Vincent de Paul, peut être considéré comme la providence des enfants trouvés, ces petits malheureux étaient nourris et élevés dans l'intérieur de l'Hôpital par les soins de nourrices entretenues à raison de 30 francs de gages par an, non compris la nourriture. Ce ne fut que dans le milieu du XVIII siècle qu'on adopta la sage et bienfaisante mesure de les placer à la campagne. Ce placement produisit une diminution tellement considérable dans la mortalité, que la proportion se réduisit à 1 sur 7 au lieu de 1 sur 4.

Les enfants sont élevés au sein ou à la brochette : pour ceux élevés au sein, on paie 15 fr. par mois jusqu'à 9 mois, et pour ceux élevés à la brochette 10 fr. également jusqu'à 9 mois. Depuis cet âge à 6 ans, le nourricier touche une subvention de 8 fr.; elle est réduite à 6 fr. depuis 6 ans à 12 ; à cet âge, elle cesse entièrement.

Le nombre des enfants à la charge de l'Hôpital s'est élevé, terme moyen, par an, savoir : dans le XVI° siècle, à 350 ; dans le XVII° à 460 ; dans le XVIII°, jusques et y compris 1790, à 1,200, dont 180 enfants légitimes ; ces enfants étaient fournis par les quatre départements que comprenait l'ancienne province de Bourgogne. Aujourd'hui, le seul département de la Côte-d'Or a eu, terme moyen, de 1829 à 1835, 738 enfants placés à la campagne.

Au 1er juillet 1836, le nombre des enfants s'élevait à 706 ; mais, au moyen des déplacements annoncés d'avance et effectués avec le plus grand soin, 222 enfants ont été retirés par leurs mères et 25 conservés par les nourriciers, devenus leurs pères adoptifs ; au 1er avril de la même année, il n'en restait plus que

408 à la charge du département; au 1er janvier 1838, ce nombre était réduit à 394. Avant 1837, le conseil général allouait 52,000 francs par an pour le service des enfants trouvés; mais depuis, sur la demande de l'administration des hospices, cette allocation a été réduite à 32,000 francs, sur lesquels la ville de Dijon contribue pour 2,200 francs. En 1844, la contribution de la ville a été de 3,000 francs, et celle du département et des communes 44,000 francs environ: le nombre des enfants s'élevait à 519 au-dessous de 12 ans.

Depuis cette époque, le nombre des enfants trouvés nourris par l'hospice s'est augmenté dans les proportions suivantes :

1845	564
1846	573
1847	627
1848	663
1849	689
1850	714
1851	768
1852	804

La dépense pour l'année 1845 a été de 51,374 francs; celle de l'année 1852 de 73,585 francs.

Depuis cette dernière année, le nombre des enfants et les dépenses qu'ils ont occasionnées se sont élevés aux chiffres suivants :

1853; Enfants 877; dépenses 77,055 fr.
1854 — 956 — 83,647

1855; Enfants 989; dépenses 87,439 fr.
1856 — 952 — 85,234
1857 — 915 — 84,091
1858 — 867 — 80,170
1859 — 823 — 79,434
1860 — 817 — 76,515

L'abaissement du chiffre des enfants, à partir de l'année 1856, doit sans doute être attribué à l'arrêté pris par M. le préfet, le 16 août de cette année, par lequel il supprima le *tour* et la faculté d'exposer les enfants tolérée jusque là. Depuis cet arrêté, le système qui exposait l'hospice à recevoir les enfants de tout le département, et même des départements voisins, a été remplacé par un bureau d'admission, qui reçoit les enfants malheureux dans certaines conditions déterminées ; ainsi des secours sont accordés aux enfants des filles mères, lorsqu'elles sont indigentes et qu'elles les ont reconnus à l'Etat-civil ; l'hospice assiste également les enfants trouvés, les enfants abandonnés, les orphelins pauvres, les enfants sans ressources. Ceux dont on découvre le département y sont immédiatement renvoyés.

L'administration de l'hospice est confiée à une commission présidée de droit par le maire de Dijon et formée de cinq membres nommés par le préfet. (1) Ses revenus, qui sont de 170 à 180,000 francs, sont perçus par un receveur spécial nommé par le ministre sur

---

(1) Décret du 23-25 mars 1852.

la proposition de la commission ; la régie des biens est dirigée par un économe nommé par la commission et logé à l'hospice (1).

Le service de la maison est fait par 50 filles de service dites de Sainte-Anne, chargées des travaux manuels, et qui ne reçoivent pas de gages, et par 15 domestiques.

Le service médical et le soin des malades et des enfants sont confiés :

1° A cinq médecins, dont un spécial pour la nourricerie ;

2° A trois chirurgiens en chef, dont un spécialement chargé de ce qui concerne l'ophtalmologie, et deux chirurgiens adjoints ;

3° A deux élèves internes logés à l'établissement ;

4° à trente-quatre hospitalières ;

5° A quatre garçons infirmiers ;

6° A deux nourrices et une servante pour les enfants qui ne peuvent être placés à la campagne.

Les relevés statistiques démontrent qu'à l'hôpital la mortalité est de 1 sur 22. Ce que coûte un malade par jour s'élève en moyenne à 1 franc 10 centimes.

C'est dans les salles de l'hospice que se font les cours de clinique de l'Ecole secondaire de médecine, et c'est à l'amphithéâtre construit dans son enceinte que se font les cours d'anatomie.

Depuis plusieurs années, les dépenses de l'hospice ne dépassent pas les trois quarts de ses revenus ; l'ex-

---

(1) Loi du 7 août 1851.

cédant est appliqué aux améliorations successives que réclame l'établissement, qui renferme en totalité 600 lits. Ces améliorations sont importantes et nombreuses : depuis 1842, de nouvelles salles ont été disposées, et l'administration a fait construire une chapelle séparée tandis qu'auparavant les lits des malades étaient placés dans la salle même où se célébraient les offices religieux : elle a de plus introduit l'éclairage au gaz dans toutes les salles et corridors au moyen de 60 becs, établi sept bornes-fontaines et vingt-sept robinets donnant de l'eau à discrétion, et remplacé tous les lits de bois par des lits en fer. L'hospice de Dijon est, de tous les hospices de France, celui où la distribution de l'eau se fait avec le plus d'abondance. Tous ces travaux ont occasionné une dépense d'environ 200,000 francs.

Récemment, l'administration a fait établir une salle de bains à vapeur et de douches à l'eau froide et à l'eau chaude, et elle a fait placer dans la chapelle un orgue sorti des ateliers de M. Dietsch, facteur à Dijon : cet excellent instrument est disposé dans une tribune élégamment ornée, où conduisent deux escaliers en spirale situés à chacune de ses extrémités.

Enfin, on va bientôt commencer une amélioration plus importante : les vieux bâtiments qui longent la rue du faubourg et qui servent à loger l'économe et l'administration seront démolis ; le corps de logis au nord de la cour Saint-Jacques sera reconstruit et disposé de manière à recevoir la nourricerie et à loger les aumôniers ; celui qui borde la rivière d'Ouche sera modifié et arrangé de façon à servir au logement de l'administration, des bureaux et des économes.

Les étrangers doivent examiner le groupe de sculpture qui décore la façade de la chapelle dans la première cour, et la chapelle de *Jérusalem*, située dans la cour du sud-ouest.

Les archives du bureau d'administration renferment un manuscrit très ancien et très curieux, écrit sur vélin, orné de vignettes coloriées : c'est l'histoire de l'origine et de la fondation de l'hospice par Eudes III. Ces vignettes ont été parfaitement gravées au trait par M. Monot, de Dijon, aux frais de la Société d'antiquités.

§ II.

Hospice Sainte-Anne.

L'hospice Sainte-Anne est situé aujourd'hui dans la rue à laquelle il a donné son nom, et occupe l'ancien couvent des Bernardines, dont nous avons déjà décrit l'église (*page* 220). La fondation de cet établissement remonte au 2 janvier 1633 ; elle est due à la bienfaisance de Pierre Odebert, conseiller au Parlement de Bourgogne, et à Odette Maillard, sa femme. Ils firent d'abord une dotation de 24,000 fr., spécialement destinée aux orphelins et aux orphelines des familles pauvres de la ville. A sa mort, qui arriva en 1661, Pierre Odebert institua les orphelines de Sainte-Anne ses héritières universelles ; la valeur de ce legs s'élevait à 800,000 fr. en principal.

L'hospice fut d'abord établi au faubourg d'Ouche, transporté quelque temps après dans les bâtiments qu'occupe aujourd'hui le Lycée, rue Saint-Philibert, que Pierre Odebert avait fait élever à ses frais, puis transféré, le 25 décembre 1803, dans l'ancien couvent des Bernardines, qu'il occupe actuellement.

Cette institution reçoit 140 jeunes filles : aucune ne peut être admise si elle n'est enfant légitime, âgée de moins de dix ans et de plus de onze, exempte de toute maladie contagieuse, et privée de son père ou de sa mère. L'admission des élèves est prononcée par la commission administrative, à mesure des vacances, d'après les demandes préalablement inscrites sur un registre spécial et sur la reproduction : 1° de l'acte de naissance ; 2° de l'acte de décès des père et mère ou de l'un d'eux ; 3° d'un autre acte constatant le nombre des enfants composant la famille ; 4° d'un certificat du maire constatant que les parents sont dans une indigence absolue.

Autrefois, on avait établi dans cette institution une manufacture de dentelles à point d'Alençon, d'où il sortait de forts beaux ouvrages. On a remplacé depuis ce travail par des occupations plus utiles et moins nuisibles à la santé des enfants. Indépendamment de l'instruction religieuse et morale, les élèves sont exercées à la couture, à la broderie, au repassage du linge, etc. Elles ne peuvent rester dans l'établissement plus de sept ans. Elles sont divisées en sections dans des salles distinctes, et se réunissent à de certaines heures dans un ouvroir commun. Le produit de leur travail s'élève à 400 francs par mois, terme moyen; il est versé dans la caisse du receveur des hospices.

L'établissement est sous la direction de 11 dames qui n'appartiennent à aucune congrégation religieuse et ne font point de vœux. La commission administrative de l'hospice général est chargée de l'administration de l'hospice Sainte-Anne. Les revenus de l'hospice s'élèvent à 80,000 francs, indépendamment du produit de l'ouvroir : ces revenus, quoique gérés par la même administration, ne sont point confondus avec ceux de l'hospice général, dont le budget est entièrement séparé.

§ III.

Asile des Aliénés.

L'hospice destiné au traitement des aliénés a été créé par décisions du conseil général, prises dans ses sessions de 1832 et 1833; il a été établi sur l'emplacement où s'élevait autrefois le couvent des Chartreux, fondé par Philippe le Hardi (*Voir la description artistique de cet établissement au § Chartreux, page 222.*) Il est situé à l'ouest de Dijon, au pied du versant méridional de la montagne que couronne le village de Talant. Cet édifice, parfaitement approprié à sa destination, et construit sur les plans et sous la direction de M. Petit, alors architecte du département, a coûté environ 600,000 francs; il est entièrement neuf, à l'exception du corps de logis occupé par l'administration, et divisé en deux grandes sections, où sont placés séparément les aliénés des deux sexes. Chacune de ces sections a ses divisions spéciales, où se trouvent groupés les agités, les gâteux et les aliénés les plus calmes et les moins malpropres; chaque section a son préau particulier, dans lequel les aliénés qui l'occupent peuvent se promener sous la surveillance de gardiens qui ne les perdent pas de vue. Ceux des aliénés qui peuvent être employés à des travaux utiles sont appliqués à différentes occupations, soit à la lingerie, soit à la cuisine, soit dans les ateliers de menuiserie, soit dans les jardins, et ces occupations actives sont un des moyens les plus propres à calmer l'imagination impressionnable des malades et à exercer sur leurs nerfs une salutaire influence.

Les constructions de l'hospice sont vraiment d'un aspect grandiose et digne de l'intérêt des étrangers, indépendamment des souvenirs qu'offre l'ancienne Chartreuse et que l'architecte a su si bien rattacher à la gracieuse chapelle qu'il a fait élever. — Les dortoirs sont vastes, bien aérés, d'une propreté admirable, et facilement chauffés par des calorifères. Ils donnent ou sur des préaux plantés de jeunes arbres, ou sur des jardins au-delà desquels on aperçoit la ville de Dijon et le charmant vallon de l'Ouche. D'immenses couloirs garnis de grilles traversent l'établissement de manière à rendre facile la circulation des employés qui ne se trouvent jamais en contact avec les aliénés. Une aile de l'édifice est consacrée aux malades pensionnaires, et l'établissement possède une salle de bains parfaitement disposée pour le traitement.

Autour des bâtiments s'étendent de vastes jardins cultivés en légumes, des bosquets plantés d'arbres magnifiques, et une pièce d'eau qui s'écoule dans la rivière d'Ouche. C'est là que se promènent les pensionnaires, et les aliénés les plus calmes travaillent eux-mêmes à la culture des jardins.

L'asile, ouvert le 1er janvier 1843, peut recevoir deux cent cinquante malades appartenant aux différentes classes de la société : des prix différents de pension ont été fixés et sont indiqués dans le prospectus de l'établissement. Il est administré, sous l'autorité du ministre et du préfet du département, et sous la surveillance d'une commission gratuite, par un directeur responsable. Ce directeur est en même temps médecin en chef de l'établissement. Le reste du personnel administratif se compose d'un receveur-économe et d'un commis. Un élève interne en médecine et en pharmacie, et un aumônier, sont en outre attachés à l'hospice, qui compte plusieurs surveillants pour la division des hommes, et plusieurs femmes surveillantes pour la division des femmes : ces surveillantes sont dirigées par cinq sœurs appartenant à la congrégation de Saint-Joseph de Cluny, et qui sont à la tête de la cuisine et de la lingerie.

Grâce à cette magnifique fondation, le département de la Côte-d'Or ne se voit plus obligé de payer, comme autrefois, un tribut aux hospices étrangers, ou de renfermer ses aliénés dans des loges ou dans des cachots comme des bêtes féroces. C'est lui, au contraire, qui offre aux aliénés des départements voisins un asile où tous les secours de l'art leur sont prodigués par un médcin habile, et où les malades sont traités avec tous les soins et les ménagements que comportent leur santé et les progrès de l'art médical.

§ IV.

Hospice de la Maternité.

Les Etats généraux de Bourgogne avaient créé, par délibération du 28 décembre 1773, un cours gratuit d'accouchement pour l'instruction des sages-femmes. Ce cours, supprimé pendant la Révolution, fut rétabli par un arrêté de l'administration centrale du département, du 18 ventôse an VI. Pour le rendre plus utile, on y joignit, en 1821, un hospice où les filles et femmes indigentes sont admises pour faire leurs couches. On les reçoit dans le neuvième mois de leur grossesse ; elles ne peuvent rester que dix jours dans l'établissement, où elles sont nourries, soignées et traitées gratuitement. On en reçoit par an de 40 à 50. Après leurs couches, elles sont, en cas de maladie, transférées à l'hôpital : à défaut de ressources, leur enfant y est placé aux frais du département.

La salle destinée à recevoir les femmes enceintes, et qui contient trois lits, au besoin quatre, fait partie du bâtiment appelé la Miséricorde, situé sur l'emplacement du rempart qui conduisait de la porte Guillaume à la porte d'Ouche. Pendant les cinq mois que dure le cours de chaque année, dix élèves sages-femmes environ sont reçues comme internes dans l'établissement, où elles sont logées et nourries ; le nombre des élèves externes n'est pas limité.

Le personnel de l'établissement, dont le département fait les frais, et dont le budget s'élève tous les ans à 5,000 fr. environ, se compose d'un professeur en titre et rétribué, d'un professeur adjoint et d'une maîtresse sage-femme. L'hospice de la Maternité est sous la surveillance de la commission administrative des hospices ; il a été réorganisé par arrêté du préfet, en date du 20 janvier 1845, et son nouveau règlement, dressé en 44 articles par la commission le 24 avril 1845, a été approuvé par le ministre de l'instruction publique le 17 juin suivant. M. le docteur Moyne est professeur de cet établissement.

§ V.

Dispensaire et Chambre des Pansements gratuits.

En 1733, les maîtres en chirurgie de Dijon ouvrirent, dans une tour qui dominait alors la porte Guillaume, une chambre dans laquelle ils traitaient et pansaient chaque jour les malades pauvres de la ville et des campagnes voisines, et leur fournissaient gratuitement les linges et médicaments externes dont ils avaient besoin.

Cette utile institution fut rétablie en 1807 par M.

Durande, maire de Dijon et médecin, dans la tour dite de la Miséricorde, située vis-à-vis l'hospice de la Maternité dont nous venons de parler. Comme dans son origine, cet établissement avait pour but de procurer aux indigents, qui ne peuvent ou qui ne veulent pas entrer à l'hôpital, des conseils en cas de maladie, et le pansement des blessures ou plaies dont ils sont atteints. Cet état de choses a été modifié ; aujourd'hui les médecins reçoivent chez eux, à une heure fixe, les malades qui peuvent s'y présenter, et se rendent au domicile des malades alités ; les médicaments et le linge sont fournis, sur les bons des médecins, par un pharmacien qui est payé par la ville. Les frais de ces divers traitements, à la charge de la ville, sont de 1,000 à 1,200 fr. Le service est fait par un médecin en titre et deux médecins adjoints.

§ VI.

Traitement des Filles publiques.

C'est en 1832 seulement que le service qui existe aujourd'hui pour le traitement des filles publiques a été complètement organisé : jusque là, il avait été insuffisant et sans efficacité ; et même, avant 1814, la santé de ces femmes n'était l'objet d'aucune surveillance. Aujourd'hui, le département et la ville contribuent pour moitié à la dépense occasionnée par ce service si nécessaire. Un chirurgien, qui reçoit un traitement annuel, visite tous les dix jours les filles publiques, qui sont tenues de se présenter devant lui. Lorsqu'une maladie est constatée, la femme malade est transférée dans la maison d'arrêt de Dijon. Là est établie une infirmerie où les femmes infectées de la ville et du département sont reçues, soignées et séquestrées jusqu'à leur guérison.

L'infirmerie des filles publiques occupe trois salles à la maison d'arrêt : l'une pour l'infirmière, et dans laquelle sont déposés le linge et les effets ; une seconde contenant douze lits destinés aux vénériennes proprement dites ; la troisième, en renfermant six, est plus spécialement affectée aux femmes atteintes de maladies psoriques ou cutanées.

Le service est fait par un chirurgien et une infirmière ; la commission administrative des prisons a la haute administration de cette infirmerie, dont la dépense est payée moitié par la ville et moitié par le département.

§ VII.

Vaccination des Indigents.

C'est au mois de mai de l'année 1801 que fut faite à Dijon la première application de la vaccine, découverte par le médecin Jenner. L'autorité recommanda puissamment ce préservatif d'une des plus cruelles maladies qui affligent l'espèce humaine ; mais pendant longtemps les populations restèrent sourdes aux instances des magistrats, et rien ne pouvait dissiper les préjugés et l'insouciance du vulgaire sur une précaution si importante. Enfin, en 1819, l'autorité administrative organisa un service de vaccination dont le centre est à Dijon, et qui s'étend à tous les cantons du département : un médecin-vaccinateur pour la ville de Dijon est dépositaire du fluide-vaccin ; il est chargé spécialement de vacciner gratuitement les indigents. Il est en même temps directeur de la vaccination dans le département, et chargé, en cette qualité, de transmettre le vaccin aux médecins qui, dans chaque canton, sont chargés du même service.

§ VIII.

Bureau de Bienfaisance et Sœurs de Charité.

La Compagnie des *filles de la Charité, servantes des pauvres malades,* fut fondée en 1633, sous Louis XIII, par les soins de saint Vincent de Paul et de Louise de Marillac, veuve de M. Legras, secrétaire de Marie de Médicis. Le but spécial de cette congrégation est de soigner les pauvres malades, de leur distribuer des médicaments, le bouillon, le pain et la viande : elle joint à ces œuvres l'instruction des petites filles, et, dans quelques villes, le soin d'apporter des soulagements à la position des prisonniers.

Ce fut à la demande de Bénigne Joly, chanoine de Saint-Etienne, que deux de ces sœurs furent envoyées à Dijon en 1682 ; il en fut originairement fondé une maison dans chacune des paroisses de la ville. La maison de Notre-Dame fut établie en 1696, celle de Saint-Pierre en 1702, de Saint-Jean en 1719, de Saint-Michel en 1743, de Saint-Philibert et de Saint-Médard en 1751, et de Saint-Nicolas en 1753. Fermées pendant la révolution, ces maisons ont été rouvertes en vertu du décret du 16 juin 1801. Réduites à cinq par la suppression de celle de Saint-Médard, et la réunion de celles de Saint-Nicolas et de Notre-Dame, elles le sont aujourd'hui à quatre par la réunion des maisons Saint-Jean et Saint-Philibert, qui ont été transférées rue du Tillot, n° 2, dans une vaste maison qui, avec les dépenses d'appropriation, a coûté plus de 60,000 fr. au Bureau de bienfaisance. Indépendamment de l'instruction que donnent les sœurs de Charité à environ 600 petites filles, de la direction des ouvroirs fondés dans chacune de leurs maisons, pour faire apprendre des états aux filles adultes, des secours donnés aux prisonniers et des aumônes distribuées aux pauvres valides, elles visitent chaque jour les malades, leur fournissent les remèdes qu'elles préparent elles-mêmes et leur donnent le linge, le bouillon, le pain, le bois, etc.

L'administration de ces maisons de charité est confiée au Bureau de bienfaisance, substitué, par l'ordonnance du 31 octobre 1821, aux trois bureaux de charité établis dans les trois paroisses. Ce Bureau est composé du maire, président, de 5 membres nommés par le ministre, et d'un receveur. Chaque sœur reçoit un traitement payé par la ville, et qui s'élève à 300 fr. Un médecin est attaché à chacune des maisons.

§ IX.

Dépôt de Mendicité.

L'extinction de la mendicité a été votée par arrêté municipal du 9 octobre 1844. Pour arriver à la réalisation de cette importante mesure, le Bureau de bienfaisance s'est adjoint un certain nombre de personnes, formant un comité général qui dirige l'association pour l'extinction de la mendicité, et a provoqué une souscription qui s'est élevée la première année à une somme de 21,500 fr., mais qui a diminué depuis. Au moyen de cette souscription, l'association fait délivrer aux mendiants dont la position a été constatée par des commissaires, des secours en nature et à domicile par l'intermédiaire des sœurs de la Charité. Une maison de refuge a été ouverte pour recevoir les mendiants sans domicile : elle est surveillée et dirigée par une commission.

§ X.

Caisse d'Épargnes.

La Caisse d'épargnes et de prévoyance a été fondée par délibération du conseil municipal du 27 juin 1834, et autorisée par ordonnance royale du 8 septembre suivant. Elle a été ouverte le 1ᵉʳ janvier 1835, et depuis cette époque jusqu'au 1ᵉʳ janvier 1860 elle a reçu la somme de 20,214,824 fr. 12 c.; elle a remboursé 17,895,772 fr. 63 c.; le total des dépôts au 1er janvier 1860 s'élevait donc à 2,319,051 fr. 49 c.

Les recettes se sont élevées en 1860 à 1,340,017 fr. 93 c., et les remboursements à 1,173,819 fr. 78 c. Excédant des recettes, 166,198 fr. 15 c.

Total des dépôts au 1er janvier 1861	2,485,249	54
Les intérêts capitalisés ont été de	90,224	59
Total des dépôts et intérêts.	2,575,474	13

Cette somme est inscrite sur 9,705 livrets.

Il a été payé ou capitalisé par la caisse 1,307,243 fr. 01 c. d'intérêts depuis l'ouverture, en 1835, jusqu'au 31 décembre 1860.

Cette précieuse institution est spécialement destinée à recevoir les épargnes des personnes pauvres et économes, et le règlement autorise les dépôts les plus modestes, puisque la caisse reçoit même les sommes de 1 franc : chaque livret ne peut contenir plus de 1,000 fr.

Elle est administrée gratuitement par un conseil de douze membres présidé par le maire. Les bureaux sont à l'hôtel de Ville. Les dépôts sont reçus tous les dimanches, depuis midi jusqu'à quatre heures. Les remboursements ont lieu tous les lundis, d'une heure à quatre ; les personnes qui veulent se faire rembourser doivent prévenir le trésorier huit jours à l'avance.

§ XI.

Mont-de-Piété.

Le Mont-de-Piété est établi pour procurer aux classes pauvres des prêts d'argent sur gages qui peuvent être retirés en remboursant l'argent prêté.

Il est administré par un conseil de six membres, non compris le maire, qui est de droit président.

Les bureaux sont situés rue Vannerie, n° 17, dans l'ancien hôtel de Saulx ; ils sont composés d'un directeur-caissier, d'un garde-magasin et d'un appréciateur.

§ XII.

Société de Charité maternelle.

Cette société est une institution libre : elle s'est formée en 1811, et n'était alors qu'une fraction de la société générale établie sous l'Empire par les décrets des 5 mai 1810 et 25 juillet 1811. Le conseil d'administration établi à Dijon ressortissait du conseil général formé à Paris. Une ordonnance de 1814 prononça la dissolution de la société générale, et rendit libres les sociétés établies dans les départements ; en même temps, une somme de 100,000 fr. fut mise à la disposition du ministre pour être répartie entre toutes les sociétés de ce genre, qui furent placées sous la protection de la duchesse d'Angoulême, comme elles l'étaient auparavant sous celle de l'impératrice mère, et comme elles l'ont été depuis sous celle de la reine. Elles sont aujourd'hui sous le patronage de S. M. l'Impératrice des Français.

La société de charité maternelle de Dijon s'est soutenue, et son but est de fournir des secours aux mères pauvres domiciliées dans la ville seulement. Ces secours se composent de trousseaux d'enfants, et d'une subvention pour payer les frais de couches et de nourrice : ils sont distribués dans la proportion des besoins et seulement aux femmes mariées.

La société est administrée par un comité qui se compose de neuf dames, d'un trésorier et d'un secrétaire; elle s'est attaché un médecin et un chirurgien en chef, trois adjoints et un pharmacien. Ses ressources sont dans la cotisation des sociétaires et dans la quote-part qu'elle reçoit du comité central de Paris sur la répartition des fonds portés à cet effet au budget de l'Etat.

§ XIII.

Société d'Assurance mutuelle pour les cas de Maladies et d'Accidents.

Le but de cette société, établie à Dijon depuis près de vingt ans (2 août 1838), dans le sein de la classe ouvrière, est de procurer à ceux qui en font partie des ressources pour les cas de maladies ou d'accidents.

La cotisation mensuelle est de 1 fr. 75 c. par personne, homme ou femme ; elle donne droit aux visites d'un des médecins de la société, qui sont au nombre de dix, à tous les médicaments nécessaires, et à un secours de 1 fr. 50 c. par chaque jour de maladie. La société est administrée par un comité de 26 membres choisis dans son sein ; elle compte environ 430 membres. Le bureau de l'agence est tenu par M. Jacquemet, rue du Chapeau-Rouge, n° 17.

La société avait fondé en 1848 une boulangerie pour l'usage de ses membres, qui y trouvaient du pain de pur froment plus nourrissant et moins cher que celui des boulangers. Elle a été supprimée en 1853 par arrêté de l'autorité administrative.

CHAPITRE IX.

Canal de Bourgogne, Chemin de fer, Télégraphes, Gaz.

§ Ier.

Canal de Bourgogne.

Ce fut Pierre Jeannin, né en Bourgogne, et ministre d'Etat sous Henri IV, qui eut la première idée d'un canal joignant l'Yonne à la Saône, et par conséquent l'Océan à la Méditerranée. Le premier plan en fut donné par Adam de Craponne, le 17 juillet 1606, d'après les ordres de Sully. En 1724, les Etats de Bourgogne chargèrent l'ingénieur Abeille de faire à ce sujet un travail qui fut déposé en 1727, et successivement examiné et modifié par MM. Chezy, Perronnet et Gauthey. On commença à l'exécuter en 1775. Le 24 juillet 1784, la première pierre du canal fut posée à Saint-Jean-de-Losne par le prince de Condé ; un obélisque fut élevé près du bassin creusé à Dijon, et une médaille fut frappée pour conserver le souvenir d'une entreprise si utile à la province. Cette médaille, qui est du plus grand module et d'une belle exécution, porte pour exergue :

UTRIUSQUE MARIS JUNCTIO TRIPLEX.

La partie du canal entre Saint-Jean-de-Losne et Dijon a été achevée en 1808 ; elle a été livrée à la navigation le 14 décembre de la même année. La partie supérieure, qui offrait des travaux d'une grande difficulté et sur une longueur considérable, n'est terminée et navigable dans toute son étendue que depuis quelques années ; elle a été ouverte le 2 janvier 1833, par M. Chaper, préfet de la Côte-d'Or.

Le canal de Bourgogne, destiné à joindre le bassin du Rhône à celui de la Seine, traverse, à Pouilly-en-Auxois, le faîte qui sépare ces deux bassins. De ce point culminant il se dirige d'une part vers le nord, par les vallées de la Brenne et de l'Armançon ; de l'autre vers le midi, en suivant la vallée d'Ouche jusqu'à Pont-d'Ouche, et de là un des affluents de cette rivière jusqu'au point de partage. Il touche dans son parcours les villes de Saint-Jean-de-Losne, Dijon, Montbard, Tonnerre et Saint-Florentin.

Son développement total, qui s'étend sur les deux départements de la Côte-d'Or et de l'Yonne, est de $241,616^m$, savoir : pour le versant de la Saône, $81,645^m$; pour le biez de partage, $6,100^m$; pour le versant de l'Yonne, $153,871^m$. La partie comprise sur le département de l'Yonne est de $90,262^m$. Les écluses sont au nombre de 191, dont 76 sur le versant de la Saône, et 115 sur celui de l'Yonne ; leur chute est généralement de $2^m,60$; en sorte que le point culminant du canal se trouve élevé de $199^m,25$ au-dessus de la ligne des basses eaux de la Saône, et de $300^m,12$ au-dessus de la ligne des basses eaux de l'Yonne.

D'immenses et magnifiques travaux ont été exécutés au point de partage, soit pour percer les hauteurs sur lesquelles se trouve situé Pouilly, soit pour créer des réservoirs destinés à recevoir les eaux nécessaires à la navigation d'été.

Le bief de partage est composé d'une partie souterraine de 2,333 mètres de longueur ; de deux grandes tranchées à ses abords, et de deux bassins à leur extrémité. Le souterrain est voûté en plein cintre ; son ouverture aux naissances de la voûte est de $6^m,20$, et au niveau des socles ; de $5^m,70$, en sorte que le parement de ses culées offre une légère inclinaison en dedans ; sa hauteur totale, depuis le fond jusqu'à l'intrados, est de $7^m,35$. La surface extérieure du terrain est d'environ 14^m en contre-haut du fond du souterrain contre les têtes, et de 50^m au point le plus élevé.

Le canal, dans les parties les moins élevées, est alimenté par des prises d'eau faites dans les rivières de l'Ouche, de la Brenne et de l'Armançon ; la partie supérieure est alimentée par quelques ruisseaux rassemblés dans cinq réservoirs situés autour du bief de partage, dont plusieurs dépassent le niveau.

Le réservoir de Grosbois, situé près du village de ce nom, dans la vallée de la Brenne, s'étend sur toute la largeur de cette vallée. Son barrage, entièrement construit en maçonnerie, a 530 mètres de longueur et 22 de hauteur dans la partie la plus profonde du vallon. Il contient $7,580,780^m$ cubes d'eau ; lorsque l'eau est au niveau du déversoir, elle recouvre une surface de terrain de 101 hectares.

Le réservoir de Chazilly a son barrage semblable à celui de Grosbois, à la longueur près, qui est 534^m. La superficie de ce réservoir est de 75 hectares, et sa capacité de 5,327,000 mètres cubes d'eau.

Le réservoir de Cercey est formé par deux digues en terre, dont la principale a 1,035 mètres de longueur et 13 mètres de hauteur dans la partie la plus profonde ; sa surface est de 62 hectares et demi, et sa capacité de 3,461,171 mètres cubes d'eau.

Le réservoir de Panthier, situé dans le vallon de Commarin, est entièrement inférieur au bief de partage. Il verse ses eaux dans le canal près de Vandenesse, en aval de la 9e écluse. Il est formé par une digue en terre de 536 mètres de longueur et de 9 mètres de hauteur. Sa surface est de 75 hectares, et sa capacité de 1,838,436 mètres cubes d'eau.

Le réservoir du Tillot est aussi inférieur au bief de partage : ses eaux tombent dans le canal en aval de la 12e écluse. Le barrage est en maçonnerie, et son couronnement supporte une suite d'arcades destinées à soutenir la rigole de prise d'eau du réservoir de Chazilly : il a une longueur de 200 mètres et une hauteur de 13 mètres 72 centimètres contre l'aqueduc de vidange. Le niveau le plus élevé des eaux est de 9 mètres ; elles couvrent une surface de terrain de 15 hectares et demi, et forment une masse de 598,940 mètres cubes d'eau.

Ainsi, les cinq réservoirs fournissent ensemble 18,806,327 mètres cubes d'eau, dont 15,293,369 mètres seulement sont supérieurs au bief de partage.

Sept ruisseaux sont, en outre, conduits dans le canal par des rigoles indépendantes des réservoirs : leur produit moyen dans l'année est de 12,640,000 mètres cubes. — En réunissant ce produit à celui des réservoirs, le volume des eaux supérieures au point de partage est de 27,933,369 mètres cubes.

C'est à ces travaux vraiment gigantesques et d'une exécution remarquable que le canal de Bourgogne doit aujourd'hui une navigation constante : ils ont été dirigés par MM. les ingénieurs en chef Forey, Bonnetat et Lacordaire.

Le bassin du canal, à Dijon, est au sud de la ville, à l'extrémité du faubourg d'Ouche, près la route de Lyon.

§ II.

Chemins de fer.

Dijon est destiné, selon toute apparence, à prendre d'ici quelques années un grand développement, et il le devra aux grandes lignes de chemins de fer qui le traversent.

C'est, en effet, sous ses murs que se réunissent les voies de Paris à Marseille, de Paris à Besançon et Mulhouse, et prochainement celle qui reliera les deux premières à la frontière du nord.

La ligne de Paris à Lyon est achevée, et depuis longtemps en pleine exploitation. La ligne de Dijon à Besançon, avec embranchement sur Gray et Salins, est également terminée et exploitée depuis cinq ans. Enfin, on étudie le tracé de celle qui, partant de Dijon, continuerait la ligne de Marseille jusqu'à la frontière du nord, en passant par Langres.

Le tracé de la ligne de Paris à Lyon a été le sujet de longues discussions. Deux projets étaient en opposition : celui par la Champagne, arrivant à Dijon au nord-ouest de la ville, et celui par la vallée de l'Yonne. Dans ce dernier projet, qui a prévalu, il s'agissait encore de savoir si la voie passerait à Dijon, ou si, après avoir traversé la ligne de montagnes qui forme le point de partage entre les deux mers, elle ne gagnerait pas Beaune directement, avec une économie de quelques kilomètres. M. Darcy, alors ingénieur en chef à Dijon, fit lui-même toutes les études préparatoires du tracé actuel, et notamment du souterrain de Blaisy ; c'est à ses travaux, à son activité, à ses démarches et à son influence que Dijon doit certainement le passage du chemin de fer dans son enceinte.

Les travaux pour l'établissement du débarcadère au nord du jardin des Plantes ont été commencés au mois de décembre 1847. De vives et longues discussions avaient eu lieu sur son emplacement : les uns voulaient le placer au midi du bassin du canal, les autres sur le bastion de Tivoli ; ceux-ci proposaient la plaine au nord du quartier Saint-Bernard, ceux-là les terrains à l'est des Allées-de-la-Retraite ; d'autres, enfin, demandaient qu'il fût établi près de la ville, entre les portes d'Ouche et Guillaume ; et encore sur ce point différents projets étaient proposés pour le mettre soit sur la promenade des Marronniers, soit à l'Arquebuse, soit dans les terrains entre la route actuelle et le canal. Pour l'établir où il est aujourd'hui, il a fallu reporter au midi la route de Paris par Auxerre, qui arrivait en ligne droite de l'Asile des aliénés à la porte Guillaume, en passant par la rue de la Gare, et créer la route du nord pour desservir les propriétés qui se trouvent au-dessus de la station.

L'enceinte du débarcadère renferme les bâtiments de l'administration, un réservoir d'eau pour les machines, une très belle halle circulaire pour les abriter, de vastes ateliers de réparations, des magasins considérables pour les marchandises; on parle cependant de les augmenter encore. Les vastes bâtiments destinés à recevoir les voyageurs, les restaurants, les bureaux de l'administration et les logements des principaux employés forment un très bel édifice, d'un style sévère, mais qui n'est pas sans élégance.

Le chemin de fer de Paris à Lyon a 512 kilomètres : la partie entre Paris et Tonnerre a été mise en activité le 1er septembre 1849, celle entre Tonnerre et Dijon le 1er juin 1851, celle entre Dijon et Chalon le 12 août 1849, de Chalon à Lyon le 10 juillet 1854. Il comprend en totalité 65 stations.

Dans la partie qui s'étend de Tonnerre à Dijon il existe :

1° Un grand souterrain à Blaisy; il a 4,100 mètres de longueur;

2° Sept autres souterrains formant ensemble une longueur totale de 840 mètres;

3° Deux grands viaducs de 38 à 44 mètres de hauteur, et ensemble de 370 mètres de longueur ;

4° Six viaducs moins importants, de 22 à 25 mètres de hauteur, et ensemble d'une longueur de 86 ? mètres ;

5° Sept ponts pour la traversée des rivières et canaux ;

6° Vingt-six ponts pour la traversée des routes et chemins ;

7° Cent cinq aqueducs pour la traversée des ruisseaux et l'écoulement des eaux pluviales ;

8° Vingt-sept aqueducs d'irrigation.

Les bâtiments de la nouvelle station des voyageurs, dont la construction a commencé en 1853, sont d'un grand développement. Ils se composent de deux corps de bâtiments ayant chacun 125 mètres de longueur et 12 de largeur, et placés de chaque côté de la voie de fer, qui a quatre paires de rails, et qui est couverte dans tout l'espace qui les sépare.

Le bâtiment situé du côté de la route, au midi, est destiné à emmagasiner les wagons ; celui au nord des rails, et donnant sur la cour, contient les salles d'attente pour les voyageurs de Chalon, Paris et Besançon, et le buffet-restaurant ; sur le milieu de cette construction règne un pavillon orné, destiné au logement des ingénieurs et à leurs bureaux ; au nord, sur la cour, s'élèvent deux avant-corps de bâtiments séparés par un intervalle de 65 mètres, et où sont placés les bureaux de distribution ; ils ont 10 mètres de largeur.

L'ensemble de ces constructions a coûté près d'un million.

Les travaux de la grande ligne de Paris à Lyon ont été exécutés, sous la direction de M. Jullien, ingénieur en chef, par les ingénieurs dont les noms suivent :

Section de Paris à Tonnerre : MM. Delarue et Chaperon, ingénieurs en chef ; Poirée, Jacquin, ingénieurs ordinaires ;

De Tonnerre à Dijon : M. Ducos, ingénieur en chef; MM. Labouré, Aclocque, Ruelle, ingénieurs ordinaires ;

De Dijon à Chalon : M. Parandier, ingénieur en chef;

De Chalon à Lyon : M. Chaperon, ingénieur en chef; MM. Ruelle, Labouré, Aclocque, Jacquin, ingénieurs ordinaires.

§ III.

Télégraphes.

C'est en 1835 seulement qu'une direction télégraphique a été transférée à Dijon ; jusqu'à cette époque elle était fixée à Semur, et la ligne laissait Dijon de côté. Depuis le 14 juillet 1835, la ligne de Paris à Lyon et Marseille traversait Dijon, et une ligne créée en 1840 et dirigée sur Besançon venait s'y embrancher.

Depuis la substitution de la télégraphie électrique à l'ancien système, une ligne télégraphique a été établie en 1851 de Paris à Lyon, à Marseille et à Besançon. Par conséquent, Dijon peut communiquer instantanément avec tous les grands centres d'industrie et d'affaires.

Le bureau du service électrique, situé d'abord au deuxième étage de l'hôtel de Ville, et maintenant à la Préfecture, n° 53, cour des bureaux, 2e étage, est ouvert *tous les jours* et à quelque heure que ce soit du jour ou de la nuit.

§ IV.

Usine à Gaz.

L'éclairage au gaz a été adopté par la ville de Dijon par traité passé, le 24 février 1838, entre la ville et la compagnie de l'*Union*, et modifié depuis par la substitution du gaz de houille au gaz à l'eau et à l'huile de schiste, de l'invention du sieur Selligue. Les principales rues ont commencé à être éclairées le 17 octobre de la même année ; le nombre des becs était d'abord de 45 ; il s'est successivement augmenté depuis, et s'élève aujourd'hui à 486. L'usine où se prépare le gaz est située faubourg Saint-Pierre, sur le chemin d'enceinte qui conduit à la porte d'Ouche.

CHAPITRE X.

Casernes et Prisons.

§ 1er.

Casernes.

On compte à Dijon cinq édifices destinés au service militaire ; ce sont :

1° LA CASERNE DES URSULINES, qui occupe l'ancien couvent de ce nom. Les Ursulines avaient été fondées à Dijon en 1611 par Françoise de Xaintonge et Catherine, fille du célèbre chancelier de Montholon. L'entrée de cette caserne est dans la rue Chancelier-l'Hôpital.

2° LA CASERNE DES CARMÉLITES, dans l'ancien couvent de ce nom, située rue Victor-Dumay. Nous avons dit ailleurs ce qu'il y a d'intéressant dans cet édifice.

3° LA CASERNE DES CAPUCINS, dans l'ancien couvent des Capucins, faubourg Saint-Nicolas, sur la route de Langres. Ce couvent avait été fondé en 1602 par la maison de Damas.

4° LA CASERNE DE GENDARMERIE, située dans l'intérieur de l'ancien château.

5° Enfin, LA MANUTENTION DES VIVRES MILITAIRES, située rue du Refuge, dans l'ancien couvent qui portait ce nom : il avait été fondé en 1653 par le chanoine Gonthier, de la Sainte-Chapelle, pour y renfermer les filles et les femmes de mauvaise vie.

§ II.

Prisons.

Dijon a aujourd'hui deux prisons civiles : la première, qui est la maison d'arrêt, a son entrée par la rue de l'Ecole-de-Droit, qui porte depuis quelque temps le nom de rue Amiral-Roussin. Elle communique par un passage au palais de Justice.

La seconde est la maison de justice, autrefois contiguë à la première, mais actuellement établie dans un vaste bâtiment construit à l'extrémité du faubourg Saint-Pierre, sur la route d'Auxonne, en face des Allées-de-la-Retraite, qui semblent lui servir d'avenue. Elle a été élevée sur l'emplacement de l'ancienne maison de retraite des Jésuites.

Cette prison, dont les travaux ont commencé au printemps de 1852, est placée au centre d'un vaste enclos d'une superficie de plus d'un hectare. Elle est construite d'après le système cellulaire ; néanmoins, la séparation absolue n'a lieu que la nuit : dans le cours de la journée, les prisonniers se trouvent réunis soit dans les préaux, soit dans les ateliers de travail.

La section réservée aux femmes est entièrement séparée de celles occupées par les hommes.

La partie de l'édifice qui donne sur la route contient les corps de garde et le logement d'un concierge. Après avoir parcouru une vaste cour, on arrive à la prison proprement dite, au-devant de laquelle sont placés les logements de l'administration. Après les avoir traversés, on trouve les salles de la prison. Elles forment une immense croix dont les quatre branches sont égales; au point d'intersection est une rotonde au milieu de laquelle s'élève un autel destiné à la célébration du service divin.

Chacun des bras de la croix forme un large couloir de chaque côté duquel sont trois rangs de cellules superposées en trois étages, pour les prisonniers; chaque porte est munie d'un guichet grillé, qui, lorsqu'il est ouvert, permet au détenu de voir l'autel et le prêtre officiant, mais rien de plus. Le premier et le second étage de cellules sont desservis par des galeries en bois, auxquelles on arrive par des escaliers situés aux extrémités des couloirs. Dans les angles extérieurs formés par les bras de la croix sont les préaux pour la promenade, et les ateliers pour les travaux. Tout autour de la prison règne un chemin de ronde couvert, depuis lequel on peut voir, sans être vu, ce qui se passe dans les galeries, les ateliers et les préaux. Un second chemin de ronde, découvert, entoure la totalité de l'édifice. Un immense jardin embrasse l'ensemble de la prison.

C'est dans sa session de 1851 que le conseil général du département de la Côte-d'Or a approuvé le devis de la prison nouvelle, dont l'estimation a été portée à 600,000 fr.; mais cette somme a certainement été dépassée.

Les prisons civiles sont administrées par une commission spéciale présidée par M. le préfet de la Côte-d'Or. Un aumônier, un médecin et un chirurgien y sont attachés.

La prison militaire, qui pendant longtemps a été placée dans la partie au levant de l'ancien hôtel de Ville, rue Jeannin, aujourd'hui hôtel des Archives, a été depuis transférée à la caserne des Carmélites. Elle occupe l'église de l'ancien couvent.

CHAPITRE XI.

Horloges publiques.

Dijon possède plusieurs horloges publiques : elles sont au nombre de sept. Les trois premières sont placées dans chacune des trois églises paroissiales Saint-Bénigne, Notre-Dame et Saint-Michel ; la quatrième est dans la tour de l'ancienne chapelle du collége des Jésuites, occupée aujourd'hui par l'Ecole primaire.

La cinquième est située dans une tour qui fait face à la rue Proudhon, et était autrefois le clocher de l'ancienne église Saint-Nicolas. Cette église avait été construite dès le XIIe siècle, dans le faubourg de ce nom ; mais, détruite en 1557 par suite des guerres de cette époque, elle fut transférée dans la ville en 1610, sur l'emplacement d'une chapelle qui lui servait de succursale et qui avait été érigée par Jean de Noidant, maître d'hôtel du duc de Bourgogne. Elle a été détruite en 1792, et on n'a conservé que la tour de l'horloge.

La sixième est à l'hôtel de Ville ; elle y a été placée en 1840, et sort des ateliers de l'Ecole d'horlogerie que la ville subventionnait à cette époque.

La septième est placée dans la chapelle de l'hospice; la plus grosse de ses cloches, qui porte le nom d'Agnès, est très ancienne ; elle a été fondue en 1481.

CHAPITRE XII.

Abattoir.

Au pied du bastion de Tivoli, à l'extrémité du pont Aubriot, qui conduit de la porte au faubourg d'Ouche, se trouvait l'ancien abattoir. Il avait été fait par la ville en 1538 ; des lettres-patentes de Henri III avaient autorisé sa construction, et l'adjudication des travaux fut tranchée le 30 août pour la somme de 455 écus. C'était une grande halle construite sur la rivière d'Ouche. Depuis longtemps l'administration municipale avait le projet de faire élever un abattoir sur un emplacement et d'après un plan plus convenables aux idées et aux besoins de notre époque. Une délibération du conseil municipal prise le 14 novembre 1850 a décidé que ce nouvel établissement serait placé au pied du rempart de Tivoli, dans le triangle formé par ce rempart, la route de ceinture et la voie du chemin de fer.

L'avant-projet du nouvel abattoir a été fait par M. Papinot, alors voyer de la ville ; le projet définitif par M. Suisse, architecte du département ; il en a dirigé l'exécution, qui a coûté à la ville environ 400,000 francs.

Ce vaste et bel établissement, où se trouvent réunies toutes les conditions de commodité, de propreté et de sûreté publique, contient tout ce qui est nécessaire aux usages pour lesquels il a été élevé. Toute espèce de bétail peut y être abattu, les bœufs, les porcs, les moutons, les veaux, etc. Chaque boucher, chaque charcutier a son compartiment spécial. Les animaux entrent vivants dans l'établissement; ils en sortent inspectés, vérifiés et dépecés. La même enceinte renferme des écuries pour le bétail, les instruments pour le pesage public, les bâtiments nécessaires pour l'administration et les employés. Un directeur-inspecteur, un sous-directeur, deux concierges et des employés d'octroi y ont leur résidence. Une double prise d'eau, ménagée dans le cours de Suzon d'une part, et d'autre part dans un réservoir construit dans le rempart de Tivoli, fournit l'eau nécessaire pour entretenir constamment la propreté de l'établissement.

Le nouvel abattoir a été livré au service public le 15 décembre 1858.

Le marché au bétail se tient dans une place située au midi de l'abattoir.

CHAPITRE XIII.

Cimetières.

En exécution de la déclaration du roi du 10 mars 1776, les cimetières qui existaient autrefois autour des sept paroisses de la ville ont été supprimés et remplacés par un cimetière unique, situé à 333 mètres de la porte Guillaume : il fut béni solennellement le 8 avril 1783, et ouvert aux inhumations le 1er mai suivant.

Il n'avait, lors de son établissement, que 99 ares 90 centiares : agrandi par les acquisitions de terrains que la ville a faites en 1830, 1834 et 1835, il était arrivé à une superficie de 2 hectares 23 ares 45 centiares.

Le cimetière de l'Hôpital général, placé d'abord près des anciens bâtiments de l'hospice, sur l'emplacement de l'une des cours actuelles, avait été transporté sur le terrain occupé aujourd'hui par le port et le bassin du canal ; puis à l'est du faubourg d'Ouche, sur l'emplacement nivelé de la contregarde de l'ancien bastion de Guise : il a été réuni au cimetière général par arrêté municipal du 30 avril 1840. Ce dernier enclos vient de recevoir un nouvel agrandissement dans le cours de cette année : la ville y a joint des terrains qui le touchaient au nord, et qu'elle avait acquis en 1840.

Le cimetière général renferme peu de monuments remarquables; cependant les soins que l'administration apporte à son entretien en feront dans peu de temps un lieu de repos convenable pour une ville aussi importante que Dijon.

A quelques mètres à l'ouest est le cimetière des Juifs.

CHAPITRE XIV.

Maisons remarquables et Collections intéressantes appartenant à des particuliers.

En parcourant Dijon, on remarque plusieurs maisons particulières offrant un assez grand intérêt par l'élégance et les ornements de leur construction, qui se rattache aux diverses époques de l'architecture ; nous allons les passer en revue.

1° MAISON portant les n°ˢ 45 RUE CONDÉ, et 8 RUE DU BOURG, habitée par le sieur Cromback, orfèvre. La façade de cette maison, rue du Bourg, est enrichie d'ornements de très bon goût et dans le style de la Renaissance ; une décoration analogue existe dans l'intérieur de la cour, où se trouve un escalier en pierre, d'une disposition pleine d'élégance et de légèreté.

2° MAISON SITUÉE RUE DES FORGES, n°ˢ 52, 54 et 56. Cette maison, qui aujourd'hui contient trois magasins sous trois numéros différents, ne faisait autrefois qu'une seule résidence, ainsi que le démontre la façade extérieure, qui forme encore un ensemble complet couronné par une galerie en partie détruite, mais dont il reste deux balcons formant corbeille et à jour, qui la terminaient à ses deux extrémités. Dans la partie à l'ouest, occupée par un sieur Auger, fabricant de pain d'épice, au n° 56, on trouve au fond de la cour un corps de logis d'une architecture délicieuse: il est composé de trois étages ornés de pilastres et de colonnes de divers ordres ; chaque étage a deux fenêtres, sous chaque fenêtre est un bas-relief; ceux du premier étage représentent des chevaliers combattant; ceux du deuxième contiennent des écussons entourés du collier de l'ordre de la Toison-d'Or, et portés par deux génies ; les armoiries ont été brisées. A gauche est un escalier qui dessert les étages ; on distingue au pied d'une colonne du deuxième un millésime qui paraît être 1643.

Dans la partie située à l'est, au n° 52, il existe dans la cour une galerie en bois à deux étages ; elle est d'un style gothique qui paraît fort ancien. Les colonnes, leurs ornements, les corniches, les figures grotesques qui les soutiennent offrent une grande variété d'ornements et de détails bizarres.

3° MAISON MILSAND, même rue, n° 38. Sa construction date de 1561 ; sa façade est remarquable par la délicatesse et la conservation de ses ornements, par la régularité de son dessin et par l'élégance de ses détails. On ignore par qui elle a été construite et le nom de ses premiers propriétaires. La cour présente également une ornementation assez singulière et fort curieuse.

4° MAISON appartenant à M. RICHARD, épicier, rue des Forges, n°s 34 et 36. Quelques personnes pensent que cette maison, dont la façade est toute moderne, mais dont l'intérieur est d'une architecture élégante qui date du moyen-âge, était l'ancien hôtel Chambellan, dont les issues principales se voient encore dans la rue Musette et sur la place Notre-Dame. La cour intérieure, qui subsiste rue des Forges, présente d'un côté une charmante galerie en bois sculpté, et de l'autre une façade toute de style gothique, dans laquelle se trouve une magnifique fenêtre ornée d'un écusson. Ces deux parties de l'ancien édifice sont réunies par un escalier tournant, tout en pierre, d'une construction aussi élégante que commode; l'axe autour duquel il s'enroule est terminé au sommet par une délicieuse statuette représentant un jardinier portant une corbeille de fleurs dont les tiges s'élancent en guirlandes et forment les nervures de la voûte. On assure qu'on admirait encore il y a trente ans, dans cette maison, une salle décorée de peintures et de dorures d'une riche élégance. La façade qui se trouve place Notre-Dame, et qu'on pense avoir fait partie de cet ancien hôtel, est richement ornementée dans le goût de la Renaissance. Dans un passage qui conduit du rez-de-chaussée de cette façade à la cour d'une maison rue Musette n° 1, il existe un plafond couvert d'ornements et autrefois revêtu de dorures. Dans cette troisième maison on voit encore le vaisseau de la chapelle de l'hôtel, aujourd'hui convertie en bûcher, mais qui porte des vestiges de son ancienne magnificence. Tout porte à croire que ces trois maisons, ainsi que la maison Milsand, faisaient partie autrefois du même hôtel.

5° **Hôtel de Vogüé**, situé derrière l'église Notre-Dame, n° 8. Sa construction appartient aux dernières années du XVI° siècle. La porte extérieure est remarquable par l'élégance et la richesse de sa décoration; l'intérieur de la cour est plus remarquable encore, et le portique qui règne sur le côté de la rue est d'un goût irréprochable. Une belle cheminée se trouve dans le logement occupé par le concierge.

6° **Maison des Cariatides**, rue Chaudronnerie, n° 28. C'est l'ancien hôtel de la famille Pouffier, qui a donné au Parlement de Dijon plusieurs magistrats distingués. Hector-Bernard Pouffier fut le fondateur de l'Académie et l'un des bienfaiteurs des hospices de la ville de Dijon. — Ses armes, une marmite remplie de fleurs, se voient encore sur la façade de cette maison dont le style rappelle celui de la Renaissance.

7° **Hôtel de Vesvrotte**, rue Chabot-Charny, n° 8, et rue du Palais. La façade du côté de la rue Chabot-Charny est dans le style de la Renaissance, et les ornements en sont de bon goût. Mais la partie vraiment curieuse de l'hôtel est la cour de service donnant sur la rue du Palais. Dans les murs du corps de logis au midi de cette cour, M. de Vesvrotte a fait encadrer, en les construisant, dix-neuf fragments de sculptures antiques, tous fort remarquables, trouvés dans des fouilles sur différents points de la ville. En outre, dans un caveau situé sous la même construction, il a fait placer le tombeau de Philippe Pot, un des seigneurs les plus illustres de la Bourgogne. Ce tombeau représente Philippe Pot, revêtu de son armure et de sa dalmatique, couché sur une pierre tumulaire, et porté par huit religieux dans l'attitude de la douleur. D'autres débris de sculptures antiques remplissent un caveau voisin.

8° Hôtel rue Amiral-Roussin, n° 23. Les ornements qui le décorent sont dans le goût de la Renaissance ; il portait autrefois le nom de Petit-Saint-Bénigne, et renfermait la chapelle de la vicomté. Sur la porte extérieure de la chapelle on voyait les statues agenouillées du vicomte Jean Bonnot et de sa femme ; ce portail conduisait à une ancienne tour que l'on assure avoir été la prison de saint Bénigne, et qui faisait partie des fortifications de la première enceinte de la ville. Un acte de 1429, par lequel Guillaume de Pontailler vend cet emplacement à Jean Bonnot, charge ce dernier de faire célébrer tous les jours une messe dans la chapelle de la tour *où saint Bénigne fut mis en chartre*. Les chapelains de l'église de la Madeleine, qui touchait à cette maison, furent chargés de ce service, qui se faisait régulièrement encore au commencement du dix-huitième siècle. La chapelle n'existe plus, et la tour a été démolie en 1809.

9° En face de l'hôtel précédent est l'Hôtel de Mimeure, appartenant aujourd'hui à M. Liégeard, et dont l'entrée principale est dans la rue Vauban. La façade sur la rue de l'Ecole-de-Droit est décorée avec assez d'élégance et de goût ; mais celle qui se développe dans la rue des Prisons est ornée de quatre charmantes tourelles d'un style gracieux, et dont les détails ont été habilement variés.

10° MAISON SITUÉE AU FAUBOURG D'OUCHE, vis-à-vis le pont qui conduit au port du canal. Dans la façade de cette maison est incrusté un bas-relief très remarquable. Il se compose de deux groupes de femmes vêtues de longues robes drapées avec élégance : au-dessus est un troisième groupe qu'on croit représenter le triumvirat d'Antoine, Octave et Lépide jouant aux dés l'empire du monde ; à leurs pieds est une femme couchée tenant d'une main une corne d'abondance, et de l'autre un fruit. La ville a acheté ce bas-relief le 29 août 1842, de M. Bounder, médecin, qui se l'était réservé en vendant la maison au propriétaire actuel.

Outre ces édifices qui offrent aux étrangers un assez grand intérêt, il existe à Dijon quelques collections de livres ou d'objets d'art qui sont dignes d'êtres visitées par ceux qui s'occupent de ces sortes de choses. Ce sont : 1° les magasins de M. Tagini, rue Condé, 55 : ils renferment en tableaux, meubles antiques de toutes sortes et objets d'art, une collection extrêmement curieuse et intéressante ; 2° les salons de M. le baron Pichot de Lamabilais, rue Saint-Pierre, 9, renfermant une collection du même genre, qui ne le cède guère à la précédente que pour le nombre des objets qu'elle renferme ; 3° le cabinet d'antiquités et la bibliothèque de M. Baudot, président de la Commission d'antiquités, rue Bossuet, 12 ; 4° celui de M. Larché, rue Saumaise, 65 ; 5° la collection de médailles de

M. de Vesvrotte, rue Chabot-Charny, 8; 6° celle de
M. de Charrey, place Saint-Jean, 2; 7° les belles bibliothèques de M. Joliet, rue Notre-Dame, 8, et de
M. Milsand, rue des Forges, 38, où se trouvent une foule de documents précieux concernant la Bourgogne; 8° les belles collections de tableaux de MM. de Laloge, place Saint-Michel, 17, et Joliet, ancien notaire, rue Chabot-Charny, 64.

CHAPITRE XV.

Maisons qui ont été habitées par des Personnages célèbres.

Bien que nous ayons indiqué, dans le cours de cet ouvrage, quelques maisons qui ont été habitées par des hommes illustres, nous croyons faire chose agréable aux étrangers en consacrant à ce sujet un chapitre particulier.

1° La maison rue des Forges, n° 40, en face de la rue du Bourg, a été construite et habitée par Hugues Aubriot, né à Dijon, dont il fut sept ans grand-bailli, et qui devint intendant des finances, et prévôt de Paris sous Charles V.

2° Bossuet est né dans la maison n° 10, place Saint-Jean.

3° Le président Bouhier habitait un hôtel situé rue Vauban, n° 12. Là, au milieu d'une magnifique bibliothèque, où il avait réuni 40,000 volumes et 2,000 manuscrits, il se livrait à ses grands travaux de jurisprudence, et se délassait en traduisant Virgile, Horace, Cicéron et Pétrone.

4° L'hôtel situé place Saint-Jean, n°s 27, 29 et 31,

était celui de Nicolas Brulart, premier président du Parlement de Bourgogne, l'un des plus beaux caractères qui aient honoré la magistrature au XVIIᵉ siècle.

5° Charles de Brosses, né à Dijon le 7 février 1709, premier président du Parlement de Bourgogne, membre de l'Académie française, habitait l'hôtel n° 6, place Saint-Jean. Cet hôtel avait été construit par Charles Fèvret, auteur du *Traité de l'Abus*, sur l'emplacement du *Petit-Hôtel-Neuf*, qui appartenait en 1419 à Jossequin, garde des joyaux du duc Jean sans Peur, et qui fut détruit par le peuple quand on apprit que Jossequin avait trahi son maître au pont de Montereau.

6° La maison n° 34, rue Buffon, appartenait à la famille de Buffon. Georges-Louis Leclerc, comte de Buffon, l'habita pendant sa jeunesse, dans le temps qu'il faisait ses études au collége de Dijon.

7° Jacques Cazotte, auteur d'*Olivier*, du *Lord impromptu* et du *Diable amoureux*, si connu par l'héroïsme de sa fille et la fameuse prophétie de La Harpe, est né à Dijon en 1720, dans la maison n° 9 de la rue à laquelle on a donné son nom. Elle portait le nom de rue du Four.

8° L'hôtel situé rue Chabot-Charny, n° 71, occupé maintenant par la famille Morelet, était autrefois l'hôtel de Vergy. Il était habité, en 1572, par Léonor de Chabot-Charny, amiral de France et gouverneur de la Bourgogne. C'est dans un des salons de cet hôtel que Chabot et Jeannin résolurent de ne pas exécuter les ordres envoyés par Charles IX pour le massacre de la Saint-Barthélemy. Il a été depuis une maison religieuse occupée par les dames de Saint-Julien.

9° Jean sans Peur, Philippe le Bon et Charles le Téméraire sont nés dans leur palais, situé autrefois sur l'emplacement de l'hôtel de Ville, et dont on voit un fragment place des Ducs-de-Bourgogne.

10° La maison n° 32, rue Bassano, était celle de Prosper Jolyot de Crébillon, né à Dijon en 1674.

11° Le sculpteur Dubois, qui a embelli des productions de son ciseau presque tous les anciens édifices de Dijon, est né dans la maison n° 36, rue Berbisey. Plus tard il acheta, rue Saint-Philibert, n° 10, un hôtel qui fait face à la rue Cazotte; il prit plaisir à l'embellir par des ouvrages qu'on y voit encore.

12° Guyton de Morveau, le célèbre chimiste, né à Dijon en 1737, habitait la maison située place Saint-Jean, n° 17.

13° Le célèbre Pierre Jeannin, conseiller de la province de Bourgogne au temps de la Ligue, président au Parlement, ministre de Henri IV, avait son hôtel à l'entrée de la rue Sainte-Anne, à l'angle de la caserne des Carmélites.

14° Bernard de La Monnoye est né le 15 juin 1641,

rue du Bourg, dans la maison nᵒˢ 70 et 72 : c'est là qu'il a composé ses premiers *Noëls* ; il composa les autres dans la rue du Tillot, et dans une maison qu'il acheta rue Roulotte, n° 28, au pied de l'escalier qui mène au rempart.

15° Bénigne Legouz de Gerland, auteur d'ouvrages remarquables sur l'histoire de Bourgogne, fondateur du jardin des Plantes et le premier protecteur de l'Ecole des beaux-arts, habitait un hôtel situé rue Vauban, n° 21.

16° Longepierre, auteur des tragédies de *Médée* et d'*Electre,* et précepteur du duc d'Orléans, est né le 18 octobre 1659 dans la maison située au n° 17, place Saint-Michel.

17° Aimé Piron, apothicaire et poète, habitait la maison n° 1 sur la place Saint-Georges. C'est là qu'est né, le 9 juillet 1689, Alexis Piron, auteur de la *Métromanie.*

18° Hector-Bernard Pouffier, fondateur de l'Académie des sciences et belles-lettres, et bienfaiteur de l'Hospice général, avait son hôtel rue du Champ-de-Mars, n° 18, en face de la rue Verrerie, alors rue Vertbois. Il est né dans la maison n° 28, rue Chaudronnerie.

19° M. Proudhon, célèbre jurisconsulte et doyen de la Faculté de droit de Dijon, a habité trente-deux ans la maison n° 23, dans la rue qui a reçu son nom. C'est là qu'il a composé ses *Traités de l'Usufruit* et *du Domaine public*. — Il y est mort le 20 novembre 1838.

20° Jean-Philippe Rameau est né à Dijon le 25 septembre 1683, dans une maison située rue Vaillant, n°s 5 et 7.

21° Albin-Reine Roussin, amiral, ministre de la marine, ambassadeur à Constantinople et sénateur, est né dans la rue à laquelle on a donné son nom, n° 8.

22° François Rude, le premier sculpteur de son époque, est né rue Poissonnerie, maison n° 25. Cette rue porte aujourd'hui son nom, et son buste a été placé sur la maison où il est né, par M. Caumont, son ami, ancien voyer de la ville de Dijon.

23° Gaspard de Saulx, comte de Tavannes, maréchal de France, est né en mars 1509, dans l'hôtel de Saulx, rue Vannerie, n°s 15 et 17. Cet hôtel est aujourd'hui le Mont-de-Piété.

24° Charles Gravier, comte de Vergennes, diplomate célèbre, ministre des affaires étrangères et président du conseil des finances sous Louis XVI, est né à Dijon, rue Bossuet, maison n° 8, le 29 décembre 1719.

CHAPITRE XVI.

Environs de Dijon.

Il n'est pas sans intérêt pour les étrangers qui feraient à Dijon quelque séjour, de savoir ce qui peut piquer leur curiosité dans les environs de cette ville, sans dépasser, toutefois, un rayon de quelques kilomètres.

1° En s'avançant sur la route de Lyon, on voit à droite le hameau de Larrey, avec ses nombreuses bastides et ses fontaines, le hameau de Sainte-Anne, et le Mont-Afrique dont la crête dépasse les montagnes qui l'environnent. Les antiquaires dijonnais prétendent que, sur son sommet, on remarque des traces évidentes d'un ancien camp romain, connu dans le pays sous le nom de Camp-de-César.

A ses pieds commence la Côte-d'Or et ses riches vignobles. En la suivant, on rencontre :

Chenôve, ancien et beau village, où les ducs de Bourgogne et presque toutes les congrégations religieuses de Dijon avaient des clos de vigne ;

Marsannay, avec son double vallon couvert de bois, et près duquel se donna, à l'*arbre de Charlemagne*, le célèbre tournoi tenu par le prince de Beaufremont en

1443, décrit par Olivier de Lamarche dans ses mémoires, livre I*er*, chapitre IX ; ensuite Couchey, puis Fixey ;

Fixin et son charmant vallon, à l'entrée duquel M. Noisot, ancien officier de la garde impériale, a fait élever à ses frais, le 19 septembre 1847, une magnifique statue en bronze de l'empereur Napoléon. Cette statue, due au ciseau de M. Rude, de Dijon, qui a concouru généreusement à son érection, a été placée sur son piédestal, en présence des premières autorités du département, et d'un immense concours de population. Plus loin, Brochon et le beau village de Gevrey, où se récoltent les vins de Chambertin, de Bèze et de Saint-Jacques, et dont le vallon est tout à fait pittoresque.

En suivant la route on trouve Morey, où est situé le clos de Tart, rival de Chambertin ; Chambolle, dont les vins, surtout les Musigny, sont excellents et le vallon très pittoresque ; Vougeot et le célèbre clos de ce nom, le plus bel établissement viticole de la Côte-d'Or, dont il faut visiter les pressoirs, les immenses cuveries et les magnifiques celliers ; et dans la plaine le charmant village de Gilly, dont le château servait de résidence au dignitaire chargé par les moines de Cîteaux d'administrer le Clos-de-Vougeot, qui était leur propriété. Après Vougeot se trouve Vosne, qui produit les premiers vins de la Bourgogne, la *Romanée*, *Richebourg*, la *Tâche* et les *Echeseaux*.

En suivant la ligne du chemin de fer, on peut visiter la jolie petite ville de Nuits, et la ville de Beaune où se trouvent plusieurs monuments d'un haut intérêt, notamment l'église paroissiale, l'hôpital général, le magnifique tableau du jugement dernier par Van Eck, et la statue en bronze du célèbre Monge, par Rude.

2° La route de Paris par la Bourgogne s'avance dans un vallon délicieux, dominé par le village de Talant, qui prenait autrefois le titre de ville, abrité au nord par des rochers coupés à pic, et sillonné par le Canal et la rivière d'Ouche. A quatre kilomètres environ, on trouve le beau village de Plombières, où est le Petit-Séminaire, et où l'on a construit depuis quelques années de magnifiques moulins. A droite de la route se trouvent le parc et les belles sources de Neuvon, ainsi que les anciens prieurés de Champmoron et de Bonvaux, situés dans des vallons charmants.

Plus loin, en remontant la vallée, est l'hermitage de Notre-Dame-de-l'Etang, élevé sur la montagne et dominant tous les alentours ; à ses pieds le hameau de La Cude, et un peu plus loin le village de Velars, où se trouvent de beaux moulins, une filature, des forges et une papeterie. Ensuite on rencontre Fleurey, près duquel se donna en 500 la bataille où Gondeband fut défait par Clovis, et Mâlain, remarquable par les ruines de son vieux château, autrefois ville importante et sur le territoire duquel on découvre de nombreux vestiges de constructions anciennes, des médailles et des tombeaux antiques. Tout le côté nord de cette belle vallée est sillonné par les immenses travaux du chemin de fer ; quand on est sur la voie, on n'en soupçonne pas même la grandeur; mais depuis le vallon ils sont d'un admirable effet. Les plus importants sont les viaducs de Neuvon, de la Combe-Bouchard, de la Combe-Fouchères, de la Combe-de-Fain, de Lée, le tunnel de Mâlain et celui de Blaisy.

Les étrangers qui voudront, à l'aide du chemin de fer, étendre leurs investigations jusqu'à la station des Laumes, pourront visiter : 1° le village de Sainte-Reine et son hospice, renommé pour ses eaux salutaires aux maladies de la peau; c'est le dernier vestige d'Alise, capitale des Mandubiens, célèbre par le siége qu'en fit César et par la glorieuse défense de Vercingétorix. Alise était situé sur le plateau de la montagne, et le laboureur ne peut encore aujourd'hui remuer le sol sans rencontrer des débris de maisons, de vases, d'armes, etc.; 2° le musée d'antiquités récemment fondé à l'hospice par ordre de S. M. l'Empereur; 3° le village de Bussy-le-Grand, patrie de Junot, duc d'Abrantès, et le château construit par le célèbre Roger de Rabutin, dans lequel se trouve une magnifique galerie de portraits historiques et de famille, dus pour la plupart au pinceau du fameux peintre Lebrun.

3° La route de Paris par la Champagne offre, à quelques lieues de Dijon, le plus beau site du département, le Val-de-Suzon, où se trouve le petit village de ce nom, resserré entre de hautes montagnes. Une belle forge y a été construite depuis peu d'années. — Plus loin, le village de Saint-Seine, dont l'église est remarquable par de beaux fragments d'architecture gothique. L'ancienne abbaye, dont les jardins sont traversés par des sources magnifiques, a été transformée en 1846 en établissement hydrothérapique. Un peu au-delà sont les sources de la Seine, autour desquelles on a pratiqué, il y a quelques années, des fouilles qui ont fait découvrir un grand nombre d'antiquités curieuses. A quelques kilomètres de Saint-Seine sont les papeteries de Poncey et de Pellerey.

4° En prenant la route du nord, qui suit le cours de Suzon, on voit à gauche les villages de Fontaine, patrie de saint Bernard, qui y est né en 1091 ; auprès de l'église, qui est charmante et bien située, sont les restes du monastère des Feuillans, établi en 1648, dans l'ancien château de Tesselin-le-Roux, père de saint Bernard. La chapelle, bâtie par les soins d'Anne d'Autriche, mérite d'être vue. Le sanctuaire a été élevé sur l'emplacement de la chambre où naquit saint Bernard ; Ahuy et Vantoux, dont le château remarquable avait été donné en 1748 par M. de Berbisey aux premiers présidents du Parlement de Bourgogne ; au pied de ces villages passe l'aqueduc qui amène à Dijon les eaux de la fontaine du Rosoir. Au-delà de Messigny, à l'ouest, est le Val-Courbe, site charmant dans lequel coule la petite rivière de Suzon, et où se trouvent les fontaines du Rosoir, de Jouvence et les belles sources de Sainte-Foy.

5° La route de l'est conduit aux sources de la Bèze : c'est une magnifique fontaine jaillissante, qui, à peu de mètres de sa source, fait mouvoir des forges où se fabrique de l'acier d'excellente qualité : le géographe Robert, dans son *Voyage en Suisse*, prétend que cette source est, avec celles d'Orbe, de Vaucluse et de Châtillon-sur-Seine, une des plus abondantes qui existent en Europe.

L'abbaye de Bénédictins qui existait autrefois dans le village auquel la fontaine a donné son nom a été remplacée par l'usine dont nous venons de parler.

En descendant le cours de la Bèze se trouvent encore les usines de Bezouotte et de Drambon. A quelques kilomètres au nord-ouest de Bèze est l'ancien château de Lux, appartenant à la famille de Saulx, et l'immense forêt de Velours, traversée par une route qui porte le nom de Brunehaut, et où l'on voit les vestiges de l'ancienne ville d'Antua, capitale du *pagus* ou canton des Attuariens.

Au-delà de Bèze on rencontre Fontaine-Française, où l'on voit un très beau château construit vers 1750, par M. de Saint-Julien, receveur général du clergé, et appartenant aujourd'hui à M. de Latour du Pin, ainsi que deux usines où l'on fabrique le fer. Dans un lieu appelé le *Pré-Morot*, à une demi-lieue de Fontaine, sur la route de Saint-Seine, Henri IV, à la tête de 500 cavaliers, mit en déroute, le 5 juin 1595, la petite armée que les ligueurs avaient réunie en Bourgogne : un monument élevé près de la route rappelle cet événement. — C'est la veille de ce combat qu'il écrivait à Guillaume de Fervaque, seigneur de Grancey, ce billet énergique : *Fervaque, à cheval ; l'ennemi approche, j'ai besoin de ton bras ; je suis,* HENRI. Et le lendemain à sa sœur : *Ventre saint gris! vous avez pensé être mon héritière.*

6° La route de Pontailler-sur-Saône conduit à la poudrerie de Vonges, où le Gouvernement fait fabriquer de la poudre pour le service militaire et la consommation particulière. A droite de la route, à huit kilomètres de Dijon on trouve à Couternon une sucrerie.

7° La route de Besançon passe à Fauverney, où se trouvent de beaux fourneaux construits il y a quelques années par M. le premier président Muteau ; à Genlis très beau village sur la Tille ; près de Collonges, où est établie une sucrerie appartenant à M. de Montdragon ; et Premières où se trouve la belle fabrique de faïence fine de M. Lavalle ; près de Villers-les-Pots, où est une très belle manufacture de faïence et de poterie, et enfin à Auxonne, ville forte, sur la Saône, dans laquelle on arrive par un très beau pont en bois et où se trouvent une très belle église, des casernes magnifiques et des ateliers d'artillerie. Auxonne sert de garnison à un régiment de cette arme.

8° La route qui se dirige au sud-est, en longeant le cours du Parc, se bifurque à Longvic, et conduit d'un côté à Saint-Jean-de-Losne, où le canal de Bourgogne se joint à la Saône : le pont, construit par M. Darcy, est très beau ; de l'autre à Seurre, petite ville sur la Saône. C'est sur cette seconde partie de la route qu'on rencontre Saulon-la-Chapelle, où l'on voit le château de M. de Clermont ; Citeaux, magnifiques restes de la plus magnifique abbaye de France, et près de Seurre, la belle manufacture de produits chimiques fondée par M. J.-B. Mollerat.

L'abbaye de Citeaux, autrefois si somptueuse ; son église, qui renfermait les tombeaux des ducs de Bourgogne de la première race ; ses vastes cloîtres, où avaient été reçus si souvent les papes et les rois avec leur cortége de courtisans et de familiers ; l'abbaye de Citeaux est aujourd'hui détruite : il n'en reste plus que le corps de logis qui servait aux appartements de l'abbé. Depuis quelques années, on y a fondé un établissement destiné à l'éducation des enfants condamnés pour crimes et délits. Cet établissement dirigé par M. l'abbé Rey, avec un zèle et une intelligence remarquables, offre à ceux qui le visitent un puissant intérêt.

APPENDICES

I.

Indications utiles aux Voyageurs.

Antiquités. — Tagini, rue Condé, 55.

Bains. — Pitolet, rue du Palais, 15. — Chantriaux, rue de la Préfecture, 12. — Voilquin, rue Chabot-Charny, 91.

Banquiers. — Banque de France, place de la Banque. — Dunoyer, rue Charrue, 15. — Echalié, rue de la Préfecture, 1. — Maloir et Guyot, rue Bassano, 17.

Cabinets de lecture. — Veuve Décailly, place d'Armes. — Mlle Thévenard, place d'Armes.

Cafetiers. — Café du Grand-Balcon, place Saint-Jean. — Thibaut, rue Condé, 52. (Glaces). Café de Paris, place Saint-Etienne, 6.

Chapeliers (articles de voyages). — Maréchal, rue Bossuet, 3. — Meneval, rue Condé, 3. — Renard, rue Condé, 12. — Seguin, rue Condé, 31.

Chaussures. — Belorgey, promenade du Roi-de-Rome. — Désogère, rue Condé, 20.

Chocolat. — Duthu, rue Bossuet, 67.

Coiffeurs. — Bizouard, place d'Armes, 17. — Degrond, rue Chabot-Charny, 22. — Frélezeaux, rue Condé, 20.

Hôtels. — De la Cloche, rue Guillaume, 7. — De la Galère, rue Guillaume, 65. — Du Chevreuil, rue Bossuet, 31. — De Genève, rue Bossuet, 9. — Du Jura, rue de la Gare.

Libraires. — Clunet, rue Guillaume. — Veuve Décailly,

place d'Armes. — Hémery, place Saint-Jean. — Lamarche, place Saint-Etienne.

Moutarde. — Grey, rue Guillaume, 32. — Parent, rue Guillaume, 50. — Piron, rue Bassano, 22.

Orfèvres-changeurs. — Cretin, rue Condé, 40. — Cromback, rue Condé, 43. — Follot, rue Condé, 17. — Lucan, rue Condé, 45.

Parapluies. — Bizot, rue des Godrans.

Pain d'épices. — Auger, rue des Forges, 56. — Céry, rue Bossuet. — Mulot, place Saint-Jean. — Roland, rue Guillaume.

Poste aux lettres. — Place des Ducs-de-Bourgogne, de 8 heures du matin à 7 heures du soir.

Poste aux chevaux. — Goisset, place Darcy.

Restaurateurs. — Chaignet, rue Vauban. — Cognet, rue Bossuet, 31. — Fousset, place d'Armes. — Montois, au Marais, rue Musette. — Moyne, place Saint-Etienne.

Tailleurs, confections. — Aux Cent mille Paletots, rue Bossuet. — A la Belle Jardinière, rue Guillaume.

Théâtre. — Représentation les mardis, jeudis et dimanches. Location, rue Longepierre, derrière la salle.

Télégraphe. — Rue de la Préfecture, 53, cour des bureaux, deuxième étage. Bureaux ouverts jour et nuit.

II.

Industrie.

La nouvelle position faite à Dijon par l'établissement des grandes voies ferrées qui le traversent, et des lignes télégraphiques qui le mettent en communication rapide avec toute la France, ont changé complétement depuis quelques années sa situation industrielle : autrefois, trente-cinq ou quarante maisons fabriquaient divers produits estimés dans une proportion modeste ; aujourd'hui, non seulement cette fabrication s'est développée et agrandie, mais des industries nouvelles se sont établies, et jouissent d'une grande prospérité.

Voici un tableau succinct de l'industrie dijonnaise en 1861 ; nous suivrons pour plus de facilité l'ordre alphabétique, en nous bornant à indiquer seulement les commerçants en gros et les fabricants.

Allumettes chimiques. — Trois fabriques : Gauthier, Gavignet, Picamelot ; tous trois rue de Longvic.

Antiquités. — Baud, place Notre-Dame ; Tagini, rue Condé, 55 ; Hartmann, place Saint-Jean. Le magasin de M. Tagini, unique peut-être en France, est un musée des plus curieux et des plus intéressants.

Assurances. — L'ABEILLE, fondée à Dijon où le siége de la compagnie est établi, place Saint-Jean, et autorisée par décrets impériaux de 1856 et 1857, assure contre la grêle, l'incendie et les risques maritimes. Son capital social, pour ces trois branches d'assurances est de 20 millions.

Banquiers. — La succursale de la Banque de France, place de la Banque ; Dunoyer, rue Charrue, 15 ; Echalié, rue de la Préfecture, 1 ; Maloir et Guyot, rue Bassano, 17.

Biscuits en gros. — Masson, rue de Gray ; Munch, rue Quentin.

Bouchons (fabricants de). — Fournier, place d'Armes ; Carmouche, rue Amiral-Roussin, 46 ; Jandel, id., 29.

Bougies (fabricant de). — Royer-Bienaimé, route de Lyon, et rue des Godrans.

Brasseurs. — Carré, rue Saint-Nicolas, 88 ; Eberlin, rue de Longvic ; Eldèse, rue Sainte-Marguerite ; Guilleminot, rue Saint-Nicolas, 22 ; Gerber, rue de la Gare ; Lépinasse, au Canal ; Mutz, rue Sainte-Marguerite ; Petitjean et Proteau, rue du Chaignot, 14 ; Perrot, rue Sainte-Marguerite, 29 ; Régnault, rue des Moulins.

Brosses (fabriques de). — David, rue Chabot-Charny, 48 ; veuve Marmorat, rue Condé, 20 ; Limonnet, à la Prison, route d'Auxonne.

Casquettes (fabrique de). — Bizot-Espiard, rue Saint-Bénigne : cette maison exporte ses produits dans les départements voisins, et même en Suisse.

Chapeaux (fabriques de). — Laurent frères, faubourg Saint-Nicolas ; Pétrot, rue du Refuge. Ces deux maisons fournissent la Franche-Comté, la Lorraine, l'Alsace et une partie de la Suisse.

Charcutiers. — Aubelle, rue du Bourg, 12 ; Aubelle aîné, rue Condé, 14 ; Beurnot, rue Saint-Martin, 35 ; Duchemin, place Notre-Dame ; Lelièvre, rue Musette ; Munier, rue des Forges ; Regnaut, rue Guillaume, 8. La charcuterie de Dijon l'emporte aujourd'hui de beaucoup sur celle de Lyon et de Troyes ; aussi les maisons Aubelle fabriquent en grand, et exportent une grande partie de leurs produits.

Chocolats (fabriques de). — Duthu-Tixerand, rue Bossuet, 67 ; Bornier-Céry, rue Guillaume, 67. La maison Duthu rivalise avec les premières fabriques de France.

Colle forte (fabriques de). — Bargy, au Chinois, faubourg d'Ouche ; Weishardt frères, rue de l'Ile ; Jacotot, au Foulon.

Distillateurs-liquoristes. — Barde, rue Saint-Pierre, 17 ; Abel Bresson, place Darcy ; Dambrun, rue des Godrans ; Devillebichot, rue Guillaume, 4 ; Fabvre, rue Berbisey, 22 ; Férat, rue Saint-Nicolas ; Florentin, rue Vaillant ; Lagoute, rue Saint-Nicolas, 102 ; Mermillod, place d'Armes ; Nicolas, rue Piron ; Pascal, rue Vannerie, 29 ; Renier, rue Saint-Nicolas.

Étoffes en gros. — Bilié-Villiard, place d'Armes, 10 ; Brocard-Truchot, rue Berbisey ; Carion et Couturier, rue Guillaume ; Girard-Tiébault, place Saint-Jean ; H. Jacques, rue Berbisey ; Liez, rue Vauban ; Thiébault-Meulien, place Saint-Jean.

Faïence (fabriques de). — Charchilley, rue Montmusard, 20 ; Lavalle, à Premières, canton de Genlis ; Roux, à Villers-les-Pots, canton d'Auxonne.

Fers et produits analogues (fabrication des). — Magnien, rue des Bons-Enfants ; Cellard et Thibaut, rue du Petit-Potet ; Roydet, rue Chabot-Charny ; Thoureau et Cie, rue Legouz-Gerland.

Fleurs artificielles. — Braillard, rue Condé, 11 ; Cappus, rue de la Préfecture, 38 ; Chataigner, rue Saint-Bénigne ; Krantz, rue du Chapeau-Rouge, 12 bis ; Bouvier, place Saint-Jean ; Reissolet, rue Condé, 20. La maison Cappus ne fabrique que pour Paris ; la maison Krantz exporte une partie de ses produits.

Filatures de laines ou cotons. — Buirette, Thiaffait et Faraguet, rue Bassano ; Dechaux, rue du Chapeau-Rouge ;

Abrand-Gallimard, à Courtivron ; Robin, rue des Moulins.

Fonderies. — Maire frères, route de Lyon ; Roy et Laurent, au Petit-Chantilly ; Ulher, rue de la Gare.

Grains et farines. — Les principaux négociants en gros pour les grains et farines sont : Bassot fils aîné, rue du Chapeau-Rouge, 12 ; Bassot jeune, place Saint-Bénigne ; Benoît-Aucoux, rue d'Auxonne ; Benoît-Vivien, rue d'Auxonne ; Bizot, rue Devosge, 8 ; Boisson-Villet, place Saint-Pierre, 8 ; Chapard frères, au Moulin Neuf ; Décailly, à Chèvre-Morte ; Dubard père et fils, rue des Godrans ; Dubard-Brenot, rue Poissonnerie; Garnier et Leverne, rue Guillaume, 6 ; Gautheret-Morel, rue Bannelier, 6 ; Grenier frères rempart du Château ; Guillier-Durupt, port du canal ; Jeannel père et fils, au moulin Bernard ; Gentet, au moulin Saint-Etienne ; L. Jannin et Perrot, pl. Darcy, 6 ; Lepetit, au moulin d'Ouche ; Marandet-Cordier, rue d'Auxonne ; Marandet fils, rue d'Auxonne; Maugey, rue d'Auxonne; Martin père et fils, rue des Godrans, 67; Poiblanc, rue d'Auxonne ; Portron-Bassot, rue Guillaume, 67 ; Porcheur, à Vesson ; Renard, porte Guillaume, 12 ; Renaud, rue d'Auxonne ; Samuel, rue Saint-Bénigne ; Tamiset, à Plombières ; Thevenin frères, rue d'Auxonne.

Imprimeries. — Jobard, rue Docteur-Maret ; Marie, impasse Saint-Michel ; Peutet, rue des Godrans; Rabutôt, place Saint-Jean, 1 et 3.

Imprimeries lithographiques. — Carré, rue Vauban ; Soubie, rue Vauban ; Jobard, rue Docteur-Maret ; Leroy, rue Saint-Bénigne (lithochromie); Peutet, rue des Godrans.

Instruments agricoles (fabrique d'). — M. Meugniot a fondé à Dijon une fabrique qu'il dirige depuis longtemps avec un soin et un talent très distingués. Les services qu'il a rendus à l'agriculture dans un rayon fort étendu, lui ont mérité la décoration de la Légion-d'Honneur. Il confectionne dans ses vastes ateliers des charrues de tous genres, buttoirs, houes à cheval, houes scarificateurs, herses en fer et ovales, scarificateurs, extirpateurs, rouleaux, hache-paille, coupe-racines, etc. Ces instruments ont été l'objet de distinctions de premier ordre dans toutes les expositions où ils ont été produits.

Librairie et reliure en gros. — Maitre, route de Mirande, Mlle Pellion, rempart de la Miséricorde. Les ateliers de Mlle Pellion, qui emploie 50 ouvriers, sont remarquables et il en sort de fort beaux ouvrages. Quant à l'établissement de M. Maitre, où travaillent près de 400 ouvriers, c'est véritablement une chose magnifique pour la grandeur des bâtiments, la distribution des ateliers et la perfection des produits. Tout ce qui se fait de plus riche, de plus somptueux et de mieux confectionné en France, en reliure, albums pour photographie, buvards, portefeuilles, porte-monnaies, ne saurait dépasser les produits de M. Maitre, qui s'élèvent par année à plusieurs centaines de mille. Son établissement, unique dans son genre et dont il est le créateur, lui a mérité la décoration de la Légion-d'Honneur.

Mercerie en gros. — Bouvier-Goin, rue du Chapeau-Rouge ; Morel, rue des Forges ; Tabourot, place Saint-Jean ; Varcasson, place Saint-Jean.

Moutarde (fabriq. de). — Benoît, rue Berbisey ; Berthaut, rue Guillaume, 49 ; Bertrand, cours du Parc ; Bornier, rue Condé, 47 ; Piron, rue Bassano, 22 ; Genevoix, rue Richelieu ; Grey, rue Guillaume, 32 ; Jolibois, rue Bassano ; Marguery, rue Guillaume, 43 ; Millère, rue Chabot-Charny ; Parent, rue Guillaume, 50.

Noir animal (fabriques de). — Bargy, au Chinois ; Jacotot, au Foulon.

Outils (fabriques de). — Fremy, rue du Gaz ; Rockel, rue Saint-Nicolas ; Schwartz, cours du Parc.

Pain d'épice (fabriques de). — Auger, rue des Forges, 25 ; Boucher, rue Amiral-Roussin ; Céry, rue Bossuet; Gonin, rue Saint-Nicolas; Mulot, place Saint-Jean ; Roland, rue Charrue et rue Guillaume.

Papiers peints (fabrique de). — Léon, rue Amiral-Roussin, 32.

Passementerie en gros. — Prélange, rue des Etioux.

Porcelaines, faïences et verreries en gros. — Barbier, place Saint-Pierre.

Phosphore (fabriques de). — Chapuis-Bertrand, au Chinois ; Bertrand, port du Canal.

Plâtre (fabricants de). — Badet et Cie, port du Canal ; Dumonteau, rue de Gray ; Gaillac, rue de Gray; Chauchot, rue du Gaz.

Raffinerie de sucre. — Manuel et Cie, rue Amiral-Roussin ; Valentin, à Couternon.

Rubans en gros (marchands de). — Constantin, rue Bossuet, 8 ; Lacour, rue Saint-Philibert ; Messigny, rue des Bons-Enfants ; Tabourot, place Saint-Jean.

Sabots en gros. — Gadot, rue Chabot-Charny ; Michel, rue Odebert.

Sel en gros (marchands de). — Garnier, rue Guillaume, 6 ; Paillard, rue Mably, 4 ; Masson-Henry, rue Bassano, 22 ; Poupon, rue Docteur-Maret, 4 ; Céry, rue Saint-Philibert, 44.

Tanneurs. — Boisserand, rue du Refuge, 10 ; Boursot frères, rue des Tanneries ; Douge cadet, rue des Tanneries; Douge-Levistre, rue des Tanneries ; Febvre, rue des Tanneries ; Degrave, rue des Tanneries ; Salbreux, rue des Tanneries ; Simonnot, rue Porte-aux-Lions.

Tricots et tissus circulaires (fabrique de). — Luce-Villiard, plaine des Roses. Ces tricots et tissus, avec ou sans caoutchouc, ont mérité plusieurs médailles à M. Luce, qui emploie chez lui un grand nombre d'ouvriers, et a de plus des métiers dans beaucoup de communes des environs de Dijon. Le dépôt de ses produits à Paris, est rue du Ponceau, n° 11.

Tapis (fabrique de). — Bilié-Villiard, place d'Armes.

Toiles en gros (marchands de toiles). — Humblot frères rue Vaillant; Monginot, rue Bossuet.

Tuiles, briques, carreaux (fabriques de). — Badet, port du canal ; Guillier-Durupt, port du canal.

Vinaigres en gros. — Artaud, rue Saint-Nicolas, 9 ; Bernard, rue Mably, 1 ; Berthaud, rue Guillaume ; Bizot, rue Chabot-Charny, 75 ; Calais, rue Jeannin, 5 ; Gallois, rue des Godrans; Cabet, rue Saumaise ; Huan et Fontagny, rue de Clairvaux ; Jolibois et Robelin, rue du Petit-Potet ; Jouan fils, rue Guillaume ; Paillet, chemin couvert ; Pain, rue Guillaume ; Péronne, rue de l'Arquebuse ; Robert, et Cie, rue d'Auxonne.

Vins en gros (marchands de). — Artaud, rue Saint-Nicolas, 9 ; Audiffred, rue du Petit-Potet ; Barde, rue Saint-Pierre ; Bernard, rue Mably ; Berthaut, rue Guillaume ; Calais, rue Jeannin ; Cabet, rue Saumaise ; Clément, rue des Chartreux ; Huan et Fontagny, rue de Clairvaux ; Jouan fils, rue Guillaume ; Masson-Henry, rue Bassano ; Paillet, chemin couvert ; Pain, rue Guillaume ; Pâris, rue Longepierre ; Péronne, rue de l'Arquebuse ; Philibeaux, rue Chabot-Charny ; Regnier, place d'Armes, 16 ; Robert-Pansiot, rue d'Auxonne ; Robert-Perreau, rue Guyton-Morveau ; Venot, rue Jeannin.

III.

Notices biographiques sur les Personnages célèbres nés à Dijon ou dans les environs.

1. ADELON (Jean-Nicolas-Philibert), né le 2 novembre 1783, professeur distingué à la faculté de médecine de Paris. Il a publié une *Analyse du cours du docteur Gall, ou Physiologie et Anatomie du cerveau d'après son système*; un grand ouvrage sur la *Physiologie de l'homme*; une nouvelle édition de l'important ouvrage de Morgagni, *de Sedibus et Causis morborum*, de concert avec d'autres médecins; et il a travaillé, de société avec le célèbre Chaussier, de Dijon, à la *Revue encyclopédique* et au *Dictionnaire des sciences médicales*.

2. ANCELOT (Marguerite Chardon, mariée à N.), née à Dijon de Thomas-Antoine Chardon, avocat au Parlement, et de Barbe-Edmée Vernisy; elle est auteur de plusieurs comédies jouées avec beaucoup de succès au Théâtre-Français, au Gymnase et au Vaudeville : *Marie, ou Trois époques*, traduite en allemand, en italien, en russe et en espagnol; *Isabelle, ou Deux jours d'expérience*; *Marguerite*; *Un mariage raisonnable*; *Clémence, ou la Fille de l'avocat*; *le Château de ma nièce*; *Georges, ou les Honneurs et les Mœurs*. Mme Ancelot est également auteur du charmant roman de *Gabrielle*.

3. ARNOULT (Ambroise-Marie), né en 1750, fut chef de

bureau du commerce; nommé en 1798 membre du Conseil des anciens par le département de la Seine, en 1799 membre du Conseil des cinq-cents, membre du Tribunat après le 18 brumaire, il fut plus tard conseiller-maître à la Cour des comptes et conseiller d'Etat. Il a publié plusieurs ouvrages estimés sur les finances, notamment : *De la balance du commerce, et des relations commerciales de la France dans toutes les parties du globe*; Paris, 1795; 2 vol. in-8°; — *Histoire générale des finances depuis le commencement de la monarchie*; Paris, 1806, in-4°. Il est mort en 1812.

4. ARNOULT (André-Remi), né à Bourberain, à quelques lieues de Dijon, le 10 août 1734; mort à Bèze le 28 août 1796. Avocat distingué du barreau de Dijon, il fut nommé député à l'Assemblée constituante en 1789. Il se fit remarquer dans cette réunion célèbre, dont il fut un des secrétaires, et où il fit plusieurs rapports et propositions importantes. Ce fut lui qui le premier proposa l'abolition des dîmes, la prohibition de l'exportation des céréales, la suppression des parlements, et leur remplacement par un système de tribunaux plus conformes aux besoins des populations; il proposa le projet de loi relatif à la propriété et à l'usage des cours d'eau. On lui doit une magnifique édition des décrets de l'Assemblée constituante, imprimée à Dijon par Causse, avec un grand luxe typographique.

5. AUBRIOT (Hugues), intendant des finances et prévôt de Paris sous Charles V. Il dirigea la construction de la nouvelle enceinte et des fortifications de cette ville, et fit bâtir la Bastille, dont il posa la première pierre en 1370; il y fut enfermé un des premiers, comme coupable d'hérésie, sur la poursuite de l'Université, dont il avait attaqué les priviléges. L'insurrection des *Maillotins* l'en fit sortir en 1381; mais il refusa d'en être le chef et se retira à Dijon.

Il avait été grand-bailli de cette ville, et y avait un hôtel situé rue des Forges ; il a été depuis occupé par le présidial, et l'est aujourd'hui par les magasins de M. Derongry-Luce ; il y mourut en 1382. Pendant son administration, il avait fait bâtir à Paris le pont Saint-Michel, la porte Saint-Antoine et le Petit-Chatelet, et établir les premiers égouts souterrains pour l'assainissement de cette grande cité.

6. BALBATRE (Claude), né à Dijon le 8 décembre 1729, habile organiste, élève de Rameau ; il fut appelé à tenir l'orgue de Saint-Roch et ensuite celui de Notre-Dame de Paris. Ce fut lui qui, le premier, eut l'idée d'organiser le piano. Il est mort en 1799. On a de lui plusieurs œuvres musicales.

7. BANNELIER (Jean), né en 1683, célèbre avocat au Parlement de Bourgogne, et doyen de la faculté de droit de Dijon. Il demeurait rue Saint-Fiacre, aujourd'hui rue Vauban. Il a publié une *Introduction à l'usage du Digeste*; Dijon, 1730 ; un *Traité politique et économique des cheptels*; Dijon, 1761. On lui doit aussi un excellent *Commentaire sur les traités de droit français composés par Davot*, à l'usage de la Bourgogne. Il est mort le 9 avril 1766.

8. BAUYN (Prosper), né à Dijon en 1510, maître des comptes, historien de la maison de Vienne, des ducs de Bourgogne Philippe le Hardi, Jean sans Peur, Philippe le Bon et Charles le Guerrier ; il a écrit en outre une histoire du traité de paix d'Arras, avec preuves. Mort à Dijon le 26 décembre 1587.

9. BÉGAT (Jean), né en 1523. Président au Parlement de Bourgogne, chargé par la compagnie de solliciter la révocation de l'édit de Nantes, il le fut aussi de dresser les

cahiers pour la réformation de la Coutume de Bourgogne. On a de lui : *Remontrances à Charles IX sur l'édit de* 1563 ; Anvers, 1563 ; réimprimé deux fois ; — *Mémoires sur l'histoire de Bourgogne*, en latin ; Chalon, 1665 ; — des *Dissertations sur plusieurs points de jurisprudence*, que M. le président Bouhier a fait imprimer en 1717, à la suite de son édition de la *Coutume*. Bégat est mort le 19 juin 1572.

10. BÉGUILLET (Edme), avocat et notaire à Dijon ; historien de mérite. Il a travaillé, de société avec Courtépée, à la rédaction des deux premiers volumes de la *Description historique et topographique du duché de Bourgogne*. Il a publié seul une *Histoire abrégée des guerres des deux Bourgognes sous les règnes de Louis XIII et Louis XIV* ; 1772, 2 vol. in-12 ; un *Manuel du meunier* ; plusieurs écrits sur les *Principes de la végétation*, l'*Œnologie*, la *Mouture économique*, la *Connaissance des grains*, les *Subsistances* ; de société avec Poncelin, l'*Histoire de Paris et de ses monuments* ; 1780, in-8°, 3 vol. Il est mort à Paris en mai 1786.

11. BELIME (William), né à Dijon le 5 avril 1811, mort dans la même ville le 14 septembre 1844. Avocat, docteur en droit, professeur à la faculté de droit de Dijon ; homme distingué et qui faisait concevoir les plus belles espérances, Belime, enlevé trop tôt à la science, a fait imprimer, outre divers opuscules, deux ouvrages très estimés : 1° *Traité du droit de possession et des actions possessoires* ; 2° *Philosophie du droit ou Introduction à la science du droit*.

12. BELLECOUR (Gilles Colson, dit), né à Dijon, mort à Paris le 19 novembre 1778. Il étudia d'abord la peinture sous Carle Vanloo, puis il entra au théâtre. Il débuta à la Comédie-Française le 31 décembre 1750 par le rôle d'Achille

dans *Iphigénie en Aulide* et obtint de grands et nombreux succès dans tous les genres. Il a fait jouer en 1761 *les Fausses Apparences*, comédie en un acte et en prose, qui a réussi.

13. BERBISEY (Jean DE), né à Dijon le 9 août 1663, mort le 29 mars 1756. Premier président du Parlement de Bourgogne, il consacra sa grande fortune à d'utiles fondations ; il fut un des principaux bienfaiteurs de l'hôpital de Dijon, et fit don de son hôtel et de sa terre de Vantoux, près Dijon, à ses successeurs dans la première présidence du Parlement.

14. BERLIER (Théophile), né le 1er février 1761. Avocat distingué au Parlement de Dijon, il fut nommé successivement président du directoire de la Côte-d'Or en 1791, et député de ce département à la Convention nationale en 1792. Il vota la mort de Louis XVI, fut nommé membre du Comité de législation après ce mémorable procès, et, au mois de juin 1793, membre du Comité de salut public, où il fut chargé de recueillir les adresses et d'en faire le rapport. Rentré au Comité de législation, il fut chargé de préparer les nouvelles lois sur les successions. Le 24 prairial an II, il demanda et obtint la liberté de tous les cultivateurs emprisonnés comme suspects ; après le 9 thermidor, la Convention adopta le projet de constitution présenté par lui, et qui servit ainsi de base à la discussion. Dans le courant de fructidor an II, envoyé comme commissaire de la Convention dans les départements du Nord et du Pas-de-Calais, il rendit à la liberté une foule d'innocents emprisonnés dans l'abbaye de Saint-Vaast. Rentré à la Convention au mois de décembre 1794, il fit partie de la fameuse commission des *Onze*, chargée d'examiner le *Jury constitutionnaire* de Sieyès. Le 15 fructidor an III, élu membre du

Comité de salut public, et le lendemain président de la Convention, il occupa constamment le fauteuil avec modération et sagesse. Le 16 brumaire an IV, il fut appelé au Conseil des cinq-cents par le département de la Côte-d'Or, et par ceux du Nord et du Pas-de-Calais, qui se montraient ainsi reconnaissants du bien qu'il y avait fait. Il rentra ensuite dans la vie privée et reprit sa profession d'avocat; mais deux jours après la révolution du 18 fructidor, il fut nommé juge au Tribunal de cassation, et presque aussitôt substitut du commissaire du gouvernement près le même tribunal. Aux élections de l'an VI, il rentra au Conseil des cinq-cents par le choix unanime des électeurs de Paris; il y plaida la cause de la liberté de la presse. Après le 18 brumaire, il avait repris de nouveau le rôle modeste d'avocat, lorsque, dans le mois de nivôse an VIII, il fut appelé au Conseil d'Etat; il y prit une part brillante à la discussion des nouveaux codes, y défendit les institutions républicaines, et y vota contre l'établissement du pouvoir héréditaire; cependant il fut revêtu des fonctions importantes de président du Conseil des prises. L'empire le fit comte et commandeur de l'ordre de la Légion-d'Honneur. Il perdit toutes ses places à la Restauration, et pendant les Cent-Jours remplit les fonctions de secrétaire auprès du gouvernement provisoire, et signa la fameuse protestation du Conseil d'Etat. La loi d'amnistie du 18 janvier 1816 le bannit de France. Il se retira en Belgique, où il s'occupa surtout de travaux historiques. Il publia alors une *Traduction des Commentaires de César* et un *Précis de l'histoire des Gaules*; il rédigea, en outre, plusieurs articles de législation pour l'*Encyclopédie moderne* de Courtin. La révolution de 1830 lui rouvrit les portes de la France : il vint se fixer à Dijon, et il mourut dans cette ville le 12 septembre 1845.

15. BERNARD (saint), né de parents nobles, à Fontaine-les-Dijon, en 1091, fondateur de l'abbaye de Clairvaux et de 160 monastères, le premier des orateurs et des écrivains de son temps. Il fut l'adversaire d'Abeilard et de son école, donna des règles aux Templiers, et prêcha la croisade à Vézelay, sous Louis le Jeune. Il mourut en 1153, à 63 ans. Il fut canonisé en 1174.

16. BERNARD (Claude), né à Dijon le 26 décembre 1588, mort le 23 mars 1641. Appelé le *Pauvre Prêtre*, à cause de sa charité sans bornes, il consacra sa vie aux malades, et une fortune de plus de cent mille francs aux malheureux. Il cultivait avec succès la poésie, les mathématiques et la peinture.

17. BERNARD (Etienne), né à Dijon le 15 mars 1553, mort à Chalon, le 28 mars 1609. Avocat, député du tiers-état aux Etats généraux de Blois, il s'y fit remarquer par son éloquence. Député aux Etats généraux convoqués à Paris par Mayenne, il s'y montra l'adversaire énergique des Espagnols. Il fut ensuite maire de Dijon, conseiller au Parlement, garde des sceaux de la même compagnie, enfin président de la Chambre de justice établie à Marseille. Il fit plus tard rentrer cette ville sous la domination de Henri IV, et fut nommé lieutenant général au bailliage de Chalon. Il a laissé plusieurs écrits sur la politique et la législation.

18. BERTHOT (Nicolas), né à Dijon, le 23 décembre 1776, mort dans la même ville, le 20 janvier 1850. Mathématicien et professeur distingué, il fut successivement professeur des arts et métiers à l'Ecole centrale de Dijon, et de mathématiques au lycée (1804); professeur de mathémati-

ques appliquées à la faculté des sciences (1809); recteur de l'Académie de Dijon (1815) ; il refusa la chaire de géométrie descriptive à l'Ecole polytechnique, fut nommé inspecteur général honoraire (1823), chevalier de la Légion-d'Honneur (1821), puis officier (1838), haut titulaire de l'Université (1846). Il se démit de ses fonctions en 1848. Il avait été appelé à l'administration du collége de Louis le Grand, à Paris, en 1823, pour y rétablir la discipline.

19. BÉTHISY (F.-L.), né le 1er novembre 1702, à Dijon, mort à Paris, professeur de musique et compositeur distingué. Auteur de *l'Enlèvement d'Europe*, paroles et musique, opéra représenté à Paris avec succès en 1739 ; auteur d'un traité de musique.

20. BOSSUET (Jacques-Bénigne), né le 27 septembre 1627, évêque de Condom, puis de Meaux; une des plus belles gloires du clergé français. Il fut le précepteur du dauphin de France, pour qui il composa le *Discours sur l'Histoire Universelle* ; en 1681, dans l'assemblée du clergé, il rédigea et fit adopter les quatre propositions célèbres qui règlent les libertés de l'Eglise de France et qui sont demeurées une loi de l'Etat; il publia un grand nombre d'ouvrages pour la défense de la religion. Il mourut le 12 avril 1704.

21. BOUCHU (François), né à Is-sur-Tille, à quelques lieues de Dijon, le 13 novembre 1771, mort à Antony, près Paris, le 31 octobre 1838. Fils d'un agriculteur aisé, il achevait ses études au collége de Dijon, pour se consacrer à l'état ecclésiastique, lorsque la révolution de 1791 éclata; il n'hésita pas un instant, et partit comme simple soldat dans le 2e bataillon des volontaires de la Côte-d'Or. Il traversa rapidement les premiers grades et il commandait une

batterie comme lieutenant au siége de Toulon. Il prit une part active aux campagnes d'Italie, en 1794, 1795, 1796; il y fut nommé capitaine dans le corps des pontonniers. Il fit la campagne d'Egypte en qualité de commandant de l'équipage des ponts; bientôt il fut nommé chef de bataillon, puis chevalier de la Légion-d'Honneur, puis enfin colonel en 1805. Il fit en cette qualité les belles campagnes d'Autriche, de Prusse, de Pologne, et s'y fit constamment remarquer. Elevé au grade d'officier de la Légion-d'Honneur, il passa à l'armée d'Espagne et s'y trouva à plusieurs affaires importantes; après le siége de Badajoz qu'il dirigea, il fut promu au grade de général de brigade. Bientôt il fut rappelé en Allemagne comme commandant des équipages de ponts; il y fit la campagne de Dresde, à la suite de laquelle l'empereur le créa baron. Il commanda ensuite l'artillerie dans la place de Torgau, où il fut fait prisonnier. Il rentra en France en juin 1814; il comptait vingt-deux campagnes, trois blessures et avait été fait deux fois prisonnier Pendant 23 ans de service actif, il n'avait eu que deux mois de congé, pour raison de santé, à son retour d'Egypte. Vers la fin de 1814, le gouvernement du roi lui donna le commandement de l'école d'artillerie de Grenoble, et il se trouvait dans cette ville lorsque Napoléon s'y présenta au mois de mars 1815; Bouchu eut le courage, malgré les vives sollicitations dont il fut l'objet, de garder le serment qu'il avait prêté à Louis XVIII. Toutefois, lorsqu'il vit la France menacée d'une seconde invasion, il accepta du service, et se rendit à Toulouse comme commandant l'artillerie de l'armée des Pyrénées. Après le désastre de Waterloo, il fut nommé directeur de l'Ecole polytechnique, et remplit cette fonction de 1816 à 1822. Il avait été nommé successivement commandeur et grand-officier de la Légion-d'Honneur, puis il entra au Comité d'artillerie. A l'entrée de l'armée française en Espagne, en 1823, Bouchu fut nommé directeur général des parcs de l'artillerie, et après la capitulation de Pampelune, il fut nommé lieutenant général. Depuis cette époque, il a été employé constamment comme inspecteur général et membre du Comité d'artillerie jusqu'au 1er janvier 1837, qu'il fut placé dans le cadre de non activité.

22. BOUHIER (Jean), président au Parlement de Dijon, né le 17 mars 1673. Ses écrits sont très nombreux : jurisprudence, philologie, critique, langues savantes et étrangères, histoire ancienne et moderne, histoire littéraire, traductions, éloquence et poésie, *il remua tout, il embrassa tout* dit d'Alembert. Il habitait dans la rue Vauban l'hôtel occupé depuis par M. Hernoux : il y avait réuni une magnifique bibliothèque composée de 35,000 volumes et de 2,000 manuscrits. Elle fut vendue en 1781 par ses héritiers à l'abbaye de Clairvaux, qui la paya 135,000 livres ; à la révolution elle a été donnée en grande partie à la ville de Troyes, où elle a formé le noyau de la bibliothèque publique. Il fut reçu membre de l'Académie française en 1727, et mourut le 17 mars 1746. Son successeur à l'Académie fut Voltaire. Outre ses œuvres de jurisprudence, il a laissé une traduction de *Pétrone* et des *Tusculanes* de Cicéron, et plus de trente ouvrages de différents genres.

23. BOUSSET (J.-B. Drouard, dit DU), né à Asnières, près Dijon, en 1662 ; mort à Paris en 1725. Musicien distingué, élève de la maîtrise de la Sainte-Chapelle de Dijon, il devint maître de musique de la chapelle du roi. Il a publié des cantates, des chansons à boire, un grand nombre d'airs à chanter. Ses œuvres qui ont eu beaucoup de vogue, forment 7 volumes in-4°. Il avait le titre de compositeur de

musique des Académies française, des inscriptions et des sciences.

24. BRET (Antoine), né en 1717; littérateur connu par des poésies et des ouvrages en prose. On a de lui deux volumes de poésies légères et de comédies écrites avec pureté ; une *Vie de Ninon de l'Enclos,* un poème des *Saisons,* des *Mémoires de Bussy-Rabutin,* un *Commentaire sur les œuvres de Molière,* en 6 volumes ; Il est mort le 25 février 1792.

25. BRIFAUT (Charles), né le 15 février 1781, mort à Paris le 4 juin 1857. Fils d'un simple artisan, il dut son éducation à M. l'abbé Volfius, qui l'adopta et le fit élever. Le comte Berlier le protégea à son début dans la carrière littéraire. Il est auteur de *Ninus II,* qui obtint un beau succès, *Jeane Grey, Charles de Navarre,* et de diverses poésies légères. Il fut nommé membre de l'Académie française en 1826. Il a laissé un grand nombre d'écrits en vers et en prose. Ses œuvres forment 6 volumes in-8°.

26. BROSSES (Charles DE), premier président au Parlement de Bourgogne, né le 7 février 1709, mort le 7 mai 1777. Savant et écrivain distingué, historien, philologue, littérateur, membre de l'Académie des inscriptions et belles lettres. Il a publié des *Lettres sur Herculanum,* une *Histoire des navigations aux terres australes,* un *Traité de la formation des langues,* une *Histoire du 7° siècle de la république romaine,* précédée d'une savante *Vie de Saluste,* enfin un grand nombre d'articles dans l'*Encyclopédie.*

27. BRULART (Nicolas), né le 19 janvier 1627 à Dijon, où il est mort le 30 août 1692. Premier président du Parlement à 30 ans (1657), il montra un des plus nobles carac-

tères dont puisse s'honorer la magistrature française ; il défendit avec énergie les priviléges du Parlement et de la province contre Louis XIV, ce qui le fit exiler à Perpignan; mais il n'en déploya pas moins pour réformer les mœurs de la magistrature que les discordes civiles avaient grandement relâchées, et la procédure civile et criminelle, que les nouvelles ordonnances publiées à cette époque avaient pour but d'améliorer.

28. BRULEZ (Nicolas), né à Véronnes-les-Petites, à quelques lieues de Dijon, le 25 novembre 1758; mort à 36 ans, le 29 avril 1794. Nommé commandant du 2ᵉ bataillon de la Côte-d'Or le 1ᵉʳ septembre 1791, il fit d'une manière héroïque les campagnes de 1792 et 1793. Il montra tant de bravoure au siége de Toulon, qu'on lui conféra le grade de général de brigade. Il périt le 29 août 1794, au combat du défilé de Saorgio, en Piémont. Le résultat de cette affaire fut la prise de 2,000 Autrichiens, 60 pièces de canon, et une quantité considérable de munitions de guerre. Brulez y déploya un courage si éclatant, qu'après avoir entendu le rapport de ce combat, la Convention ordonna, par un décret du 17 floréal an II, que le nom de Brulez serait inscrit au Panthéon.

29. BUFFON (Georges-Louis LECLERC DE), né au château de Buffon, près Montbard, le 7 septembre 1707 : son père était conseiller au Parlement de Bourgogne ; l'hôtel de la famille était rue Buffon, n° 24. Il fit toutes ses études au collége de Dijon. Il mourut le 16 avril 1788. L'un des plus grands écrivains du 18ᵉ siècle, et des plus célèbres naturalistes du monde, membre de l'Académie française.

30. CABET (Etienne), né le 2 janvier 1788 : avocat à la Cour royale de Dijon, il défendit avec talent le général Vaux

devant la cour d'assises de la Côte-d'Or, en 1816. Nommé procureur général à Bastia après la révolution de 1830, et député en 1833, il s'est depuis rendu célèbre par ses projets de réforme sociale. Il a écrit une *Histoire de la Révolution*, en 4 volumes in-12, et un ouvrage socialiste intitulé *Voyage en Icarie*.

31. CAZOTTE (Jacques), né le 7 octobre 1719 à Dijon; commissaire général de la marine et homme de lettres. Le dévoûment de sa fille, qui parvint à lui sauver la vie dans les journées de septembre 1792 à Paris, l'a rendu célèbre. On a de lui plusieurs ouvrages de littérature légère, souvent réimprimés, parmi lesquels on distingue le poème d'*Olivier*, le *Diable amoureux* et le *Lord impromptu*. Il fut emprisonné de nouveau, et exécuté à Paris le 25 septembre 1792.

32. CÉLÉRIER (Jacques), né à Dijon le 11 novembre 1742, mort à Paris en 1814. Architecte distingué, il a élevé à Paris la fontaine de l'Eléphant, le théâtre de l'Ambigu-Comique, celui des Variétés et plusieurs autres édifices remarquables. Il a donné les plans primitifs de la salle de spectacle de Dijon.

33. CHANTAL (Jeanne-Françoise Fremyot, dame DE), fille du célèbre président Bénigne Fremyot et de Marguerite Berbisey; mariée en 1599, à Christophe de Rabutin, baron de Chantal, mère de Celse-Bénigne de Rabutin, et aïeule de Madame de Sévigné, est née à Dijon, le 23 janvier 1572, dans une maison de la rue du Palais, alors rue du Trésor; morte à Moulins, le 13 décembre 1641. Elle renonça complétement au monde après la mort du baron de Chantal son mari, et alla se consacrer entièrement à secourir les malheureux et à soigner les malades. Bientôt elle se

mit sous la direction de saint François de Sales ; elle fonda avec lui l'ordre de la Visitation, dont le premier monastère fut établi à Annecy, le 6 juin 1610. Elle gouverna pendant 19 ans sa congrégation, et la laissa en mourant composée de 75 monastères. Elle fut canonisée en 1767 par le pape Clément XII.

34. CHARBONNEL (Joseph-Claude-Jules), né le 24 mars 1776, élève de l'école militaire de Chalons, entra dans l'artillerie. Il assista au siége de Toulon, à la suite duquel il fut fait capitaine ; fit partie de l'armée d'Italie, et plus tard de celle de Rhin et Moselle ; fit la campagne d'Egypte. Il se distingua à la prise de Malte, d'Alexandrie, aux affaires de Chebreis et des Pyramides, où il fut fait chef de bataillon sur le champ de bataille. Devenu prisonnier d'Ali, pacha de Janina, en revenant en France, et forcé de servir dans ses troupes pendant quelque temps, il parvint à s'échapper et à rentrer dans sa patrie. Nommé lieutenant-colonel, il réorganisa le 1er régiment d'artillerie, fut fait ensuite colonel du 6e, avec lequel il fit la campagne de 1805. Il fit, l'année suivante, la campagne de Prusse, et se distingua à Iéna, au passage de l'Oder, de la Vistule, de la Narrew, du Bug où il fut blessé, à la bataille d'Eylau, au siége de Kœnisberg, aux batailles d'Eckmul, de Ratisbonne et d'Esling. Il était alors général de brigade et commandant de la Légion d'Honneur. Il passa à l'armée d'Espagne et y prit une part glorieuse à un grand nombre de siéges et de combats. A l'époque de l'expédition de Russie il fut nommé chef d'état-major général de l'artillerie de la grande armée ; il assista aux combats de Witepsk, au passage du Dniéper, à la bataille de la Moskowa ; après la retraite, mit en état de défense Dantzick et les places sur l'Oder, fut nommé général de division, et prit part l'année suivante aux batailles

de Lutzen et Bautzen, de Gorlitz et de Leipsick. Il fit ensuite la campagne de France, assista aux affaires de Lachaussée, d'Arcis-sur-Aube, de Montereau, de la Ferté-sous-Jouarre et de Nogent. Après la Restauration, il fut fait inspecteur général d'artillerie, et nommé pair de France en 1841. Il mourut en 1847.

35. CHARLES (*le Téméraire*), duc de Bourgogne, né le 10 novembre 1433, de Philippe le Bon et d'Isabelle de Portugal. Ennemi de Louis XI qu'il battit à Montléry; vainqueur des Liégeois et des Gantois, l'un des plus puissants princes de son temps; il fut deux fois défait par les Suisses, à Granson et à Morat, et trouva la mort devant Nancy le 5 janvier 1477.

36. CHASOT DE NANTIGNY (Louis), né à Saulx-le-Duc, près Dijon, en août 1692, mort le 29 décembre 1755. Généalogiste distingué. Il a laissé plusieurs ouvrages très estimés, notamment la partie généalogique des *Suppléments* de Moréri, les *Généalogies historiques des anciens patriarches, rois et empereurs de toutes les maisons souveraines;* les *Tablettes généalogiques de la maison de France et de celles qui en sont sorties,* etc.

37. CHAUSSIER (François), né le 2 juillet 1746, mort le 19 juin 1828. Célèbre professeur à la faculté de médecine de Paris, médecin en chef de l'hospice de la Maternité, professeur de chimie à l'Ecole polytechnique, membre de l'Institut. En 1794, il fut chargé d'organiser avec Fourcroy l'enseignement médical à Paris. Il donna une grande impulsion à l'étude de la physiologie et à celle de l'anatomie, pour laquelle il créa une nomenclature nouvelle. Il a publié un assez grand nombre d'ouvrages sur la science médicale. Il mourut le 19 janvier 1828.

38. CIREY (Jean de), né à Dijon dans le XVe siècle, mort le 27 décembre 1503, abbé général de l'ordre de Cîteaux; il introduisit l'imprimerie à Dijon ; parut avec éclat aux Etats généraux de Tours en 1485, ainsi qu'aux Conciles d'Orléans et de Tours en 1485. Il a laissé entre autres, les ouvrages suivants : *Collectio privilegiorum ordinis cisterciensis*; Dijon, 1491 ; *Capitulum generale cisterciense* ; Dijon, 1490 ; trois manuscrits intitulés : *Chronicon breve rerum in Burgundiæ Ducatu gestarum, a* 1473 *ad* 1480; *Chronicon cisterciense*, qui ne va que jusqu'au XIVe siècle, et un catalogue des manuscrits que possédait l'ordre de Cîteaux à cette époque. Il avait été fait conseiller d'Etat par Louis XI.

36. CLÉMENT (François), né à Bèze, à quelques lieues de Dijon, le 7 avril 1714 ; entra dans la congrégation des Bénédictins de Saint-Maur, et fut reçu membre associé de l'Académie des inscriptions. Il fut l'un des hommes les plus érudits du XVIIIe siècle. Il continua l'*Histoire littéraire de la France*, dont il acheva le 11e volume et publia le 12e, et le *Recueil des Historiens de France*, de dom Bouquet, dont il publia le 12e et le 13e volume. On lui doit encore une nouvelle édition de l'*Art de vérifier les Dates*, 1770, in-folio ouvrage regardé comme le plus beau monument d'érudition de cette époque. Il mourut le 29 mars 1793.

40. CLÉMENT (Jean-Marie-Bernard), né le 25 décembre 1742, littérateur et critique remarquable, fut célèbre par ses discussions avec Voltaire, Lebrun, Saint-Lambert, La Harpe, Delille, etc. ; par son emprisonnement obtenu par Saint-Lambert, et par sa défense qu'entreprit Jean-Jacques Rousseau. Outre les nombreux articles qu'il a publiés dans les journaux de son temps, on a de lui différentes traductions et opuscules littéraires. Il est mort le 3 février 1812.

41. CLUGNY DE NUYS (Jean-Etienne-Bernard DE), né à Dijon le 12 novembre 1729, mort à Paris le 18 octobre 1776. Fils d'un conseiller au Parlement, il fut maître des requêtes, intendant de la marine à Brest, puis intendant à Perpignan et à Bordeaux. Les talents et l'intégrité qu'il déploya dans ces hautes fonctions le firent choisir par le roi Louis XVI pour remplacer le célèbre contrôleur général des finances Turgot. Il mourut après six mois d'exercice. C'est sous son court ministère que furent établies la loterie royale et la caisse d'escompte.

42. COLOMBAN (André), né à Dijon en 1474, architecte et statuaire d'un talent supérieur, bâtit en moins de trente ans (1506-1531) la magnifique église de Brou, près de Bourg, département de l'Ain. La célèbre Marguerite d'Autriche, veuve de Philibert le Beau, duc de Savoie, voulant accomplir le vœu fait par sa belle-mère de bâtir une église à Brou, appela près d'elle plusieurs architectes de renom. Colomban, qui avait été mandé, n'avait alors que 32 ans; un concours s'ouvrit entre les artistes convoqués, et il en sortit vainqueur : ses plans et ses dessins furent reconnus supérieurs à ceux de ses concurrents, et ce fut à lui que, sous le titre de maître architecte, la construction de l'église et la direction de tous les travaux furent confiés au prix fait de 200,000 écus d'or marqués au coin de France. Quatre cents ouvriers furent mis sous ses ordres, et le 2 janvier 1507, la princesse posa la première pierre, au milieu d'un concours immense de spectateurs. Toutefois, on s'aperçut bientôt que le prix stipulé était insuffisant, et la princesse n'hésita pas à accorder à Colomban une nouvelle somme de 100,000 écus d'or par acte authentique du 12 mars 1519. Enfin, l'église fut terminée en 1536, et la consécration solennelle en fut faite le 2 mars de la même année. On put alors admirer les trois magnifiques mausolées qui sont dans le chœur, les beaux vitraux des fenêtres, les riches dorures des voûtes, en un mot, toutes les magnificences de l'édifice que M. Charles Nodier regarde comme l'une des merveilles d'un grand siècle. André Colomban ne quitta pas le séjour de Brou ; ce fut là qu'il mourut, vénéré de tous, dans sa 75ᵉ année, le 22 mars 1549.

43. CORTOIS DE PRESSIGNY (Gabriel), né à Dijon le 11 décembre 1745, mort à Paris le 2 mai 1823. Grand-vicaire de l'évêque de Langres, il fut nommé en 1785 à l'évêché de Saint-Malo. Député de son ordre aux assemblées de 1780 et 1788, il approuva la constitution civile du clergé. Il émigra en 1792, rentra en France après le 18 brumaire, et y vécut dans la retraite jusqu'à la Restauration, qui le nomma ambassadeur à la cour de Rome ; il fut créé pair de France en 1816, et nommé en 1817 archevêque de Besançon.

44. COURTIVRON (Gaspard Le Compasseur de Créqui-Montfort, marquis DE), né à Courtivron (Côte-d'Or), à quelques kilomètres de Dijon. Mestre de camp, c'est à lui que fut adressé, par le maréchal de Saxe, le fameux billet : *A homme de cœur, courtes paroles ; qu'on se batte, j'arrive.* Il servit avec distinction en Bohême et en Bavière, sous ce grand capitaine, en qualité de maréchal général. Gravement blessé, il renonça à la carrière militaire, et se livra tout entier aux sciences. Il fut reçu pensionnaire de l'Académie des sciences, dont le recueil renferme plusieurs mémoires de lui sur divers sujets d'optique, de géométrie, d'astronomie et de mécanique. Le plus remarquable est celui où il développe une *Nouvelle méthode d'approximation pour la résolution des équations numériques* ; on lui doit encore

l'Art des Forges et Fourneaux à fer, en société avec Bouchu; Paris, 1761. Il est mort le 4 octobre 1785.

45. COUTURIER (Jean), né en 1730 à Minot, petit village à quelques lieues de Dijon, et mort à Léry le 22 mars 1799. Entré dans l'ordre des Jésuites, il professa avec distinction dans plusieurs colléges; mais après la suppression de l'ordre il fut nommé curé de Léry, canton de Saint-Seine, et se distingua dans ces nouvelles fonctions par une charité sans bornes. Il a laissé un ouvrage en 4 vol. in-8° très estimé, et intitulé *Catéchisme dogmatique et moral*, dont il a fait lui-même un abrégé; puis une *Histoire de l'Ancien Testament*, et quelques opuscules.

46. CRÉBILLON (Prosper Jolyot DE), né le 15 janvier 1674, mort le 17 juin 1762 à Paris. Poète tragique, il a composé un assez grand nombre de pièces; celles qui ont eu le plus de succès sont: *Idoménée*, *Atrée et Thieste*, *Rhadamiste* et *Catilina*. Il fut reçu à l'Académie française en 1731. Il fut nommé peu après censeur royal, pourvu d'une d'une pension, et d'une place à la bibliothèque. Le mausolée en marbre que Louis XV lui avait fait élever dans l'église Saint-Gervais a été donné par le gouvernement au Musée de Dijon, après la suppression du Musée des monuments français. Il représente Melpomène en pleurs penchée sur le buste du poète.

47. DARCY (Henri-Philibert-Gaspard), né à Dijon, le 10 juin 1803, mort à Paris le 2 janvier 1858. Orphelin à l'âge de 14 ans, il fit ses études au collége de Dijon, sous la surveillance de sa mère, femme d'un rare mérite. Reçu en 1821 à l'Ecole polytechnique, il en sortit pour entrer à celle des ponts et chaussées, et fut nommé en 1826 ingé-

nieur dans le département du Jura. Appelé au bout d'un an dans celui de la Côte-d'Or, il fit exécuter, entre autres travaux, les ponts de Saint-Jean-de-Losne et de Seurre sur la Saône. C'est lui qui entreprit de réaliser le projet conçu depuis longtemps par d'autres ingénieurs, d'amener à Dijon les eaux de la fontaine du Rosoir, située dans le Val-Courbe, près de Messigny. Il fit les études de ce grand travail, en dressa les plans et le devis, les fit approuver par le conseil municipal et le gouvernement, fit exécuter les travaux, qui, terminés en six mois sous sa direction, amenèrent les eaux, le 6 septembre 1840, au réservoir de la porte Guillaume. Il refusa les honoraires qu'aurait pu exiger tout autre architecte, et qui s'élevaient à plus de 50,000 francs. La ville lui vota une médaille commémorative, dont un exemplaire lui fut remis solennellement, tandis qu'on en offrait un à sa mère et un autre à son frère, Hugues Darcy, qui était alors préfet. Nommé dans la même année ingénieur en chef du département et chevalier de la Légion-d'Honneur, il s'occupa activement de doter sa ville natale d'un autre bienfait non moins précieux que le premier, celui de la faire traverser par le chemin de fer de Paris à Lyon. Les projets proposés laissaient Dijon de côté; Darcy étudia le passage de la ligne de partage à Blaisy, fit les premières études du tunnel, qui était alors le plus important de France, ainsi que celles des magnifiques travaux qui le rattachent à Dijon, et grâce à ses démarches multipliées et à ses efforts, il parvint à faire adopter son projet, qui consistait à relier la vallée de l'Ose à celle de l'Ouche, en traversant en souterrain la montagne de Blaisy. Nommé ingénieur en chef du Cher en 1848, il s'occupa activement du grand problème de l'assainissement de la Sologne; puis dans la même année il fut appelé à Paris avec le titre d'ingénieur en chef directeur; il fut chargé du service des eaux et du pavé de cette ville. Nommé en 1849 officier de la Légion-d'Honneur et envoyé à Londres pour y étudier le système des chaussées de cette ville immense, il fut promu en 1850 au grade d'inspecteur divisionnaire. Plus tard il alla, avec l'autorisation du ministre, diriger l'établissement des fontaines de Bruxelles, et accepta pour unique récompense la croix de l'ordre de Léopold. Il s'occupa ensuite de travaux importants sur le mouvement des eaux, soit dans les canaux, soit à ciel-ouvert; mais la mort l'empêcha de les terminer. L'administration municipale de Dijon a fait placer son buste en bronze sur le monument du réservoir des fontaines, et a donné son nom à la place qui précède la porte Guillaume.

48. DELABORDE (Henri-François, comte), né à Dijon le 21 décembre 1764, mort à Paris le 21 décembre 1833. Fils d'un boulanger, il fut successivement sergent au 55e de ligne, lieutenant au 1er bataillon de volontaires de la Côte-d'Or, chef de bataillon en 1792, et général de brigade en 1793. Chef d'état-major de l'armée qui assiégea Toulon, il contribua puissamment à la prise de cette ville. Il commanda ensuite la Corse, et la première division militaire. En 1794, il se distingua à l'armée des Pyrénées occidentales, passa à l'armée du Rhin en 1795, et obtint un brillant succès devant Philisbourg en 1799. Nommé gouverneur de la 13e division militaire en 1802, commandeur de la Légion-d'Honneur en 1804, gouverneur de Lisbonne en 1807, comte en 1808, commandant d'une division dans l'armée de Russie en 1812, gouverneur du château de Compiègne en 1813; la première Restauration le nomma, en 1814, chevalier de Saint-Louis, gouverneur de Toulouse, et lui donna une pension de 10,000 francs. Il reconnut cependant l'un des premiers l'autorité de Napoléon à son re-

tour de l'île d'Elbe, et fut nommé par lui gouverneur des divisions de l'ouest et chambellan. Poursuivi à la seconde rentrée des Bourbons, il ne dut son salut qu'à un vice de la procédure dirigée contre lui, et depuis vécut constamment dans la retraite.

49. DESPRÉS (J.-B.-Denis), né à Dijon le 24 juin 1752, mort le 2 mars 1832. D'abord journaliste, puis littérateur, auteur dramatique et traducteur. Il rédigea, avec le vicomte de Ségur, le général Dillon et Parisau, le journal royaliste le *Point du Jour*. Après avoir traversé heureusement les troubles révolutionnaires, il fut secrétaire du conseil du commerce et des arts, puis du conseil d'agriculture; en 1805, secrétaire des commandements du roi de Hollande, qui le nomma conseiller d'Etat; il fut membre du conseil de l'Université à son retour en France. Il a laissé plusieurs pièces de théâtre, et la traduction des romans anglais *Simple Histoire* et le *Moine*, de l'*Histoire d'Angleterre* de Smolett et de ses continuateurs, des œuvres complètes d'Horace, enfin de *Velléieus Paterculus* pour la collection Panckouke. Il a de plus écrit plusieurs articles importants pour la biographie Michaud.

50. DEVOSGES (Anathoile), né à Dijon le 13 janvier 1770, mort le 8 décembre 1850. Peintre distingué, fils de François Devosges, qui fonda l'Ecole spéciale de dessin de Dijon, et auquel il succéda dans la direction de cette Ecole. Le Musée possède de lui trois tableaux. Celui qui représente le dévoûment de Cimon, lui a valu une médaille d'or à l'exposition de Paris en 1803. Devosges a légué à Dijon son cabinet particulier, renfermant des tableaux et des dessins précieux. Il a, de plus, fondé par son testament une pension pour soutenir à Paris l'élève de l'Ecole dessinant le mieux

le modèle vivant, et légué une somme de 10,000 francs au sculpteur Rude, à la condition de faire pour le Musée de Dijon une statue en marbre. C'est à l'exécution de ce legs, que le Musée doit la belle statue de Rude représentant l'*Amour dominateur du monde*.

51. DIEBOLT (Georges), né à Dijon le 7 mai 1816. Elève de l'Ecole de Dijon, de Ramey fils et de Jouffroy; sculpteur de beaucoup de talent. Premier prix de Rome en 1842; son envoi de Rome est une figure de *Sapho*, donnée au Musée de Dijon. Il a exécuté depuis une statue en marbre représentant l'*Elégie*, qui lui a valu une médaille de première classe; deux statues pour le pont de l'Alma, un des frontons du Louvre, les sculptures du piédestal de la statue de Napoléon à Lyon, etc. etc., chevalier de la Légion-d'Honneur.

52. DIESTCH (Pierre-Louis-Philippe), né le 18 mars 1808, élève de la Maîtrise de la cathédrale de Dijon, alors dirigée par Travisini, et plus tard de Choron; il était, à seize ans, professeur à l'Ecole de musique classique et religieuse dirigée par cet illustre musicien, qui a formé tant de grands artistes. Bientôt il fut appelé à diriger la chapelle de Saint-Eustache, qu'il conduisit pendant douze ans; puis il fut nommé chef du chant au Grand-Opéra et maître de chapelle à l'église de la Madeleine. Il est aujourd'hui chef d'orchestre de l'Académie impériale de musique. M. Diestch est, sans contredit, en France, le premier compositeur de musique sacrée. L'art lui doit déjà : 1° dix Messes, dont six à grand orchestre ; 2° un Répertoire de l'Organiste (3 gros volumes); 3° un *Te Deum* à grand orchestre; 4° environ cinquante œuvres de Motets, Psaumes, Cantiques, etc.; 5° un grand Opéra en 2 actes, le *Vaisseau-*

Fantôme, représenté en 1843 à l'Académie impériale de musique.

53. DUBOIS (Jean), né en 1626. Habile sculpteur, il a enrichi de ses œuvres sa ville natale et l'abbaye de Laferté-sur-Grosne. Il reste de lui, à Dijon, le groupe de l'Assomption de la Vierge au fond du chœur de l'église Notre-Dame, le retable de l'église Sainte-Anne, ainsi que les statues du président Joly de Blaisy et de l'intendant Boucher dans la même église, le groupe ornant le fronton de l'Hôpital général, la belle cheminée des archives avec statues cariatides, et plusieurs statues à Saint-Bénigne et à Saint-Michel. Il mourut le 29 novembre 1694.

54. DUBOY-LAVERNE (Ph.-D.), né à Dijon en 1755 le 17 septembre, mort à Paris le 13 novembre 1802. Neveu et élève du célèbre bénédictin Dom Clément, il était directeur de l'imprimerie de la république, et lié avec tous les savants de cette époque. Il restaura la typographie orientale dans l'établissement qu'il dirigeait, et exécuta plusieurs belles éditions qui lui assignent un rang distingué parmi les meilleurs typographes. On lui doit les tables de neuf volumes des mémoires de l'Académie des inscriptions et belles-lettres. Ce fut lui qui forma l'imprimerie française, grecque et arabe de l'expédition d'Egypte.

55. DUFOUR (Joseph), né le 17 mars 1758, à Saint-Seine-l'Abbaye, près Dijon. Il se trouvait à Rochefort au début de la révolution, et partit à la tête d'un bataillon de volontaires de la Charente : il faisait partie de la garnison de Verdun en 1792, lorsque cette ville tomba au pouvoir des Prussiens, et refusa de signer la capitulation. Il concourut à la prise de Namur, et fut blessé au bras droit d'un biscayen à la bataille de Nerwinde. Général de brigade en 1793, il fit

avec valeur et succès plusieurs campagnes dans l'ouest, y fut blessé, et passa en juin 1794 à l'armée de la Moselle. Laissé pour mort sur le champ de bataille après le passage du Necker, le 24 septembre 1795, il fut fait prisonnier; échangé, il rejoignit l'armée du Rhin sous Moreau, défendit pendant deux mois la tête du pont d'Huningue qui capitula le 4 février 1797; fait général de division, il ouvrit la campagne devant Manheim sous Bernadotte, défendit Mayence contre l'archiduc Charles, passa à l'armée de Hollande, et continua à repousser les Anglais et les Russes qui y avaient fait une descente. Après le 18 brumaire, il obtint plusieurs commandements à l'intérieur.

56. DUMAY (Victor), né le 24 août 1798. Reçu avocat en 1820, il se fit remarquer par une érudition profonde et un excellent jugement; il a publié un *Commentaire de la loi du 21 mai 1836 sur les chemins vicinaux*, et un *Traité sur les alignements*; dans l'édition qu'il a dirigée des œuvres du célèbre jurisconsulte Proudhon, il a ajouté au *Traité du domaine public* des annotations précieuses qui forment un complément indispensable à cet ouvrage éminent. On a encore de lui : 1° *Notice sur les établissements de bienfaisance de la ville de Dijon*; 2° *Découvertes faites dans les arts et l'industrie, pour le département de la Côte-d'Or*; 3° une brochure très importante *Sur les fontaines publiques de Dijon*, ouvrage qui ne serait pas désavoué par le plus habile ingénieur; 4° des additions très nombreuses et très intéressantes à la nouvelle édition de *Courtépée*. Nommé maire de Dijon le 7 juin 1838, il a exercé pendant dix ans avec distinction ces pénibles et honorables fonctions. La ville de Dijon lui doit la construction de l'hôtel de l'Académie, l'installation de la mairie au palais des Etats, la création du nouveau Jardin botanique et du Musée d'his-

toire naturelle, l'arrangement de la place Saint-Pierre, l'éclairage au gaz, la fondation de la Caisse d'épargnes et des Salles d'asile, enfin, l'établissement des fontaines publiques et la canalisation souterraine du Suzon. Membre de l'Académie de Dijon et décoré de l'ordre de la Légion-d'Honneur, il mourut le 29 juillet 1849. L'administration municipale a donné son nom à la rue des Carmélites, où il est né et où il habitait, dans la maison en face de la rue Sainte-Anne.

57. DURANDE (Jean-François), médecin et botaniste distingué. Il a publié, en société avec Maret et Guyton de Morveau, de *Nouveaux Eléments de chimie*; et, seul, une *Flore de Bourgogne*, ainsi que divers Mémoires insérés dans le recueil de l'Académie de Dijon, dont il était membre. Il est mort le 28 janvier 1794.

58. DUREY DE NOINVILLE (Jacques-Bernard), né à Dijon le 3 décembre 1683, mort le 20 juillet 1768. Conseiller au Parlement de Metz en 1726, président au grand Conseil en 1731; littérateur distingué, il fonda en 1733 un prix à l'Académie des inscriptions et belles-lettres, dont il était associé libre. Il a écrit : *l'Histoire du théâtre de l'Académie royale de musique en France, depuis son établissement*; Paris, 1753 et 1757. *Histoire du Conseil et des Maîtres des requêtes de l'hôtel du Roi, depuis le commencement de la monarchie française*; 1753. *Mémoires sur les Traités et Ambassades à la Porte*, manuscrit en plusieurs volumes in-folio, faisant partie du dépôt des affaires étrangères ; divers opuscules.

59. FEVRET DE FONTETTE (Charles-Marie), né en avril 1710, conseiller au Parlement de Dijon, membre de l'Académie des inscriptions et belles-lettres. Il est auteur de la

seconde édition de la *Bibliothèque historique de France*, du père Lelong, ouvrage d'une érudition immense, et qu'il augmenta de quatre volumes in-folio. Il mourut le 21 février 1772.

60. FRANTIN (Jean-Marie-Félicité), né à Dijon, le 10 juillet 1778. Historien savant et distingué, membre de l'Académie des sciences et belles-lettres de Dijon ; on a de lui : *Annales du Moyen-Age*, ouvrage remarquable, en 8 vol. in-8° ; *Louis le Pieux et son siècle*, 2 vol. in-8° ; une édition très estimée des *Pensées de Pascal*, augmentée d'un discours préliminaire et de pensées et fragments inédits.

61. FREMYOT (André), né le 26 août 1573, du président Bénigne Fremyot ; il était ainsi frère de Mme de Chantal et oncle de Mme de Sévigné. Son père était à la tête des conseillers restés fidèles au roi, et présidait la section du Parlement qui siégeait à Semur. Les ligueurs, s'étant emparés d'André Fremyot, menaçaient de le faire mourir si le président ne se joignait à leur parti ; mais celui-ci fit cette belle réponse : *Je m'estime heureux de le sacrifier pour une si belle cause ; il vaut mieux que le fils périsse innocent, que le père de vivre perfide.* André Fremyot fut abbé de Saint-Etienne en 1595, conseiller au Parlement en 1599, archevêque de Bourges en 1603 ; il avait voyagé en Allemagne et en Italie, et avait été reçu docteur en droit à Padoue. Henri IV et Louis XIII le nommèrent successivement conseiller d'Etat, ambassadeur à Rome et en Suisse, et il se distingua dans ces diverses fonctions. On a de lui des *Remontrances faites dans l'assemblée du clergé en 1608, et aux Etats généraux en 1614*. Il mourut à Paris le 18 mai 1641.

62. FROCHOT (Nicolas-Thérèse-Benoît), né à Dijon le

20 mars 1761. Député du tiers-état de Châtillon-sur-Seine aux Etats généraux de 1789, il fut l'ami de Mirabeau. Nommé juge de paix à Paris en 1792, membre du Corps législatif en 1799, et quelque temps après préfet du département de la Seine, il remplit ces fonctions avec un dévoûment et un talent qui lui méritèrent la reconnaissance publique. Il fut destitué en 1812, après le complot de Mallet, qu'il n'avait pas su réprimer. Pendant les Cent-Jours, Napoléon le nomma préfet des Bouches-du-Rhône. Il mourut le 29 juillet 1828.

63. FYOT DE LAMARCHE (Claude), né le 9 octobre 1630. Abbé de Saint-Etienne de Dijon en 1662, aumônier du roi en 1651, député du clergé en 1065, conseiller d'Etat en 1669; il a écrit une *Dissertation sur l'ancienneté de Dijon* et l'*Histoire de l'abbaye de Saint-Etienne.* Il fit réparer à ses frais l'église Saint-Etienne en 1672. Il est mort le 17 avril 1721.

64. GAGNERAUX (Bénigne), né à Dijon en 1756, mort à Florence le 18 août 1795. Elève de l'Ecole de Dijon, il devint un peintre distingué. Le Musée de Dijon possède plusieurs de ses tableaux : *Soranus et Servilie, la Bataille de Sénef, le Passage du Rhin, une Bacchanale, deux grands Dessins lavés au bistre.* Il en a laissé beaucoup en Italie, où ils sont très estimés. Le roi de Suède lui avait donné le titre de son premier peintre, et il exécuta pour ce prince un tableau représentant son entrevue avec le Pape.

65. GATTEY (François), né à Dijon en 1753; mort le 7 décembre 1819. Savant mathématicien. Il fut d'abord secrétaire du ministre Villedeuil, ensuite receveur général à Chalon. A la révolution, qui lui enleva sa place, il fut em-

ployé dans l'administration des armées ; enfin, en 1795, il fut chargé, avec Legendre et Coquebert, de l'établissement du nouveau système métrique, qu'il chercha à rendre populaire par ses écrits. On lui doit plusieurs ouvrages publiés dans ce but, notamment celui intitulé *Eléments du nouveau système métrique*, 1799, in-8°. Il a publié en outre un excellent *Traité sur la perspective*, à l'usage des peintres et décorateurs.

66. GIRARD DE PROPIAC (Catherine-Jean-Ferdinand), né dans les environs de Dijon vers 1760 ; mort à Paris le 1er novembre 1823. Littérateur, traducteur et compilateur, il a laissé de nombreux ouvrages, presque tous composés pour la jeunesse, notamment *Beautés de la morale chrétienne*, 1 volume in-12 ; de l'*Histoire de la Suisse*; in-12, de l'*Histoire du Pérou*, 1 volume in-12, de l'*Histoire militaire*, 1 vol. in-12; de l'*Histoire sainte*, 1 vol. in-12; *Histoire d'Angleterre*, 2 volumes in-12; le *La Harpe de la jeunesse*, 4 volumes in-12; le *Plutarque de la jeunesse*, 4 volumes in-12; le *Plutarque des jeunes demoiselles*, 2 volumes in-12 ; le *Plutarque français*, 3 volumes in-12 ; il a traduit de l'allemand plusieurs romans d'Auguste Lafontaine.

67. GRÉGOIRE DE TOURS, né à Dijon vers 539. Il avait pour bisaïeul saint Grégoire, évêque de Langres, sénateur de premier rang, et pour grand-oncle saint Tétricus, qui succéda à saint Grégoire dans son évêché. Son aïeul Georgius, sénateur arverne, eut pour fils Florentius, qui était infirme, et avait de grandes propriétés en Limagne et en Bourgogne; il avait sa résidence à Dijon. Il mourut jeune ; sa veuve Armentaria continua d'habiter Dijon pendant son long veuvage avec ses enfants ; Petrus, diacre, qui fut tué par un de ses parents et enterré à Dijon, sa fille qui épousa

Justinins de Besançon, et Grégoire, qui ne quitta Dijon qu'à l'âge de puberté pour aller à Clermont faire ses études ecclésiastiques auprès de l'évêque saint Avitus son parent. Il était aussi parent par sa mère de presque tous les évêques de Tours. Il fut nommé à l'évêché de cette ville en 573, il y mourut en 593 ou 595. Il est le premier qui ait écrit sur l'histoire de France.

68. GUILLAUME (J.-B.-Eugène), né à Montbard, mais amené très jeune à Dijon par son père, qui fut nommé aux fonctions de juge d'instruction au tribunal civil de cette ville. Il y fit de bonnes études, et suivit avec ardeur les cours de l'Ecole de dessin. Bientôt il se livra entièrement à la sculpture et il est devenu un des artistes les plus distingués qu'il y ait aujourd'hui dans ce genre. Il a travaillé à Paris dans les ateliers de Pradier. Il obtint le grand prix de Rome en 1845, une médaille de 2e classe en 1852, et une de 1re classe en 1855. Il a été fait chevalier de la Légion-d'Honneur le 14 novembre de la même année. Entre autres ouvrages, il a exécuté : 1° une statue d'Anacréon, en marbre pour l'Etat; 2° un Faucheur en bronze; 3° le Tombeau des Gracques, en bronze, pour la maison de l'Empereur ; 4° le buste en marbre de M. Hittoff, de l'Institut ; 5° la Vie de sainte Valère et sainte Clotilde, bas reliefs qui décorent le chœur de Sainte-Clotilde à Paris ; 6° un buste en marbre de Napoléon 1er, pour le Palais des ChampsElysées ; 7° une des quatre statues de la fontaine Saint-Michel à Paris ; 8° un monument funèbre en marbre, élevé à Gray, et représentant un enfant s'élevant au ciel sous la forme d'un ange.

69. GUYTON DE MORVEAU (Louis-Bernard), né à Dijon le 4 janvier 1737 ; d'abord avocat général au Parlement de Dijon où il fit pendant 12 ans un cours gratuit de chimie,

il abandonna ces fonctions pour s'occuper exclusivement de sciences naturelles. Savant chimiste, il inventa un procédé de désinfection de l'air par les acides, et beaucoup d'autres découvertes appliquées aux arts et à la salubrité publique; il contribua au changement de la nomenclature chimique, et publia en 1786 le 1er volume du *Dictionnaire de Chimie de l'Encyclopédie méthodique*. Membre de l'Assemblée constituante et de la Convention, il fut nommé commissaire aux armées du nord, et il fut un de ceux qui montèrent à Fleurus, dans les ballons destinés à observer l'ennemi ; il contribua à l'établissement de l'Ecole polytechnique, où il professa la chimie pendant onze ans, et du nouveau système monétaire. Il était membre de l'Institut et de la Société royale de Londres, officier de la Légion-d'Honneur; l'un des principaux rédacteurs des *Annales de Chimie*. Il a laissé plusieurs ouvrages remarquables, et mourut le 2 janvier 1816.

70. HEUDELET (Etienne), né le 12 novembre 1770. Parti en 1793 dans les bataillons de la Côte-d'Or, il était général de brigade en 1804. Il se fit remarquer en 1805 au combat de Marienzell et à la bataille d'Austerlitz, après laquelle il fut fait général de division. Il prit part en cette qualité à toutes les grandes batailles de l'empire, et s'y distingua par son courage et ses talents. Il était grand-officier de la Légion-d'Honneur au moment de la Restauration, qui le créa chevalier de Saint-Louis, et lui confia le commandement de la 18e division militaire. Il fit preuve de courage et de loyauté dans le procès du maréchal Ney. Mis à la retraite en 1824, il se retira dans sa terre de Bierre, près de Semur. Il fut rappelé au service après la révolution de 1830 nommé inspecteur général d'infanterie en 1831, et appelé au commandement des 14e et 20e divisions militaires. Le

11 octobre 1831, il fut nommé pair de France. Son nom est gravé sur l'arc de triomphe de l'Etoile. Mis à la retraite en 1848, il vint habiter la ville de Nuits, et mourut à Paris le 21 avril 1857.

71. JACOTOT (Joseph), né le 4 mars 1770. Il obtint à 19 ans la chaire d'humanités au collége de Dijon : en 1791, il s'enrôla dans le 1er bataillon de la Côte-d'Or et y fut élu par ses camarades capitaine d'artillerie ; en cette qualité, il se distingua dans plusieurs affaires sous les ordres du général Dumouriez. En 1792, il fut placé dans le bureau central de la régie des poudres et salpêtres, et le 1er décembre 1794, à peine âgé de 25 ans, il fut nommé l'un des substituts du directeur de l'Ecole centrale des travaux publics, qui fut plus tard l'École polytechnique. Excellant dans toutes les branches de l'enseignement, il fut successivement nommé, à Dijon, professeur de logique à la première Ecole centrale, professeur de mathématiques transcendantes au lycée, suppléant à l'Ecole de droit, professeur de mathématiques pures à la Facultés des sciences. Élu député de Dijon pendant les Cent-Jours, il prit une part active aux débats de la Chambre, et se retira à Bruxelles à la rentrée des Bourbons. Il y fut nommé en 1818 à la chaire de littérature française, et ce fut dans cette ville qu'il imagina la méthode qu'il a rendue célèbre sous le nom d'*enseignement universel*, mais qui est généralement connue sous le nom de *Méthode Jacotot*. Décoré de l'ordre du Lion des Pays-Bas, il revint à Paris en 1830, et y mourut le 30 juillet 1840.

72. JACQUEMARD (Nicolas), né le 10 février 1771 à Arc-sur-Tille, près Dijon. Il fit partie en 1791 du 1er bataillon de la Côte-d'Or, et il déploya constamment dans sa carrière mi-

litaire, un grand courage et une intelligence supérieure. Nommé sergent en septembre 1792 et sous-lieutenant au mois d'octobre suivant, il fut pendant quelques temps aide de camp du général commandant sa brigade, puis il fut fait lieutenant le 16 brumaire an V, capitaine en l'an VI, chef de bataillon en l'an VII, major en 1808, colonel le 16 janvier 1813, colonel des voltigeurs de la garde impériale le 8 avril suivant, général de brigade le 15 mars 1814. En 1815, il commanda successivement le département du Puy-de-Dôme et celui du Rhône. Il prit sa retraite en 1832. Il avait combattu en Italie, sur le Rhin, en Espagne, en Allemagne, en Prusse, en Russie, et enfin en France. Il avait été nommé chevalier de l'ordre de la Légion-d'Honneur en l'an XII, officier en 1807, commandeur en 1813, commandeur de l'ordre de Saint-Louis en 1814. Mort à Dijon le 17 août 1835.

73. JACQUINOT (Barthélemy), à Dijon en 1569 ; mort à Rome le 1er août 1647. Entré dans la compagnie de Jésus en 1587, il fut recteur du grand collége de Lyon, supérieur des maisons professes de Toulouse et de Paris, provincial, confesseur de la reine d'Angleterre, assistant du général pour les maisons de France, enfin recteur du collége de Dijon. Il a laissé plusieurs ouvrages de controverse et de piété.

74. JACQUINOT DE PAMPELUNE (Claude-François-Joseph-Catherine) né à Dijon en 1771 ; mort à Paris en 1835. Avocat distingué du barreau de Dijon, il fut nommé avocat général près la Cour de cette ville, et en 1812, procureur général impérial à la cour de La Haye. Après les Cent-Jours, il fut nommé procureur général à Colmar, puis procureur du roi près le tribunal de la Seine, et maître des

requêtes en service extraordinaire. Député du département
de l'Yonne, il se fit remarquer à la Chambre comme jurisconsulte habile. Nommé en 1817 maître des requêtes en
service ordinaire, il devint conseiller d'Etat en 1821, et le
12 juillet 1826, il fut nommé par deux ordonnances procureur général près la Cour de Paris et la Chambre des pairs.
La même année il fut élu vice-président de la Chambre des
députés. En 1830, il perdit toutes ses hautes fonctions; il
fut toutefois réélu comme député en 1834.

75. JANT (Jacques DE) né à Dijon en 1626; mort en septembre 1676. Chevalier servant de l'ordre de Malte, intendant et garde du cabinet des raretés de Philippe de France,
frère de Louis XIV; capitaine et garde général des frontières du royaume, commissaire de la marine à Lisbonne,
où il négocia plusieurs affaires au nom du roi, et enfin conseiller d'Etat. Il a laissé divers ouvrages sur l'histoire et
les affaires de son temps.

76. JEAN DE RÉOME (saint) né à Dijon dans le Ve siècle,
du sénateur Hilarius et de sainte Quiette, sa femme, qui habitaient cette ville, et dont on voyait, du temps de Grégoire
de Tours, le tombeau en marbre de Paros. Jean de Réôme
embrassa la vie religieuse et fonda à deux lieues de Semur le célèbre monastère de Saint-Jean-le-Moutier.

77. JEAN SANS PEUR, duc de Bourgogne, né le 28 mai
1371, assista en 1396, à la bataille de Nicopolis contre les
Turcs, où il fut fait prisonnier par Bajazet. Il est tristement
célèbre par l'assassinat du duc d'Orléans, par les guerres
civiles qu'il suscita en France, et par la mort qu'il trouva
sur le pont de Montereau, le 10 septembre 1419. Ses restes
sont aujourd'hui déposés dans l'église Saint-Bénigne de

Dijon, où ils sont placés dans la chapelle baptismale, à l'extrémité du collatéral nord.

Le 2 mai 1853, on a transféré dans la même chapelle, par ordre du gouvernement, les restes de sa fille, Anne de Bourgogne, duchesse de Bedfort, découverts à Paris, dans l'ancien couvent des Célestins. Accompagnés par M. le docteur Thierry et M. d'Affry de Lamonnaye, membres de la commission municipale de Paris, ils ont été vérifiés par la commission des Antiquités, présidée par M. Guillemot, conseiller de préfecture délégué, et assisté de M. le docteur Lépine, puis remis à Mgr l'évêque de Dijon, qui a procédé à l'inhumation religieuse.

78. JOANNE (Adolphe-Laurent) né à Dijon le 16 septembre 1813, littérateur distingué, il est connu par de nombreux articles publiés dans la *Revue britanique*, dont il était collaborateur ; il est un des fondateurs du beau recueil de l'*Illustration* ; il a publié avec son ami Old Nick, une *Histoire des Voyages* en 3 volumes ; mais il est surtout connu par les *Guides* nombreux qu'il a publiés, et qui sont rédigés avec un soin, une exactitude, une clarté et une érudition vraiment remarquables. Cette immense collection illustrée, indispensable aux voyageurs, est constamment tenue à jour et continuée sous la direction de M. Joanne ; lui-même en a rédigé entièrement, plus de vingt-cinq, au nombre desquels sont ceux des *Environs de Paris*, de *Versailles*, en français et en anglais, de *Fontainebleau*, des *Pyrénées*, de la *Savoie*, de *Paris à Lyon*, en *Suisse*, à *Genève*, à la *Méditerranée*, de *Bordeaux à Bayonne*, à *Toulouse*, de *Paris à Nantes*, à *Bordeaux*, d'*Allemagne*, de l'*Ecosse*, etc.

79. JOLY (Bénigne), né le 22 août 1644 ; docteur en théologie de la Faculté de Paris, chanoine de l'église Saint-

Etienne ; il fonda à Dijon les missionnaires de Saint-Lazare ; il y établit les sœurs de charité de la congrégation de Saint-Vincent-de-Paul, les sœurs hospitalières pour desservir l'hospice général, et le couvent du Bon-Pasteur, maison de réclusion pour les femmes débauchées. Il a écrit le *Chrétien charitable* ; Dijon, in-12, 1697, et plusieurs autres ouvrages religieux. Il mourut en odeur de sainteté le 9 septembre 1694.

80. JOLY (Philippe-Louis), né en 1748, savant philologue Il a écrit : *Remarques critiques sur le Dictionnaire de Bayle*, 2 vol. in-folio ; *Traité de la Versification* ; il a été l'éditeur des *Poésies nouvelles de Lamonnoye*, 1 vol. in-8° ; de la *Bibliothèque de Bourgogne*, de Papillon, et des *Mémoires historiques, critiques et littéraires* de Bruys. Il mourut en 1755.

81. JOLY DE BÉVY (Louis-Philibert-Joseph), né en 1736, président au Parlement de Dijon, savant jurisconsulte et théologien profond. Il a été l'éditeur du *Traité de la péremption d'instance*, et des *Œuvres du président Bouhier* ; il a publié le *Parlement outragé*, Dijon, 1762, in-4° ; plusieurs ouvrages contre le concordat de 1807 ; *De la nouvelle Eglise de France*, Paris 1816, in-8° ; *Nouvelle traduction de l'Imitation de Jésus-Christ*, Dijon, 1816, in-12 ; 2ᵉ édition, 1822, in-8°. Il mourut en 1822.

82. JOUFFROY (François), né le 3 janvier 1806. Elève de l'Ecole de Dijon et l'un des bons sculpteurs de notre temps. Parmi ses œuvres, on cite à Paris le fronton de l'Hospice des jeunes aveugles, *la jeune fille confiant son secret à Vénus*, un bénitier à Saint-Germain-l'Auxerrois, plusieurs statues au Luxembourg et à la Madeleine, deux

bas-reliefs pour le tombeau de Napoléon, représentant le prince de Joinville prenant possession des cendres et Louis-Philippe les recevant aux Invalides. Il a fait pour Dijon la statue de saint Bernard en bronze, sur la place de ce nom ; une *Erigone* et la *Désillusion* en marbre, qui sont au Musée, et une statue de la *Rêverie*, aussi en marbre, pour M. Hernoux, qui en a fait don en mourant au Musée de Dijon.

83. LALLEMAND (Jean-Baptiste), né en 1710, d'abord garçon tailleur, puis peintre distingué. Il excella surtout dans le genre du paysage ; plusieurs de ses tableaux sont au Musée de Dijon. Après avoir parcouru l'Italie et l'Angleterre, il revint à Paris, où il fut reçu membre de l'Académie de Saint-Luc.

84. LA LOYÈRE (Pierre-Joseph-Armand-Jean-Baptiste-Marie-Catherine de Beuverand, comte DE), né à Dijon le 26 février 1782, mort à Savigny près Beaune, le 4 janvier 1857. Le 15 brumaire an X il s'enrôla volontairement dans le 10° régiment de chasseurs à cheval, et un an plus tard, il était lieutenant. Il se distingua à la bataille d'Austerlitz, à la suite de laquelle il fut décoré, en 1806 et 1807, au passage de la Varka et à la bataille de Friedland, où il eut deux chevaux tués sous lui. Capitaine en 1809, il était à Essling et à Wagram. Chef d'escadron au 2° régiment de cuirassiers en 1811, il eut un cheval tué sous lui à la Moskowa ; blessé à Lutzen, il fut nommé major, puis le 5 février 1814, adjudant commandant et chef d'état-major de la cavalerie de la garde impériale. Il se distingua dans plusieurs affaires de la campagne de France, notamment à Laon, où son cheval fut tué. A la Restauration il fut successivement nommé lieutenant en premier dans la première compagnie des mousquetaires gris et chevalier de Saint-Louis en 1814, maréchal de camp

et officier de la Légion-d'Honneur en 1815, inspecteur de cavalerie en 1816, commandant du département de Saône-et-Loire en 1820, commandeur de la Légion-d'Honneur en 1821, commandant le département de la Côte-d'Or en 1822, et commandeur de l'ordre de Saint-Louis en 1823. En 1824 et 1825 il servit en Espagne où il commanda la brigade Suisse ; enfin, il fut nommé inspecteur général de cavalerie en 1827. Le général de La Loyère prit sa retraite en 1838.

85. LA MARE (Philibert DE), né à Dijon, le 13 décembre 1615, mort dans la même ville le 16 mai 1687. Conseiller au Parlement de Bourgogne, il se distingua comme historien, numismate et paléographe. Il était en relation avec les hommes les plus savants de son temps. Il avait la réputation d'un critique littéraire excellent, et son mérite supérieur lui fit décerner le titre de citoyen romain. Il a laissé des ouvrages nombreux et estimés dans les diverses sciences qu'il cultivait.

86. LAMONNOYE (Bernard DE), né le 15 juin 1641, mort le 15 octobre 1728. Conseiller-correcteur à la Chambre des comptes de Bourgogne, savant littérateur et philologue ; il remporta plusieurs fois le prix de poésie proposé par l'Académie de Paris, et fut reçu membre de cette compagnie en 1713. Ses poésies bourguignonnes sont charmantes, et on a de lui un grand nombre d'ouvrages tant en prose qu'en vers grecs, latins et français. C'est surtout comme critique et philologue qu'il a conservé sa célébrité.

87. LANGUET (Jean-Baptiste-Joseph), né le 6 mai 1675. Abbé de Bernay, docteur en Sorbonne, membre honoraire de l'Académie des beaux-arts, devenu curé de Saint-Sulpice en 1714 ; il fonda et soutint l'établissement des filles

de l'Enfant-Jésus, en faveur des jeunes filles pauvres, et trouva moyen, avec les aumônes qu'il sut recueillir, de faire reconstruire l'église Saint-Sulpice telle qu'on la voit aujourd'hui. La première pierre en fut posée en 1718, et elle fut achevée en 1745. Il était supérieur général des dames de la congrégation de Saint-Thomas de Villeneuve, et refusa les fonctions d'inspecteur général des hospices du royaume. Il mourut le 11 octobre 1750.

88. LANGUET DE GERGY (François-Joseph), né le 25 août 1667, évêque de Soissons en 1715, archevêque de Sens en 1730, mort dans cette dernière ville le 3 mai 1753. Il est auteur de plusieurs ouvrages sur des matières religieuses; il était membre de l'Académie française, où il fut remplacé par le célèbre Buffon, aumônier de Mme la Dauphine, et du conseil ecclésiastique du roi.

89. LARCHER (Pierre-Henri), né le 12 octobre 1726, mort le 21 décembre 1812; savant helléniste, professeur de littérature grecque à la Faculté de Paris, membre de l'Institut, traducteur d'Hérodote et de Xénophon, auteur d'un grand nombre d'autres ouvrages estimés.

90. LE BLANC (l'Abbé Jean-Bernard), né à Dijon le 3 décembre 1707, mort à Paris en 1781. Membre des Académies Della Crusca et des Arcades de Rome, de l'Institut de Bologne, de l'Académie de Dijon et de la Société académique des arts de Paris; historiographe des bâtiments du roi. On a de lui plusieurs traductions d'ouvrages anglais, quelques ouvrages sur l'Angleterre, une tragédie, et des poésies diverses.

91. LEGOUX (Bernard), né à Dijon le 4 janvier 1763, mort dans la même ville le 22 septembre 1845. Avocat au

Parlement de Bourgogne il y tint un rang distingué ; en 1794, il défendit, au p´ril de sa vie, l'ancien président Richard de Ruffey, traduit devant le tribunal criminel de la Côte-d'Or. Le 7 floréal an IX, il fut nommé procureur général près la Cour d'appel de Dijon, près celle de Gênes, en 1806, près la Cour criminelle de la même ville en février 1808, et enfin, près la Cour impériale de Paris en 1811. Il conserva ce dernier poste jusqu'en 1815, et au moment de l'invasion, il s'opposa énergiquement à ce que la justice fût rendue au nom des alliés. Il avait été décoré de l'ordre de la Légion-d'Honneur, et faisait partie de la haute Cour impériale. On a de lui des mémoires et des réquisitoires produits dans plusieurs affaires importantes.

92. LEGOUZ DE GERLAND (Bénigne), né à Dijon le 17 novembre 1695, mort le 17 mars 1774. Grand bailli de la ville de Dijon, et savant antiquaire. Il a publié des travaux remarquables sur les origines de la Bourgogne et de la ville de Dijon. Il a fondé à ses frais le jardin des Plantes de cette ville, et a soutenu de sa fortune l'Ecole de dessin fondée par Devosges avant qu'elle fût adoptée par les Etats. Son hôtel était rue Vauban.

93. LEGRAS (Philippe-Bénigne), né à Dijon en 1752, mort dans cette ville le 14 avril 1824. Procureur au Parlement, il alla s'établir à Paris après le 9 thermidor ; en 1803, il fut appelé par le ministre de l'intérieur à faire partie de la commission chargée de préparer le nouveau Code de commerce : il prit une part considérable à ce travail important, et en fut récompensé par la croix de la Légion-d'Honneur. Le 8 juillet 1806, il fut nommé avocat au Conseil d'Etat. Il se retira à Dijon au moment de la Restauration.

94. LEMENESTRIER (Jean-Baptiste), naquit à Dijon,

en 1564, et y mourut en 1634. Conseiller du roi, secrétaire de sa chambre, contrôleur provincial de l'artillerie de Bourgogne, et savant numismate. Il a fait imprimer deux ouvrages sur les médailles des empereurs et impératrices de Rome.

95. LEMUET (Pierre), né le 7 octobre 1591; mort à Paris le 28 septembre 1669. Ingénieur militaire et architecte de grand talent, il fortifia plusieurs villes de guerre en Picardie, et fit construire l'église du Val-de-Grâce à Paris; il donna les plans de celle des Petits-Pères, ainsi que des châteaux de Luynes, de Laigle et de Beauvilliers. Il a traduit Palladio et Vignole, et a fait lui-même un ouvrage sur l'art de bien bâtir. Il était conseiller et architecte du roi, et il servit dignement sous Louis XIII aux siéges de plusieurs places importantes.

96. LENET (Pierre), né à Dijon au commencement du XVIIe siècle, procureur général au Parlement en 1641, chargé de plusieurs missions importantes, conseiller d'Etat, ambassadeur de France en Suisse et intendant de Paris; il fut lié d'amitié avec le grand Condé et la marquise de Sévigné; on a de lui des Mémoires sur les guerres civiles de 1649, imprimés en 2 vol. in-12; Paris, 1729. Il mourut à Paris le 3 juillet 1671.

97. LÉRI (Jean DE), né en 1534 près Dijon; mort en Suisse en 1611. Il était protestant, et étudiait à Genève, lorsqu'on demanda des ministres pour une colonie du Brésil. Il fut une des quatorze personnes que l'Eglise de Genève y envoya: mais arrivés en Amérique, ils furent si mal reçus, qu'ils durent revenir en France. Jean de Léri écrivit alors une relation qui eut un succès immense, sous ce titre: *Histoire d'un voyage fait en la terre de Brésil,*

dite *Amérique, contenant la navigation et choses remarquables vues sur mer par l'auteur ; le comportement de Villegagnon en ce pays-là ; les mœurs et façons de vivre étranges des sauvages Brésiliens, avec un colloque de leurs langages ; ensemble la description de plusieurs animaux, poissons difformes, arbres, herbes, fruits, racines et autres choses singulières et du tout inconnues par deçà, dont on verra les sommaires des chapitres au commencement du livre, avec les figures* ; 1578, in-8º Antoine Chopin, La Rochelle. Cette relation eut un grand nombre d'éditions, et fut traduite en langue latine.

98. LONGEPIERRE, (Hilaire-Bernard de Requeleyne DE) poète tragique, né à Dijon le 18 octobre 1659 ; mort à Paris le 30 mars 1721. Il publia très jeune des traductions d'Anacréon, de Sapho, de Théocrite, de Bion, de Moschus; il donna au théâtre les tragédies de Médée, Sésostris et Electre la première seule est restée au répertoire et a été souvent reprise avec succès : c'était un des beaux rôles de la célèbre Mlle Georges. Il fut précepteur du duc d'Orléans, depuis régent de France.

99. LUCOTTE (le comte Edme-Aimé), né en 1770 près Dijon, fit partie des fameux bataillons de la Côte-d'Or, colonel de la 60e demi-brigade en 1795, général de brigade en 1799, commandeur de la Légion-d'Honneur en 1804, il parvint au grade de général de division. On cite de lui des traits qui prouvent la noblesse de son caractère : en 1793, à Lyon, il refusa de commander le feu contre les Lyonnais révoltés, et fut exilé à Chambéry ; en 1798, à Marseille, il prit la défense des citoyens que le Directoire voulait faire juger et exécuter illégalement ; en 1799, il se fit remarquer par la brillante défense d'Ancône, dont il fut chargé. Il servit ensuite en Espagne sous Joseph Bonaparte

et fut gouverneur de Séville. Rentré en France, il déploya un grand courage dans tout le cours de la campagne de 1814. Employé d'abord par la Restauration il fut plus tard mis en demi-solde.

100. LUCOTTE (Jean-Baptiste) seigneur du Tillot, né à Dijon le 8 septembre 1668 ; mort en 1750. D'une grande érudition et antiquaire distingué. Il était gentilhomme ordinaire du duc de Berry. Il est surtout connu par son mémoire pour servir à l'histoire de la fête des fous, qui se faisait autrefois dans plusieurs églises ; Lausanne et Genève, 1741, in-4°; 1751 in-8°. Il a laissé plusieurs ouvrages manuscrits tous relatifs à l'histoire.

101. MAILLY (Jean-Baptiste), né le 16 juillet 1744. Professeur d'histoire au collége des Godrans de Dijon, il a publié plusieurs ouvrages estimés : l'*Esprit de la Fronde*, en 5 volumes ; l'*Esprit des Croisades*, 4 volumes ; les *Fastes juifs, romains et français*, 2 volumes ; des poésies fugitives, des discours, des mémoires ; enfin, de société avec le comte François de Neufchâteau, *Poésies diverses de deux amis*. Il a été aussi, pendant les années 1776-77, le principal rédacteur des *Affiches littéraires de Bourgogne*, 2 vol. in-4°. Il mourut le 26 mars 1794.

102. MARET (Hugues), né en 1726, mort en 1785. Il était médecin des Etats de Bourgogne pour les épidémies, censeur royal, correspondant de l'Académie des sciences de Paris, membre de plusieurs autres académies nationales et étrangères, et secrétaire perpétuel de celle de Dijon, dont il a écrit l'histoire. On a de lui des éloges académiques, un grand nombre de mémoires sur des matières médicales et physiques ; il a pris part, avec Guyton de Morveau et Durande, à la rédaction des *Eléments de Chimie théorique et*

pratique, et fourni plusieurs articles dans l'ancienne Encyclopédie.

103. MARET (Hugues-Bernard), né en 1763. Avocat, il se rendit à Paris lors de l'ouverture des Etats généraux, et fonda le *Bulletin* de cette assemblée. Il devint ensuite chef de division au ministère des affaires étrangères, fut envoyé en Angleterre comme successeur du marquis de Chauvelin, et plus tard à Naples comme ambassadeur. Fait prisonnier en se rendant à son poste, il fut, en 1795, échangé contre la fille de Louis XVI avec les autres prisonniers livrés par Dumouriez, et employé de nouveau dans les négociations avec l'Angleterre. Napoléon, au retour de l'expédition d'Egypte, l'employa et le fit nommer secrétaire général du gouvernement consulaire. Depuis ce moment il ne quitta plus ce grand homme, et fut le confident de ses desseins et de ses pensées. Nommé conseiller d'Etat, ministre des relations extérieures en 1811, fait duc de Bassano dans la même année, il présida à tous les traités faits depuis cette époque. Obligé de s'exiler à l'époque de la Restauration, il se retira à Grætz en Silésie, rentra en France après quatre ans d'exil, et revint mourir à Paris.

104. MARET (Jean-Philibert), né à Dijon en 1758, mort à Paris le 21 janvier 1827. Frère aîné du duc de Bassano, il fut d'abord attaché comme sous-ingénieur au service des ponts et chaussées des Etats de Bourgogne, puis chargé de travaux sur les routes du nord de la France. Sous le Directoire, il fut nommé commissaire du pouvoir exécutif p l'administration départementale de la Côte-d'Or. Lors de la création des préfectures, il fut nommé à celle du Loiret ; mais il la quitta en 1806, pour entrer au Conseil d'Etat en qualité de directeur général des vivres de la guerre. Chargé

en 1807, de présenter au Corps législatif le projet du nouveau Code de commerce, il le fit adopter. Il rentra dans la vie privée à l'époque de la Restauration.

105. MARILLIER (Clément-Pierre), né à Dijon en 1740, mort le 11 août 1808. Peintre, mais surtout dessinateur et graveur d'une grande habileté, il fut une des célébrités de son époque, et a fourni des planches à presque toutes les belles éditions de son temps. On lui doit notamment les dessins de la *Bible* de Defer, des *Illustres Français*, de l'*Iliade*, des *Œuvres de l'abbé Prévôt*, des *Fables de Dorat*, des voyages de *Naples*, de *Grèce*, de *France*, du *Cabinet des Fées*, etc.

106. MARIOTTE (Edme), né à Dijon, mort en mai 1684. Physicien de grand mérite, il était prieur de Beaume-la-Roche. Il fut nommé membre de l'Académie des sciences à la formation de cette compagnie. Sans avoir fait de grandes découvertes, il a confirmé par des expériences nombreuses celles des savants qui l'avaient devancé, notamment la théorie du mouvement des corps trouvée par Galilée, et la science de l'équilibre des liquides. L'un des premiers, il a démontré que l'application de la géométrie aux sciences physiques, était le seul moyen d'obtenir de grands résultats. Parmi ses nombreux ouvrages, on distingue son *Traité du mouvement des eaux*, son *Traité de la percussion des corps*, son *Traité des couleurs*, ses *Essais de logique*, son *Traité sur le mouvement des pendules*, etc.

107. MASSON (Bénédict), né à Dijon, peintre distingué, élève de Ziégler et de Paul Delaroche. Il a fait plusieurs grands tableaux pour le gouvernement, et pour MM. de Rotschild, Lehon, de Saint-Pierre et de Lavalette; les portraits de la princesse Murat, de Mlles Judith et Brohan, de

la Comédie-Française. Le Musée de Dijon possède de lui deux tableaux, *Andromède*, tableau d'étude, envoyé depuis longtemps, la *Bataille du lac de Trasimène*, donné en 1861;

108. MAUGUIN (François), né à Dijon le 17 février 1785, mort le 4 juin 1854. Il fit ses études en droit à Paris, et se fit recevoir avocat. Sa première cause politique fut celle du malheureux Labédoyère; l'année suivante, il présenta la défense des accusés de la conspiration dite de l'Epingle noire, qui furent tous acquittés; il plaida également pour les éditeurs de la *Bibliothèque historique* et pour le colonel Favier contre le général Canuel; dans toutes ces affaires, il déploya l'éloquence la plus brillante, et se plaça au premier rang du barreau de Paris. Au mois de décembre 1827, les électeurs de l'arrondissement de Beaune l'envoyèrent à la Chambre des députés; il ne cessa de les représenter qu'en 1848, et pendant cette longue suite de sessions, il fut l'un des membres les plus remarquables de l'opposition. Le département de la Côte-d'Or tout entier l'envoya en 1848 à l'Assemblée constituante, et ensuite à l'Assemblée législative; mais le coup d'Etat du 2 décembre l'éloigna pour toujours des affaires. On a de Mauguin un grand nombre de mémoires, plaidoyers, rapports et discours politiques.

109. MELOT (Anicet), né en 1697; membre de l'Académie des inscriptions et belles-lettres, conservateur de la bibliothèque du roi. Jurisconsulte et mathématicien, il possédait le grec, le latin, l'hébreu, l'italien et l'anglais. Outre plusieurs Mémoires publiés dans le recueil de l'Académie, on lui doit le *Catalogue des manuscrits de la bibliothèque du roi*; 1739-1744, 4 vol. in-folio; le 6ᵉ volume du *Catalogue des livres imprimés*, contenant le *Droit canonique*; il a coopéré à l'édition in-folio de l'*Histoire de saint Louis*, par Joinville. Il mourut le 10 septembre 1759.

110. MICHAULT (Jean-Bernard), né à Dijon le 17 janvier 1707 ; mort à Paris le 16 septembre 1770. Avocat au parlement de Bourgogne, il était secrétaire de l'Académie de Dijon ; puis il se fixa à Paris, où il fut nommé censeur royal. Il était botaniste, musicien et littérateur. Il publia divers opuscules dans le *Mercure de France* ; il a écrit, de plus, des *Mémoires historiques et philologiques*, différentes notices biographiques, une *explication des tombeaux des ducs de Bourgogne*, différents mémoires sur la situation botanique de cette province.

111. MICHAULT (Pierre), il était né près de Dijon, et vivait en 1466. Il remplissait les fonctions de secrétaire du comte de Charolais (Charles le Téméraire) ; il était poète et orateur. Il a laissé : 1° le *Doctrinal de cour, par lequel on peut estre clerc sans aller à l'escole* ; ouvrage remarquable, en 12 chapitres, partie en vers, partie en prose ; 2° *la dance des aveugles, c'est-à-dire les humains dansant en ce monde sous la conduite de l'Amour, de la Fortune et de la Mort, composé en rimes* ; 3° plusieurs poésies du temps de Charles VII avec l'histoire de *Grisélidis* ; 4° les *Moyens très utiles et nécessaires pour rendre le monde paisible et faire en brief revenir le bon temps*.

112. MILLE (Antoine-Etienne), né à Dijon. Avocat au Parlement de Paris, historien de mérite. Il a écrit : 1° *Abrégé chronologique de l'histoire ecclésiastique, civile et littéraire de la Bourgogne jusqu'en* 1772 ; 2° *Introduction à l'histoire générale et particulière de la Bourgogne*.

113. MIMEURE (Jacques-Louis-Valon, marquis DE), né à Dijon le 19 mars 1659. Placé d'abord en qualité de page auprès du dauphin fils de Louis XIV, il entra au service à l'âge de 19 ans, eut un avancement rapide, et parvint au grade de lieutenant général des armées du roi; il assista et se distingua aux batailles de Steinkerque, de Leuzes, de Fleurus, de Marsaille, de Ramillies, de Malplaquet, et aux siéges de Luxembourg, Philisbourg, Frankenthal, Mons, Landau et Brissach ; fut nommé chevalier de Saint Louis, gouverneur d'Auxonne. Ses poésies remarquables, en latin et en français, le firent admettre en 1707, à l'Académie française. Il traduisit en vers plusieurs des odes d'Horace, et l'*Art d'aimer* d'Ovide. Il mourut à Auxonne, le 3 mars 1719.

114. MOREAU (Mathurin) fils aîné, né à Dijon le 19 novembre 1822. Sculpteur de mérite, élève de l'Ecole de Dijon et de Ramey fils. Deuxième grand prix de Rome en 1842. Il a exécuté une statue représentant l'*Elégie*, pour le Musée de Dijon ; en 1853, la *Fée des fleurs*, groupe en bronze acheté par l'Etat; en 1855, l'*Eté*, statue en marbre pour les Tuileries (2ᵉ médaille) ; en 1859, l'*Étude*, la *Fileuse*, l'*Avenir*, en bronze (1ʳᵉ médaille) ; en 1860, *Enfants endormis*, groupe en marbre ; en 1861, la *Fileuse*, statue en marbre, la *Méditation*, groupe en bronze (rappel de 1ʳᵉ médaille) ; plusieurs statues ornant les fontaines de Lyon.

115. MORELET (Pierre-Marie-Arthur), né au château de Lays sur le Doubs, Saône-et-Loire, le 26 août 1809. Naturaliste distingué. Fils de M. Théodore Morelet, banquier et maire de Dijon, il fit au collége de cette ville d'excellentes études. Entraîné par son penchant pour les sciences naturelles, et surtout pour la zoologie et la conchyliologie, il se livra entièrement à cette branche de l'histoire naturelle. On a de lui plusieurs ouvrages très estimés : 1° *Voyage dans l'Amérique centrale, l'Ile de Cuba et le Yucatan*, 2 vol. grand in-8° ; 2° *Description des Molusques du Portugal*, Paris, 1845, 1 vol. in-8° ; 3° *Testacea novissima insulæ Cubanæ et Ame-*

ricæ centralis, in-8°, pars I et pars II, 1849-51 ; 4° *Notice sur l'histoire naturelle des Açores, suivie d'une description des Mollusques terrestres de cet archipel*, 1 vol. in-8°. M. Morelet est membre de l'Académie de Dijon.

116. NAVIER (Louis-Marie-Henri), né à Dijon le 5 février 1785, mort à Paris le 23 août 1836. Elève de l'Ecole polytechnique en 1802, il fut nommé ingénieur ordinaire en 1808. Il devint, en 1819 professeur suppléant, et en 1831 professeur titulaire à l'Ecole des ponts et chaussées, puis professeur d'analyse et de mécanique à l'Ecole polytechnique. Plus tard, il fut nommé inspecteur divisionnaire des ponts et chaussées, et fut reçu à l'Académie des sciences. On lui doit plusieurs travaux remarquables, les ponts de Choisy, d'Asnières, d'Argenteuil ; il fut chargé de plusieurs missions scientifiques en Angleterre, et s'en acquitta avec talent. On a de lui une foule de projets, rapports, mémoires et notices sur des sujets relatifs à ses fonctions.

117. NICAISE (Claude), né à Dijon en 1623, mort à Villey, près d'Is-sur-Tille 20 octobre 1701. Savant antiquaire et numismate, connu sous le nom de l'abbé Nicaise, chanoine de la Sainte-Chapelle de Dijon, a séjourné longtemps en Italie et à Rome. Il avait une grande réputation et était en correspondance avec le pape Clément XI et tous les savants distingués de l'Europe. Cette correspondance, réunie en 5 vol. in-4°, faisait partie des manuscrits de la bibliothèque de Dijon, mais ce précieux recueil en a été retiré par les commissaires du gouvernement, pour être placé à la bibliothèque impériale à Paris. Le Musée de Dijon possède une belle copie de l'Ecole d'Athènes de Raphaël, qu'il avait fait exécuter à Rome sous la direction de Poussin. On a de lui beaucoup d'ouvrages curieux.

118. PAPILLON (Almaque), né en 1487; poète français, contemporain et ami de Marot, valet de chambre du roi François Ier, fut fait prisonnier avec ce prince à la bataille de Pavie, et le suivit en Espagne dans sa captivité. On a de lui : *Le nouvel Amour*, souvent imprimé; *Victoire et triomphe d'Argent contre le dieu d'Amour;* Lyon, 1537; *Ordonnances d'Argent; Victoire et triomphe d'Honneur et d'Amour contre Argent*. Il mourut en 1559.

119. PAPILLON (Philibert) né le 1er mai 1666, d'une famille de magistrats, était chanoine de la Chapelle-aux-Riches de Dijon, et consacra sa vie à des recherches littéraires et historiques. Il a dirigé l'ouvrage de Garean intitulé : *Description du gouvernement de Bourgogne;* Dijon, 1717; publia en 1702 la vie d'Abailard et celle de Jacques Amyot; il mourut le 23 février 1738, et, après sa mort, son neveu Papillon de Flavignerot publia l'ouvrage immense qui avait occupé toute sa vie et qui a pour titre : *Bibliothèque des auteurs de Bourgogne;* 1742-45, 2 vol. in-folio.

120. PATAILLE (Alexandre-Simon), né à Dijon le 24 décembre 1781, mort à Maxilly-sur-Saône, le 22 août 1857. Il fit toutes ses études à Dijon, et eut pour condisciples Briffaut, les Jacquinot, Legoux, etc. ; en 1806 il fut nommé substitut du procureur général près la Cour d'appel de Gênes ; qui était alors Legoux. En 1811, il fut nommé avocat général près la même cour : pendant les Cent-Jours avocat général à Nîmes. Le 27 janvier 1819, il fut investi des fonctions de procureur du roi près le tribunal de Nismes, et il sut les remplir dignement au milieu des dissentiments politiques qui agitaient alors le midi de la France. Destitué lors de la chute du ministère Decaze, il se fit inscrire au barreau de Nîmes et le 19 novembre

1827, les électeurs de cet arrondissement le nommèrent député ; il siégea au centre gauche de la chambre, il s'y fit remarquer par plusieurs discours, et y resta jusqu'à sa dissolution, le 16 mai 1830. Après la révolution qui porta au trône la branche d'Orléans, Dupont de l'Eure le nomma premier président de la Cour d'Aix. Nommé député des Bouches-du-Rhône en 1830, il fut plus tard député du Var ; enfin, en 1841, il entra comme conseiller à la Cour de cassation. En cette qualité il fit deux fois partie de la haute Cour de justice après 1848. En 1856, il fut mis à la retraite, et nommé conseiller honoraire : il était depuis longtemps officier de la Légion-d'Honneur.

121. PÉRARD (Etienne), né à Dijon en 1590, mort le 5 mai 1663. Il était maître des comptes, et son caractère honorable, ainsi que sa vaste érudition lui avaient fait décerner un brevet de conseiller d'Etat. Il a laissé un *Recueil de pièces curieuses servant à l'histoire de Bourgogne*, et plusieurs autres ouvrages sur la Chambre des comptes de Dijon.

122. PERRENEY, MARQUIS DE GROSBOIS (Claude-Irénée Marie-Nicolas), né à Dijon le 17 avril 1756, mort à Grosbois le 14 mai 1840. Doué d'une grande intelligence et d'une rare facilité, le marquis de Grosbois était licencié en droit à 19 ans, et conseiller au Parlement de Paris à 20 ans (1776). Trois ans plus tard il fut maître des requêtes ; et en 1779, son père résigna en sa faveur ses fonctions de premier président au Parlement de Besançon. Il fit partie en 1787 de la Chambre des notables, et en 1789 des Etats généraux. Il passa tout le temps de la Terreur dans sa terre de Grosbois à quelques lieues de Dijon ; la Restauration le créa conseiller d'Etat honoraire. En 1815 il fut fut nommé

NOTICES BIOGRAPHIQUES.

député par les départements de la Côte-d'Or et du Doubs en même temps ; en 1827, il fut appelé à la chambre des Pairs, et revint en 1830 dans sa retraite de Grosbois.

123. PETITOT (Claude-Bernard), né à Dijon en 1772, se livra à l'étude des lettres et fut nommé, en 1800, chef du bureau de l'instruction publique à la Préfecture de la Seine. Il fut nommé plus tard inspecteur général de l'Université (1808), secrétaire général de l'instruction publique (1821), directeur de l'instruction publique (1824). On lui doit plusieurs tragédies qui ne sont pas sans mérite, de bonnes traductions des *Tragédies d'Alfieri*, et des *Nouvelles de Michel Cervantés*. Il a été, en outre, éditeur du *Répertoire du Théâtre-Français*, avec notices ; des *Œuvres choisies et posthumes de La Harpe*, des *Œuvres de Molière*, de *Racine*, enfin, des *Mémoires relatifs à l'histoire de France*. Il mourut le 6 avril 1825.

124. PHILIPPE LE BON, duc de Bourgogne, né le 30 juin 1396, de Jean sans Peur et de Marguerite de Bavière. Fondateur de l'ordre célèbre de la Toison-d'Or, à l'occasion de son mariage avec Isabelle de Portugal, et de l'Université de Dole. Il fit dresser les Coutumes de la Bourgogne et de la Franche-Comté. Il mourut à Bruges le 4 juillet 1467. Son corps et celui d'Isabelle de Portugal, sa femme, furent transportés de Flandres à Dijon, et inhumés au monastère des Chartreux le 8 février 1473.

125. PICARDET (Hugues), né à Mirebeau à quelques lieues Dijon en 1560, mort à Dijon le 2 avril 1641. Il fut pendant cinquante-trois ans procureur général au Parlement de Bourgogne. Outre divers plaidoyers et remontrances, il est l'auteur de plusieurs ouvrages sur les événements qui

se sont passés sous ses yeux, comme l'*Assemblée des notables faite par le roi en la ville de Rouen*, Paris, 1617 ; et l'*Assemblée des notables tenue à Paris és années 1626 et 1627*, etc.

126. PICHOU, né à Dijon vers la fin du XVIe siècle, poète et historien ; il est auteur de plusieurs pièces de théâtre représentées avec grand succès par les comédiens de l'hôtel de Bourgogne ; ce sont : les *Folies de Cardenio*, les *Aventures de Rosiléon*, l'*Infidèle confidente*, tragi-comédies, et la célèbre pastorale intitulée la *Philis de Scyre*, qui obtint les suffrages de la cour, et que le cardinal de Richelieu regardait comme le chef-d'œuvre du genre. Il fut employé comme secrétaire par M. le Prince, père du grand Condé, et mourut assassiné en 1630.

127. PIRON (Alexis), né le 9 juillet 1689 d'Aimé Piron, apothicaire, auteur de charmantes poésies bourguignonnes, qui habitait sur la place Saint-Georges la maison faisant l'angle des rues Piron et Berbisey, et d'Anne Dubois, fille du célèbre sculpteur dijonnais ; d'abord avocat, il s'adonna sans réserve à la poésie, travailla ensuite pour l'Opéra-Comique, puis donna au Théâtre-Français : *Les Fils ingrats*, drame ; *Gustave Wasa*, tragédie, et *La Métromanie*, qui est un véritable chef-d'œuvre. Il a laissé en outre des odes, des poèmes, des contes, des épîtres, des satires et des épigrammes. Il était lié avec Montesquieu et les hommes les plus distingués de son temps. Il est mort le 21 janvier 1773.

128. POISSONNIER (Pierre-Isaac), né le 5 juillet 1720 fut reçut à 26 ans professeur de médecine à l'Université de Paris. Professeur de chimie au Collége de France (1749-1771), inspecteur suppléant des hôpitaux militaires

(1754), premier médecin de l'armée d'Allemagne (1757). Il fut envoyé en 1758 à l'impératrice de Russie, moins comme négociateur secret, que comme un des plus habiles médecins de France, et il en fut comblé de présents et d'honneurs. A son retour, il fut nommé premier médecin des armées, Conseiller d'Etat, inspecteur général dans les colonies, membre de l'Académie des sciences, chevalier de l'ordre de Saint-Michel. Enfin, il reçut une pension de 12,000 fr. Il avait fait nommer, en 1751, nourrice du duc de Bourgogne frère de Louis XVI, une dame Marie-Catherine Martinon de Dijon, et il l'épousa plus tard. Vice-directeur de la Société royale de médecine dès sa création (1776), il était membre de presque toutes les Académies de l'Europe. Il est auteur de plusieurs ouvrages de médecine très estimés. Il mourut le 15 septembre 1798.

129. POISSONNIER DES PERRIÈRES, né à Dijon, mort à Paris, médecin ordinaire du roi, conseiller royal, médecin de la Grande-Chancellerie et Généralité de Paris, inspecteur-adjoint des hôpitaux de la marine et des colonies, censeur royal, membre de la Société royale de médecine; il a écrit différents ouvrages estimés sur les maladies des gens de mer, sur les fièvres des colonies, sur le magnétisme animal, etc.

130. PONCET (Bénigne), né à Dijon, le 20 octobre 1766, mort le 5 février 1835. Avocat au Parlement de Bourgogne en 1785, et ensuite employé supérieur dans l'administration, il prit du service en 1792, fit comme lieutenant dans un des bataillons de la Côte-d'Or, la campagne de Belgique, se distingua à la défense de Valenciennes où il fut blessé, et fut dirigé de là sur Lyon et la Savoie, où il obtint le grade de capitaine. Il fut appelé en 1795 à la chaire de lé-

gislation à l'École centrale de Dijon, et en 1806, nommé professeur de législation criminelle et de procédure civile à l'École de droit de cette ville. Il a laissé un *Traité élémentaire des actions*, et *Traité élémentaire des jugements*. Ces deux excellents ouvrages ont été traduits en allemand.

131. POT (Philippe), né à Dijon, en septembre 1414, était fils de Régnier Pot, seigneur de la Roche-Nolay, de Châteauneuf, de Meloisey, chambellan des trois premiers ducs de la seconde race royale, qui s'était distingué à la bataille de Nicopolis, et avait fait construire un hôtel place Charbonnerie à Dijon. Philippe eut pour parrain Philippe le Bon qui l'éleva dans son palais et en fit son échanson en 1449. Il se distingua au siége de Constantinople par les Turcs, fut fait prisonnier et obtint sa liberté par un acte de bravoure héroïque dont il avait fait placer le tableau dans la chapelle de la Vierge à Notre-Dame avec sa devise : *Tant L vaut*. Il fut successivement conseiller et chambellan du duc de Bourgogne, premier chambellan, chevalier de la Toison-d'Or, capitaine des villes de Lille, Douai et Orchies. Le roi Louis XI se l'attacha en le créant sénéchal du duché de Bourgogne, et le faisant son conseiller et son chambellan. Il fut gouverneur de Charles VIII, et député de la noblesse de Bourgogne aux Etats généraux tenus à Tours en 1483. Il y prononça un discours qui a été conservé.

132. POYET (Bernard), né à Dijon, le 3 mai 1742. Il étudia l'architecture sous de Wailly, et fit le voyage de Rome comme pensionnaire du gouvernement. A son retour à Paris, il fut nommé successivement architecte du duc d'Orléans, de l'archevêché de la ville de Paris, du Corps législatif, et membre de l'Académie d'architecture, du conseil des bâtiments civils, de l'Académie des beaux-arts

et de l'Institut. Parmi les monuments qu'il a construits à Paris, on cite les écuries du duc d'Orléans, qui ont été démolies depuis; la fontaine des Innocents, qu'il a réédifiée à la place qu'elle occupe aujourd'hui, et la façade du Palais législatif; il mourut en 1824. Il a laissé un grand nombre de projets pour la construction de monuments ou d'édifices publics.

133. QUENTIN (Nicolas), né à Dijon, mort le 11 septembre 1646 dans la même ville, peintre distingué. Un de ses tableaux représentant la communion de sainte Catherine de Sienne est dans l'église Sainte-Anne à Dijon. Le Musée en possède plusieurs autres : la *Circoncision*, la *Visitation*, la *Bénédiction d'un enfant par un évêque*. Enfin, il en existe un autre dans l'église Saint-Michel, dont le sujet est l'Annonciation.

134. RACLE (Léonard), né à Dijon, en 1736, le 30 novembre, architecte distingué surtout par ses connaissances en mathématiques et en physique. Il fut l'ami de Voltaire qui le chargea des travaux de reconstruction et d'embellissement de Ferney; le duc de Choiseul, alors ministre, lui confia les plans de la ville et du port de Versoix, que diverses circonstances empêchèrent d'exécuter; il dirigea l'exécution du canal de Pont-de-Vaux, qui joint la rivière de Reissouze à la Saône, et sur lequel il fit construire un pont en fer, le premier qui ait existé en France. En 1786, l'Académie avait couronné son mémoire sur la construction de ce pont, d'une seule arche de 450 pieds d'ouverture. Il établit à Versoix et ensuite à Pont-de-Vaux une manufacture de faïence d'où sont sortis une foule de beaux ouvrages de grande dimension. Il inventa cette espèce d'enduit que Voltaire appelait *argile marbre*, parce qu'il en a le poli

et la dureté. Il fit une application de cet enduit à Ferney, dans la chambre dite *du cœur*, où il construisit le monu-nument qui renferme le cœur de Voltaire. Il mourut le 8 janvier 1794 à Bourg. Il a laissé un assez grand nombre de mémoires et de manuscrits.

135. RADET (Jean-Baptiste), né à Dijon le 20 janvier 1752, mort à Paris le 17 mars 1830. Il se livra d'abord à la peinture, et y obtenait quelques succès, lorsqu'il abandonna tout à coup cette carrière pour s'adonner exclusivement à la littérature dramatique. Il a composé, soit seul, soit en collaboration, un très grand nombre de pièces de théâtre, opéras, drames, comédies, vaudevilles ou parodies; leur chiffre s'élève à plus de cent-vingt. Presque toutes sont aujourd'hui oubliées; cependant quelques-unes vivent encore dans le souvenir des personnes d'un âge mur; parmi ces dernières on peut citer : *Renaud d'Ast*, opéra-comique en deux actes, musique de Dalayrac; *la Soirée orageuse*, opéra-comique en un acte, musique de Dalayrac; *la chaste Suzanne*, en deux actes, pièce qui amena l'emprisonnement des auteurs; *la Tragédie au Vaudeville* suivie de *après la Confession, la Pénitence*; cette pièce valut à chacun des trois auteurs une pension de 4,000 fr.; *les deux Edmond*, en deux actes; *les Scythes et les Amazones*, en deux actes; *Lantara, la Maison en Loterie*, avec Picard, etc.

136. RAMEAU (Jean-Philippe), né le 25 septembre 1683; son parrain était Jean-Baptiste Lantin, conseiller au Parlement, ami de Saumaise, et lui-même savant distingué et bon musicien. Son père, Jean Rameau, organiste de l'é-glise cathédrale Saint-Etienne de Dijon, et sa mère, Claudine Demartinécourt, avaient eu six enfants : Marguerite; Marie; Elisabeth, mariée à Etienne Definance, gentilhomme

verrier; Jean-Philippe, qui, par un motif qu'on ne connaît pas, a toujours pris le nom de Jean-Baptiste; Claude et Philippe mort avant son père.

Rameau commença ses études, mais ne les termina pas : entraîné par son goût passionné pour la musique, il alla en Italie, et séjourna quelque temps à Milan; puis il revint en France, et résida à Montpellier, Lyon et Clermont. Il vint enfin se fixer à Paris, où il fut nommé organiste de la paroisse Sainte-Croix-de-la-Bretonnerie. Il y publia, en 1722, son *Traité sur l'harmonie*. Il avait cinquante ans lorsqu'il commença à travailler pour le théâtre; il y eut de grands succès, et pendant trente années occupa presqu'à lui seul la scène de l'Opéra, où il fit une véritable révolution dans l'art musical. Le célèbre Méhul le juge ainsi : « Rameau, le premier, a mis dans la musique la science à la place de la routine, et remplacé par des faits les hypothèses dans lesquelles on s'était égaré jusqu'à lui : il fut le véritable père de la musique en France. » Ses œuvres dramatiques sont au nombre de 30. Le roi créa pour lui la charge de compositeur de son cabinet, lui donna des lettres de noblesse, et le nomma chevalier de l'ordre de Saint-Michel. Il mourut le 12 septembre 1764; l'Académie de Dijon l'avait reçu dans son sein le 22 mai 1761.

Il avait été marié avec Marie-Louise Mangot, qui lui a survécu, et qui avait elle-même un grand talent pour la musique. Elle lui avait donné trois enfants : Claude-François, valet de chambre du roi; Marie-Louise, religieuse au couvent de la Visitation, à Montargis; Marie-Alexandrine, mariée à M. Gauthier, écuyer et mousquetaire du roi.

Claude Rameau, frère du célèbre musicien, s'était fait aussi un nom parmi les organistes : il avait succédé à son père comme organiste de Saint-Etienne, et mourut à Autun, en 1761, après avoir passé la plus grande partie de sa vie à Dijon. Un de ses fils a fait un poème intitulé *La Raméide*, avec cette épigraphe :

Inter Ramos lilia fulgent.

Outre ses nombreux ouvrages théoriques et ses œuvres de musique instrumentale, Rameau a laissé les œuvres dramatiques suivantes, dont les titres seuls peuvent faire juger de son génie et de sa fécondité :

1° *Hippolyte et Aricie*, tragédie de l'abbé Pellegrin, en 1733 ; 2° *Divertissements pour les courses de Tempé*, au Théâtre-Français, 1734 ; 3° *les Indes galantes*, ballet héroïque de Fuzelier, 1735 ; 4° *Castor et Pollux*, tragédie lyrique de Bernard, 1737 ; 5° *les Fêtes d'Hébé*, opéra-ballet de Mondorge, 1739 ; 6° *Dardanus*, tragédie lyrique de Labruyère, 1739 ; 7° *les Fêtes de Polymnie*, opéra-ballet de Cahusac, 1745 ; 8° les *Intermèdes de la Princesse de Navarre*, de Voltaire, 1745 ; 9° *le Temple de la gloire*; opéra-ballet de Voltaire, 1745 ; 10° *les Fêtes de l'Hymen et de l'Amour*, id., de Cahusac, 1748 ; 11° *Zaïs*, id., de Cahusac, 1748 ; 12° *Pygmalion*, id., de La Mothe, 1748 ; 13° *Naïs*, id., de Cahusac, 1749 ; 14° *Platée*, opéra-bouffon d'Autreau, 1749 ; 15° *Zoroastre*, tragédie lyrique de Cahusac, 1749 ; 16° *Acanthe et Céphise*, pastorale héroïque de Marmontel, 1751 ; 17° *la Guirlande*, opéra-ballet, de Marmontel, 1751 ; 18° *Daphné et Eglé*, id., 1753 ; 19° *Lysis et Délie*, id., 1753 ; 20° *la Naissance d'Osiris*, id., de Cahusac, 1754 ; 21° *Anacréon*, id., de Cahusac, 1754 ; 22° *Zéphire*, id., date incertaine ; 23° *Nélée et Myrthis*, id.; 24° *Io*, id.; 25° *le Retour d'Astrée*, prologue, 1757 ; 26° *les Surprises de l'Amour*, opéra-ballet de Bernard, 1757 ; 27° *les Sybarites*, id., de Marmontel, 1759 ; 28° *les Paladins*, comédie-ballet, 1760 ; 29° *Ninus*, tragédie lyrique de Labruyère, 1760 ; 30° *le Procureur dupé*, opéra-comique, 1760.

La plupart des opéras de Rameau ont été gravés en petite partition, avec les seules parties principales.

137. RAMEY (Claude), né le 29 octobre 1754. Elève de Devosge père à l'Ecole de Dijon, il remporta le grand prix de sculpture en 1782, et fut envoyé à Rome aux frais de la province. Il a laissé un grand nombre d'ouvrages : l'Entrevue d'Austerlitz, bas-relief en marbre, fait en 1807 pour l'arc de triomphe du Carrousel, et la statue de Napoléon en costume impérial ; puis une Sapho assise, une statue colossale de Richelieu, une statue de Pascal pour la ville de Clermont ; une Cérès ; un Scipion l'Africain pour la Chambre des pairs ; une statue colossale d'Eugène de Beauharnais ; une Naïade à la fontaine de Médicis, au jardin du Luxembourg ; la Prudence au portail de la Banque de France ; un Athlète phrygien ; deux bas-reliefs de l'escalier de la Chambre des pairs, représentant deux Victoires avec des couronnes ; deux figures portant les signes du zodiaque et formant bas-reliefs dans le jardin du Luxembourg ; le Génie des vertus héroïques, l'un des quatres grands pendentifs de la coupole du Panthéon ; etc. Il est mort, en 1838, membre de l'Institut, de l'Académie des Beaux-arts et de la Légion-d'Honneur.

138. RIAMBOURG (Jean-Baptiste-Claude), né à Dijon le 26 janvier 1776, mort le 16 avril 1836. Élève de l'Ecole polytechnique, puis avocat, il entra dans la magistrature, où il se distingua par ses connaissances profondes et ses vertus. Il fut appelé, sous l'empire, à faire partie de la Cour impériale de Dijon ; après la Restauration, il y exerça les fonctions de procureur général, puis en 1817, celles de président de chambre. Il a laissé différents ouvrages sur la religion et la philosophie.

139. ROUSSIN (Albin-Reine), né le 21 avril 1781 à Dijon, mort à Paris le 24 février 1854. Orphelin dès l'enfance, il s'embarqua comme mousse à l'âge de douze ans, et fit cinq campagnes sur les bâtiments de l'Etat. En 1801, il fut reçu aspirant de marine au concours public. Lieutenant de vaisseau en 1808, après plusieurs campagnes dans l'Inde, et de brillants faits d'armes ; capitaine de frégate et chevalier de la Légion-d'Honneur en 1810, après une campagne à l'Ile-de-France, où il contribua à la prise de sept vaisseaux anglais, il sortit du Hâvre, traversa trois flottes ennemies, alla croiser près des îles Canaries, et rentra à Brest en 1813, avec des prises faites sur les Anglais et estimées cinq millions. Nommé en 1814 capitaine de vaisseau et chevalier de l'ordre russe de Saint-Wolodimir, il fut chargé en 1817 d'explorer les rivages occidentaux de l'Afrique sur une longueur de 420 lieues de côtes ; il fut nommé après cette expédion importante officier de la Légion-d'Honneur. En 1819, il fut envoyé pour le même objet sur les côtes du Brésil, explora 920 lieues de côtes, fut nommé baron par le roi de France et officier commandeur de l'ordre de Cruzero par l'empereur du Brésil. Appelé en 1821 au commandement de la station française sur les côtes d'Amérique, il fut nommé contre-amiral pendant cette expédition, qui dura cinq ans. Nommé en 1824 membre du conseil d'amirauté, et en 1825 commandeur de l'ordre de la Légion-d'Honneur, il fut chargé de l'expédition contre Rio-Janeiro et força dans le mois de juillet 1828 l'empereur du Brésil à faire droit aux justes réclamations de la France. Il reçut le 4 novembre 1829 la croix de commandeur de Saint-Louis, fut nommé en 1830 membre de l'Académie des sciences presque à l'unanimité, le 1er septembre de la même année directeur du personnel de la marine, le 12 novembre suivant préfet maritime à Brest, et le 26 avril 1831

grand-officier de la Légion-d'Honneur. Le 11 juillet 1831, à la tête d'une flotte composée de 13 bâtiments de guerre, il força l'entrée du Tage, réduisit les forts qui le défendent, prit sous les murs de Lisbonne la flotte portugaise composée de huit vaisseaux, et obligea le Portugal à subir les conditions imposées par la France : deux mois et demi avaient suffi pour une des actions les plus brillantes dont puisse se glorifier la marine française dans les temps modernes. Le 11 octobre 1832, il fut nommé pair de France, et depuis membre du bureau des longitudes, de l'Institut, vice-amiral, ambassadeur à Constantinople. Il eut le bonheur d'y concilier les différends graves qui s'étaient élevés entre la Porte et le pacha d'Egypte, et il préserva l'empire Ottoman d'une ruine imminente. De retour en France, on lui confia le ministère de la marine (1840) ; le 29 octobre de la même année, il fut promu à la dignité d'amiral, rentra au ministère en 1843, mais au bout de quelques mois, sa santé affaiblie le força à renoncer aux affaires. La rue où il est né porte aujourd'hui son nom.

140. RUDE (François), né à Dijon le 4 janvier 1784, mort à Paris le 3 novembre 1855. Elève de l'Ecole de dessin de Dijon, son ardeur pour le travail, sa persévérance et les qualités précieuses qu'il avait reçues de la nature l'ont placé au premier rang des sculpteurs de son époque. Les bornes étroites de cette courte notice ne nous permettent pas de faire la biographie de Rude et le tableau de son existence si bien remplie ; mais, comme chez lui l'artiste a absorbé complétement l'homme, et que le moyen de peindre l'artiste est de décrire son œuvre, nous nous bornerons à mettre sous les yeux de nos lecteurs la série complète des ouvrages de notre illustre sculpteur : 1° à Dijon, buste de M. Monnier, 1804 ; 2° *Thésée ramassant un palet*, 1805 ;

Paris, 3° les bustes de la famille Ternaux, 1812 ; à Bruxelles de 1816 à 1817, 4° buste du conventionnel Bonnet ; 5° de M. Villaine ; 6° de J. Jacotot ; 7° de Delille ; 8° du roi Guillaume Ier ; 9° du peintre Louis David ; 10° une chaire en bois ornée de cinq figures et un bas-relief, pour la ville de Lille ; 11° deux cariatides colossales pour les loges royales du Grand Théâtre; 12° le fronton de l'hôtel des monnaies; 13° différents ornements pour le palais du roi Guillaume, tels que bustes, enfants ailés, et notamment une cheminée en marbre pour la chambre à coucher de la reine ; 14° des figures pour le palais des Etats généraux ; 15° pour le château royal de Tervueren, la *Chasse de Méléagre*, fronton; huit bas-reliefs pour la rotonde, représentant l'histoire d'Achille, têtes et figures du plafond, cheminée en marbre, têtes de Romulus et Rémus avec attributs; Paris 1828, 16° une vierge pour l'église Saint-Gervais ; 17° *Mercure rattachant sa talonnière*; 18° buste de Lapeyrouse, pour le Musée de marine ; 19° buste de Devosge, pour Dijon, 1829 ; 20° portion de la frise de l'arc de triomphe de l'Etoile regardant Neuilly, côté de Chaillot, représentant le retour de l'armée d'Egypte ; 1831, 21° buste de David pour le Louvre, 2° exemplaire ; 1833, 22° *jeune pêcheur jouant avec une tortue*, acheté par le gouvernement (c'est après cette statue, que Rude fut nommé chevalier de la Légion-d'Honneur); 1835, 23° *Prométhée animant les arts*, bas-relief de droite de la façade du palais législatif ; 1836, 24° *le Départ*, trophée décorant l'arc de triomphe de l'Etoile ; 1837, 25° un Mercure pour M. Thiers; 1838, 26° le maréchal de Saxe, pour Versailles ; 1839, 27° la *Douceur*, jeune fille caressant un oiseau, pour le tombeau de Cartelier ; 1840, 28° *Caton d'Utique*, pour le jardin des Tuileries ; 1841, 29° *Baptême du Christ*, pour l'église de la Madeleine ; 30° buste de Dupin aîné ; 1842, 31° Louis XIII, statue en argent, pour M. le duc de Luynes ; 32° buste du connétable Albert de Luynes; 1843, 33° buste de M. Mercier de Dijon ; 34° buste de Madame Noirot ; 1847, 35° statue de Godefroid Cavaignac, pour son tombeau ; 1847, 36° *Napoléon s'élevant au ciel*, pour M. Noisot de Fixin ; 1848, 37° statue de Monge pour la ville de Beaune; 1858, 38° buste de James Demontry; 1852, 39° statue de Jeanne-d'Arc, pour le jardin du Luxembourg; 40° un calvaire pour l'église Saint-Vincent-de-Paul, composé de trois figures ; 1853, 41° le *Maréchal Bertrand*, pour la ville de Châteauroux ; 42° le *Maréchal Ney*, pour la ville de Paris ; 1855, 43° *Nicolas Poussin*, pour le nouveau Louvre ; 44° *Houdon*, id. ; 45° buste de Mme Cabet, née Martine Vanderhaërt ; 46° buste de l'éditeur Pagnerre, pour son tombeau ; 47° buste de Devosge, 2° exemplaire ; 48° tête et torse de Jésus, copie du Christ de Saint-Vincent-de-Paul ; 49° *Hébé jouant avec l'aigle de Jupiter*, acheté par la ville de Dijon ; 50° l'*Amour dominateur du monde*, légué à la ville de Dijon, pour son Musée, par M. Devosge fils.

Rude appelait sa statue d'Hébé son testament artistique. A l'exposition de 1855, il avait apporté son Mercure, son pêcheur napolitain, et le buste de Mme Cabet, sa nièce. Voici le jugement porté sur notre compatriote par un critique, dans un des derniers numéros de la *Revue Européenne* (mars 1861) :

« A l'exposition universelle de 1855, la France soutint glorieusement sa suprématie artistique. Dans la section de sculpture, la première des quatre grandes médailles d'honneur fut décernée à François Rude. Il n'avait pas été donné à Rude de rencontrer des rivaux dignes de lui. Le résultat du concours était prévu ; Rude n'eut qu'à se présenter. Ses collègues de toutes les nations le reconnurent pour l'héritier légitime des grands maîtres, et s'inclinèrent avec respect devant la main toute puissante qui, assouplissant la beauté antique, et disciplinant le sentiment moderne, avait amené dans son art l'heureuse conciliation de la science et de la poésie.

« Par l'unanimité, par l'enthousiaste spontanéité de son vote, le jury rendait un éclatant hommage au génie... En proclamant la supériorité de Rude, il eut le rare bonheur de se rencontrer avec le sentiment populaire, en même temps qu'il se conciliait l'approbation des connaisseurs. Quelle magnifique ovation attendait Rude, s'il se fût présenté, le jour de la distribution des récompenses, devant les quarante mille spectateurs réunis dans l'enceinte du palais de l'exposition! La mort en avait décidé autrement : dix jours seulement avant la distribution, Rude succombait à une apoplexie du cœur. Quelles espérances cette tombe n'a-t-elle pas englouties! de quels chefs-d'œuvre ne nous a-t-elle pas frustrés ! Chez Rude la vieillesse avait respecté le génie ; elle n'avait ni refroidi son inspiration, ni appesanti sa main. L'*Hébé* et l'*Amour* qui parurent à l'exposition de 1858 ne sont certes pas d'une main débile.

111. RUDE (Sophie), née à Dijon le 29 prairial an V. Son père, M. Fremyet, employé des finances, était membre de l'Académie de Dijon ; son aïeul, M. Monnier, était un graveur de beaucoup de talent, et ami de Devosge père. Femme d'un noble cœur, elle soutint courageusement son mari dans les luttes qu'il eut à soutenir dans sa vie d'artiste ; peintre distingué, elle a fait honneur à son premier maître Devosge, et à l'illustre David qui l'affectionnait et qui lui donna des leçons à Bruxelles, où il vivait en exil après la Restauration. Ce grand artiste ne craignit pas de la choisir pour faire sous ses yeux une copie de son tableau de *Télémaque et Eucharis*, copie vendue à M. Didot de Paris, et que le célèbre maître n'hésita pas à signer. Outre un

grand nombre de portraits remarquables, parmi lesquels il faut mettre au premier rang celui de son mari, Mᵐᵉ Rude a fait en Belgique toutes les peintures destinées à la décoration de la résidence royale de Tervueren, dont son mari exécutait les sculptures, et douze grandes figures représentant les Muses pour la bibliothèque de M. le duc d'Aremberg, à Bruxelles ; à Paris, un tableau qui lui a valu la médaille d'or à une exposition, et que le gouvernement a acheté pour le ministère de l'instruction publique ; il représente les *Adieux de Charles Iᵉʳ à ses enfants*. Le Musée de Dijon possède deux autres de ses tableaux, une *révolte à Bruges en* 1436, et une *sainte Famille* (nᵒˢ 180 et 181 du livret).

142. SAINT-MÉMIN (Charles-Balthazar-Julien Févret de) né le 12 mars 1770. Fils d'un conseiller au Parlement de Dijon, il entra comme officier dans le régiment des gardes françaises ; mais son penchant l'entraîna toujours vers les sciences et les arts. Forcé d'émigrer par la révolution de 1793, qui le ruina entièrement, lui et sa famille, son instruction solide et ses talents distingués comme artiste le firent vivre honorablement en Suisse, en Hollande, en Angleterre et en Amérique, où il résida successivement. Toujours accompagné de sa sœur, qui fut la compagne fidèle de sa mauvaise fortune, il fut tour à tour sculpteur sur bois, graveur, peintre et même horloger. Il publia, soit à l'aide de la gravure, soit au moyen du physionotrace, dont il avait perfectionné les procédés, les portraits des hommes d'État les plus distingués de l'Amérique, et même les vues des sites les plus remarquables de ce pays ; il peignit plus tard à l'huile des portraits et des paysages. La Restauration le rappela en France et lui rendit une faible partie de ses biens. Il fut nommé, le 27 juillet 1818, con-

servateur du Musée de Dijon, et son double attachement aux beaux-arts et à sa ville natale lui fit remplir cette importante fonction avec un zèle et un dévoûment presque sans exemple. Il ne vivait pour ainsi dire qu'au Musée et pour le Musée, lui consacrant son temps, ses pensées, son travail et bien souvent les modestes émoluments de sa place. Il a dirigé la restauration des tombeaux des ducs de Bourgogne, et restauré, en se faisant aider de M. Buffet, sculpteur sur bois, les deux magnifiques retables qui viennent de la chapelle de ces princes. On lui doit la notice descriptive du Musée, qui est à elle seule une œuvre de savant éclairé et d'artiste de bon goût. Il est l'inventeur d'une machine appelée *pantographe perspectif*, au moyen de laquelle on obtient la perspective d'un objet ou d'un monument en la promenant sur son dessin ; d'une tenaille et d'un mécanisme pour tendre les toiles et resserrer les cadres des tableaux, enfin, il a perfectionné les mannequins dont se servent les artistes pour peindre les hommes et les chevaux, et en a fait de véritables chefs-d'œuvre de souplesse et de vérité. Nommé en 1827 membre correspondant de l'Académie des beaux-arts, il le fut plus tard de l'Académie de Dijon, de la Société d'encouragement pour l'industrie nationale, de la Société de l'histoire de France et de l'Académie d'archéologie de Belgique. Le gouvernement le nomma en 1838 membre non résident du Comité des arts et monuments. Il mourut le 23 juin 1852.

143. SAMBIN (Hugues), né en 1551. Élève et ami de Michel-Ange, il devint un architecte distingué. C'est sur ses plans que fut exécuté le portail de Saint-Michel de Dijon. Le plafond du grand bureau de la Chambre des Comptes et les anciennes stalles de l'église Saint-Bénigne avaient été sculptés d'après ses dessins. Il a publié un ouvrage sur

l'architecture (Lyon, 1572, in-folio), dédié à Léonor Chabot.

144. SAUMAISE (Claude), né à Semur le 15 avril 1558, de Bénigne Saumaise conseiller et doyen du Parlement de Dijon, qui fut enterré dans l'église des Cordeliers de cette ville le 15 janvier 1640. Claude Saumaise fit toutes ses études à Dijon, où son père avait son hôtel dans la rue qui porte aujourd'hui son nom. Dès l'âge de 10 ans il traduisait Pindare, et composait des vers grecs et latins; il savait les langues persane, chaldéenne, arabe, cophte; sa mémoire était telle, qu'il retenait ce qu'il lisait ou avait entendu lire une seule fois. Son père voulait lui transmettre sa charge au Parlement, mais sa qualité de protestant fut un obstacle insurmontable. Il fut lié avec tous les savants de son temps, et recherché par tous les grands et les souverains de l'Europe. On porte à 80 les ouvrages imprimés qu'il a laissés, et à 60 ses manuscrits. Il est mort en 1658.

145. SUREMAIN DE MISSERY (Antoine), né à Dijon le 25 janvier 1767, mort à Beaune le 25 janvier 1852. Officier d'artillerie, mathématicien distingué, correspondant de l'Académie des sciences de Paris, membre de l'Académie de Dijon et de diverses sociétés savantes. Entre autres ouvrages remarquables, il a laissé 1° *Théorie de la doctrine des sons*; 1793, in-8°; 2° *Théorie purement algébrique des quantités imaginaires*, 1801, in-8°; 3° *Géométrie des sons ou principes d'acoustique pure et de musique scientifique*, 1816, in-8°.

146. TABOUROT (Etienne), né à Dijon en 1549, mort en 1590; avocat au Parlement de Bourgogne, puis avocat du roi au bailliage et à la chancellerie de Dijon. Il prit le titre

de seigneur des Accords, sorte de pseudonyme imaginé d'après la devise de sa famille ; homme d'esprit et d'érudition, surnommé le Rabelais de la Bourgogne. Il a laissé plusieurs ouvrages, notamment des poésies légères insérées dans diverses publications : les Bigarrures et Touches du seigneur des Accords, avec les Apophtegmes du sieur Gaulard, et les Escraignes dijonnaises ; il donna une nouvelle édition du Dictionnaire des rimes françaises, par Lefèbvre, augmenté, corrigé et mis en bon ordre par le seigneur des Accords, dédié à messire Pierre Jeannin. Il était seigneur de Véronnes, près de Selongey : son père, Pierre Tabourot, qui avait été maire de Dijon en 1532-1533, avait dressé les plans et surveillé la construction de la grande salle du Parlement, aujourd'hui salle des assises, sur les vitraux de laquelle il avait fait dessiner ses armes où figuraient des tambours.

147. TAISAND (Pierre), né à Dijon le 7 janvier 1644, mort le 12 mars 1715. Avocat distingué d'abord au barreau de Paris, puis à celui de Dijon ; sa santé le força à renoncer à cette carrière, et il se fit pourvoir d'une charge de trésorier de France en la généralité de Bourgogne. Il a publié : 1° *Histoire du droit romain*, Paris, 1678, in-12 ; 2° *Coutume générale des pays et duché de Bourgogne, avec commentaires* ; Dijon, 1798, in-f° ; 3° *Vies des plus célèbres Jurisconsultes de toutes les nations*, Paris, 1737, in-4°.

148. TASSIN (Nicolas), architecte et géographe distingué, né au XVII° siècle. C'est sur ses dessins que fut élevé le portail de l'église des Carmélites de Dijon. Ses premières cartes datent de 1631, les dernières de 1667 : il y prend le titre de géographe ordinaire du roi. On a de lui les *Cartes générales et particulières de France et des royaumes et pro-*

vinces voisines, avec les plans, profils et élévation de toutes les villes et lieux de considération, le 15 novembre 1531. Il a publié des cartes de France, des provinces et des côtes de France.

149. TAVANNES (Gaspard de Saulx de), né en mars 1509; un des meilleurs capitaines de son siècle ; se distingua à la bataille de Cérisolles, en 1544 ; fut nommé maréchal de camp, lieutenant-général de la province de Bourgogne ; s'illustra en 1556, en dirigeant la retraite de l'armée d'Italie ; lieutenant-général du Lyonnais et du Dauphiné, adversaire zélé des protestants dans les guerres de religion, maréchal de France après les victoires de Jarnac et de Moncontour, auxquelles il avait puissamment contribué ; gouverneur de la Provence ; mort en 1573.

150. VAILLANT (Jean-Baptiste-Philibert), né le 6 décembre 1790. Sorti de l'Ecole polytechnique, il était lieutenant en premier du génie en 1811. Il fit la campagne de Russie comme capitaine en second, y reçut la décoration de la Légion-d'Honneur, et fit les campagnes de 1812 et 1813 avec la grande armée. En 1815, il prit part aux travaux de défense de Paris, et se trouva au combat de Gilly et aux batailles de Ligny et de Waterloo. Chef de bataillon en 1826, il était de l'expédition d'Afrique en 1830, et eut la jambe cassée par un biscaïen à l'attaque du fort l'Empereur, lors de la prise d'Alger.

Lieutenant-colonel le 30 mai 1831, il fit la campagne de Belgique en 1831 et en 1832, et participa au siège de la citadelle d'Anvers. Officier de la Légion-d'Honneur en 1831, colonel en 1832, directeur des fortifications à Alger en 1837, maréchal de camp et directeur supérieur des fortifications en Afrique en 1838, commandant de l'Ecole polytechnique en 1839, directeur des fortifications de Paris (rive droite) en 1840, commandeur de la Légion-d'Honneur en 1841, grand-officier en 1844, lieutenant-général en 1845, président du comité des fortifications et membre de la commission de défense du territoire en 1848, chargé de la direction du siége de Rome en 1849, grand'-croix de la Légion-d'Honneur dans la même année, et nommé maréchal de France le 11 décembre 1851, il se trouva de droit membre du Sénat d'après les termes de la constitution du nouvel empire. Enfin, en février 1853, il a été nommé presque à l'unanimité membre de l'Académie des sciences. Il a été depuis ministre de la guerre, et il n'a quitté cette haute fonction, que pour faire la campagne d'Italie en qualité de chef d'état-major général de l'armée. Il est aujourd'hui grand-maréchal du palais de l'Empereur des Français, et gouverneur des palais impériaux.

151. VAUDREY (Claude-Nicolas), né à Dijon le 26 novembre 1784, mort à Paris, le 13 mars 1857. Elève de l'Ecole polytechnique, il en sortit en 1806 lieutenant au 1er régiment d'artillerie à cheval ; fit les campagnes de Naples et de Calabre, et en 1809, celle du Tyrol où il fut fait prisonnier. Dans la campagne de Saxe, en 1813, il se distingua comme capitaine à Dresde et à Pierna. A Grosfen-Hagen, deux des pièces de sa batterie ayant été prises, il s'élança avec quelques canonniers, et reprit ses canons après avoir reçu deux blessures. Ce fait d'armes le fit nommer chef d'escadron. Malgré ses blessures, il fit la campagne de France en 1814. Pendant les Cent-Jours, il prit une part glorieuse aux batailles de Livry et de Waterloo. A la seconde Restauration il fut licencié, puis replacé à son ancien régiment en 1836, nommé lieutenant-colonel en 1826, et colonel du 4e régiment d'artillerie en 1830. En 1836, son régiment était à

Strasbourg au moment de la tentative faite par le prince Louis-Napoléon, et il se laissa entraîner à seconder ce mouvement qui fut immédiatement comprimé. Traduit devant la Chambre des pairs, il fut acquitté, mais rayé des contrôles de l'armée. La révolution de 1848 le ramena sur la scène politique. Il fut nommé colonel de la garde nationale de Dijon, puis, après le 10 décembre, il devint aide de camp du prince président de la république. Élu membre de l'Assemblée nationale par le département de la Côte-d'Or, il fut nommé plus tard général de brigade et gouverneur du Louvre et des Tuileries, sénateur en 1852, grand-officier de la Légion-d'Honneur en 1854.

152. VENEVAUT (Nicolas), né à Dijon dans le XVIIIe siècle. Peintre excellent, il réussissait surtout dans le paysage. Il devint membre de l'Académie royale de peinture de Paris, et fut admis en 1763 à celle de Dijon. Il mourut en 1775.

153. VERGENNES (Charles Gravier, comte de), né à Dijon le 28 décembre 1717, d'un président au Parlement. Habile diplomate, il fut ministre de France près l'électeur de Trèves (1750), au congrès de Hanovre, à Manheim (1753), ambassadeur de France à Constantinople en 1755, en Suède en 1771, ministre des affaires étrangères sous Louis XVI en 1774, président du conseil des finances en 1783. Il mourut le 12 février 1787.

154. VIARDOT (Louis-Claude), né à Dijon le 13 thermidor an VIII, d'un avocat distingué du barreau de cette ville. Viardot, qui a été sous la Restauration un des collaborateurs du *National*, et qui a fondé depuis la *Revue indépendante* avec Georges Sand et Pierre Leroux, est surtout

connu par sa traduction du *Don Quichotte* et de quelques autres ouvrages de Michel Cervantès, par ses souvenirs de chasse dans divers pays, et par les descriptions qu'il a faites des principaux musées de l'Europe. Il a épousé la fille cadette du célèbre chanteur Garcia, sœur de la Malibran, et qui est elle-même une des premières cantatrices de notre époque.

Telles sont les principales illustrations de la ville de Dijon ; en faisant appel à celles du département de la Côte-d'Or tout entier, nous aurions pu nommer aux premiers rangs :

Dans l'armée : les maréchaux Vauban, de Chatellux; les lieutenants-généraux Rabutin comte de Bussy, le baron de Syrot ; de nos jours, les maréchaux Marmont, Davoust; les lieutenants-généraux Carnot, Junot, Nansouty, Lucotte, Veaux, Marey-Monge ; l'intendant général Petiet; le lieutenant-général d'artillerie Marion; les généraux Voillot, Testot-Ferry, Martenot ; les colonels Chambure, de Chastenay; le commandant Noisot ;

Dans la marine : Landolphe et Thurot, capitaines de vaisseau ;

Dans la chaire : l'abbé Lacordaire ;

Dans l'architecture : Philandrier, Verniquet ;

Dans la diplomatie : Caillard, Chavigny, comte de Toulongeon, Languet ;

Dans les sciences historiques et l'histoire : Dom Clémencet, Guérard, Lacurne Sainte-Palaye, Dom Martenne, Dom Merle, Moreau de Mautour, Pasumot ;

Dans les sciences mathématiques : Monge, Prieur de la Côte-d'Or ;

Dans les sciences naturelles : Gueneau de Montbéliard, Daubenton, Noisette;

Dans la science des lois : Despringles, Févret, Perrier, Carnot ;

Dans les belles-lettres : Desperriers, Mme de Sévigné, l'abbé Sallier, le chevalier de Bonnard, Victorine de Chastenay, Rolle ;

Dans l'instruction publique : Guérard, Gueneau de Mussy, de Lanneau ;

Dans l'art musical : le professeur Gautherot, l'organiste Marchand.

FIN.

TABLE DES CHAPITRES.

AVERTISSEMENT. I
INTRODUCTION. NOTICE HISTORIQUE SUR DIJON. 1
CHAP. Ier. — ITINÉRAIRE DE L'ÉTRANGER A DIJON. 175
CHAP. II. — EDIFICES REMARQUABLES 180
    § 1. Hôtel de Ville 180
    § 2. Hôtel de la Préfecture. 186
    § 3. Palais de Justice. 188
    § 4. Château. 190
    § 5. Salle de spectacle. 191
CHAP. III. — EGLISES, MONUMENTS RELIGIEUX, ANCIENS MO-
         NASTÈRES, COUVENTS, SÉMINAIRE, TEMPLE,
         SYNAGOGUE. 193
    § 1. Saint-Bénigne 193
    § 2. Notre-Dame. 203
    § 3. Saint-Michel 208
    § 4. Saint-Pierre. 210
    § 5. Saint-Philibert 213
    § 6. Saint-Jean. 214
    § 7. Saint-Etienne 217
    § 8. Les Carmélites. 218
    § 9. Les Bernardines ou Eglise Sainte-Anne. 220
    § 10. Chartreux. 222
    § 11. Evêché, Séminaire. 225
    § 12. Couvents, Etablissements religieux. 226
    § 13. Temple protestant 230
    § 14. Temple israélite. 231

CHAP. IV. — Places, Portes, Remparts, Fontaines, Promenades, Alentours de Dijon.......... 232
§ 1. Places.......................... 232
§ 2. Portes, Remparts, Enceinte nouvelle..... 242
§ 3. Fontaines...................... 250
§ 4. Aqueduc de Suzon................ 262
§ 5. Promenades et Alentours de Dijon...... 264

CHAP. V. — Archives, Bibliothèque, Musée, Cabinet de Gravures................... 273
§ 1. Archives du département et de la ville... 273
§ 2. Bibliothèque.................... 275
§ 3. Musée........................ 279
§ 4. Cabinet de Gravures.............. 294

CHAP. VI. — Sociétés savantes et artistiques...... 296
§ 1. Académie des sciences, arts et belles-lettres. 296
§ 2. Commission d'antiquités............ 299
§ 3. Société d'agriculture.............. 300
§ 4. Société d'horticulture.............. 301
§ 5. Société de lecture................ 302
§ 6. Société des Amis-des-Arts.......... 302
§ 7. Société Philharmonique............ 303

CHAP. VII. — Instruction publique et Etablissements scientifiques................. 304
§ 1. Académie impériale.............. 304
§ 2. Ecole de droit.................. 309
§ 3. Lycée impérial.................. 310
§ 4. Ecole de médecine et de pharmacie, Cours d'accouchement................ 311
§ 5. Jardin des Plantes, Cours de Botanique.... 313
§ 6. Musée d'histoire naturelle.......... 320
§ 7. Observatoire, Laboratoire de chimie..... 325
§ 8. Ecole des Beaux-Arts.............. 326
§ 9. Ecole normale primaire............ 329
§ 10. Ecoles primaires................ 330
§ 11. Cours d'Arithmétique et de Géométrie appliquées aux arts................ 331

TABLE DES CHAPITRES.

§ 12. Salles d'Asile................................. 331
§ 13. Frères des Ecoles chrétiennes............. 332
§ 14. Ecoles de jeunes filles...................... 332
§ 15. Ecole gratuite de musique................. 333

CHAP. VIII.—INSTITUTIONS DE CHARITÉ ET DE PRÉVOYANCE. 334
§ 1. Hôpital général............................... 334
§ 2. Hospice Sainte-Anne....................... 342
§ 3. Asile des Aliénés............................ 344
§ 4. Hospice de la Maternité.................... 347
§ 5. Dispensaire et chambre de pansements gratuits... 348
§ 6. Traitement des filles publiques........... 349
§ 7. Vaccination des indigents.................. 350
§ 8. Bureau de bienfaisance et Sœurs de charité. 351
§ 9. Dépôt de Mendicité......................... 353
§ 10. Caisse d'Epargne........................... 353
§ 11. Mont-de-Piété............................... 355
§ 12. Société de Charité maternelle............ 355
§ 13. Société d'Assurance mutuelle pour les cas de maladies et d'accidents................ 356

CHAP. IX.— CANAL DE BOURGOGNE, CHEMIN DE FER, TÉLÉGRAPHE, GAZ.. 358
§ 1. Canal de Bourgogne........................ 358
§ 2. Chemin de fer............................... 362
§ 3. Télégraphe................................... 366
§ 4. Usine à gaz.................................. 358

CHAP. X. — CASERNES ET PRISONS.................... 367
§ 1. Casernes..................................... 368
§ 2. Prisons....................................... 369

CHAP. XI.— HORLOGES PUBLIQUES..................... 372
CHAP. XII.— ABATTOIR................................. 373
CHAP. XIII.— CIMETIÈRES............................. 375
CHAP. XIV.— MAISONS REMARQUABLES ET COLLECTIONS INTÉRESSANTES...................................... 377
CHAP. XV.— MAISONS QUI ONT ÉTÉ HABITÉES PAR DES PERSONNAGES CÉLÈBRES........................... 384

TABLE DES CHAPITRES.

Chap. XVI. — Environs de Dijon 389

APPENDICES.

I. — Indications utiles aux voyageurs 397
II. — Industrie de la ville de Dijon. 399
III. — Notices biographiques sur les personnages célèbres nés a Dijon ou dans les environs. . . . 406

FIN DE LA TABLE.

DIJON. — IMPRIMERIE J.-E. RABUTOT.

www.ingramcontent.com/pod-product-compliance
Lightning Source LLC
Chambersburg PA
CBHW060236230426
43664CB00011B/1664